AoHan DiQu

敖汉地区
传统农耕杂录

CHUANTONG NONGGENG ZALU

张红民　主编

中国社会出版社
国家一级出版社·全国百佳图书出版单位

图书在版编目（CIP）数据

敖汉地区传统农耕杂录／张红民主编．—北京：中国社会出版社，2020.8

ISBN 978－7－5087－6379－8

Ⅰ.①敖…　Ⅱ.①张…　Ⅲ.①传统农业－文化研究－敖汉旗　Ⅳ.①F329.264

中国版本图书馆 CIP 数据核字（2020）第 134211 号

书　　名：敖汉地区传统农耕杂录
主　　编：张红民

出 版 人：浦善新
终 审 人：王　前
策划编辑：郑双梅
责任编辑：孙　研

出版发行：中国社会出版社　　　**邮政编码**：100032
通联方式：北京市西城区二龙路甲 33 号
电　　话：编辑部：（010）58124831
邮购部：（010）58124848
销售部：（010）58124845
传　真：（010）58124856
网　　址：www.shcbs.com.cn
shcbs.mca.gov.cn
经　　销：全国各地新华书店

中国社会出版社天猫旗舰店

印刷装订：北京华联印刷有限公司
开　　本：185mm×260mm　1/16
印　　张：18.75
字　　数：320 千字
版　　次：2020 年 8 月第 1 版
印　　次：2020 年 8 月第 1 次印刷
定　　价：98.00 元

中国社会出版社微信公众号

目 录
Contents

第一章 农耕制度

第一节 概述 …… 002
第二节 农耕制度 …… 005
第三节 耕作方式 …… 018
第四节 综合利用之道 …… 022
第五节 公共设施 …… 025
第六节 农事习俗 …… 036

第二章 农事

第一节 农具 …… 048
第二节 农作物 …… 079

第三章 农活

第一节 备耕 …… 102
第二节 种榜割打 …… 109
第三节 杂活 …… 126
第四节 经济作物 …… 136
第五节 家畜家禽饲养 …… 143
第六节 粮食加工 …… 157
第七节 农村手艺 …… 164

第四章　农俗

第一节　习惯 …… 198
第二节　农事野趣 …… 202
第三节　农事土语 …… 209
第四节　农事谚语 …… 246
第五节　农事传说 …… 252

第五章　饮食

第一节　食物 …… 258
第二节　果品 …… 280
第三节　饮品 …… 282
第四节　饮食器用 …… 284
第五节　餐饮方式 …… 291

第一章

农耕制度

敖汉旗位于内蒙古自治区赤峰市，燕山山脉东段北麓，科尔沁沙地南缘，是中国古代农业文明与草原文明的交汇处。

第一节　概述

敖汉旗位于内蒙古自治区赤峰市，燕山山脉东段北麓，科尔沁沙地南缘，是中国古代农业文明与草原文明的交汇处。敖汉旗历史文化悠久，早在一万多年前，这里就有人类繁衍生息。境内有古文化遗存 3000 多处，尤其是以当地地名命名的小河西、兴隆洼、赵宝沟、小河沿四种史前文化，以其丰富的遗存，填补了中国北方考古编年的空白。敖汉旗有近万年的农耕文明历史，享有龙祖圣地、世界玉文化的源头之美誉。特殊的地理环境，孕育了这里古老的历史文化。

在敖汉旗境内发掘出的小河西文化（距今 8200 年以远）、兴隆洼文化（距今约 8200～7400 年）、赵宝沟文化（距今约 7200～6400 年）、红山文化（距今约 6700～5000 年）、小河沿文化（距今约 5000～4500 年）遗址地，都发现了与旱作农业相关的生产工具，有锄形器、铲形器、刀、磨盘、磨棒、斧形器等农业生产用具。

2001～2003 年，由中国社会科学院考古研究所和敖汉旗博物馆及部分外国研究人员对属于兴隆洼文化的兴隆沟遗址进行了考古发掘。兴隆沟遗址位于敖汉旗兴隆洼镇大窝铺村西南 500 米的缓坡地上。遗址总面积 4.8 万平方米，发掘面积 5000 多平方米，揭露房址 37 座、居室墓葬 26 座，出土遗物有陶器、石器、骨器、蚌器、玉器等一大批珍贵文物及文物标本。其中 5 号房址出土了一组摆放规整的兽头，包括 12 个猪头和鹿头，多数兽头前额正中钻有长方形或圆形孔，具有鲜明的宗教祭祀性质。再加上在兴隆洼遗址出土的人猪合葬墓，充分说明了养殖业在当时已很发达。

兴隆洼遗址图片

在发掘期间，中国社会科学院赵志军博士组织、指导了浮选工作。在房址内提取了 1500 多个土样，并在实验室进行识别鉴定，发现了 1500 多粒碳化谷物标本，其中糜子（黍）占 90%、谷子（粟）占 10%。加拿大和英国的专家鉴定后认为，这些糜子和谷子是人工栽培形态的。加拿大多伦多大学进行了碳 -14 鉴定后认为这些谷物距今 7700～8000 年，比中欧地区发现的谷子早 2700 年，是中国北方旱作农业的重要实证。由此专家们推断，西辽河上游地区是这两种谷物的起源和中国古代北方旱作农业的发源地，兴隆沟遗址发现当今世界上所知最早的人工黍和粟的栽培遗存。这些碳化的黍和粟证明敖汉旗是横跨欧亚大陆旱作农业的发源地。

石刀、磨盘、磨棒、斧形器

远古先民们用石耜耕种，用石刀收割。由于黍和粟多生长在旱坡地上，且株型较小，不便于机械化作业，时至今日仍保持着牛耕人锄的传统耕作方式。敖汉旗地处温带大陆性季风气候区，有效积温高，昼夜温差大，光照充足，这些条件决定了根植于敖汉旱坡地上的黍和粟，有耐干旱、抗倒伏，适应性强、品质优良等特点。

由于黍和粟的营养均衡、丰富，富含蛋白质、氨基酸、维生素以及硒、钙、铜、铁、锌、碘、镁等微量元素，近几年随着人们膳食结构的改变，以黍和粟为代表的杂粮成为理想的健康食物。

碳化的黍粟颗粒

旱作农业遗产牌匾

敖汉旗原始地理环境和自然风貌没有大的改变，仍保留原始农业种植形态，是旱作农业系统的典型代表。时至今日，仍有古老的耕作方式、耕作工具和耕作制度，呈现了与所处环境的长期协同进化和动态适应，千百年来支撑着敖汉经济社会的发展和百姓的生存需要。

随着经济社会的发展，这种系统也面临着被抛弃的危险。敖汉旗政府按照农业部中国重要农业文化遗产保护工作的要求，编制了专门的保护与传承规划以及管理办法，使这一重要农业生产系统发挥出更大的作用，为当地带来更好的社会效益和经济效益。

2010 年 6 月，敖汉旗政府开始了全球重要农业文化遗产地的申报工作。在中科院资源与地理研究所的大力支持和帮助下，顺利完成申报文本的撰写工作。经过两年多的努力，到 2012 年，全球重要农业文化遗产地的申报工作顺利完成。

2012 年 8 月 18 日，敖汉旱作农业系统被联合国粮农组织批准为全球重要农业文化遗产，敖汉旗成为粮农组织确定的“全球重要农业遗产保护试点”。2013 年，敖汉旱作农业系统被农业部列为第一批中国重要农业文化遗产。

目前，敖汉旗保存的农业农作物品种丰富多样，最有名的粟有黑、白、黄、绿四种颜色。黍的品种也很多，有大粒黄、大支黄、大白黍、小白黍、疙瘩黍、高粱黍和庄河黍等。除了粟和黍，敖汉旗旱作农业系统中还有其他很多粮食作物、经济作物、蔬菜、瓜果和畜禽等。

作为典型的旱作农业区，杂粮生产是敖汉旗的优势产业，盛产谷子、糜黍、荞麦、高粱、杂豆等绿色杂粮，其中谷子是第一大杂粮作物。

敖汉旗的谷子产区集中在中南部丘陵山区，这一地区自然条件较好，土壤矿物质含量高，微生物元素丰富，污染少，保证了杂粮生产的天然特性。且病虫害少，籽粒个大饱满，产量高、品质优。

在长期的杂粮耕作实践中，民间逐步形成了歌谣、节令、习俗、耕技等丰富多彩的具有地方特色的文化表现形式，并世代传承。流传在敖汉旗境内的庙会、祈雨、撒灯等民俗以及民间的扭秧歌、踩高跷、唱大戏等，也大都是为了祈求一年风调雨顺、五谷丰登和庆祝丰收而组织的社会活动。

大田谷子

第二节 农耕制度

中华人民共和国成立前，敖汉地区的土地多由一些蒙古族王公贵族占有。那些能置买一些土地的大户人家，因土地数量多少不一，用工的方式也相对灵活，或在农忙季节雇用一些帮工，或常年雇工，这就是人们常说的长工、榜青、作月、短工等。

一、中华人民共和国成立前的农业生产关系

（一）雇佣关系

1. 东家

中华人民共和国成立前，由于没有划分阶级成分，在农村没有什么地主、富农的称谓，阶级界限也不十分分明。土地多的大户人家，因为要雇工，所以被人们称之为“东家”，如果东家兄弟多，常常按排行称为“大东家”“二东家”等。家里人除了老人和儿童，都得参加劳动，许多雇工的大户人家，老东家和儿子们都跟着长工们下地干活，家里的女眷负责为长工们准备伙食。在地主家扛活当长工的伙计们，一日三餐的伙食主要为高粱米水饭、玉米面饼子、黏豆包、煎饼等，副食则是白菜炖豆腐、酸菜炖大豆腐、炖豆角、炖西葫芦等时令菜蔬。通常东家老少都与伙计们吃一样的饭，到了农忙季节，伙食水准和样式

会相应增加。

2. 长工

是指拥有土地较多的人家常年雇用的帮工，因为其雇工时间长，就叫“长工”。敖汉南部地区的习惯是，每年的正月十六是长工上工的日子，东家这天中午要设宴为长工接风。腊月二十三，是长工下工回家的日子，在此之前，一年的报酬按照年初讲好的，由东家把各类粮食按数量送到长工家里，腊月二十三之前清账，是一个约定俗成的规则。

长工的报酬一般都按粮食结算。那时谷子单产低，种得少，高粱、玉米、黍子、荞麦是给付长工薪酬的主粮。请长工都在冬腊月时谈妥条件，一般一个长工干一年的酬劳是 3～4 石粮，以大白高粱、关东青高粱、小白色高粱为主，少量给些黍子和荞麦。这些粮食并不是年终岁尾一次性付给，而是长工家里平日里接济不上，可以到东家借粮，到年末抵顶劳动报酬。每到五月节（端午节）和八月节（中秋节），东家还格外给 2 升荞麦或小米，作为过节的礼物。

如果东家雇两个以上长工，就有一个是“打头的”，一切农活都由这个打头的进行安排布置，有时东家家里的人也要听打头的安排。每年格外多给打头的几斗粮食作为奖赏，体现多劳多得。在敖汉地区，有的大户人家雇用几十人常年做工，许多一无所有的农民一辈子只能当长工。

3. 榜青

这种雇佣方式一般是一年一雇。那些家里没有土地的农民，经常受雇于地主，由东家提供种子、牲畜，为其耕种土地。榜青者吃住在东家。春季先借给榜青者一定数量的口粮（一般都是 2 石粮），秋后按照 5 分利还清，即春借 2 石秋还 3 石。若 2 石不够家里人吃，再向地主家借时，利息加倍，“借一还二”，即春借 1 石秋还 2 石。榜青的农民常年为地主

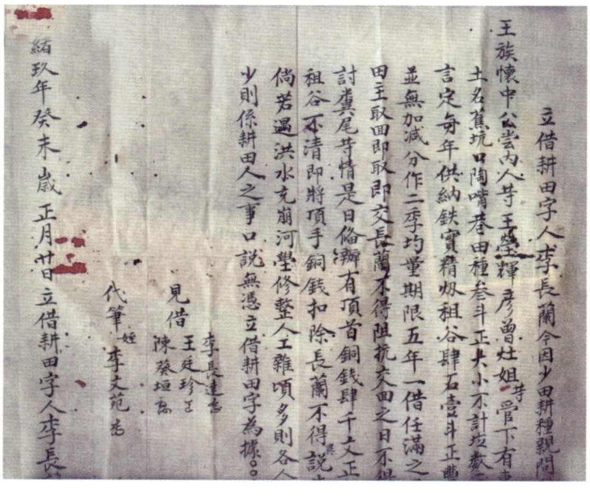
立借耕田字人李長蘭今因少田耕種親問
王族懷中公嘗内人等王瑩輝彥曾灶姐等管下有
土名蕉坑口陶嘴巷田種叁斗正大小不計坵數
言定每年供納鉄實精燥租谷肆石壹斗正
並無加減分作二季均量期限五年一借任滿之
田主取田即取即交長蘭不得阻抗交田之日不
討糞尾等情是日倫瀰有頂首銅錢肆千文正
租谷不清即將頂手銅錢扣除長蘭不得異說
倘若遇洪水充崩河壆修整人工雜項多則各
少則係耕田人之事口說無憑立借耕田字為據。
見借 李長達 王廷珍 陳葵垣
代筆 姪 李文苑
緒玖年癸未歲 正月廿日立借耕田字人李長

租地契约

耕种经营土地，秋后收获时，扣除种子等费用，再按五五分成。榜青的农民在还清所借粮食的基础上，剩余的为自己一年劳动所得。这是一种租地和借贷结合的剥削方式，但是在那个年代，这种雇佣关系被众多无地农民所接受。

4. 短工

这是一种根据农事闲忙而雇人做活的雇佣方式。一般都是在春夏秋三季最忙的时候，家里人手不足而采取的雇工形式，通常被称为“雇工夫匠”。雇几个人忙着突击几天，按天计酬，一般都是一天 3 升左右粮食；也有按活计包工，这些活计干完给多少粮食。凡是雇短工的人家，都是有点土地、相对富裕一些的人家。这些人家都比较谦和，对工夫匠也比较好，几乎没有拖欠劳动报酬之事。

（二）租地和借贷

1. 租地

在敖汉北部地区，蒙古族王爷掌握着大量土地，他们以吃地租为主，这就产生了专为王爷、地主跑腿招揽租地业务的揽头、帮差等闲职。蒙古王爷的土地在每一个地方分成若干股份出租，所以就出现了“份子地”“九分地”“十二股”等地名。敖汉南部的土地大部分在地主、富农一些大户人家手里，他们宁可雇工也不对外出租，所以租地多发生在敖汉北部。春季把土地租给无地农民耕种，秋后按照春季的约定收取地租。

租地分为“活租”和“死租”两种。“活租”是将秋后收获的粮食、秸秆等副产物按“三七”“四六”或“五五”比例分成，分成比例春季按土地肥薄而定，东家拿三、四或五成，余者为租地户所得，秋后不需变更。“死租”是一种春季定好一亩地给东家多少粮食或钱，不管年成好坏，地租不变，种够租期土地收回。

租地一般是订立租地合约，有的是口头约定，有的是立下文字契约。契约明确写着所

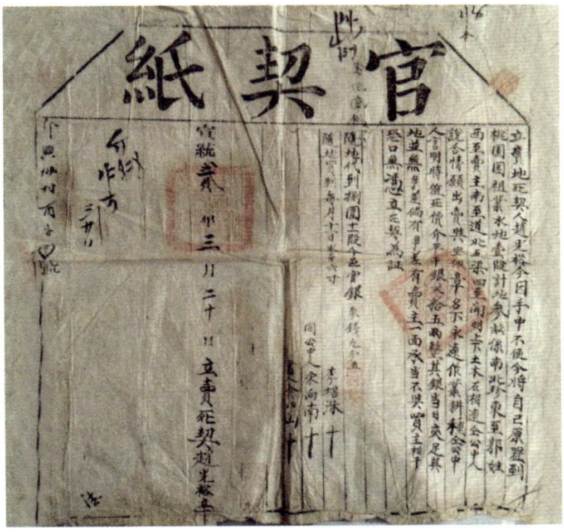
官契紙

清末地契

租地块位置、四至、地租数量、承担社会责任的份额、承租年限等内容，还要有中人做证。

2. 高利贷

贫苦民众遇有天灾病业、小商贩周转不开向蒙古王爷和地主、牧主临时借粮、借款以救急，放贷者会从中索取高额利息。在敖汉地区这种借贷利息低者为五分利，一般都是"一个俩"（借一还二），高的还有"一米三谷"（春借一斗秋还三斗）。还有"利滚利"（俗称"驴打滚""大加一"，到年末还不上，利息滚成本金，下年继续计息）、"卖青苗"（以借贷人家里的青苗为抵押物，还不上款，借贷人将颗粒无收）等。通常一个地主，就是一个地区的贫苦人民的共同债主。

在民间借贷中，还流行一种从民国年间就开始的"放印子钱"。这是一种短期借贷，蒙古王爷和地主借钱给那些急需周转资金的小商贩或有急事需要资金周转的人家，数额不大，几十元到一百元而已。利息一般都是 10% 左右，民间称之为"加一钱"。借期为一个月，把本息放在一起平均到 30 天，按天还款，每天还一些，都要在借据上按一个手印。这就是"印子钱"的来历。这种"印子钱"除了"加一"的利息，借贷人还要给债主一定数额的"磨鞋底子钱"，层层盘剥，雪上加霜。

二、人民公社前的土地制度

中华人民共和国成立前，半殖民地半封建的旧中国，仍维持封建土地制度，这种封建土地制度严重阻碍了农村经济和中国社会的发展。

1947 年全国土地会议后，一个以土地改革为中心的波澜壮阔的群众运动在解放区广泛开展起来，敖汉旗作为东北根据地的一部分，也轰轰烈烈地开展起了土地改革运动，成为全国土地改革运动的一部分，敖汉民众俗称"割封建尾巴"。

主要做法是：开展开仓济贫、分土地、分浮财运动。以自然村为单位，将土地打乱，按人口重新平均分配。这一改革是废除地主阶级封建剥削的土地所有制，实行农民的土地所有制。没收地主的土地，分给无地或少地的农民耕种；同时也分给地主应得的一份，让他们自己耕种，自食其力。

1949 年后，中国确立了土地的社会主义公有制，同时宪法明确规定："任何组织或者个人不得侵占、买卖、出租或者以其他形式非法转让土地。"轰轰烈烈的土地改革运动，猛烈冲击着几千年来的封建土地制度，基本消灭了封建土地制度，打碎了几千年来套在农民身上的封建枷锁，改变了农村旧有的生产关系。

1950 年 6 月 30 日，中央人民政府根据全国解放后的新情况，颁布了《中华人民共和国土地改革法》，开宗明义："废除地主阶级封建剥削的土地所有制，实行农民的土地所有制，借以解放农村生产力，发展农业生产，为新中国的工业化开辟道路。"在历史上第一次明确提出“实行农民的土地所有制”，并对土改政策有一些具体调整。如由过去征收富农多余的土地财产改为保存富农经济。限制了没收地主财产的范围，对地主的耕畜、农具、多余的粮食、乡村中多余的房屋及其家具以外的其他财产不予没收。

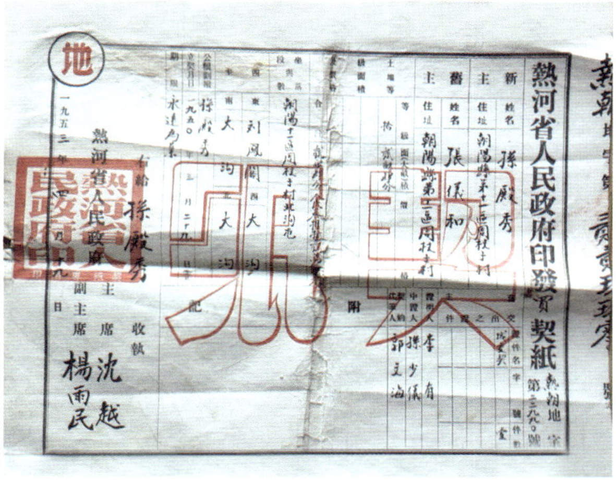

热河省地契

这就形成了旧的国有土地使用制度的主要特征：一是土地无偿使用，二是无限期使用，三是不准转让。由于没有把土地的所有权和使用权分开对待，致使土地无偿占用，乱占、多占的情况屡禁不止，造成土地资源极大浪费。直到改革开放以后，这一问题才得以逐步解决。

三、改革开放前的农村管理体制

1958～1981 年，农村实行的是“一大二公”的人民公社体制，“三级所有，队为基础”，即人民公社代表国家管理农业、农村、农民，行使政府职能。生产大队介于公社与生产队之间，属于一级集体经济组织。生产队则是最基层的农村经济组织，一般的以自然村为单位，大的自然村则按照户数或自然位置分建生产队，也称小队，通常称为“东队、西队、南队、北队”等。

（一）公社

人民公社的规模是一乡一社。农村人民公社是政社合一的组织，是我国社会主义社会在农村中的基层单位，又是我国社会主义政权在农村中的基层单位。广大农村普遍建立了政社合一、分级管理的体制。农村人民公社既是一种经济组织，也是一种政权机构。它不但负责全社的农业生产，而且还对工商学兵等实施统一管理。组织架构分党委、管理委员会两

下洼公社

大块，内部机构比较齐全。“文化大革命”期间，革命委员会取代了党委、管理委员会。人民公社的权力相对较大，可以任意调动全公社的生产生活资源，形成“一平二调”的管理模式。

（二）大队

1962年的《农村人民公社工作条例修正草案》规定生产大队的大队长和其他管理委员、监察委员，都由大队社员代表大会选举产生。生产大队管理委员会在公社管理委员会的领导下，管理本大队范围内各生产队的生产工作和行政工作。

生产大队的大队长和其他管理委员、监察委员，任期都是一年，可以连选连任。如果不称职，都可以随时由大队社员代表大会罢免。在实际运行中，这种民主制度没有得到很好执行。民主选举是形式，公社党委任命是大队领导班子产生的主渠道。大队干部挣全大队平均工分，分值都高于各生产队社员劳动所得。大队领导班子一般都由党支部书记、管委会主任（“文化大革命”时叫革委会主任）、副主任、民兵营长（连长）、妇联主任、团支部书记、会计等组成。大队还拥有本大队的下属机构和人员，如卫生所、供销代销点、拖拉机手、更夫等，这些人也都挣全大队平均工分。

（三）生产队

1. 生产队里的四梁八柱

生产队班子成员从本队社员中选举或推举产生，报请大队委员会任命。一般的由队长、副队长、妇女队长、民兵排长、会计、保管员（实物保管、现金保管）等人组成，没有明确任期，有的队长一干就是十几年。班子分工比较明确：队长负责全队事务，队长出缺由副队长代理，也有大队直接任命为队长的，是实际上的一把手；副队长协助队长主抓某一方面的具体事务；妇女队长负责带领女社员劳动；民兵排长负责组织带领基干民兵参加训练或完成突击性劳动；会计是班子中的文化人，负责全队的各类账目，搞好每年的年终决算是一个主要任务；保管员承担着对全队现金、生产资料的保存管理，官不大责任不小。班子内互相监督，加上接连不断的政治运动，很少有贪污事件发生。但是也有生产队长徇私舞弊、公报私仇等问题被社员罢免的。

一个生产队就是一个小社会，“麻雀虽小、五脏俱全”。在生产队里，队长是拿总的，大事小事他全说了算。副队长就是负责带领社员干活，劳动力的调度一般由他来安排。比如种地时谁扶犁杖、谁点种，耪地时谁打头锄、谁打二锄等事宜都由副队长具体安排。会计是管全队各类账目的，他的手下还有记工员两名（男女劳力各一名），社员每天出工干活，到了晚上收工时，都由记工员负责把当天的工分记到社员个人的《劳动手册》上，以便到年末报给会计进行年终核算。妇女队长和民兵排长、保管员的职责比较单一。除了班子成员外，生产队还有几名专职人员：饲养员是专门负责饲喂骡、马、牛、驴等耕畜的，一年四季住在队部，每天夜里都必须起来给牲畜添草料。羊倌专门为生产队放羊、经营羊羔、冬天饲喂绵羊，也必须住在队部。车老板是生产队赶大车的，手里掌握着全队的一半家业。虽然拉车的牲畜不用他饲喂，但是负责任的车老板每天都查看饲养员添草喂料情况，发现问题，有的找饲养员提出，有的向队长反映，在生产队里有较高威望。这些专职人员一般都挣全队劳动力的平均工分，但车老板会挣高工分。

2. 社员

劳动力 年满 18 岁至 60 岁的男女社员为劳动力，是生产队的劳动骨干。每天按照队长的指派，或集体行动，或分组出工参加劳动。

非劳动力 60 岁以上为“出劳”，身体状况好的可以在生产队干些力所能及的活计，如看护树林子和草地的护林员、给全村人种园田的“老园头”、夏季看瓜果的“瓜把式”等，他们的工分比全队平均工分低一些。

半劳力 那些还没到成年人年龄就参加生产队劳动的，算作半个劳动力，在安排活计时都让他们干些轻体力活，或是干整劳动力一半的工作量。比如男孩子耪地时就让他们站在趟子的末尾“拉巴兜”，薅地时整劳力一处薅两条垄，半劳力则薅一条垄。半劳力的工分也是整劳力的一半或六成。

3. 劳动管理

出工 每天早饭后，队长或班子人员吹响镏子（口哨）为出工信号，社员携带不同季节所需的生产工具聚集到社院子。由队长或副队长分配农活，农忙季节大多统一行动，其他季节则根据农活的不同需要指派，如春季挑地送粪、夏季耪薅耘等，分工明确。出工后上午歇息两次，称“歇头气儿活”“歇二气儿活”，下午天短歇一气儿。歇息的时间、长短由跟着劳动的队班子人员掌握，大多选择完成某一项活的间隙，如种完一趟子或一片地、耪薅割地到地头等。歇息时有的卷烟抽、有的在地上玩儿“连棋”“五福棋”，女社员躲在一旁捏脑袋、抓虱子，还有的从小筐中拿出针线活儿纳鞋底。中午一般估摸着或看太阳天近晌午就收工，下午干到太阳快要落山时收工算一天，一个劳动日的工分就挣到手了。

工分 工分是参加生产劳动报酬的计数单位，通常以每出工一天记 10 分为标准，区别对待，割地开趟子、大会战挖土等给记 15 分，轻体力活记 8 分。男女社员同时出工，所干的工种不同，记 8 ~ 10 分不等。十几岁的少年刚“下庄稼地”记 5 分，俗称“顶半拉人”，也叫“半拉子”。每个社员都有一本《社员劳动手册》，最初是小队会计刻钢板油印的，后来就由大队统一订购铅印的，封面是一条毛主席语录，下面较大字号印着“社员劳动手册”字样，再下边有社员姓名和所在生产队名称，内页分页画着表格，有劳动时间、所干工种、工分数字几个栏目。一般情况下，下午工间休息时，记工员就挨个地把工分记上，有忘记

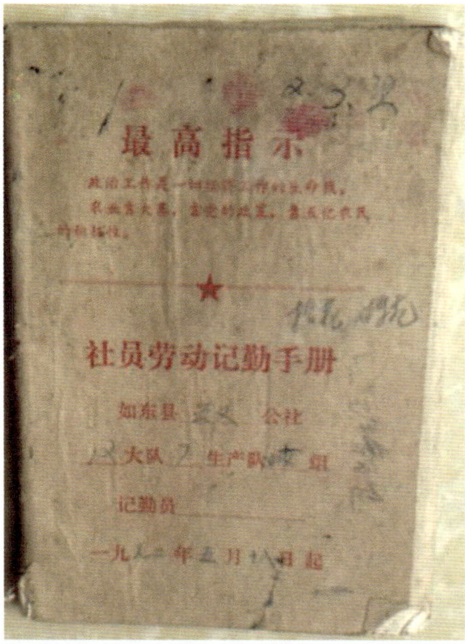

社员工分手册

带手册的，则要等到晚上补记。年底决算时以“工分簿”为出工依据，多劳多得。

大队干部挣全大队最高工分，民办教师、赤脚医生等大队级脱产人员，挣全大队平均工分，略高于本生产队一般社员；牧业人员等挣“死工分”，即年工分，相当于现在的年薪。季节性人员出工一般以每天10分计算。二十世纪七八十年代国家录用一批“亦工亦农的五四干部”，报酬为工分加补贴，即国家每个月补贴15元现金，全年挣本公社平均工分，分值也执行全公社平均日值，回本生产队分配。

惩罚　生产队对社员的惩罚方式。一是罚工分。一旦损害集体利益，如各户牲畜跑出吃庄稼、社员不请假无故旷工、偷庄稼或瓜果等，视危害程度扣除不同数量的工分。二是罚补助粮。社员或家人损毁庄稼，或是家里牲畜损坏庄稼，从当年的劳动补助粮中扣罚。如损坏一棵谷子罚2两、损坏一棵高粱罚3两、撅一棵玉米秆罚4两、砍一棵向日葵罚半斤等。惩罚程序是看青人员抓住并向队长报告，队长决定罚粮或罚工分数目，会计记入社员往来账，年末算账扣除。

4. 成果管理

估产　每年一过白露节气，大队全体班子成员和各生产队队长组成工作组，到每个生产队田间地头查看庄稼长势，预算产量，称“估产”。这是一种全凭经验进行的预估产量工作，往往大队干部和会计的经验决定着一个生产队乃至全大队的“估产”成果，既要把产量估得基本符合实际，还得让每个生产队接受得了。这是对大队干部能力的一个考验，因为估产决定本生产队上缴国库公购粮数量。每到估产时，各生产队都要尽量把伙食安排好一些，希望把产量估算到最低限度。所以，那个时候也经常发生社员掀翻估产工作队饭桌或向公社举报的事情。

看青　又称“护秋”。把社员两人分为一组，编排顺序，确定每组看青天数，要求日夜在田里巡逻守候，防止庄稼丢失现象发生。看青时晚上饿了往往偷偷地烧玉米、土豆吃，但必须找隐匿的地方，吃完了还得把地上的灰烬掩埋，不能被队长和其他社员发现。看青是一项很重要的制度安排。秋收开始，大队主持召开会议，研究秋收秩序的事情，全大队有统一的护秋公约，一般的都是规定三五条，明确惩罚措施。用毛笔写在彩纸上，贴在生产队部的显眼处，也有的用粉笔写在生产队大门洞的黑板上，让人一下子就看见。

附录：

四家子镇闫家杖子大队护秋公约

爱护庄稼，人人有责。为确保今年秋季庄稼颗粒归仓，寸草入垛，打击偷窃庄稼的行为，经大队研究决定，特订立如下护秋公约，请全体社员认真执行。

第一，每个社员都要自觉地维护秋收秩序，同破坏秋守秩序的不良行为作斗争。

第二，损坏一棵高粱罚工分 3 分，或者罚补助粮 3 两，按棵计算；损坏或偷割谷子一棵罚工分 2 分，罚补助粮 2 两，按棵计算；偷掰一穗玉米罚工分 5 分，罚补助粮半斤。其他庄稼参照此标准处理。

第三，各户的牲畜损坏庄稼按照以上条款处罚。

第四，看青人员不负责任造成损失要严加惩罚，除扣除当日工分外，还要在社员大会上做检查。

第五，各家要看管好自家小孩，不要放任孩子上山损坏庄稼，发生损毁庄稼现象，追究家长的责任。

以上各条，希望全体社员认真遵守。

闫家杖子大队革委会　1976 年秋

下场　下场，敖汉旗读下 cháng（二声）。秋季打场时，都要先把留作交公粮和购粮的粮食入到生产队库房，由队长和生产队班子人员分别负责过秤，会计和保管员记账，社员轮流打撮子、扛口袋，将粮食扛入库房，这个过程被称为“下场”。

盖印　入完库后，队长和保管员要进入库房，把粮食囤子的上面弄平，拿出生产队的木质大印，在粮食上面打印子，称为“盖印子”。过去各个生产队都有一个长方形木质大印，上面用凿子刻出两个大字，有“合平”“丰产”“丰收”等字样。这块大印由生产队长掌管，生产队库房入库粮食后，马上将粮食囤的上面弄平，队长拿出大印在粮食上密密麻麻地盖几个印子。下次粮食出库前，由仓库保管员、队长、会计三人一起验证印子是否完好。如果印子被破坏，就说明出现了偷盗粮食行为。

印版

5. 分配

决算 每到打完场的年终岁尾，生产队班子都要集中几天时间搞年终决算，有的生产队会计业务生疏的，大队会计都亲自帮忙指导。决算就是把生产队一年全部收入减去各项开支，余数和社员工分累计总数相除，得出每个工日（以10分工为标准）的分值，俗称“一天剎多少钱”。从几分到两三毛不等，赶上年景不好还会出现负数，即一个工日赔多少钱。决算出的工分日值是衡量一个生产队经济水平的标准，有水浇地的地方相对较高，因此称为“好地势”。连姑娘找婆家都愿意往工分剎钱多的地方去。年终决算要按照社员户算清，每户收入多少，支出多少。劳动力多的，挣工分多，到年底就能分回几十元到上百元甚至几百元不等，被称为“存钱户”。劳动力少的或没有劳动力的“四属户”，挣的工分少，年终就得向生产队找钱。如果家里没有现钱，就得找“存钱户”报账，也叫“过户”。这是一种社员之间的财务往来，日后由两户社员之间自行解决。

口粮分配 计划经济时期，生产队承担着向国家缴农业税、交统购粮的任务，还得留下本队的牲畜饲料、各类种子等，剩下的粮食才能够作为口粮分配给社员。社员领取口粮按当时的国家统购粮价计算，如谷子一斤0.125元、高粱一斤0.1元、玉米一斤0.08元等，年终决算时纳入全年分配。分配口粮之前生产队都要搞一个大致的测产，根据当年庄稼长势和实打几场的情况，凭经验都能估算出当年本队的产量，再按照本队实际农村人口，计算出人均应该分多少口粮。分粮食时都在场院直接分配，打一场分一场。都是先留下上交的，由社员入库保存，等到打完场后统一送交粮站。然后才估一下剩余粮食的分量，由队长拍板掌握分粮。生产队会计负责记账，一场一记，最后合计，保证公平。那时一般的生产队好年头一口人能分到360～500斤不等，如果年景不好，一个人一年口粮不足300斤。

副产物分配 生产队园田里种的蔬菜、集体树林子蹿的树枝子、庄稼秸秆等副产物都要按照“人七劳三”的分配比例进行分配，有一些如谷糠、高粱帽、谷挠、高粱挠、荞麦花等物资，就按社员户平均分。一般的这些物资由生产队班子象征性作价计入社员家庭的当年分配。

农业税 农业税是国家对一切从事农业生产、有农业收入的单位和个人征收的一种税，俗称“公粮”。在农村流传着“皇粮国税不可抗拒”的说法，也就是说农业税是从封建社会就有的。中华人民共和国成立后，国家在1958年制定了有关农业税的法规。到了20世纪90年代，国家又出台政策征收农业特产税。全国的平均税率规定为耕地常年产量的15%左右。各省结合各地区的不同经济情况和农作物产量，适当调整，分别加以规定。农村生产队都是以交公粮的形式完成农业税，这部分粮食按国家统购价折款，抵顶农业税任务。直到2006年1月，国家正式废止《农业税条例》，在中国实行了2600多年的农业税，退出了历史舞台。

交公粮

交购粮 这是国家为了粮食安全和大规模的经济建设，按照统购政策向农民收购的粮食，在当时被称作卖“爱国粮”。价格是国家统购价，由收粮粮站直接结算给现金。农村实行家庭联产承包责任制后，农户交的购粮款基本上被行政村扣留作为“三提五统”费。到2004年，国家彻底放开粮食市场，粮食统购政策成为历史。

“三提五统”收缴 “三提五统”是20世纪80年代农村实行家庭联产承包责任制后出现的经济制度，即“村级三项提留”费用和“五项乡统筹”款项。村提留是村级集体经济组织按规定从农民生产收入中收取的用于村一级维持或扩大再生产、兴办公益事业和日常管理开支费用的公积金、公益金和管理费。乡统筹费，是指乡（镇）合作经济组织依法向所属单位（包括乡镇、村办企业、联户企业）和农户收取的，用于乡村两级办学（即农村教育事业费附加）、计划生育、优抚、民兵训练、修建乡村道路等民办公助事业的款项。那时候由于乡村管理不科学，“三提五统”费用年年加码，农民负担日益加重，出现了乡村两级组成工作队粗暴向农民收取费用的现象，造成极大影响。

补助粮 这是一种调动社员劳动积极性的刺激措施。在忙耪忙割季节出工，劳动量大，生产队每天给出工的社员补助二三两至半斤粮食。社员在从事特殊工种活计期间享受补助粮，如参加水利工程、平整土地大会战，出车送公粮、拉返销粮，被大队个别抽出参加农业学习、上山采药、灭鼠等，都给补助粮。补助粮也在秋季打完场时按照会计的记录，在社员会议上公布，有差错的可以找，然后在仓库里给社员分回去。虽是劳动补助粮，也得按统购粮价付款，计入当年农业收入。

6. 分配调节

救济粮 20 世纪 80 年代以前，国家实行的是计划经济体制。农村人民公社下的生产大队和生产小队打下来的粮食必须先保证国家公粮（抵扣农业税）、购粮（国家统购部分）的任务完成后，才能按生产队农业人口定量分配，作为一年的口粮。针对社会上一些因天灾病业而造成的困难户，国家会调拨一部分粮食用来救济，使他们不至于因缺粮而出现问题。遇到自然灾害比较普遍的年份，大多数农民都缺粮食，国家也会调拨一批粮食无偿分配给农民，以度灾荒，这就是救济粮。

自留地 自留地是农业合作化以后，为照顾社员种植蔬菜和栽植果树的需要，由生产队依法分配给社员长期使用的少量土地。其所有权属于农民集体，使用权由农民以户为单位行使。每户使用的自留地的数量，一般不超过当地人均土地数的 5%，那时敖汉旗全旗人均自留地 6 厘到 2 分。人民公社化以后，自留地被废除。直到 1961 年以后，国家制定了政策，自留地才稳定下来，直到党的十一届三中全会以后，农村实行家庭联产承包责任制，才将自留地与大片耕地一起实行承包到户经营。

镐头地 从字面理解就知道是用镐头开垦出来的小片地，也叫小开荒。在国家实行自留地政策后，农民自己在荒山荒坡开垦出来的小面积地块，种些杂粮杂豆，以补充粮食不足。“文化大革命”中，刨镐头地被当作资本主义尾巴而批判，有些刨地多的农民被当作反面典型遭到批斗。

返销粮 在 20 世纪 50、60、70 年代，全国实行粮食的“统购统销”政策，在一些年份，由于主客观原因造成粮食收成减产，农村生产队交完公粮、卖完购粮所剩无几。分配给农民家庭的粮食不够度日，每到青黄不接之时，国家贯彻“统筹兼顾，适量安排”的原则确定返销粮规模、数量和地区，拿出一些粮食返销给农民，以度粮荒。返销粮的价格略高于当地收购价格。当时在敖汉地区的返销粮以黑龙江玉米、山西杂交红高粱、河北的麦麸子等品种为主。农村户口的社员家庭都有一本油印的返销粮领取证，每领一次返销粮，生产队会计都要注明数量加盖印章。这成为那个时代的特殊记忆。

三角债 是 20 世纪农村实行家庭联产承包责任制前后出现的一种债务现象，就是集体欠国家的贷款、农民个人欠村集体的“三提五统”费、国家拖欠农民上缴农副产品的货款，给农民“打白条”，就这样三者之间形成一个债务链。20 世纪末，各级政府曾经把化解“三角债”当作一项重点工作来部署。

四属户 四属户是干部、职工、教师、军人这四种人员的家属。农村有人在外拿工资的家庭叫四属户，俗称“半边户”，意思为家庭主要成员一半在单位就职，一半在农村务农。因为家里没有一个壮劳力，工分少，在生产队靠工分分粮的年头，每年超支，须向队上如数交“口粮钱”，要拿现钱才能领到一家的口粮。工分少，只能吃队里的平均口粮，口粮定量低，往往粮食不够吃。

瞒产私分 “瞒产私分”这一消极行为，几乎遍及所有的生产队，尽管上级严令禁止，甚至不惜动用专政工具，每年仍会有一些生产队长或会计被公社关在一起“办学习班”。但是这种全生产队社员集体“作弊”的行为有着很大的誓约性，必须绝对保密，隐瞒大队和公社，在没有检举揭发的前提下，当时的生产大队也“睁一只眼闭一只眼”，不去深究。

四、改革开放后的农村管理

1981 年农村家庭联产承包责任制普遍推行后，农村管理体制由原来的人民公社体制变为乡村管理体制。

（一）乡镇（苏木）政权

原来的人民公社改变为乡、镇、苏木人民政府，由原来的管理机构转变为基层政权机关。不仅有各种承接自上而下行政政策的党政办公机构，而且有呼应乡村社会需求的专业的“七站八所”，乡镇政府也在制度化规范化的政策改革中不断完善自己的组织机构和权力配置。在乡镇机构改革之初，由于一些深层次的问题和历史的欠账没有得到很好解决，在广大农村出现了干群关系紧张的局面。直到国家全面取消农业税和“三提五统”费以后，政府和农民的矛盾才得到缓和。

（二）村民委员会

村民委员会是村民自我管理、自我教育、自我服务的基层群众性自治组织。村民委员会由全体村民依据《中华人民共和国村民委员会组织法》选举产生，实行民主选举、民主决策、民主管理、民主监督。任期由原来的三年，后来修改为每届任期五年。村一级组织党政分设，党支部书记由党内依据党章选举产生，村委会主任、副主任、委员等依据《中华人民共和国村民委员会组织法》由全体村民选举产生、监督或罢免。敖汉旗大多数村集体经济相对薄弱，除了村部大院外，没有什么集体掌控的资产。

（三）村民小组

在原来的生产队基础上直接变成村民小组，由本组村民推选小组长，主要职责就是简单的民事纠纷调解，上传下达一些会议精神和政策文件，组织村民会议，召集村民参加一些重要活动等。

第三节 耕作方式

敖汉的传统农耕从古至今都有着比较好的传承。比如，土地的精耕细作，通过改良播种措施提高土地的产出率，进行间套种充分利用有限的耕地空间，倒茬轮作实现科学利用土地。这些做法，就是在农业现代化飞速发展的今天，仍然有着重大的现实意义。

一、延续至今的耕作形式

（一）以垄为田

这是敖汉传统农耕一直传承的耕作方法，木犁开沟成垄，垄内点籽，簸梭覆土，磙子镇轧。高粱、谷子、大豆、糜黍等垄距一般为 40 厘米，即 1 尺 2 寸；玉米、向日葵等为 50 厘米，即 1 尺半；机械播种则为 70 厘米的垄距，即 2 尺以上。

（二）打畦种田

在平整的耕地上，做成若干用畦埂围起来的畦子，称为种畦子。敖汉种植春小麦、水稻、蔬菜等都采用此法。

（三）平地耕作

打破原来的垄距进行播种，也称平作。无论是 20 世纪 50 年代的马拉播种机，还是 60 年代以后的机引播种机的作业，都是平作。一般都是在大面积的平坦或水浇地上进行。

二、持续传承的播种方法

（一）条播

使用犁杖开沟成垄进行播种，全旗的大多数农作物都用此法。

垄耕地

（二）埯播

也叫穴播。使用镐头或铁锹严格按照耕地垄的走向挖小坑成埯点种。1949 年以前，人们种玉米、豆类或蔬菜多用此法；之后，在抗旱抢种时也用此法。

以下几种情况要穴播：一是栽地瓜、土豆等作物时；二是缺

踩隔子

苗严重须补苗时；三是在较小地块或地头地脑播种，犁杖“施展”不开时；四是在地里兼种其他作物时。

（三）撒播

俗称“漫撒子”。多见于北部牧区和沙化土地较多的地方，用犁杖将地进行深翻，随翻随将种子漫撒在翻过的耕地上；或将种子撒在松软的沙地上，把牛羊群赶过去，将种子踩进地里。所种作物多见糜子、黍子、荞麦等粗放经营作物，不用莳弄，秋后收割。

（四）顶凌播种

清明节后，土壤已经解冻，抓住现有的墒情进行播种。有这样几种形式：

1. 抢墒播种

按地块的墒情实施播种，先半墒后满墒，先沙土后壤土。

2. 提墒播种

播种前轧地两遍以上，以达到增加上层土壤水分之目的。播种后打 2～3 遍磙子，使土壤和种子紧密结合，促使发芽。

3. 找墒播种

前面用犁杖挑开干土层，后面再用一副犁杖在挑开的垄沟内挑到湿土，把种子播在湿润的土壤上面，必须是浅覆土，及时打磙子。

4. 挖坑点种

适于行距较大的作物，如玉米、向日葵、高粱、瓜、豆类等，挖坑播种覆土后必须踩实。

5. 坐水点种

先挖坑后浇上水再点种覆土。此种做法至今在缺苗严重的地块补种作物还有使用。

地瓜育苗

6. 育秧

地瓜等农作物要通过育秧移栽的方式种植，既可以延长作物生长期，又能提高繁殖能力，相应地提高了作物产量。育秧时，用土坯在炕头围成一个方池子，四周用泥密封固定，大小要根据培育的地瓜秧苗多少而定。在池子底部铺一层农家肥，上面挨个摆好地瓜秧子，再用粪肥等铺平，上面再撒上一层沙子即可。每天及时掸水，通过平日的烧火做饭，使池子升温，地瓜的秧苗便密密麻麻地冒出来，长到20多厘米时，就可以从根处拔起，往地里移栽了。

蔬菜栽培中，茄子、西红柿、辣椒、葱、蒜等都需要通过移栽来进行繁殖，育苗由莳弄园子的把式（俗称园头）进行。人们通过购买、索要等方式取得秧苗，回来栽培到自己的菜园里。旱烟也需要育苗，还有一些既可以穴播也可以育苗栽培的作物，如向日葵、瓜类、豆类等。这给补苗提供了机会，同时保证产量的稳定。

三、不断优化的种植模式

老祖宗留下来的耕地种植模式都是以清种为主。中华人民共和国成立以后，在农业科技推广力度不断加大的基础上，敦汉农耕出现积极变化。采用间作、混作、套作、复种、轮作等种植方法，提高土地的单位面积产量，调整种植结构，挖掘土地的潜力。

（一）间作

在一块耕地上种植两种或两种以上生育期相近的作物，从农业科技角度分析，此种种植方法，充分利用了边行优势和有效空间。比如，高粱或玉米间作黄黑豆的耕作方式，即十条垄高粱间种四条垄或两条垄黄黑豆；麦粮间作，即几垄小麦间作几垄玉米或大豆；粮草间作，即四到六条垄玉米间作两条垄苜蓿草，也有两垄粮一垄草的；粮油间作、油草间作，即粮食作物与小油葵按比例间作；小油葵与牧草间作；等等。

（二）混作

在一块耕地上混合种植两种以上生长期相近的作物。这也是老祖宗留下来的种植方法，以解决在有限的土地上尽可能多地种植作物。比如，黍子和芸豆混种，混收混打，过筛分开；高粱地、玉米地带豆类；打瓜地带线麻或芝麻。在二十世纪的五六十年代，敖汉旗农业主管部门曾在全旗推广玉米、高粱混作大豆，全旗混作面积最多达到 53330 公顷。

（三）套作

也称套种。在同一块耕地上，在前期作物生长的后期于株行间播种或移栽后期作物，以充分利用地利。在敖汉最常见的有小麦地套种玉米、大蒜地套种胡萝卜、小葱畦子栽植西红柿等。

（四）复种

这是一种在无霜期比较长的地区推行的种植方式，在同一块地上一年内种两季以上的作物。在敖汉复种面积很少，南部地区曾有小麦复种白菜、芥菜或荞麦，马铃薯复种白菜、角瓜下茬种白菜等。

（五）轮作

也叫倒茬。同一块地上每年种植不同的作物，严格遵守少重茬、避免迎茬等忌讳，以保证粮食产量。敖汉北部的土地面积大，轮作不成问题，用绿豆、黄豆、向日葵等大面积种植的作物即可与高粱、谷子、玉米等实现倒茬；而敖汉南部地区，耕地面积相对少，轮作就需要在几种大田作物间有序安排，通常是玉米可以重茬种植，高粱、谷子和豆类、糜黍等实行有序轮作。

四、与时俱进的精细化管理

在没有农业机械的年代里，农民对于生于斯、长于斯的土地有着一股强烈的敬畏心理。为了最大化地发挥土地潜力，每年都要对耕地进行一次平翻，结合耙压保墒，达到精耕细作。

翻地

（一）平翻

庄稼收获后到土地封冻前，都要对耕地进行挑茬、扛趟、合垄等作业，把残留在地里的庄稼根茬捡出去，把种了一年已经板结的土地弄松软，为的是明年能更好地种地。

（二）深翻

中华人民共和国成立后，敖汉旗逐步开始推行木犁深翻，秋春两季用犁杖对耕地进行深翻 12～15 厘米。到了 20 世纪 50 年代，开始推广使用畜拉双轮双铧犁深翻，深度达 20 厘米左右，由于耗费畜力，大多数双轮双铧犁都搁置不用成为废铁。60 年代逐渐使用拖拉机牵引五铧犁或四铧犁翻地，深度可达 20 厘米以上，作业速度大大提高。

（三）耙地

工具为钉齿耙，一般都是用木头加铁钉制作，套牛拉动，把耕翻过的耕地上面的土坷垃破碎，使地面趋于平整。20 世纪 60 年代后，被机引圆盘耙和镇压器取代。

石辊子

（四）轧地

工具为石辊，石头凿杵而成，圆柱形，专门镇轧合完垄的耕地，起到保墒的作用。

（五）耪蹚

在庄稼的生长期间进行，传统农耕要求整个庄稼生长期间要做到两耪一蹚，作用在于消灭杂草，疏松土壤，促进作物根系生长。

第四节　综合利用之道

一、庄稼浑身都有用

在传统农耕时代，敖汉 90% 以上的耕地都是旱坡地、旱平地。然而，这样的土地上所生产出来的农作物以及副产品却都有着广泛的用途，民间有一句形象的俗语："庄稼浑身都是宝，看你咋用才最好。"从敖汉的先民到如今的农民，农作物及其副产品的综合利用一直作为优良传统流被传了下来。

农作物副产品的综合利用是符合绿色发展、循环发展、可持续发展的，这些农作物的秸秆、糠麸、秕粒、茬挠（碎秸秆）、根叶等，成为农村畜禽饲养的饲草料补充、各种泥水活、燃料等不可或缺的来源。这些综合利用，才是农村的生态环境得以持续优化的根本所在。

二、农作物副产品的利用

（一）秫秸

打场时，把高粱穗儿用掐刀子扦（方言，意同“切”）下，把秫秸立着攒在一起，经过一冬风干后，春季垛成大垛，做好防雨苫盖，保持一两年不烂。前端细莛可钉盖顶；整棵秫秸可破成篨子，编炕席、掐箔子；把秫秸捆绑成囤子，用来房顶铺底做保温等。

（二）做穰秸

1. 黍秸

黍秸子韧性好，大多用来做穰秸。抹房（顶）、脱坯、垛墙相当于水泥中的钢筋，结实耐用；穰秸抹墙可以使抹面光滑、泥片不裂；糜黍糠作为细腻的穰秸是抹光墙面、炕面的上好原料。

2. 荞麦秸

荞麦秸子有一种苦涩的味道，不适宜做牲口饲料，除了当穰秸外，其余的可以当柴草烧掉。

（三）做饲料

1. 暴糠

谷子的壳，学名稃，敖汉人俗称暴糠。打场时与谷子自然脱离，扇车出风或扬场出风落地儿的副产品。可以作为猪、鸡、鸭、鹅等的粗饲料，但营养价值不高，俗话说，“暴糠喂猪不上膘”。

2. 碾糠

谷子碾米后形成的副产品，故名碾糠，其实就是小米的外壳。是猪、鸡、鸭、鹅等畜禽的饲料，因其含有一部分小米的成分，故营养价值比暴糠高许多，属于精饲料。缺粮时甚至人可以吃。“谷面子干粮”就是用谷子直接轧面做成的，里面包含有碾糠，人们通常叫“带皮吃”。

3. 荞麦花

荞麦花是把荞麦粒和荞麦秸分离出去后的副产品，敖汉人打荞麦一般不用碌碡（一种用于碾压的畜力农具，编者注），而是把荞麦晒干后，用二股叉来回扒拉，荞麦粒子自然脱落，把荞麦秸子清理出去后，再通过扬场等方法，把荞麦粒子和荞麦花分离开来。荞麦花主要用于喂猪，有时也用来喂羊。荞麦花喂猪时，花猪或白猪不能吃，吃了会过敏，全身发痒。

（四）做饲草

1. 干草

谷子的秸秆俗称干草，打场时，把草一捆一捆捆好，垛在场院一边。到了冬天农闲时，用铡刀铡碎喂牲口。

2. 谷挠子

谷穗脱粒后剩下的碎挠子，主要是与干草掺在一起铡碎做饲草。

3. 豆秸子

打豆子是用碌碡直接打，豆秸往往都很细碎，也称作豆荅挠，营养较高，是家畜的好饲草。

4. 玉米秸秆

民间俗称棒子秸，可以整棵喂牛羊；谷草不足时，把玉米秸掺入干草铡碎作为马、驴、骡的饲草。过去，敖汉玉米种植不多，玉米秸自然也不多，人们不太注意玉米秸秆的利用。不当饲草就当柴草烧掉。

（五）做燃料

1. 芝麻秸子

芝麻秸子主要用于烧柴，干的秸子踩上去嘎巴嘎巴响。因此，芝麻秸子也有了一个人文用途：大年三十晚上，把芝麻秸子撒在院子里，俗称撒岁。人们在院子里走来走去，会发出“嘎巴嘎巴”的响声，俗称踩岁，也叫踩祟，取岁岁平安、驱害辟邪、节节登高之意。

2. 高粱挠子

高粱穗脱粒后剩下的部分，因其“耐烂”，多用于苫墙头，把高粱挠子压在墙头两侧，可以保护墙头、墙面不被雨淋，让土墙多挺年岁。更是摊煎饼的好燃料，煎饼鏊子（烙饼的器具）下面烧高粱挠，烟气小，火候正好。

3. 高粱帽子

高粱的壳是打高粱时的副产品，除了一少部分用来酿酒外，大部分时候都用来“暖（敖汉人读 nǒng）炕”，晚饭后，把一撮子高粱帽子塞进灶膛里，任其慢慢燃烧，能让炕保持长久的热度。

4. 棒子瓤

玉米棒的芯，主要当柴火烧掉。

5. 茬子

庄稼的根茬俗称茬（敖汉人读 zhà）子，利用最多的是高粱和玉米的根茬，用镐头刨下来当柴烧。刨茬子是个很辛苦的活儿，俗语有“男怕刨茬子，女怕补袜子”的说法。

三、牲畜副产物

（一）皮张

皮张除了出售，多数加工了自己利用。做皮袄、皮裤、皮手套、皮护膝等多用羊皮；做皮褥子多用羊皮、狗皮、狼皮；做皮帽子多用羊皮、狗皮、兔皮、狐狸皮；牛、驴、骡马的皮张主要是加工成皮绳、皮套等。

（二）毛

羊毛、牛毛主要是用来擀毡子、织毛衣、毛袜子；猪毛用来打绳子，俗称猪毛绳；鸡毛做垫子、枕头，绑鸡毛掸子、勒风匣等。

四、林业副产品

敖汉地区盖房、做家具等所用木材大多就地取材。树木除了做檩、柁、家具外，其副产品主要是树皮、树枝、树叶等。

树枝和树叶可以当柴烧，上火快。特别是树叶，在冬季晚上做完饭后，把树叶塞满灶膛，令其慢慢自燃，可以让炕保持持久的热度。

对敖汉人来说，榆树全身是宝：树叶、树花（即榆树钱儿）可以当野菜食用；榆树皮晒干用碾子轧碎，掺入到面粉里，可以使面粉滑润、筋道，口感好；炖豆角时掺少许榆树皮和杏仁可以使豆角香味浓郁，令人食欲大增；树枝条是编筐、编篓的好材料。

第五节　公共设施

一、碾子

传统食物的主要加工设备为碾子和磨，用人推或牲畜拉使其转动，通过碾轧、磨磨的办法，达到去皮、粉碎、成浆等不同目的。

（一）碾子的结构

碾子分为碾盘和碾砣两部分，碾砣大、碾盘大称为大碾子，是专门用来推米的；反之两者都小的是小碾子，是平日里碾米、轧面、破䅟子的，构造一致。石头碾子还分帮台碾子、连台碾子两种。所谓帮台碾子，就是碾盘比较小，需要按碾子时用石头、土坯之物加大穰秸泥垒起碾台，用来放置碾盘。而连台碾子是用大块石板杵成，碾台宽大不用再垒，这样的碾盘干净。碾盘中心有一个对掐粗圆孔，将一圆孔粗细的干榆木插入孔内当立轴，称碾管芯（也有称“碾管项”），露出一米左右，底部与碾框子眼儿接触部位，四周竖着镶嵌几条长方体生铁块，称下砧子。碾盘上面放一比例合理的碾砣，套进木质的碾框内，控制其转动。碾框挨碾管项的一面中心位置有一圆孔，称碾框子眼儿，上下镶嵌铁质碾穿，套在碾管项上使之不脱离碾盘。碾框外侧前后各有一偏眼儿，安插木棍，称碾棍。前碾棍用来拴套，后碾棍用于人推。碾盘外圈是碾台，是存放碾轧过程滑下来的米面的。使用时，碾轱辘围着碾盘一圈圈自转，靠重量和硬度将农作物碾轧，达到轧面、去皮的目的。碾管芯长期支撑着碾轱辘转动，砧子与碾穿接触的部位经常抹点废大车油，起润滑作用，转动时既轻快又不发出“吱嘎”声。一般大碾子靠近碾管芯的碾框钉有两个长钉子，两个钉子中间挂上带插板的木质粮食漏斗，控制流落到碾盘上粮食的多少，边转边流。人们在使用过程中根据它的特点，总结出一个形象的比喻，即把生活或劳动中长时间承担一项主要任务或协议双方的中间人称为“当碾管项”。

（二）碾子的维护

经过近一年的使用，磨的上下两扇磨盘和碾子的纹理已经磨平，要请石匠把碾子纹理凿深，以增加磨、碾的磨浆能力，民间叫杵（敖汉人读 chù）磨、杵碾子。在乡村，除了石匠，还有专门杵磨、杵碾的手艺人。

对碾子、磨的需求不同，石质也就不同，比如：磨米面的磨，石质不能太硬；磨豆腐的磨却要求磨的石质较硬；磨油的磨要求就更高些，不但硬度高，密度也要大，即所谓“旱磨软，水磨硬，油磨细如镜”。磨的石质不同，杵磨的技巧、手法也不同。石匠的饮食由使用磨、碾子的各户分担或由大户人家以“积善”的名义独立承担。

杵磨、杵碾子常用的工具有锤子、錾子（钎子）、花锤（刃子、剁子）、套子等。

锤子一头是平顶，一头是凹顶，干大活、粗活时用平顶，另一头打钎子（錾子）。钎子有尖头、扁头两种。用锤子凿“大花”后，就用剁子加细，像斧子一样砍、剁。用其行话说，杵磨的锤子叫“雷公砍”，钎子叫“钉石散”。

杵碾子时，从碾盘的中心点开始围绕中心点向外有规律地凿出一条条凹痕，碾砣也是如此，条纹似直非直，似弯非弯。如果是杵油碾，就复杂多了。

石磨转起来以后，龙口下来的料散落在两轴之间，如果前轴高后轴低，使料不能及时分散到齿子里去，磨眼里下料快，这边分散慢，就会噎磨、呕磨，所谓“前轴欺后轴，非噎即呕”，就是手艺人的经验总结。

如果前轴过低，再加上两扇磨盘之间的间隙大，龙口的料满足不了齿子部分的需要，磨膛里料少，随来随走，不能进行较好的粗加工，只听“隆隆”的空响，手艺人称之为“磨膛空，赛如钟”。磨齿部分杵平、杵匀难度也很大，杵完后，需检验几遍，检验时在下扇磨上不同的方向、不同的位置，放上大小相同的小沙堆，然后把上扇磨扣在上面磨几圈看，就知平不平、匀不匀，不平再杵，直至满意。

磨膛内的间隙，前后轴的高低极难掌握，前后轴高与低只在“一芝麻粒”大小的缝隙变化，稍有不慎就出毛病。所以手艺人们常说：“杵磨不做轴，做轴爱丢丑。”杵磨时，尽量磨轴间不做大的变动，只是用“雷公砍”剁出个新面（见见新）而已。

杵磨的从纹路的花样、深浅、宽窄等方面，各有一套自己的经验。谁的手艺好，下货快，出货多，谁的活儿就多，生意就兴旺，谁就保住了饭碗。所以，自己的高招都是秘不外传的，教会了别人或是“艺”被偷走，就等于砸了自己的饭碗。

（三）碾子使用习俗

碾子是公用设施，供千家万户使用，一天到晚没有闲着的时候。人的日常食物和牲畜、家禽等“张嘴物”的饲料，全靠碾子来加工。“上碾道”成为人们日常生活中主要的劳动之一。农忙时，人们往往起大早、趁着晌午头或贪黑来完成。到了打完场后，家家户户要碓米。尤其进入三九天或腊月最挤的时候，碾子几乎昼夜不停。晚上端来一盏煤油灯，借助微弱的灯光帮助。三九天推碾子备下一年的小米，到腊月开始轧荞麦、淘米，准备过年。

千百年来，人们对碾子有一种敬畏心理，尊其为“青龙”。添置新碾子不能说买，挪动碾子的位置不能说搬，都叫请碾子。盖新碾道或碾道易址，请碾子时都要举行传统仪式，众人焚香叩拜，口中念念有词“请你到某某新碾道去吧，天天吃粗粮细米”。道儿远套花轱辘牛车拉，道儿近则用大绳子拖拽，并拿鞭子抽打，以示驱赶。每逢过年，都要给碾道和碾子贴对联、挂钱儿、贴横批等。有一首谜语“石头山，旮旯峪，走一天出不去”谜底就是碾子。

碾子与敖汉祖祖辈辈的生活息息相关，由此衍生出许多民俗。如：二月二不可轧碾子，怕轧龙头；清明前后三天，村里的事中人负责将碾道门锁上，有“清明三天轧碾子，狭獃（狼）进庄”之说；小孩子不可推空碾子玩，否则容易长“耳底子（中耳炎）”；发现家中的不祥“镇物”无法处置，放到碾盘底下，意为“由青龙降压”；等等。

在乡村，因为是多个人家共用一个碾子，常常会碰车，人们便约定俗成形成了一种排队规则：后来者把扫碾子的小笤帚或在碾道里能用得上的物件儿，如驴套等，提前放在碾道里，告知正在使用碾子的人，问明排队人的情况后，便可继续忙其他活计，待到时间差不多时再来碾道即可，俗称占碾子。很少有人无故不按顺序用碾子的。当然，占碾子只是一种形式，如果碰到人家有急事用碾子，也会主动相让，谁也不会计较。

“上碾道”时除了扛、背、端粮食外，还要把用具拿全，缺一不可。包括套、捂眼儿、支棍儿、扫碾笤帚、笸箩、簸箕、箩（根据箩眼儿大小，分小箩筛、大粗箩、二细箩、细箩。有时按用途区别名称，二细箩叫黄米面箩，细箩叫荞面箩）。使用之前要知道前一份轧的啥东西，称“看看轧啥的碾子”，意思是两者之间是否有影响。遇到这种情况必须串碾子，用棒粒子、糠等把之前碾轱辘、碾盘上的残留物清除干净。冬季轧黄米面，碾子凉容易往上面沾，中途或之后常用棒粒子串碾子。

少来少去的东西不值当套一回牲口，大多一两个人一前一后抱杆儿轧，又叫抱棍子轧。没养毛驴的户“耿直”，不愿张嘴求借，免得讨人嫌。抱杆儿轧一回碾子，棉袄常常被汗溻透。

套牲口拉碾子多用毛驴或骡子，戴上捂眼儿，牲口长时间转起来不晕。有抓嘴毛病的牲口还要戴上箍嘴儿。推谷子、轧黄米面数量多、时间长，当毛驴拉碾子走累时，用另一头牲口来换套或用人在后面推碾杆来“帮毛驴子”。骡子力气大，一般情况下不用人帮。

（四）碾道

碾道是安放碾子的房子，是农作物加工的场所，大多建在村中央的开阔地方。小的村子有一两个，大一点的村子三五个不等，均安放一盘碾子。附属设施有放置笸箩或簸箕的土台、吹糠皮的扇车等。有的碾道有房子，大多为两间一明，中间一架挑梁柁，一副门，留个小窗口大多不安窗户，三五根胳膊粗木棍，或横或竖埋入窗口，用泥一抹。很多碾道是露天的，雨雪天气就不能用。一年四季，成群结队的麻雀在碾道房出入觅食。门前埋着一两根粗木桩，称“拴驴桩子”，方便套前卸后拴牲口。

碾子功能单一，而碾道在村里却发挥着许多作用。

碾道是村里人自发集会的场所。碾磨千家用，谁家的粮食也不能带皮吃，没有三天不“轧碾子”的时候。你正在轧碾子，我接班在此“等碾子”，他准备轧前来“看碾子”，还有在家里闲不住的，找人多地方来说闲话……一年四季，碾道里外从早到晚很少断人，话题不外乎村子里重大事件的议论评说、来自千门万户的新闻、邻里间的互通有无等，碾道成了村子的活动中心。

碾道是维系村里人感情的纽带。一是团结互助。谁家有大事小情淘米轧面，老少爷们纷纷前来帮忙，欢声笑语，热闹非凡。二是礼让三先。一听张家解释说中午等米下锅，李家本来等了好半晌儿了，还是会把排到的班让给他。三是慷慨解囊。遇到断顿户求借，张开嘴尽量让其闭上，哪怕只借给一瓢一碗。四是助人为乐。有人端着簸箕来抱棍子轧碾子，赶上套牲口的轧完了，一句“使牲口轱辘几遭吧”，畜力代替了人力。闲人来碾道，见一个人抱棍子满头大汗，总会热心地帮助推几遭。五是甘于奉献。公共设施大家自觉维护，怕碾道漏雨，大伙一合计抽时间抹抹房；碾台坏了有人端盆泥抹平；牲口的粪便有人及时清扫。

碾道

碾道是过往行人歇息投宿的驿站。出远门贪晌贪黑赶不到家的人、无家可归的讨饭人等，找到碾道后，或掏出自带干粮、或讨要一口饭吃，然后在碾道歇晌住宿，避暑御寒。甚至有时家庭闹意见，个别成员赌气跑到本村或邻村的碾道里躲上一宿。

碾道是孩子们的乐园。星期假日或放学后，全村孩子纷纷聚集在碾道门前的空场上嬉戏，做各种各样的游戏。

到 20 世纪 80 年代后期，碾子逐渐被碾米机、粉碎机取代。如今，在农村还能见到碾道，但是使用的人很少了。

二、磨

石磨是用于把粮食加工成粉、浆的一种机械，由上下两扇圆石块做成，俗称磨盘。磨盘中间的接合处有纹理，粮食从上方的孔进入两层中间，在沿着纹理向外移动时被磨碎，形成粉末或浆。

磨分上扇和下扇两部分。下扇中间有磨脐、磨膛、磨齿等。磨齿外部为砂口和磨口，其宽 3 指，所谓“二指磨口一指砂”。上扇有磨脐、前轴、后轴、磨眼、龙口、磨齿、砂口、磨口等。磨眼是打在上扇的透眼，上扇扣在下扇上，从眼里向两扇磨之间注入原料，然后从磨眼流入龙口，龙口的宽窄、深浅根据原料而定，磨豆子的龙口有一指多宽、深。

豆碴子流入龙口后进入磨膛，磨膛与磨齿、磨口不在同一平面上，而是上扇磨膛略显

"凸"形，下扇略显"凹"形，磨齿部分也顺势向外，间隙越来越小，到了磨口就全面接触了。

也有使用石磨来进行粮谷加工的，因为石磨的面积小，只能加工少量食物，比如春夏秋季节泡好高粱、小米等，用石磨推煎饼沫摊煎饼；泡好小米和黄豆，用磨推成浆，熬煮甜磨粥；更多的用处就是推豆浆做豆腐。不论什么地方，石磨都在屋里安装，没有在露天地儿的。

磨多架在石头等搭成的台子上，或用木头做成的三角架子上。磨的下扇不动，上扇在人或畜力的牵引下，以下扇的磨脐为轴转动。上扇有两个磨眼（小磨一个），供漏下粮食用。大磨直径 2.5 尺左右，一个人或一头驴就能拉动。小磨直径 1.4 尺左右，能用手摇动。还有一种小磨，可以放在屋里，用人来推转，使用起来十分方便，俗称拐子磨。

在敖汉地区，磨豆浆、做豆腐或漏粉都要用到磨。磨的另一个用处是加工荞麦。先把磨脐垫起一些，这样能把荞麦皮磨破，但里面的粒子却不碎，所以，也叫秃噜皮。秃噜完毕后，用簸箕簸出荞麦皮，剩下的称荞麦身子，把荞麦身子用碾子再轧成面，这样加工出来的面不发黑。

磨多用毛驴牵引，民间叫推磨，歇后语说"磨道的驴——听喝儿"，说的就是推磨。推磨时，用勺子把泡好的豆踖子从磨眼陆续添入，并适当少量添水，经磨研磨后就会变

磨道

成豆浆。

过去许多村子的大户人家都有专门的磨坊，里面安放着牲畜才能拉动的大石磨。除了磨面和给牲畜磨料外，每逢过年过节，全村人都要用磨磨豆腐来改善生活。生产队时期，磨只用来磨豆腐。因为用途单一且季节性强，一般村子很少有像碾道一样专门安放磨的房子。有的磨坊设在生产队部的空屋子里，屋子中央安放石磨。有的碾道宽绰，就把磨和碾子安放在一起。还有的在使用时临时找个地方。平日里除了有办红白喜事或盖房子搭屋的人家磨豆腐外，其他人家到了农历传统节日才到磨坊排班磨豆腐。人们平日里摊煎饼，都使用手推的小磨。

三、水井

村落离不开水井。通常，每村都有几眼井，一眼井可供几户、十几户人家几代甚至十几代人生活，是村民们珍贵的公共财产。水井深浅不一，根据地下水位情况而定，有一两丈深的，也有四五丈深的，甚至十多丈深的。如果村中户数增多、距离井较远，或者重新立村，挑水不便时，几户人家就会商议共同出人、出资打井。把井里沉积的泥沙、杂物等清理出来，俗称淘井；如果水位下降，就要继续往下挖，俗称“向下追”或“追井”，使井水来得更旺盛。

（一）取水工具

1. 辘轳

井口上方安装辘轳架。辘轳架用两个木头交叉成“×”形制成，立在井沿一侧。把辘轳固定到辘轳架上，辘轳的一端有摇把子，俗称辘轳把，供人摇辘轳用；另一端或插在辘轳架后侧的一块大石条上，俗称辘轳桩，或用绳索沉一块大石块。水浅的地方，不用辘轳，直接用水扁担钩着水筲，把水吊上来即可。

2. 井绳

井绳要与井的深度相配，一端拴在辘轳头上，另一端拴在水斗子上，打水时，摇动辘轳把，井绳逐圈缠绕在辘轳上，就把水提上来了。

3. 水斗子

学名栲栳，俗名笆斗子、柳罐斗子等，用柳条编成，容量与水筲的容量相符合。20 世纪七八十年代后，开始使用橡胶带钉制的水斗子，经久耐用，取代了柳罐斗子。

4. 水筲

即水桶，用木板插对而成，由专门的匠作人员制作。

5. 水扁担

挑水用的工具，比扁担略短。与扁担不同，水扁担的两端各固定一个用铁打制的下垂的钩，俗称水钩子，固定在水扁担两端，用于钩住水筲上梁。

6. 三齿铙子

用于打捞水斗子的专用工具。

（二）打井

水井由井身、井沿儿（也叫井口、井台）、辘轳、辘轳架、井绳、水斗子组成。

井身是一个从地面垂直向地下挖的圆筒，一直挖到水面以下为止。井底的直径一般比井口大，所谓“膛要大”，以求井里能多储存一些水，来水的范围也会更大。打井之前，要先请有经验的人看水脉，确定井位，选择吉日。开始打井这天，要举行祭祀祈祷仪式，设置供桌、焚香奠酒，每家主人或参与打井者，都要跪在桌前，祈求神灵保佑井水兴旺、打井者平安，鸣放鞭炮后才破土动工。

打井是十分隆重的事，也是值得纪念的大事，因此，有的村落在起名时干脆就叫新井村。打井期间，大家都会齐心协力，如果挖到地下水面，俗称见水了，人们就要“吃喜儿”以示庆贺。

打井最关键的人是把井口的人，这个人要胆大心细、有经验，往上提土，往下送人、送石头、送工具，都要由把井口的人把关，是打井队伍里的核心人物。每当井底的人装好土后，就会摇一下井绳，把井口的人就会喊：“捡起来！走！”拉绳子的人就会一起用力，将装满土的筐拉上来。

最辛苦的是在井下干活的人，地下潮湿阴冷，而且还有危险，每隔一个时辰就要上来倒班一次，休息后再下井，一般都要给以额外的犒赏。

井沿

井身挖好后，要用柳木（柳木不怕水泡）做成井襻下到井底，然后在井襻上贴着井壁向上砌石块，石块用绳索和抬筐续到井下，俗称甃井。从井底一直砌到井口的，叫一甃到顶；只砌井底和井口两段，中间不砌的，叫“穿靴戴帽”。

（三）使用习俗

井口一般要高出地表，以免脏水杂物流入。对井口的建设和维护十分讲究，好的井口用一整块大石块凿成，最差也要用粗大的石条搭接而成。井附近一般都安放有石槽，俗称井槽子，方便耕作或放牧归来的牲口饮水。有的还在井沿附近挖个水坑，把不用的水放到里面，便于人们夏季沤麻或做泥水活。

挑水，是人们生活中必须进行的内容。到了冬季，还要早早起来，把井沿上的冰刨开、雪扫净，便于人们挑水。这类活大多由人们主动去做，不用谁安排，也是积德行善的事情。家长还要经常对孩子进行安全教育，不让孩子到井沿上玩耍，防止孩子在玩耍时掉到井里。即使如此，孩子掉到井里的事还是时有发生。

如果有人遇到不顺心或想不开的时候寻短见跳井，即使把人打捞上来，附近的吃水人也要懊恼好些天。如果是老井，水也不好，人们就会弃之不用，再打新井；如果能用或没能力打井，也要把井里的水尽量淘干净，等有了新水再继续使用。

中华人民共和国成立后，出现了半机械化的提水工具——水车，由大小齿轮和链条、皮阀、水槽、水车管子等组成，用牲口拉着，在园田等处使用。压水井也逐步在水浅的地方流行，俗称洋井。

洋井

四、生产队队部

1958年成立人民公社以后，以生产队为生产单位，较大的村子分成几个生产队。每一个生产队（俗称“小队”）都有队部，通常称为“社院子”“社宅”。社院子多为较大的三合院，也有建成四合院的。院里盖有主房、厢房、棚舍、大门洞以及门洞房，分别用作住宿、办公、库房、牲畜圈、农具存放室等。

在社院子的正房，用来住人的两三间叫“社屋子”。屋里搭锅台和条山炕，用苇台子隔开，供五保户、饲养员居住或休息。社员除每天来记工分外，还经常在此参加小队召开的各类会议、开展扫盲学习文化、成立俱乐部开展娱乐活动、举办毛泽东思想学习班和政治夜校等。生产队秸秆多，冬天屋子烧得很暖和，引来许多社员没晌没夜地闲聊、打扑克。这里是生产队班子人员的办公室，也叫生产队部。一般都是与生产队饲养员的住房合在一起，炕上放着饲养员的被褥，社员们开会时也都坐在炕上听会。屋地放着一两张办公桌和木质椅子，专为生产队会计和保管员使用。有办公桌的地方也就是办公室的象征。通常生产队开会，椅子是队长的专座，会计就得在炕上挤。

条件好一点的生产队建成四合院，与正房相对建有几间门房，其中最宽敞的一间，是前后打通的门洞，安放着木板大门。生产队门洞平时是社员们闲待的地方，也是每天等候生产队队长分派活计的地方。门洞两侧用白灰或水泥抹成刷墨汁的黑板，上面用粉笔写着时事政治资料，也用来写一些临时性通知，比如“××日领取返销粮”“×××去大队开会”，也有“×××把刮锄落在山上了，谁见着了，告诉他”等。

（一）仓库

在社院子的东侧建有几间仓房，也有建成独立的几个圆形粮仓，这是生产队的库房和仓房。库房里面盛放各类生产资料，如种子、化肥、农药、各种绳子、其他必备的工具等。房笆和墙上挂满高粱头和谷穗扎子，这是选出的种子。仓房则是专门存放各类粮食的，按照粮食种类，用筘子（一种粗的竹席，编者注）在地上圈起圆形粮食囤子，装满粮食后，在粮食的上面盖着刻有“丰收”“合平”“生产”等字迹的“粮食印子”。不论是库房还是仓房，都由生产队的保管员负责管理，门上两把锁，生产队长和保管员各拿一把钥匙，缺一个人都打不开库房门，别人是无权进入里面的。

（二）饲养员用房

生产队饲养员和羊倌平时都住在队部的炕上，一般都是两间一明的条山大炕，靠近门口处搭着一个锅台，用一个土坯垒成的苇台隔开。饲养员管理饲草、饲料屋子，负责饲喂那些耕畜。羊倌也有一个单独存放羊料的屋子，一般都是紧挨羊圈，主要是冬季为将要下羔的母羊补饲，给小羊羔喂料。这两个人必须常年住在生产队部。

（三）牲畜圈

一般的生产队都在社院子盖一排 5～7 间西厢房，这主要是考虑采光和挡西北风。有几间房子是一面敞开的棚圈，里面拴着马、牛、驴、骡等大耕畜。靠近前面安放着一拉溜木槽或石槽，是专门添饲草、饲料的。两槽之间深埋着木桩子，用来拴牲畜。也有从房子的挑空檐檩上吊下来粗绳套或铁丝套，也是用来拴牲畜的。厢房的闲余房间则是封闭的，有门锁紧锁，这是草料库房，只有饲养员才有权开门拿取草料饲喂牲畜。而正房则与队部连山盖着一拉溜房子，有门有窗，里面圈养着生产队的绵羊，叫羊圈，有专门的羊倌经管。有许多生产队还会饲养猪，在正房的后面建猪圈，里面有“猪盘窝”和猪食槽，每年养几口肥猪，到快过年时杀掉，分给社员用以改善过年生活。

（四）大车棚

生产队里一般都有一辆马拉大车，富裕的生产队则有两辆。为防止大车遭风吹雨淋，生产队会把大门洞盖得宽敞一些，在一边停放大车，有条件的则挨着大门洞盖几间门洞房，把其中一间建成前面敞着，是专门停放大车的。车老板每天卸车前，都要驱赶辕马把车倒进车棚。也有的会在正房把一间房子弄得前后通透，一是停放大车，二是作为去往队部后院的通道。

五、积肥场

俗称“粪场子”。一般的生产队院落都很大，在挨着西厢房的大畜圈舍，挖一个大大的长方形的积肥坑，定时把畜圈的粪便清理出来，铺在粪坑里，上面再盖上土。夏季的农闲时节，生产队也要组织社员上山割青草，铺在粪坑里，沤制压绿肥。到了秋季打完场，社员们则集中时间把粪坑里面的粪肥起出来堆放在积肥坑的一边，捣细等候开春送到地里。粪肥送到地里，粪场子也就腾了出来，成为人们运动、休憩、游戏的场所。

六、场院

生产队的场院一般都是占地比较大的一块平地，敖汉北部农村土地面积大，一般都是挨着生产队队部，留出一块平地，四周围墙，留有场院门，有的地方在社院子正房后面就是场院，大车棚子为门口，社院子是进出场院的必经之路，保证庄稼不丢失，粮食入库又方便。秋季拉庄稼车进不来，在场院的一侧扒倒两三板墙出入，拉完庄稼马上将墙复原。春季种上早熟作物，秋天用来做场院，这样的好处是管理方便。而南部地区土地面积小，没有这样的方便条件，则在村中选择一块合适的地方留出来专做场院用地，种些土豆、黍子、蔬菜等作物，入秋后即收获，早早地做成场院。虽然没有围墙，但是庄稼入场时，用高粱等高棵庄稼围在四周，形成围墙。从庄稼进场开始，社员们便轮流在场院里打更值守，生产队班子成员也分工查夜。粮食入库时，在场院过秤记账，用马车运粮食入库。

第六节　农事习俗

一、节气与农耕

二十四节气是劳动人民在几千年的生产生活实践中创造出来的，在农耕文明中，一年四季的农耕活动与二十四节气密切相关，至今仍然影响着人们的生活。比如在民间流传的“四立四绝”之说，把立春、立夏、立秋、立冬四个节气称为“四立”日，“四立”日的前一天人们称之为“四绝”日。“四立四绝”日，农户一般不举办比较大型的活动，如办婚礼、动工盖房、出远门等。看似有迷信之嫌，但是影响深远，至今人们仍然笃信之。再如春分、秋分这两个节气，人们得出“昼夜相平”的结论，夏至、冬至则预示着昼短夜长和昼长夜短的季节变换。在长期的生产实践中，一套按时间排序的“二十四节气歌”流传至今：

“一月小寒接大寒，二月立春雨水连；惊蛰春分在三月，清明谷雨四月天；五月立夏和小满，六月芒种夏至连；七月小暑和大暑，立秋处暑八月间；九月白露接秋分，寒露霜降十月全；立冬小雪十一月，大雪冬至迎新年。”

在敦汉地区，虽然南北气候有所差异，农事活动有所不同，但是总的来说都是按照二十四节气进行农耕生产。在民间至今仍流播着一些关于节气的农谚，例如“不懂甲子莫算命，不懂节气莫种田”“百姓不念经，节令记得清”“种田无定例，全靠看节气”，等等。二十四节气，对农耕有着重要的作用。就是在现代农业科技日新月异的今天，“什么节气干什么活”还是人们信守的自然规律。

立春　俗称“打春”。立春节气赶在春节前称“年前打春”，预示着春天来临较早，俗称“春短”。反之，“年后打春”则“春长”。俗话说“春打六九头”，二者是相对农时来临的早晚而言。农历一年内赶上两次立春节气，俗称“俩春”，有“一年打俩春，粮米（带毛的）贵似金”之说。一次也没赶上的年份，俗称“没春”“寡妇年”，民间忌讳结婚、立墓碑等，与预测年景好坏没有关系。

立春之日，敖汉地区有啃吃生萝卜的习俗，俗称“啃春”，据说可祛病消灾。立春后阳气逐渐上升，天气开始转暖，但离气候意义上的春天还有一段时间，民间有“打春别欢喜，还有四十个冷天气”之说。立春过后，备耕生产开始提上日程。

雨水　冰冻的河水向两岸蔓延，俗称“延流水”。地面逐渐化冻，开始刨开粪堆往地里送粪。有“雨水春雨贵如油，顶凌耙轧防墒流”的农谚。

惊蛰　土地化冻一巴掌左右，进入全面备耕阶段，常说的话是“庄稼人捞不着待着了”。在生产队时期，开始套出辊和磙子轧地保墒。

春分 土地经过化冻，松软、干湿适宜，适合挑地，牲畜拉起犁杖相对比较轻快。过了这一季节，不但挑地“犁杖沉”，而且容易“起坷垃”，民间有“春分风多雨水少，土地解冻起春潮”“春分沥水干”之说。

清明 清明也叫清明节。清明节气的早晚常常与物候成反比，因此，民间有说：“三月清明不见青，二月清明满地青。”“二月清明青见青，三月清明红彤彤（地皮通红）。”过了清明，人们把搭在牲畜棚舍上的秸秆拿下来，俗称“拆圈棚”。同时把圈里的粪往外起，经过倒粪、发酵后送到地里。在敖汉南部山区，清明前后开始栽大蒜、种小麦。

民间常常用清明之日的天气预测年景和粮价。俗话说清明难得晴，晴朗、无风的天气预示着年景好。一旦遇上刮大风，预示收成欠佳，有“清明刮走坟头土，庄稼佬一年白受苦”之说。人们还用风向来预测秋后粮食价格，以坐北朝南的小庙内神像为参照物，按刮西南风、西北风的不同编了个顺口溜：“清明风刮佛爷面，粮食收了也不贱；清明风刮佛爷背，粮食不收也不贵。”

这天，各家各户有不同的饮食，烙、蒸、煎、熬、煮等做出的饭菜，几乎都与清明节气有关。因此，民间流传“清明不蒸不壮（旺），穷得上不去炕”“清明吃鸡蛋，骡马满圈”等谚语。

谷雨 遇到“春短”的年份，过了谷雨节气，视气温、雨水情况，南部地区玉米、高粱、谷子等生长期长的作物就该陆续播种了。农谚有“谷雨雪断霜未断，开犁播种莫迟延”“清明忙种麦，谷雨种大田”。

立夏 到了立夏节气，风沙被树叶和草有效地控制，中北部地区进入播种期，南部地区则进入早春作物播种的尾声。

小满 俗话说“立夏到小满，种啥都不晚”“小满前后，种瓜点豆”，正是播种的最好时节。过了小满，养羊的人家开始打羊毛，进入“羊毛季”。

芒种 芒种距离秋分节气仅有105天，生长期长的作物大都在120天以上，因此面临秋天遇到霜冻“上不来”的危险。俗话说“过了芒种，不可强种”。只有接墒雨晚的年份或“翻地（因没抓住苗或风沙掩埋，重新播种）”时，不得不冒险播种，民间有“过芒种还能抢种18天”之说。适时播种的庄稼已经长高，要及早耪地，以便除草、松土。“芒种雨少气温高，玉米棒子要间苗”。

夏至 夏至开始进入高温季节，有“夏至不拿棉”的谚语，在农事活动方面“夏至忙开铲”，大田作物进入耪地薅地的高潮，玉米要注意防治黏虫。

小暑 天气变热，一年中的暑热时节开始，敖汉地区不论南北都进入繁忙的田间管理时期。玉米等大苗开始追肥蹚地，谷子高粱等旱田作物开始追肥、耘地。

大暑　“小暑不算热，大暑三伏天”，这是一年之中最热的时节，庄稼生长迅速。尤其是种在河湾子或二阴地等涝洼地带的作物，由地气凉“奤窝子”变为“一天一个成色”。荞麦茬种的谷子生长速度明显加快，有“一天顶三天长”之说。趁庄稼拼命扎根的时机，人们抓紧时间耘地、蹚地。

立秋　到了立秋，晚上变得有凉意，有“秋风凉，树叶黄”之说。俗话说“立秋把觉丢”，人们不再睡午觉。地温渐渐变凉，农作物维持原有根系吸收养分，停止扎根。蹚地时只能浅浅犁出一趟沟，把土培住作物根部，俗称“蹚秋板儿”，避免犁深划断根系“伤根”。

处暑　农作物大多吐穗、开花，孕育籽实。有“处暑不拿头，割倒喂老牛”之说，意思是到了处暑节气再没吐穗、开花的作物，到霜冻时籽实就不能成熟了。“处暑动刀镰”，此时青草长大未变老，割倒晾干、封垛，保留丰富的营养，留作牲畜冬春饲草。

白露　农作物籽实进入晒米阶段，有的开始成熟，颜色变化明显，有“白露分五色”之说。所有的农作物和野草，到了白露季节停止生长，不论高矮一律吐穗、开花，民间称之为“白露百草结籽”。白露过后须经常观察农作物成熟情况，开始适时收割。白露节气之前 10 天左右，开始整畦子种小葱，到了白露，小葱出土冒芽，有“白露直钩”的说法。

秋分　敖汉地区以秋分节气为农作物生长的最后期限，有“秋分不割，熟俩掉仨”之说，意思是遇上恶劣天气，成熟的不如刮落的损失的多。正常年份下，大部分地区进入秋收的高潮。“秋分秋雨天渐凉”“一场秋雨一场寒”。

寒露　“寒露草枯雁南飞”，趁着天高气爽抓紧拉地、打场。此时的蔬菜要加强管理，“车动铃铛响，萝卜白菜才要长”。

霜降　霜冻、秋雨随时来临，气候变化无常。打场时常常遇到挨冷受冻、湿一把干一把手脚皴裂。过了霜降，开始挑地灭茬。有一首农谚歌谣：“霜降结冰又结霜，抓紧秋翻蓄好墒，葱韭畦子灌冬水，脱粒晒谷修粮仓。”

立冬至大寒　立冬季节一年的农活结束，进入农闲。趁地面封冻之前，在牲畜棚圈里挖坑埋上木杆，上面搭上横杆，把棒子秸、高粱秸密实地整齐排列其上，用粗木杆压实防止风刮，称“搭圈棚”，以利于畜类过冬。

立冬至大寒节气为一年内连续时间最长的农闲季节，依次为小雪、大雪、冬至、小寒、大寒，民间称之为“冬仨月”。敖汉地区有“小雪封地，大雪封河”之说，除了铡草、磨料和饲养牲畜、家禽之外，很少有户外活动。过去到了该季节，人们有的去远、近的亲戚家住上数日，称“走亲戚”，有的在家里干些编炕席、打箔子、绑笤帚和炊帚、搓草绳等室内零活。生产队时期，允许木匠、铁匠、石匠、毡匠等手艺人四处去“做工夫”，靠耍手艺挣钱粮。会手艺的人农闲时有额外收入，日子相对宽裕些。

二、农事祭祀

（一）修小庙

这是一个久远的习俗。自从清朝中叶关内移民越过山海关和柳条边一路北上，在敖汉这块水草肥美的地方落脚谋生，他们每看中一个地儿，决定在此立村，就会先修建一个简易的小庙，其中或供奉土地，或供奉九神，或供奉其他神仙等。土地庙是必有的，一村两庙则一个土地庙，一个九神祠（里面供奉五王四神）；一村就一庙者，必奉土地。久而久之，就形成了一个不变的习俗，立村先修庙，以求神灵保佑风调雨顺、四季平安。

土地庙

山神庙

小庙或用土打墙，或用石头、砖砌墙，一律朝南开门，叫正字午方位。每逢年节、朔望等日，村里人多到此焚香祭拜。到了除夕，人们给小庙贴对联和挂钱儿。村里人去世，办丧事要到庙上报庙。没有条件的也要捡几块儿石头在村旁垒个高台儿，戳上神牌用作祭祀。人们相信小庙是列位神灵所在之地，求其保佑村子风调雨顺、人畜兴旺。

（二）龙凤日

正月二十五为民间祭祀的龙凤日。这是正月继元宵节之后的又一个中国传统节日，据说有上千年的历史，传说是玉皇大帝与王母娘娘相聚之日，故称“龙凤日”，至今在农村依然按老规矩过。在民间向来认为这是取“龙凤呈祥”之意，希冀新春伊始风调雨顺，一年里百事称心如意。这天也叫“填仓节”，人们为了祈福，家家户户于这天早晨在院子中央空旷地，用草木灰画成一个大圆圈，圈中画上十字，十字中央压一块石板，石板底下撒些五谷杂粮，朝向正房一侧画成一个囤口图案，称之为“打囤”。这天家家早晨吃煎年糕或熥年糕，中午吃饺子，敖汉南部山区也有正月二十五早饭吃面条的习俗。

（三）龙王过生日

农历六月十三，民间给龙王爷过生日，这是为了祈求风调雨顺的一个民俗祭祀活动。这一天家家早饭吃面条或饸饹。村中由会首操办，请来皮影班子，请来龙王爷的塑像，搭起神棚，善男信女烧香、烧纸，上供膜拜。连唱三个晚上皮影，正日子中午祭神，由影匠们唱出请龙王保佑这一方风调雨顺、五谷丰登的愿望。

（四）开犁日子

每年种地时，人们都期待着一年中讨个好兆头，因此十分讲究开犁日的选择，为了择吉日宁愿把开犁时间推迟。民间认为农历占三、六、九的日子最好，有“三六九，年年有”之说。过去老鸹多，占二、五、八的日子会出现老鸹扒苗现象。占一、四、七、十的日子被视为最不吉利，因其与“死期时”谐音，俗称“犯四七十”。

开犁之日有吃鸡蛋的讲究，有“开犁不吃蛋，不是打铧就撅键”之说。犁铧、犁键不会有灵气，吃鸡蛋是人们开犁之日图高兴、求吉利，或是长工为了向东家讨要鸡蛋吃的借口。开犁之前还有用鸡蛋祭祀土地和犁杖的习俗。把犁杖套好入垄，犁铧插入土内，将一个熟鸡蛋埋在犁铧上，“啪”地一抽鞭子赶牲畜前行，熟鸡蛋随之翻出。

（五）敬天苗

庄稼人珍惜幼苗，视为苍天赐予百姓解除饥饿的圣物，民间有“见苗三分收”的说法，将其称之为“天苗”。人们春夏季节到地里查看苗情，都习惯低头看脚下，生怕踩到幼苗。民俗讲究“祸害天苗损寿”，邻里之间闹意见，有时拿小鸡、小猪发泄，从来不敢糟蹋幼苗。俗话说“人怕起外号，地怕出小道”。人们路过种上庄稼的地，宁愿绕远走也不会从地中间抄近道穿过。往地边縻牲口，縻驴绳尽量离地头儿远几米。牲口从春到秋上山必须戴上箍嘴，防止吃道边的庄稼，俗称“睐道”。

（六）上水供

谷子出穗后，遇上阴雨天飞蛾容易产卵，幼虫吃谷叶，成虫吃谷粒。早年没有喷雾器和农药，人们急得没办法，妇女在自家长青虫的地头用手培个土堆，焚香烧裱，跪拜祈求：“虫王爷，求求把你这帮兵快收回去吧。三天之后谷地没虫子，给你上水供。”

民间讲究“张口是愿”，许愿必还。到了第三天，妇女用小筐挎来三小碗热腾腾的面条，摆在土堆前给“虫王爷”上供。若见地里的虫子没减少，会暗暗地责怪自己“心不诚”。

（七）祭瓜王

敖汉中北部地区的沙性土壤地盛产打瓜，种植历史悠久。每到打瓜秧结瓜旺季，主人要进瓜地里仔细寻找瓜王。据说一片瓜地中的不确定位置总会有一个超大个的打瓜，其周围布满大大小小的打瓜，相对比其他地方厚。瓜王确定后，主人会给其把儿上系根红绳，旁边培起个小土堆，用一把草将瓜王象征性覆盖。进地查看瓜情时经常到小土堆上焚香，以示祭祀，祈求瓜王保佑整片瓜地大丰收。开园时，主人会告诉摘瓜人瓜王的位置，不许动瓜王，直到罢园时才摘下来。

（八）供黄仙

黄仙即得道的黄鼬通灵，黄鼬也叫黄鼠狼，俗称老黄、黄皮子、黄咊郎子。供黄仙是敖汉地区较普遍的传统信仰，民间自古至今流传着许多关于黄鼠狼的离奇怪事，不可思议，对一些民间传说无法作出合理的解释。譬如某某大财主或某某有福人家的粮食“禁抓挠”，干吃不见少，是黄仙给“鼓捣”来的。晚上明明包的菜馅饺子，早晨煮熟吃却发现变成了肉馅，疑是黄仙所为。俗话说是黄咊郎子就会迷人，被其迷惑的人癫狂不止，等等，说得神乎其神。久而久之，由迷信演变为信仰，进而采取敬奉和取悦的办法尊为仙家供奉。民间许多农户的仓房里都有黄仙牌位，贴着黄表纸，上写“供奉黄仙之位”。牌位前有香炉，逢年过节或打场、下场时还要烧香上供，祈求黄仙保佑。

在敖汉民间关于黄仙的奇闻很多，为许多人当作逸事津津乐道。有“黄咊郎子听口气”之说，其特点是能够借助人的语言行事，说它行就行，最怕说“厌恶话”；喜欢助力富户，即人们常说的“属黄咊郎子的——净帮硬杆儿须”。如：传说其曾经集体行动，帮助某财主抬来一副碾子，因财主在一旁说了句“可别砸死”而全军覆没；有一人在场院外听见说“一石二斗谷子你还驮不动”的声音，一看黄仙正抽打着驮着小红布口袋的兔子，当马使运粮食，该人迅速上前飞起一脚，口袋落地后瞬间变为一石二斗粮食；黄仙帮助人“打宝场”，遛场过程中粒子吞碡，下场时粮食扛不尽；等等。至今，在一些农村仍保留着供黄仙的习俗。

三、农业习俗

（一）正月十五约月亮

在敖汉旗中南部，流传着一个比较久远的习俗，每年的正月十五晚上，当月上中天之时，如果天空晴朗，银光照亮大地，半夜子时，在院子中间空旷处，将一根一尺长的木棍立于地上，用尺量木棍在地面上的阴影，是几寸便可预测当年是几分年景。用此法作出预测，便可帮助决策当年的农业种植规划。据说通常都比较准确。

（二）月夜量尺影

在农历四月十五这天的半夜子时，把尺子直立在月光下，然后用另一把尺测量尺影的长度。1 尺按 1 丈计算。如影长一丈二三，便认为今年年景不济；如影长一丈五六，年景最好；如影长一丈七八，则会发大水闹水灾；等等。

（三）泡豆子

这是在敖汉中南部比较流行的一种年景预测方法，也叫断旱涝。除夕夜在农村都有一个半夜子时“发纸”的传统习俗，就是在这一夜连双岁的时刻，在祖宗牌位前烧香、烧纸、上供祭奠，燃放鞭炮，辞旧迎新，然后吃饺子、拜年等，这一系列活动就是“发纸”。在

“发纸”前包饺子的时候，将一根秫秸棒劈开，以根部的方向为正月，以此向上排列至腊月，将大小相似的12粒黄豆粒，均匀排放整齐，再将两个秫秸棒合并压绳子捆绑结实，放入水缸浸泡。等到完成“发纸”一系列活动后，将浸泡的秫秸棒从水缸中捞出，解开绳子，从“正月”开始依次查看，看哪个豆粒泡涨了，就说明哪个月雨水将多，可以预测一年的旱涝，也可作为安排种植计划的参考。

（四）除夕夜看烛花

在农村过年时家家都供奉“家堂”，即祖宗牌位。除夕夜在供桌上都点燃大红色蜡烛，当蜡烛燃烧到一定时候，烛芯都会结成一个黑色的炭结，也就是“蜡花儿”“蜡豆”。有经验的老农就会观看“蜡豆”的大小，如果“蜡豆”大，则当年收大粒的庄稼，如果小，则收小粒的庄稼。很长时间以来，敖汉广大农村的农民就依赖这些预测方法，安排种植计划。

养牲畜的人家，家主在过年这天接神后，随意摸牲畜的背部，如其皮毛中偶然存有某种农作物的籽实，则认为这种作物会丰收。

接神时看蜡花，可占谷物丰歉：蜡花大，收大豆或玉米；蜡花中等，收高粱；蜡花自碎，收谷子。

（五）给庄稼过生日

在民间，还有一个给庄稼过生日的习俗，从初一到初十，每天给一种庄稼过生日。具体排列顺序是：

初一芝麻初二花（棉花），初三高粱初四麻，初五初六黑黄豆，初七谷子初八麦，初九初十果和菜。

以上生日中没有玉米，因为玉米是明朝才从南美传来，说明给庄稼过生日的习俗形成要远远早于明代。过年的方式是这样的：比如初三是高粱的生日，一大早，家庭主妇就将一碗高粱放在供桌上，然后燃香焚纸，并小声祷告“高粱神，保佑今年高粱大丰收”等语。这天，不能吃与高粱有关的食物，做饭时，也不能烧秫秸、高粱茬等。如果这天“天好”，预示着今年高粱会大丰收；如果这天风雪交加、天气不好，则预示着歉收。

（六）请谷姑下山

民国年间由移民传入，流行在敖汉中部地区。每年正月十五，人们用秫秸扎成小人，称谷姑。其手上穿一片谷子叶儿，称剥离叶儿。将一节秫秸棒劈开，其中的一面掏空秫秸瓤儿做成槽儿状。拿几粒谷子在手心用力揉搓，使之米、壳儿（俗称糠）分离后放入槽儿内。

仪式开始时，在粪堆顶平出桌面大小地方，铺上黄表纸，点燃三炷香，然后庄重地“请谷姑下山”，即请谷姑为人们预测年景。众人跪拜后，有一位村里公认的事中人操动谷姑手中的剥离叶儿，来回剥离三下。众人目光齐盯着秫秸槽儿观其变化。如果有糠析出槽儿外则皆大欢喜，认为年景好，秋后可去掉糠吃净米；一旦糠未动则预示着年景不佳，只能连米带糠一同吃。

该习俗通过谷姑把谷子进一步神化，把谷子当作农作物图腾，充分体现出人们对种植千百年的传统农作物谷子的尊重，反映出谷子种植历史的悠久。

据考古证实，早在8000多年前，敖汉地区就有旱作农业。在敖汉地区的兴隆洼文化遗址发掘中，就发现了已经碳化了的黍和粟的种子。清康熙三十七年（1698年），康熙皇帝派遣官员前往敖汉、奈曼等部“教之耕种”时，发布上谕说：“朕适北巡，见敖汉、奈曼等处，田地甚佳，百谷可种。”可见，那时的敖汉地区就很适合发展农业。随着关内汉族人的大量涌入，关内先进的农业生产技术也随之被带到了敖汉，大大促进了敖汉地区的经济发展。除了为适应敖汉地区的气候特点稍作改进外，基本上延续和继承了关内的农业生产技术和习俗。

农业生产关系到每个农民自身的生存和发展，期盼丰收就成了每一个农民的最大愿望，由此便产生了很多反映人们期盼丰收的习俗。

（七）过填仓节

正月二十五是民间的填仓节，除了必要的祭祀活动，这天还是确定五谷种子的日子。把过年、过十五生火时留下的灰烬用筛子筛了，看看灰烬里能发现什么种子。据说，初一、十五早晨敬天神时，天神会把五谷赐给人间，筛灰烬时，如发现了谷粒，那就是说这年种谷子会丰收；如发现了玉米粒，那就是玉米会丰收；发现了多种种子，就说明这几种庄稼都会丰收，等等。

（八）求雨

在敖汉地区，对农业生产危害最大的自然灾害就是旱灾，特别是春旱，民间有十年九

填仓节时画的象征粮囤

旱之说。每当遇到大旱之时，各地就会举行求雨仪式，通过祭奠龙王、水神等，求上天降雨。

求雨的头一天，首先要在老爷（关公）庙前搭盖席棚，午后，举行“取水”仪式，并请关老爷下界。由人们推举的代表跪在殿前，焚香磕头，把殿上的关公坐像“请”到一乘八抬大轿里，然后到河里取水。人们早已经在河沿上跪接，成束的香埋在地上焚烧，由两人从河里打上一桶水抬着，同时抬着关公塑像打道回庙，把水存在庙里。没有河水的，就到井里打水。

第二天，两个人抬着昨天取来的那桶水走在前边，桶上插着柳树枝。后面是两人抬着一口锅，用来烧香，边走边往里“续香”，香火要整天不断。再下来是抬大鼓的，走在队伍中间，边走边敲着“老七点”给关老爷开道。关老爷像坐在大轿里，走在大鼓后边，俗称龙王驾或关老爷驾。两侧有人手持金瓜、钺釜、朝天蹬之类护驾，就像皇帝出巡一般。远远看去，红旗招展、声势浩大。驾后是保长、会首及有名望的乡绅们，普通百姓跟在后面，这就是所谓关老爷出马。

为了表示虔诚，所有参加求雨的人都必须光着脚，帽子上插满柳条，口中反复祈祷着“快下雨吧”。所有求雨者不得喧哗取笑。遇到水井、沟塘、河流等，便跪下磕头。过往行人如遇到求雨队伍，也要脱鞋摘帽，肃立在路旁等待求雨队伍过去，不然就会引起众怒。

求雨场景

祈雨仪式

如果只有一个村参与求雨，就围着本村的土地转。如果附近各村也参加，就各村游走。转到哪个村，哪个村就要事先用黄纸书写横幅：“五湖四海，九江八河，由然作云，沛然下雨。”用绳子悬挂在街心。家家门口都要张贴黄纸，写着“供奉兴雨龙王之神位”。两旁贴着对联：“为四海保八方，三分赐雨；树五谷养万民，四指甘霖。”

求雨的人群进村后，由办事人领着村里男性老少在小庙前跪着接香，女人一律不许参加。再由事先推举出的人念“黄表”，词语一般都是：“为我中华大国，及亚洲之东南．×× 省 ×× 县 ×× 乡 ×× 个村合村人等，一秉虔诚，斋戒沐浴。伏乞关圣帝君之神位前，跪而祝曰：‘天将五月，滴雨不降；草木见干，粮谷未种。’民以食为天，黎民百姓心急如焚，乞求帝君显灵威，今五湖四海，九江八河，由然作云，沛然行雨。”然后，将表文焚化。

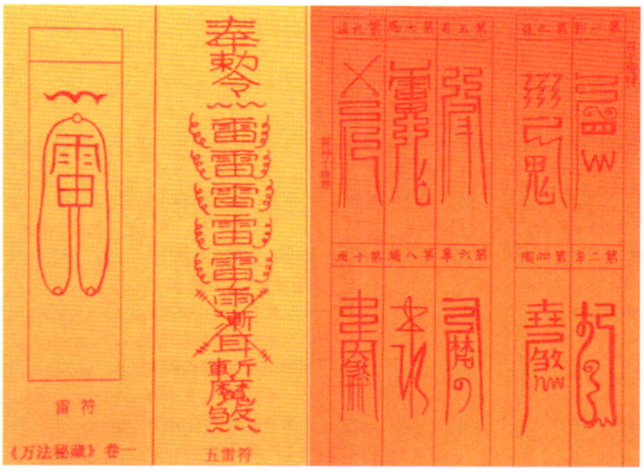

祈雨神符

到了吃饭时间，赶在哪个村，就在哪个村吃饭，伙食由各村操办，柴米由大伙均摊。要家家吃素，不许吃荤，也不许小贩卖肉、葱和韭菜等。认为肉是荤物，是杀生的象征；葱喜旱，俗名旱葱，与求雨相悖；而韭菜的韭与久谐音，久旱久旱，当然最不吉利。

第二天、第三天连续两天都要举行关老爷出马仪式，第四天举行歇马仪式。如果天降喜雨，人们欢呼求雨灵验，感谢神灵，送关老爷归位；如果仍不降雨，则休息三天再继续进行求雨。有的地方求雨时还要许愿：如果降雨，会为关老爷重塑金身、唱大戏、唱皮影等。直到 20 世纪 80 年代，求雨的习俗在敖汉境内仍然存在。

在敖汉旗境内，还有其他一些求雨方式：

1. 抬龙王求雨　在二十世纪五六十年代，在敖汉南部与辽宁交界地区，每到干旱发生，这个地区都有到龙王庙抬出龙王塑像，把柳树条编成的帽圈，戴在塑像头上，敲锣打鼓，人群跟随，边走边向塑像用柳枝淋水，还高喊：“下雨啦！”有时求雨的人群多，就会发生几拨人抢龙王塑像的事情。

2. 淘阳沟　由七男七女拿着铁锨分别站在阳沟两侧，边扒拉阳沟土边念道：“七个男，七个女，淘淘阳沟下大雨。”连掏三下，念三遍。如果一人在自家淘阳沟，则念道：“淘淘帮，淘淘地，淘淘阳沟下大雨。”有的地方把“淘淘”说成“投投”，意思是阳沟被风刮的沙土、树叶和杂草堵塞，将其清理通畅。

3. 刷井口　把刘姓人家的炊帚偷来，借用“刘”与“流”的同音，有流水、水流之意，拿到井台去刷井口。边刷边念道：“刷刷帮，刷刷底，刷刷井口下大雨。”连刷三下，念三遍，之后把炊帚扔到井下。再念三遍，表示炊帚在井下也在刷井帮。

4. 寡妇跪庙　寡妇指丧夫未改嫁的女人，一生恪守着“好女不嫁二夫郎”的传统礼节。民间认为其最心诚，忠贞不渝的决心能够感天动地。遇上久旱无雨，村里的几位寡妇为了全村人的利益，于正午时分跪在庙前焚香烧纸求雨，晒得大汗淋漓，连续三天正午不间断。

5. 埋寡妇鞋　趁丧夫多年未改嫁的女人不备，把其布鞋偷出来。用绳子拴上到河或流过水的沟底拖着走。边走边念道：“候老婆鞋，下河湾；天连水，水连天；大雨下三阵，小雨下三天。”然后把鞋埋在河或沟里，再去告诉丢鞋的女人，观察其反应。女人一听破口大骂：“埋多深，烂多深，烂断你们骨头烂断你们筋。”据说骂得越凶越应验，不骂反倒不灵。

6. 刷桌子　久旱无雨天气让庄稼人着急，只好在自家天地牌位下或院里刷桌子求雨。太阳落山时，一人手拿水盆、炊帚刷桌子，另一人站在一旁。两人一问一答讨吉利话。“干啥呢？”“刷雨呢。”“刷下来了吗？”“刷下来了。”连续问答三次，刷三天晚上。

（九）祈晴

如果遇到阴雨连绵的天气，雨量又很大，人们就要祈晴。祈晴的方式有多种，常见的有：

1. 支棒槌　把妇女捶布等用的棒槌支在雨地里，意思是把天支起来，它就不下雨了。

2. 挂扫天婆　遇到连下暴雨的天气或下冰雹时，人们便用秫秆篣子和瓤扎一个跪着的小人，小人手里捧着一绺黍子篣儿，俗称“扫天婆”。把它挂在院子里，据说可以止雨和止冰雹。

3. 扫晴娘　还有的用黄白纸剪成妇女形状，妇人手拿一把用红纸或绿纸剪成的笤帚，用线绑上，悬挂在屋檐下或庭院里的树上，借风力旋转、摇摆，做扫除状，俗称扫晴娘。

4. 下冰雹的制止方法　是把单个的炮仗点燃着往空中扔，令其在空中炸响。有的地方把菜刀扔到院子里，意思是用刀斩断雹线。

（十）压茬酒

在过去，大户人家种地比较多，一年四季都要雇长短工帮助经营地里的活计。秋天割地之前，东家都要摆一桌酒席，把雇来的长工们请上酒席，斟满一杯酒，东家开言道：“各位乡亲，明天就要开镰了，请大家满饮此杯，割谷子时，都压点茬，多割出一刀草，啥钱都有啦。拜托了！”大家就此开怀畅饮，割地时打头的督促大伙儿，猫点腰，后把压低些，这样割出的谷茬非常短，谷秸上的谷草就多一些，副产物也是收入呀！

（十一）戳耗子窝

敖汉人管生存在村里的老鼠统称耗子，根据体态分大家耗子和小山耗子两种。它们的盗洞遍布各家各户的每一角落，尤其仓房最厉害。在墙角盗土、粪便成堆，进门来一股耗子屎味令人作呕。到了晚上咬开口袋偷吃粮食，把衣物、书本等嗑碎絮窝。自古至今，人们对耗子深恶痛绝，养猫抓、下夹子、投毒饵、下吊坯……不断想方设法，至今仍然无法全部消灭掉。

敖汉民间把农历正月十三视为老鼠会亲（又叫老鼠嫁女）的日子，曾流传戳耗子窝的习俗。这天晚上夜深（俗称夜定、星星出全）后，摸黑进入仓房，拿烧火棍子在耗子窝门口象征性地来回戳，嘴里念叨着：“戳戳哒，戳戳哒，十窝耗子九窝瞎，剩下一窝老猫抓。”连念三遍。

人们误认为此法奏效了，白天进仓房看见地上耗子乱跑，纷纷议论说，耗子都被戳瞎眼了，白天出窝在仓房来回出溜呢。

第二章

农事

敖汉旗位于内蒙古自治区赤峰市，
燕山山脉东段北麓，科尔沁沙地南缘，
是中国古代农业文明与草原文明的交汇处。

第一节　农具

一、常用工具

过去，农具结构简单，多为就地取材制作，主要用料有槐、榆、柳、柞、杨木等，还有一些铁质农具，动力主要是人力、畜力。

现代的锨与旧式的铁锨

（一）通用工具

1. 铁锨

即铁锹，有尖锨、方锨、条子锨之分。

尖锨，锨头呈尖形，凹片状，锹刃锋利，就是古代的铲。是农家最常见的工具，绝大多数的动土都要用到，由当地铁匠打制。20 世纪 30 年代，开始流行现在的尖锨，俗称洋锨，也叫铁锹。

方锨，又叫板锨、大板锨等。顾名思义，锨头呈方形，锹刃呈平直状，适合装卸、清理较疏松的土石、粪肥等。

条子锨，外形呈长方形，较窄，把短，是打土墙时专门打墙花（也叫紧墙面）用的。

2. 镐头

铁质，木柄，有长镐、板镐和尖镐之分。可以在不适合犁杖耕作的小地块上从事播种，因此，敦汉人习惯把较小的地块称作镐头地。

镐头

长镐　主要用于刨茬（敦汉地区读 zhà）子、刨埯、起圈、松土等。

板镐　类似南方人使用的镢头，作用与长镐一样，适合在土质疏松的地里干活。

尖镐　也叫洋镐，20 世纪 30 年代后出现，适合在土质较硬的地方使用。

3. 镰刀

镰刀　是收割时必不可少的工具，也是农民形象的典型代表。刀头长约 6 寸，宽约 1 寸；刀把用圆木制作，长约 2

尺，粗细以手握舒适为限。一块磨石一把镰刀，是庄稼人秋收割地的绝配。镰刀分左手镰和右手镰，大多数人都使用右手镰，个别左撇子使用特制的左手镰。镰刀把必须使用摵出一定弯度的柳木把，也有使用榆木把的，不会用杨木，因为杨木易折。小磨石是许多农民带在身上的一个小物件，从大块磨石上砸下来的一小块，磨出一个光面，在一头钻一个眼儿，拴上一根绳，割地休息时，掏出磨石磨一会儿镰刀，磨好的刀头又快又光，割地十分省劲儿。

镰刀

钐镰 外形与镰刀相似，是北部农村打草的常用工具，比镰刀大很多，刀片 2 尺多长，木把长 4.5～5 尺，可站立着使用。使用时，将钐镰刀杆的末端夹在腋下，双手一前一后握住刀杆，从一个方向向前抡割，先由右向左，根据草的稀疏抡割一段距离后，再返回原处由左向右再向前抡割，一片草地就割完了。

韭菜刀子

韭菜刀子 专门用于割韭菜的，刀头呈弯状，把短，适合蹲着使用。

4. 铁耙子

也叫钉耙，是平整小块土地、菜地的工具，有九齿、七齿之分。铁质，木把，可以搂出地里的根茬、柴草和较大的土块。

铁耙

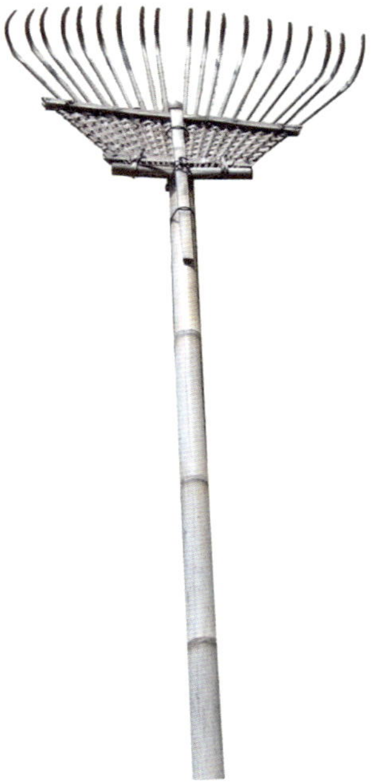

耙子

5. 耙子

耙子有铁质和竹质两种，主要用于搂野外的枯草、树叶，清理农田、园田、场院的秸秆柴草等。

还有一种耙子，叫拉耙，是秋后初冬时搂枯草的工具。它由两部分组成：一部分是一个把儿很长、耙身很大的铁耙子，在耙子的适当位置固定一个背板，俗称耙背（敖汉人读 bēi）子；另一部分是用秫秸或野草硬秆穿的外形类似簸箕一样的帘子，俗称耙帘子。

把耙帘子用挂钩挂在耙子的长把上，位置以耙钩恰好稍微前出到耙帘子为宜。使用时，背板和长把扛在肩上，在布满枯草的荒地上走动，边走边向前拖耙子，柴草自然被搂到耙子上。上满耙子后，用小木棍轻轻敲打耙子，柴草就会落到耙帘子里，如此重复，枯草就会逐渐装满耙帘子。

拉耙搂柴草的效率很高，但也给生态环境带来了很大的破坏，许多宿根的植物会被连根搂起，是导致敖汉地区沙化越来越严重的因素之一。

6. 簸箕

是一种柳条编（系）成的实用农具。簸箕主要用于收运粮食、垃圾，去除粮食中的沙石、糠秕等杂质。一般来说，处理粮食等食物的叫簸箕为多，处理垃圾等杂物的多称撮子。

簸箕

去除粮食中的杂质多用簸箕。比重比粮食小的，一般用“簸”的方法，在熟手手中，簸箕上下飞舞，不一会儿，粮食里面的糠、草秸等就会清除干净了；比重比粮食大的，大多用于“撸娑（敖汉人读 lú suo）”“溜”等办法，通过这些办法，把粮食“溜”出来，把沙石、土块儿等剩在了簸箕里。

往袋子里装粮食，倒运垃圾、粪肥多用撮子。撮子外形与簸箕类似，但撮子的帮儿比簸箕的帮儿略深，上有丁字形提梁，与粪耙子配合使用。播种时，把粪肥搂入粪撮子，跟在犁杖和点种人的后面，把粪肥捋在垄沟中。

农村有句俗话："笸箩簸箕千家用。"学会簸簸箕是一项基本能力，有许多庄稼人一辈子都不会簸簸箕。

7. 笸箩

笸箩是用柳条或荆条等编织的容器。从容量上分，有大笸箩、小笸箩之别；从形状上分，有正方形的、圆形的、长方形的；从用途上分，有盛面（粮食）的面笸箩、盛针线的针线笸箩、盛旱烟的烟笸箩、盛放草料的料笸箩等。

笸箩

8. 绳子

绳子用处不同，叫法也不同，主要有以下几种：

撇绳 用于控制拉犁杖或车的牲口的长绳，一段拴在牲口外侧的笼头上，一端拴在犁杖的扶手上，用时拉动绳子，可以控制牲口向左或向右转弯。

缰绳 拴在笼头上控制、牵引牲口的绳子，长五六尺。一端拴在笼头上，另一端随时拴在任何地方。有麻绳和皮绳两种。

煞绳 用于捆绑车上秸秆柴草的长绳。

口袋绳 用于捆扎口袋或麻袋口的细绳，俗称口绳。

井绳 缠绕在辘轳上提水的绳子。

缁绳 筷子粗细，可多次缠绕、捆扎的细绳。

拘绳 绳子一端带有拘钥的绳子，长 1 丈左右。拘钥用手指粗细的榆树杈制作，因为榆树杈韧性好。把树杈截成七八寸左右的叉子，把两个树杈合拢绑在一起，使树杈形成一个扁圆圈，把交叉处拴在绳子的一端，把树杈的根部削尖。使用时，把柴草或秸秆拢好后，放在拘绳上，绳子的另一端从拘钥中穿出，打个反结扣在削好的尖部。也有一种拘钥不是封闭的，而是一个直棍带钩，作用和用法与封闭型的一样。

拘绳

9. 磨石

磨石（敖汉人读轻声）是用于磨刀、镰、斧等工具的石块，旧称砥砺。质细者为砥，

花筐

挑筐

粪筐 粪叉

质粗者为砺。常见的磨刀石有页岩、粉砂岩、砂岩等。砂岩粗糙较硬，"吃"铁快，也叫粗磨石，用来磨钝口和缺口的家什，如砍刀、铡刀、斧子等；页岩、粉砂岩较软，也叫细磨石，用来磨精细的工具，如菜刀、剪刀、剃头刀、刨子刀片等。

10. 筐

民间使用的筐多种样式，用途不同，叫法也不一样，编法也就有所差异。

花筐 用榆树条、柳树条、荆条等编织的容器，有提篮，是家庭必备器具，可以盛蔬菜、野菜、大粒种子、食品、家庭零用物品等。可放在某处，也可悬挂在房梁、闲屋、敞棚等处。

抬筐 用藤条编织而成，扁圆形，直径2~2.5尺，深8寸，敞口，用粗绳子从筐的外侧和底部交叉兜住筐体，再用细绳固定住。由两个人共同抬着，起圈、垫土、抬石头等均要用到。

挑筐 挑筐用荆条或榆树条编织而成，直径2尺左右，每两只为一副，每只筐用四根手指粗细、3尺左右长的木条均匀分布绑在筐的外侧（或插在筐经纬条的缝隙里），两两绑在一起，装满柴草、秸秆或粪肥后，再用绳索把四支木条捆好，用长扁担挑着行走，俗称一副挑子，适合山区或没有车辆的农户使用。挑子是山东移民经常用到的工具，民间不少人家都有"老祖宗挑着挑子从山东家逃荒而来"的说法。民间办喜事儿也多用挑子挑着嫁妆跟随出嫁女去婆家，俗称挑挑儿的。

粪筐 是用柳条子编成的，又叫粪箕子，它与粪筢子组合在一起便是一对捡粪的工具。20世纪80年代以前，粪箕子是家家不可或缺的用具。因其主要用来捡拾猪粪、狗粪以及其他牲畜粪便，故名“粪箕子”。其实，粪箕子的功能远不止捡拾粪便，它那个大肚子里什么都能装，盛粪、盛土、装麦穰、装果实等。只要能够放得进去，背上去就挺方便的。

粪箕子个头不大，比例匀称，背梁与鼻子梁粗细过渡合理，筐子不深不浅。簸箕口上方有一道“鼻子梁”，筐子后边上沿与鼻子梁中间连接着一道“提梁”，鼻子梁和提梁都是由三四根粗壮的荆条拧成的。提梁上有一个短绳套，那是为背筐用的；与粪箕子搭档的还有一把粪耙子。还有的粪筐与粪叉子配套使用，粪叉子用铁打制，安一个长2.5尺左右的木把。后来，有了粗铁丝，人们就把粗铁丝穿在木把上，摵成叉子。

花篓 也叫背篓，用榆树条编织，先用细榆树条拧成绳子，然后逐圈交叉编织而成。花篓篓壁空隙大，体积也大，但很轻便，适合装质轻、体大的柴草、树叶等。装满后用扁担穿好背回或两人抬回。还有一种花篓类似南方的背篓，用柳条编成，但条纹比较稀疏。

还有一种是篓，可以盛数量较少的粮食等。

（二）泥水活工具

1. 坯模子

脱坯用的模具，是用木板制作的矩形方框，长约1.2尺，宽7寸，厚3寸。模具的两个长边分别长出两个短边，短边镶嵌两个硬木棍或长筷子，便于随时提起坯模子。

2. 泥叉

用铁锨铲（敖汉人读chú）泥时阻力过大，使用不便，必须用泥叉。泥叉有三个齿或四个齿的，是做泥水活的必备工具。还有一种泥叉，比一般泥叉小，但把儿很长，可以直接把泥铲到房顶上，主要在抹房顶时使用。

坯模子

泥叉

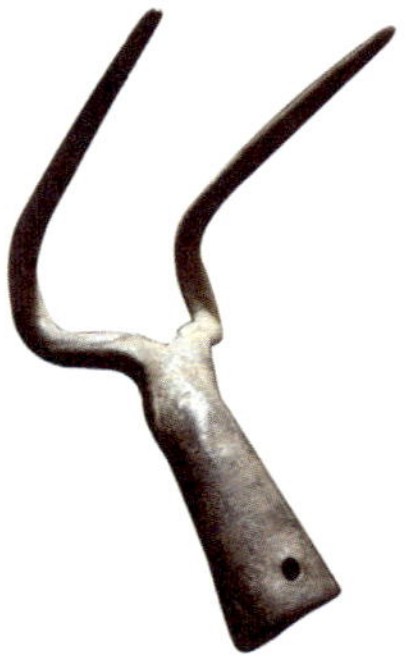

二齿子

3. 二齿子

二齿子由两根稍微弯曲的尖齿而得名，铁头、木把，有两齿，也叫二齿镐子，主要用于和泥，可以把泥和穰秸搅拌得更均匀，使泥更“好使”，还可以用来从事刨茬子等其他农活。

4. 泥抹子

把泥抹平的工具，是抹墙、抹房顶等泥水活最常用的工具，常跟挎板配套使用。

5. 挎板

用来挎掉泥抹子上的泥，还可以用来临时存储泥。

（三）打墙工具

1. 墙板

长约 12 尺，宽七八寸，厚三四寸的木板，共 4 块。打墙时每侧两块，两板交替向上，逐渐增高。

2. 抱杆

类似檩子粗细的木杆，最少四根，打墙时埋在每个墙的四角，上面用绳子把抱杆和梯子两两绑好，把墙板牢牢夹在竖起的梯子上。

3. 梯子

两副，主要用于上房、登高等活动。打墙时用秫秸封堵好，用于堵住墙体两端。当打完第一堵墙后，即可用一个梯子，另一端用已打好的墙做堵头。

4. 楔子

打墙时夹在木杆和墙板中间，用于加固墙板，数量若干。

5. 榔头

俗称小秃儿、秃子等，是直径五六寸的石质圆球，削去一个弧形面后，在形成的平面上凿一深孔，深孔里安装木把。打墙时，两人各执一个，轮流把装入墙板里的湿土砸实。打较宽的墙时，人们也用磙子，也就是种地时打磙子的磙子。踩墙的两个人轮流搬起磙子，第一人轻砸，第二人再搬起磙子狠砸。

6. 条子锨

是长 1 尺有余，宽五六寸的铁锨。每堵墙打好后，要趁湿把墙面用条子锨抽打光滑，这样墙面才会美观结实，俗称紧墙皮、打墙花等。

除了以上工具，还要预备两根粗绳，用于捆绑抱杆。

（四）套具

套具由枷板、套包、套链（或套绳）、籀棍、笼头等组成。

1. 枷板

枷板是夹在骡、马、驴膀前颈上，与套链（或套绳）相连。横截面为椭圆形的两根木棍，由木匠用镟床镟成，套的大小要根据牲口的个头大小而定。

连接两根枷板上端的皮条叫枷板门绳儿，间距一般是骡马三指、驴二指；连接枷板下端的皮条叫枷板绳，长短视牲口脖颈粗细而定。枷板绳系在外手枷板的下端，再呈环套形挂在里手枷板上，枷板下端都有凹槽，枷板绳嵌在凹槽里，由“吊死鬼”（环套）吊着，以防脱落。

2. 套包

套包是套在牲口脖子处的环形软垫，用布料或皮革缝制而成，内充旧棉花、麻、棕草等，可以防止枷板磨破牲口前膀。骡马的套包是封闭的，用时套在脖子上、卸车后抹下；驴的套包是敞开的，用时围在脖子上，在上面用绳扎上，卸套时解开。

3. 套链

驾辕的牲口拉套主要用套链，拉长套的主要是套绳，总之要用结实的铁链或绳索充当。套链与枷板的连接方法是：枷板各凿两个方孔，把V字形皮带穿过，再用铁棍串联，皮带尾端与蹄形铁环铆接，蹄形铁环再与套链（或套绳）相连，套链尾端以铁钩钩在车辕曲眼内。长套的拉车牲口用套绳，直接挂到车下脚上。短套牲口的套绳则拴在籀棍上，由籀棍上的老鸹鼻子和扁环连接，再挂到车下脚上。

4. 籀棍

籀棍是拴在绳套尾端的短木棍，作用有两个：一是让尾端套绳适当分开，防止套绳磨破牲口皮肤，二是让拉力集中在牲口尾端中部，保证拉力集中，便于人控制。

籀棍用位于中间的老鸹鼻子和扁环连接于犁杖的千斤或碾棍（或磨）上的老鸹鼻子连接。打场的套前端与短套一样，后端不用籀棍，直接将两根套绳分别拴在碌碡框的两端即可。主要用于拉犁杖、拉碾子、拉车等。

5. 笼头

笼头用压杠皮或线带系结而成，套在牲口头上，用缰绳连接。脑门处连接左右线带的绳线上多装饰红缨，称“脑门”。据说，戴红缨可以防止旁边突然出现物体惊吓着牲口，俗称“防止牲口眼差”。下唇上边穿连线带的压杠皮叫“下颌”，穿连着旋子，用于插接缰绳。

戴笼头的驴

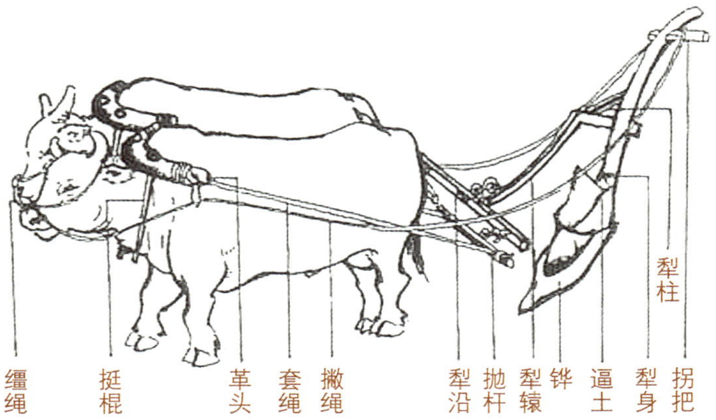

牛套

6. 牛鞅子

牛的套具与驴骡马的套具基本相同，只是枷板不同，牛拉车用牛鞅子。牛鞅子用一个呈钝角形的弯木制成，外侧凿成凹槽，两端顺向凿通，套绳从一端穿过，通过凹槽，从另一端穿出，套绳在凹槽里可以来回窜动，方便牛拉套。其他套具与驴骡马的一样，但牛没有长套，只有短套。与牛有关的套具还有牛鼻具，是把牛的两个鼻孔间的脆骨用粗锥子捅穿，然后再穿上一个铁环，可以控制牛。

（五）其他

1. 鞭子

鞭子是驱使、驾驭牲口的工具，有大鞭、小鞭之分。大鞭用木杆、拧好的竹条等制作，鞭杆较长，鞭绳用熟好的皮子编成，用于赶大车；小鞭鞭杆用细竹条拧成或细木棍代替，鞭绳用麻绳、皮绳等，用于赶小车、推碾子、扶犁杖等。

还有一种类似鞭子的工具，俗称忙牛汆，是把一块石头或专门制作的类似汆一样的东西，用一段绳子拴在一个短木棍上。使用时，手握紧木棍，将带汆的一端甩出，既可用来打击牛等不听话的牲口，还可以防止狼偷袭羊群，甩出、收回都很方便，多为放牧人使用。有时还可以用来捕猎突然出现的野兔等小动物。

2. 捂眼儿

捂眼儿，取捂住眼睛之意。用多层布缝制的布块，在布块其中一个边两端拴绳，用时挂在牲口的耳朵里侧，正好挡住牲口的眼睛。牲口在从事拉碾子、推磨、打场等需转圈行走的农活时会发晕，走时间长了就站不住，戴捂眼儿可以避免。

3. 笼嘴

俗称箍嘴，用榆树条或细铁丝等编织的小笼子，两面拴绳，用时挂在牲口的耳朵里侧，把牲口的嘴箍住，防止牲口在干活时偷吃庄稼或者碾盘上的粮食。

箍嘴

铃铛

4. 铃铛

铃铛主要是拴在套包子上，牲口走动时，铃铛能发出声响，可以冲淡外界突然出现的声响对牲口产生的惊吓，防止突发意外，俗称防止“耳差”。如果是单个的，就挂在套包子下方，如果是十多个的串铃，就用皮条串联，挂在套包前面。

5. 嚼子

横勒在牲口嘴里的小铁链，两端连在笼头上，主要是用来控制马，牛、驴不用嚼子。

二、耕种农具

（一）犁杖

犁杖由犁铧、犁辕子、犁身、瞎摸、犁底、扶手、犁托托、犁床、千斤、犁垈等组成，是农田耕作的重要农具。制作犁杖叫投犁杖，维修犁杖叫“投投犁杖”。用犁杖种地、耕作叫扶犁杖。

犁杖以当地生长的老榆树为原材料，利用树干自然弯曲度加工制作成犁辕子，“犁杖好做，辕子难寻”，一根好的犁辕子材料是非常难得的。有一首民间谜语说：“南边来个老狸猫，撅着尾巴躬躬腰”，说的就是木质弯钩犁。犁杖长约5～6尺，“弓”形榆木犁辕子，犁前有一块方形托木叫“犁托托”，农家教年轻人学扶犁杖常说：“扶犁杖看托托，说媳妇看哥哥。”由此可见，它是弯钩犁上的导向工具。安装铧的部位称犁头，其形与狗头相似，故称为“狗头”。“狗头”的尾部叫“犁底”，于“犁底”和“犁辕”尾部斜置一根四尺长的木杆叫“犁后梢”，也称犁把，是扶犁杖人掌握犁杖的主要工具。“狗头”上有一块斜立的下宽上窄的硬木板，叫“犁箭”，“犁箭”上有一个限位用的方木条，叫“好汉桩”，“好汉桩”下面有一块斜面的中间有缺口的木块叫“犁梭”，它是调节深浅度的。犁杖前有个挂套的横木杆子，叫“耍杆子”，两匹牲畜拉犁放3尺的“耍杆子”，三匹牲畜拉犁放5尺的

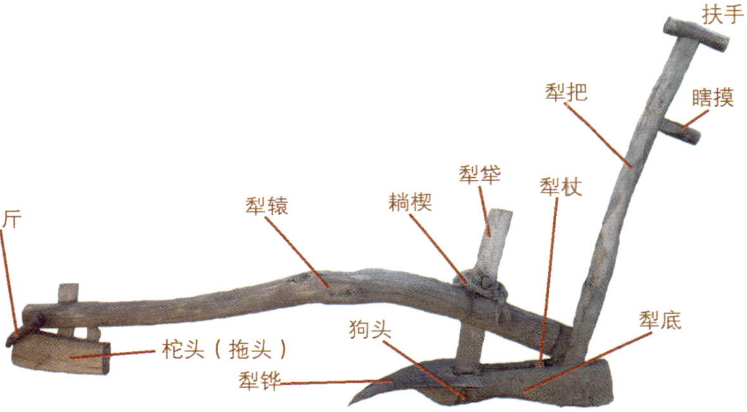

犁杖

“要杆子”，也叫“二杆子”“三杆子”。“要杆子”前还要挂两个叫“小吊棒”的拴套工具。“要杆子”与犁之间有两三节扁圆形的铁钩环相连，俗称“扁环子”和“千斤钩”。

墩犁铧（安装犁铧）讲究正，一个犁铧安在“狗头”上面，需要在铧子里面和木头接触的地方加垫较硬实一点的布片，只要犁底的中线和铧尖在一条直线上，犁铧就安正了。调犁铧是个技术活，太深不行，太浅不中，也不能偏了。“犁铧”发挥作用如何，关键在于怎么调。

春耕之前投犁杖，是每年必须要做的一件事情。因为过去的犁杖都是用木材制成的，使用了一年，许多地方都磨损得厉害，投犁杖就是将所有犁杖拆卸，再找一些新木料，对于一副犁杖上的主要零部件，该换的换新的，该维修的修一修。如果犁辕子完好，则维修起来相对容易，像犁把、扶手等部位都是易坏的，就需要弄来新的干木材，坏啥换啥。

（二）簸梭

簸梭为播种时覆土的工具，由簸梭疙瘩和簸梭弓子两部分组成。簸梭疙瘩为一块长 1.5 尺左右的粗木段，上端钉一个 1.2 尺左右的横木杆。大多用榆木、柳木等密度高的木质制作，分量较重。簸梭弓子把用手指粗细的榆树条搣成 U 字形，两端对称固定在横木杆的两端。在簸梭疙瘩顶端凿一个孔，把一根绳子一端拴在簸梭上，另一端拴一个木挂钩。播种时，挂在前面牲口的籀棍上。簸梭疙瘩一般不易坏，每年只需要换新的簸梭弓子。找来湿润的粗柳树条，搣成弓形，穿入簸梭的横梁，柳条的两头砸成软条状，使劲弯过来褙到柳条弓子上，用绳子或细铁丝绑扎，即可使用。

簸梭

（三）点葫芦头

点葫芦头 也叫点葫芦、葫芦头，由头（俗称脑袋）、杆两部分连接组成，是播种的器具，因多用葫芦制作，故名葫芦头。使用时的配套工具为敲打用的拇指粗木棍，称点葫芦棍。

点葫芦头

头用来盛种子，上有口往里装种子，称点葫芦嘴子。早年的葫芦头是用整个葫芦做的，把长成的大葫芦顶部锯掉，呈一个圆形口，将里面的葫芦瓤掏净，再在中部偏下的地方对应着挖两个方形孔，用来穿葫芦杆。因为葫芦不结实，后来人们就用木板钉、猪皮缝、柳条编、白铁皮砸等方法制作，形状、大小和用途不一。猪皮缝成的呈扁圆体，头、嘴子较小，用来点谷子、黍子、芝麻等小粒儿作物。木板钉的呈正方体，柳条编的呈底部半圆形圆柱体，二者脑袋相对较大，敞口，用来点豆类等大粒儿作物。白铁皮砸制的呈圆锥体，大小、开口介于二者之间。

点葫芦嘴的处理

杆用比重小、分量轻的笔直杨木制作，直径粗 10 厘米左右，长 1.2～1.5 米不等。从上部约 3/4 处锯成大小两半，底部的大半用凿子凿出槽形，称开槽。槽要光滑，便于种子流通。再用刨子把上下两半锯开面推平，重新钉在一起密闭，称钉盖，形成一个中空的管道。要求严丝合缝，防止使用时粒子从缝隙溢出。薄面上附一根抗反复敲击的拇指宽竹板条，把泡湿的皮弦等距离通体缠绕三四道，将槽、盖和竹板条牢固地捆绑。杆上端位于头里部位的中心位置开凿比例合适的槽，上下通透，便于头里面的籽儿流入杆内。下端有往外流籽儿的出口，称舌头。出籽口呈长方形，约 1.5 寸左右，出籽口上下各安放一根细木棍，别着几根细蒿秆或其他硬草棍做的“箬”，“箬”的疏密是控制不同种子的流量，出籽口下面绑着半圈蒿草叫“胡子”，种子通过“胡子”均匀撒落在垄沟里，将来出苗稀疏会很合适。

杆上端穿过头的两端，既起支撑作用，又可以使头里装的种子通过透槽流入杆内。头下端与杆连接处要严实，或塞棉花、布条，或用绳子一圈圈缠绕，避免从缝隙流出种子。

点葫芦在歇犁杖时容易碰撒籽儿，上、下山路上杆容易损坏，要时刻小心。到 20 世纪 80 年代，供销社开始卖用塑料制作的点葫芦头，人们用坏了可以买新的，就再也不做点葫芦头了。

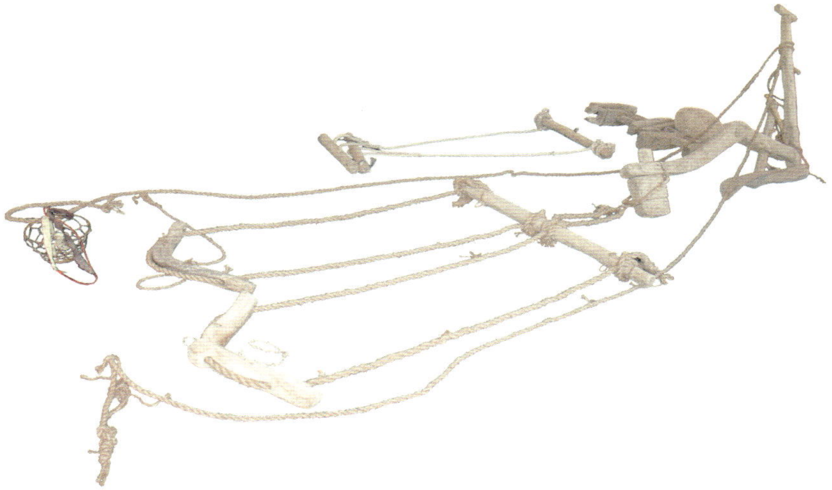

犁套

（四）夹板套具

种地拴犁杖离不开骡马驴的夹板和牛的鞅子，每年春季维修时，对于已经裂纹的夹板，必须换新的，木匠使用干木材按照夹板的大小尺寸，照样做好，穿入套充子，接上绳套股，一副牲畜套就做好了。牛鞅子是一个带有弧度的弯木修饰而成的弯弓形，弓背用凿子掏出一道槽，是用来穿绳套的。有的牛鞅子因木材的原因，经过风吹雨淋，出现斜裂纹，这样就必须换新的。

这其中，还有一个连接犁杖与套之间的横杆，俗称耍杆。耍杆是一根 3 尺左右、胳膊粗细的木杆，在一面两端各安一个牛鼻子（如果有三头牲口拉犁，就要在中间也安一个），在反向中间处再安一个牛鼻子，用于连接犁杖的千斤，用耍杆可使拉犁杖的牲口用力都集中在犁杖前端。

（五）磙子

磙子，又叫“磙蛋子”，由磙子、磙框子、磙杆子组成，用来镇轧垄沟。播种完成后，待土壤稍微干松，就用磙子按垄碾轧，俗称打磙子。磙子为石头杵成，圆形，两侧平面的中心处有凹坑，称磙脐子坑。把与坑粗细、长短相近的圆柱形榆木、柳木块儿用布块包裹，用斧子嵌入，避免撑瓣磙子，再把铁质磙脐子砸入木块儿中心。磙脐子为打制的笔杆粗细铁棍儿，一头尖形，一豁豁长左右，称“下磙脐子”。

磙框子用久了，横、竖框容易松动，可用夹楔子、绳子拢摽来固定。一旦磙脐子松动或脱落，要用锤子或石头随时砸紧。磙框子是每年都要换一茬的易坏农具，只要有干木材，每年春季都需要木匠按照磙子的尺寸，打制新的。多用榆木做，结实耐用。两道竖撑，两道横撑，中间一道竖撑，结构似“冉”字。两侧竖撑下端或有孔，或带圆锥状木棍，用来穿铁磙脐子或连接磙子坑。中间一道竖撑称“磙框子脖子”，前端有粗眼儿往磙杆子上串联。

磙子

串联几个磙框子的横木叫磙杆子。根据磙框子多少长短不一，一串有 1～5 个不等，通常以 3 个为多见。用磙杆子穿在一起，相互之间钉有一豁豁左右长的“挡头”，以免来回窜动挤压。磙杆子两端连接一根长短适宜的绳子，称“磙杆子绳”，拉动时用来挂牲口套。也可以把不带籓棍儿的套直接系在两端，称“带套磙子”。

（六）粪簸箕

也叫粪撮子，与粪耙子配合使用，是种地捋粪的主要农具。粪簸箕用柳条编织，有标准尺寸。前宽后窄，前面带有薄柳木条子，称簸箕舌头。在簸箕的左右两边和后面的中间部位，用铁丝或结实绳子绑着一个 T 形的木头横梁，称“粪簸箕弓子”，是用来挎粪簸箕的提手。用白铁皮加木质横梁做成的粪簸箕，虽然结实耐用，但铁表面光滑，粪与簸箕面缺少摩擦力，使用时“发贼”，捋的粪不均匀，大一股，小一股。

一般的粪簸箕能使两年，使得狠一点的，一年就得换新的。春播之前，必须事先把粪簸箕修理好，即“把粪簸箕”，就是把木匠做好的簸箕弓子绑在簸箕上。新买来的簸箕已经晒干，虽然系簸箕时就用湿树条拢住簸箕的圈口，往往都难与簸箕弓子的尺寸相配。需要把簸箕用水洇湿，按照簸箕弓子的横梁尺寸搣好，用细铁丝或结实绳子绑紧，晾干后即可使用。

粪耙子 粪撮子

（七）粪耙子

挎粪的粪耙子过去都用榆木或

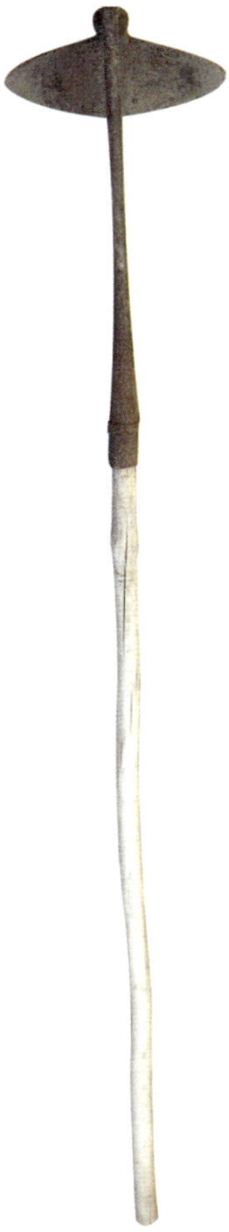

锄头

柳木木板做成刮粪板，由一块长方形木板截成。6～8 寸长，4～5 寸宽，厚 2 厘米左右，长面一端修成薄刃，另一端中间凿一个卯，80 厘米左右的圆木把儿，一个粪耙子就做好了。后来铁匠炉用使秃的锄板或铁板焊上铁挎安木把，使用起来容易损坏簸箕舌头。还有一种用具叫掏耙，与耕种的粪耙子类似，只是头部稍扁，木把稍长，主要是用于掏出灶膛里的草木灰。

（八）锄

是耪地的主要农具，由锄板、锄鼻子、锄钩子、锄挎、锄杠等组成。有大小两种。锄板稍大，锄钩和锄杠粗长，适用于直立耪地的，俗称锄头；锄板较小、锄钩和锄把短细、适于弯腰或蹲着使用，是专门用来刮掉田间杂草，间苗薅地时必备的农具，习惯叫耙锄、小耙锄、耪锄、小耪锄等。锄板并不是平整的铁板，而是背面略有弧度的，俗称“有范首”。锄板很薄，前端有刃，表面擦渗，越使越透落。锄钩安在锄鼻子上，为了结实，要加垫铁片，这样不易脱落。锄杠都选择硬杂木杆，最好的是苦柳木，一般的都是柳木杆，不能使杨木杆做锄杠，一是不结实，二来杨木发热烧手。

（九）勒子

是夏季农田必备的简易农具，可以减轻耪地的劳动强度。做法比较简单，一根粗一点的木杆为辕，前端安一个犁托，尾端安一根横木，横木上安一个铁质的、带刀刃的勒子。套一头毛驴牵引，一人扶勒子，这种勒子勒过的垄背，土松动而不翻开，不至于埋小苗，可以完成耪头遍地的任务。

（十）耘锄

是一种工厂生产的铁质农具，耘锄是用牲口拉的、半机械化的耪地农具，架子用木头制作，民国后开始流行。有一个锄板、两个锄板和三个锄板之分。前端有一个铁轮，起到犁托的作用，也可减轻行走阻力。后端安放三个铁铧，前为两个单翅立式小铧，后为双翅立式大铧。两个前铧向外翻土，后铧助力向两旁分土，把垄背土均匀翻至两侧。一来往两侧垄沟秧苗根

耘锄

部培土，掩埋化肥和杂草；二来使垄背土质松软透气，便于扎根。扶耘锄的人双手扶着两个把手更稳。通常夏锄时，一遍勒子，两遍耘锄，就可以完成过去的耪地任务，可以降低很大的劳动强度。

三、拉地的专用农具

主要有大车（包括花轱辘车、铁瓦车）、手推车、驮架、扁担、筐等。

（一）搭跨杆

这是为了多拉庄稼而采取的一种辅助措施，两长两短四根结实的木杆，按照车的最大宽度捆扎住四角，再固定到车的前后。拉庄稼时，先装满车厢，然后在跨杆上装庄稼个子。

（二）煞绳

是一根相对很长的粗绳子，两头拴在车的前部，剩下的绳子缠在绞锥上用来拢紧车上的庄稼。平常不用时，缠在车的一侧压厢盖子上。

（三）绞锥

一根粗木棒将一头削成尖，另一头做出亚腰，装完庄稼后，煞绳从车顶上拢过来，在车后面插入绞锥，将煞绳顺时针缠绕在绞锥上，即可以用绞棒打煞绳。

（四）绞棒

一根结实的木棒即成。

（五）绞棒绳

是拴在车后尾巴的一根绳子，打好煞绳后，用来绑定绞棒一头。

（六）挑谷叉

两个尖齿，呈 U 形，底部一个椅，安长木把，装车时用它挑起谷个子，举到车上。

（七）手镐子

是装谷子等矮棵庄稼时用到的一个农具，单面呈弧形带尖，安木把，好像一个阿拉伯数字“7”。在车上的人接到地上举上来的谷个子，用手镐子一下叨住，省劲还快捷。

挑谷叉 手镐子

四、打场农具

（一）碌碡

碌碡

花岗岩石凿杵而成，长圆柱形，一头略粗，另一头稍细，两端的圆面中间有一个方坑，用白矾化开浇注碡碗。安木框，小一点的拴一个套，一头牲畜就能拉着打场。大的碌碡需要两头牲畜才能拉动，就叫“二马碡”。碌碡是秋季打场的主要农具之一。过去有时赶上大灾之年，颗粒无收，人们称这样的年景为“碌碡没翻身”。

碌碡是石质圆柱体，长2.5～3尺，直径1尺左右，里侧直径稍小，外侧直径稍大，两端用白矾水镶嵌铁质碡碗。用木头做一长方形木框，木框两端安装一伸进框里的铁榫，俗称碡脐子。把碡框套在碌碡上，两端的轴脐子顶在碡碗里，一个碌碡就做好了。

使用时，把牲口套的箍棍解掉，把套绳直接拴在碡框的两角上，外侧的套绳稍长，里绳稍短。春天用碌碡压地，可以取得保墒效果。

（二）叉子

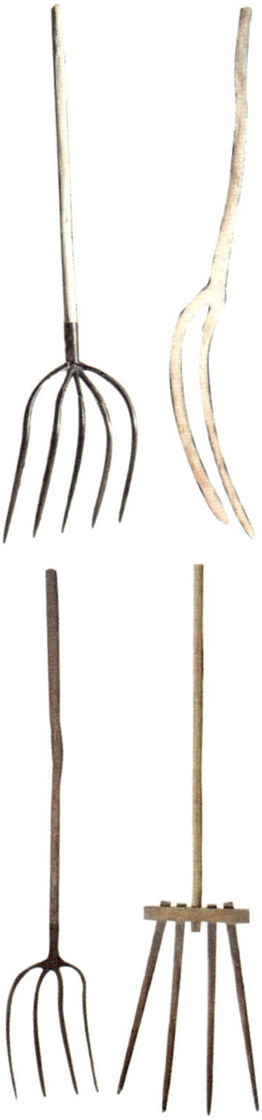

各类叉子

分铁质、木质两种，是秋季打场必备农具。铁叉有三股叉、四股叉之别，叉齿长且锋利，把儿细长，用于在地里装荞麦、豆子铺子，打场时用来翻动、聚集秸秆等。木叉则体大且长，多用天然树杈撧制，也有二股叉、三股叉等，作用与铁叉相同。

过去用树杈做成，选取一Y形树杈，修理后将前端两个杈撧成带有小弧度的叉铤，后端留足叉杆。打场时使用二股叉翻场。后来商店售卖铁质三股叉、四股叉、六股叉取代了二股叉。

还有一种小叉，两齿，与叨子配合使用，用于装谷子、黍子等已经捆好的庄稼。

（三）扫帚

扫帚主要用来秋季扫场、打漫，平时扫院子等。过

竹扫帚 扫帚苗子

去农家使用的扫帚，一是野生扫帚草（地肤）的木质化秸秆。幼苗时叫“扫帚菜”，长大以后叫“扫帚草”，可以食用。红苗的结实，称为“铁苗”。秋后采集，绑成扫帚。晒干后摔掉草籽，就可当作扫帚使用。二是使用盐碱地生长的野生“得力苏”草，待秋天成熟时，把干秸秆从根底一棵棵薅下来，用铁质“扫帚箍”捆扎到一起，安上木把，俗称“装扫帚”。自 20 世纪 50 年代供销社卖南方的竹质扫帚，野生扫帚渐渐很少使用。

（四）木锨

木锨是传统农作物收获季节脱粒打场时必备的工具之一。它的作用是通过扬场将掺杂着碎屑的粮食聚拢成堆，迎风扬起，风吹分离，使粮食更干净。木锨结构很简单，由锨板和锨把两部分组成，锨板最早是一块长约 40 厘米、宽约 30 厘米的薄木板，后来是三合板，加热使其中间部位略微凹陷，然后锯掉上端的两个角。锨把是一根光滑的白杨柳木棍，固定锨板的一端略微弯曲后变成方形，再用两根铆钉将二者铆在一起即可。用木材制作的锨，外形类似方锨，锨头为长方形木板，板心稍有凹弧，打场时用于翻场、聚场、扬场、收集粮食。

木锨

竹筛子 铁筛子

（五）筛子

打场时，筛子是专门用来筛除粮食里面的杂质的，用竹篨子、细藤条等编制，一般都从商店买。常用的有粗、细两种，分别用于分离大小粒不同的粮食。日常生活中所用的筛子有大小粗细之分，大的筛子也叫拉拉筛，多用于打场、喂牲口时筛草用；小的多用马尾编织，类似箩，主要用于筛米、面等。20 世纪 60 年代铁丝筛子面市，比竹质筛子更透落、耐用。农村木匠以木板做框，镶以铁丝筛底，做成大筛子专门用来筛粮食。

（六）扇车

扇车是农村中结构较复杂的用具，由木匠打制，多放在碾道里。实现联产承包责任制后，打场时遇到没风天气，常用来分离粮食，代替扬场。谷物经过扇车，将糠和杂质吹走。扇车由漏斗、风箱、风扇、摇把、滑板、出粮口、秕粮斗、出糠口组成。民间有谜语：“远看像个牛，近看没有头，黄风往外刮，珍珠往下流。”形象地来描述扇车。

扇车

把谷物碾压后的米糠混合物装入料斗后，用插板调节好米糠混合物的流量，让其从出料口自由落下，借助转动的风扇形成的风吹过米糠混合物。比重大、惯性大的米或饱满的籽粒落点就近，从出米口流出；碎米或秕子比重较小、惯性也较小，就会落到稍远的碎米斗里，待斗子满了后统一清理出来；而比重更小、惯性也更小的糠、皮等，则随风从排风口排出。

（七）搂场筢子

是一种木质筢子，硬杂木干树条撼成弯做齿，后端安木把，专为打场使用。当碌碡把谷挠或高粱挠上的粮食粒子基本轧掉，起出挠子后，用搂场筢子将粮食里面的碎莛挠搂在一起端出场外，然后再用筢子搂透粒子，使上下均匀，因为筢子搂到场院发出清脆的声音，又称之为“放响筢”。

（八）掐刀

掐（敖汉人读 qiān）刀，古称铚，铁质，三寸见方，略呈长方形或梯形，刀一侧为刀刃，另一侧为刀背。刀背近处钻两个孔，用熟好的皮子或旧鞋帮包好，皮和刀之间留有指套，粗细以伸进拇指为宜。

掐刀

掐刀和镰一样，是两种不同类型的收获工具，在旧石器时代，两者的作用没有明显的区分，都是用于割取禾穗的，其始祖是古人用来采摘禾穗的蚌刀（蚌镰）。后来，随着人类生产生活条件的需要，掐刀和镰的作用才发生了变化。

在敖汉地区，掐刀主要用来在打场前切掉高粱穗，使用时，左手抓住高粱尾端，右手大拇指伸入指套里，其余四指抓住高粱穗前端，掌部用力下切，即可把高粱穗切下来。掐刀还可以用来割谷穗，能省谷草。黍穗（或糜子）的穗脱粒后要用来绑笤帚，不能损坏穗形，所以，要用掐刀来切割穗子。

（九）削谷刀

削（敖汉人读 shào）谷刀，是打场前削掉谷穗的专用工具，长约 1 尺，宽 1.5 寸不等，类似刺刀，但无尖，且刀身略弯曲，刃不是太锋利。使用时，左手拿住一把谷子抖搂后使谷穗下垂，右手持刀，把悬着的谷穗削掉即可。削谷刀优点是快捷方便，熟练的人两三刀就可以削完一把谷子；缺点是浪费谷草，同时，谷穗中混入了大量的谷叶子，打场时费时费力。

削谷刀

聚场耙

（十）聚场耙

又叫赶场磙，俗语叫“赶场鬼”，是专为打场聚集粮食做的。在一块方木板两侧里端各钉一个伸出木板的长把。使用时，用一根长绳拴住木把的根部，一人双手各扶一个木把，另一人拉绳便可把场院里的粮食聚成一堆。也有小型的，只安一个木把，一人操控。如果场院较大，需要聚集的粮食较多，就不用人推而是用牲口拉着。

独板独把的叫作小赶场磙，一块木板后面钉一个木把，一个人就可以推动着聚场；大一些的，由一个Π形木架钉着几块木板，由两个人以上推动聚场，这样的叫作大赶场磙。

五、存储设施和器具

（一）窖

在中华人民共和国成立前，一些大户人家储粮比较多，会挖粮食窖长期保存。选择干爽地势较高的位置，深挖圆窖，等窖里风干后，在窖底铺上树叶和油纸防湿潮。一边往里倒粮食，一边往窖帮楦树叶子，防止窖帮的湿土霉变粮食。然后用秸秆、树叶子、大穰秸泥密封起来，俗称窖起来，但只适合存放谷子。窖的大小根据需要储存的粮食多少而定，这样储存粮食，既不霉变，又可以防鼠害。

（二）仓子

是用土坯竖着垒成方的或圆的土容器，里外用泥抹平、抹光，仓底垫树叶或糜黍糠，可以储存小批量粮食。一般都建在室内，用于存放谷子、荞麦、米、糠等，有的仓子也搭建在室外。

（三）斴子

也叫茓子，主要用于存放粮食、碎草、谷糠等。斴子宽1尺2寸，长5~10丈不等。用秫秸篾子编织，花纹与炕席一样，只是席纹稍宽且略显粗糙。编织方法与编炕席基本相同，只是篾子稍宽，而且编织时篾子要折返使用，表面看上去不分里外面。有经验者以手掐边，匀称齐整，打斴子也叫掐斴子。

使用斴子叫茓斴子。先把斴子围成圈儿，再往里堆放粮食，边堆放，边把斴子从里匿呈螺旋状向上升高，直至装到一人多高或装完这种粮食为止。通常，较少的粮食等都装在袋子或瓦缸里，数量较多的粮食就用斴子来存放。用斴子存放，占地面积小，围的圈可以根据实际情况可大可小，可高可低，不够了还可以再用一片斴子接着往上茓，随着存储粮食的不断减少，箝子也就随之卷起，挂在闲处。箝子不但可以存粮，还可以用来存放土豆、萝卜等，既方便又实用。

箝子茓粮食

把粮食用箝子茓在仓房里，每种粮食踅一个圆囤，俗称粮食囤子，也说成“一箝子粮食”。在农村，谁家要是有一大箝子或几大箝子粮食是让人十分羡慕的，显示了富裕的程度。民间也用“茓箝子了”一词来形容突然得到了很多东西。为了防止粮食被监守自盗，大户人家茓好的箝子上面还要用印版盖上标记，以便随时发现上面粮食数量的变化。

（四）袋子

袋子是运输过程中装粮食的农具，有口袋、麻袋、面袋等之分，其中，口袋使用十分广泛，麻袋则是中华人民共和国成立后才逐渐流行的。口袋是一种专门手工织成的筒状袋，口袋用粗棉线织的布缝制，由于织布机织的布幅较窄，缝制的口袋显得细长，比较厚实，分 3 斗口袋和 4 斗口袋。3 斗口袋一般能装粮食 120～130 斤，4 斗口袋可以装 160 多斤粮食。未折叠时长约 4 尺，宽约 1.5 尺，一般情况下，扎口能装 3 斗粮食，不扎口能装 4 斗。

口袋

（五）窑洞

在敖汉旗东部和南部的山区，人们还习惯挖窑洞存放物品。窑洞冬暖夏凉，安全实用，据说在窑洞里存放粮食不招耗子。

（六）囤子

囤子是盛装粮食或食物的器具，大囤底是直径 2 米左右，高 1 米的大型条编囤子，里面用糜黍糠泥抹光，装满粮食后，上面踅箝子，可高至屋顶；小囤子用柳条、柠条等编织而成，直径约 3 尺，高 4.5 尺左右，如果用来盛豆类、玉米，直接盛放即可，如果里面用糜黍糠泥抹光，还可以盛谷物、各类米等。

囤子

秤

（七）秤、斗、升

秤分大秤和小秤。大秤是两个人抬的能称重 300～500 斤的长杆秤，小秤是最多能称重 30 斤的盘子秤。过去 1 斤按 16 两计量，中华人民共和国成立后规定计量单位为 10 两 1 斤。秤杆上镶着代表斤两的铜星，以秤砣压住秤星，秤杆打平为计量数据。分里外毫系，一般的都是里毫系称重比较少，是外毫系的五分之一。俗话说“长砣短钩赛过贼偷”，这是人们生活的总结。有一个谜语“溜光水滑，长着星麻，若问多少，就问铁疙瘩”说的就是秤。

斗、升是专为计量粮食而制的工具。斗，方形，上口大，中间有斗梁子。装粮食时用一根木板将上口划平，这根木板叫斗趟子，一般 1 斗谷子大约 45 斤，1 斗小米 50 斤。升比斗小很多，形状相似，没有横梁。1 升谷子 4.5 斤，1 升小米 5 斤左右。10 升 1 斗，10 斗 1 石，这是民间传统的计算方法。春节时都要在斗或升上贴一张“满斗焚香”“满升焚香”的斗方。

斗 斗趟子 升

半斗 升

六、运输农具

利用牲畜为人出力，历史悠久。在敖汉地区，使用牲畜主要有拉犁、拉碾磨、打场、拉车、骑行、驮运等。役畜的工具包括鞍具、套具、驮具几大类。其中，拉犁、拉碾磨、打场等要用到套具，骑行用到鞍具，拉车要用到鞍具和套具，驮运要用到驮具。

（一）车

1. 车棚

秋季从山上往场院拉运庄稼以车为主，车是人们从事农业生产必不可少的工具，是人类让牲口的潜力发挥到极致的载体。车棚也叫车上胶，是直接承载货物的地方。春天，往地里送粪，就在车上胶加装粪帘子，这样就可以多装一些粪肥。粪帘子是用绳或铁丝穿起来的两排木板，高约 1.5 尺，分别固定在两侧车厢上，把粪帘子围起来就可以装粪肥。把粪肥拉到地里，按每 10 垄一排（俗称趟子）卸成粪堆，每个粪堆相距 10 米左右（根据粪肥的多少而定）。也有用秫秸、细榆树条等做粪帘子的，秫秸做的粪帘子一年就得更换。

秋天收获庄稼时，庄稼秸秆质轻，占的体积很大，为了提高效率，就要在车上胶绑上跨杆，尽量扩大车的底面积，能多装一些，大大提高了效率。

农闲时，心眼儿活络的人会赶车做一些买卖，俗称拉脚。民国后，用车接亲逐渐流行，车排子上架设布篷或苇席，类似轿子，或代替了部分轿子功能，因此人们把它叫轿车，也叫篷子车，农忙时拆下车篷，可用于春种秋收，这两种车都是敖汉民间常见的运输车辆。

2. 车饼子

即大车的车轮子，有上铁瓦的，有不上铁瓦的。上铁瓦的叫铁车，也叫大车、趟子车；不上铁瓦的叫花轱辘车，也叫木车、二车。这种车因其笨重，只有牛或马才能拉得动。中华人民共和国成立后，橡胶轮胎流行，俗称胶皮轱辘车，自重减轻，载重量加大，效率大大提高。

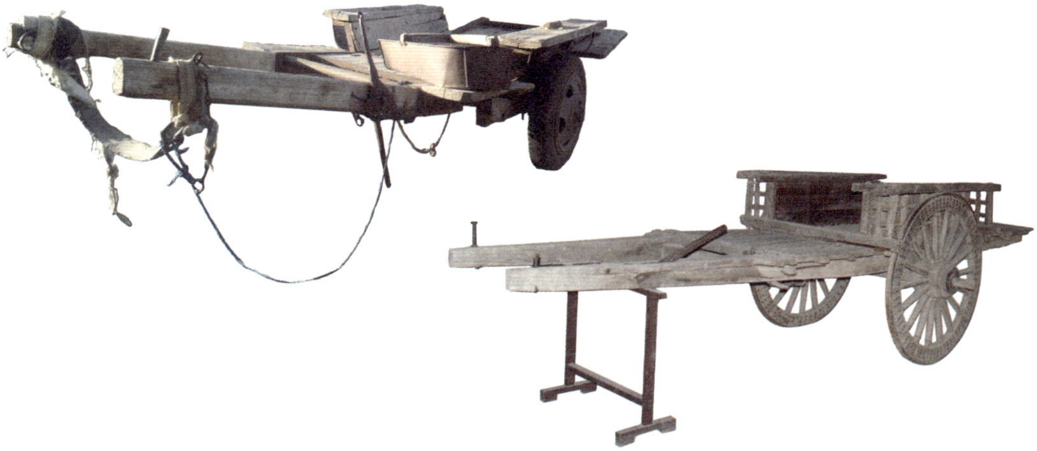

大车 二车

从20世纪90年代中期开始，小型机动车进入农村，小四轮拖拉机、三轮车等渐渐地取代了畜力车。从春到冬，一年四季，这些小型机动车上山爬坡，服务于家庭农业生产和平日里的生活需要。

3. 捥具

是牲畜直接拉动车子的装束，与牲畜拉的犁杖大同小异。

4. 鞍具

鞍子 也叫小鞍，是放在牲口背上，用来支撑搭腰、负重的器具。有两种，一种是驾辕的牲口使用的，一种是骑行使用的。由木质鞍架、鞍磨子、鞍垫、搭子叠加，用两根皮条穿连固定而成。

鞍架有两种形制：一是交叉式，用两组相互交叉的方木连接，燕尾槽装板，交叉的方木之间，左右各装2~3支以铁棍为轴的圆木，使搭腰方便滑动。二是拱桥式，是用两只削成拱形的木架做骨梁，以燕尾槽连接两块木板，再以穿钉加固而成。鞍板用坚实耐磨的榆木制作。

鞍磨子早期用皮革裁制，是一个方皮垫，垫在鞍子底下，防止磨损鞍垫。鞍垫用2~3层粗布叠加缝制而成，与搭子组成一个软垫搭在牲口的背上；搭子外套用布缝制，内填充棉絮或树棕，其两端较厚，中间渐薄，搭在牲口脊背上。

搭腰 搭腰由长条形厚皮革与马蹄形铁环用厚铁皮铆钉连接而成。铁环与车辕以多条压杠皮连接，俗称搭腰爪子。搭腰爪子套在车辕上，视牲口之高矮调解搭腰爪子的长短。

肚带 肚带的用料和做法与搭腰相同，一端绑结在外侧车辕桩处，另一端套车时，从驾辕的牲口肚下穿过，用活扣系牢在左侧车辕桩处，可防止因“辕轻”车辕翘起。

鞧 鞧包括蹲鞧、三花子等。蹲鞧是驾车时环兜在牲口屁股的皮带，两端与带钩鞧爪连接，钩在车辕曲眼上。其功用是下坡“捎（后退）车”时避免倒车时牲口屁股直接碰触车厢体，冲撞损伤牲口。三花子用于吊挂蹲鞧，其前端系一带旋子的铁钩，钩在鞍子的曲眼上；后端用三条皮带或绳线系结的带子，呈放射状与蹲鞧相连，可以防止蹲鞧下垂。

车套

牲口捎车时，车辕会前倾，如此设计，鞍子和搭腰就不会前滑，且又形成一种拢合力，使车始终保持平稳。

5. 牲畜

根据车的不同，使用的拉车牲

畜也不同。过去的木车、铁车笨重，就要用马牛来拉。人民公社化以后，生产队都有一个橡胶轮子的大车，成为主要的运输工具，多用马来拉。20 世纪 80 年代后，实行联产承包责任制，生产单位变成一家一户，大车逐渐减少，二车、小车大量增加，大大方便了人们的生产生活，生产队的大马车变成了家家户户的小胶轮车，一头小毛驴、一头小骡子、一匹小马就可以拉得起来，方便又经济。因其轻巧、灵活，人们戏称其为“驴吉普”。

6. 车的维修

每到开春，都要对大马车和牛车的鞍韂（ān chàn）、嚼环等一系列车上应用之物件维修一遍，以利于全年的使用。主要有这样几个方面：

因为大马车是木质的，在使用中常常会出现一些断裂破损，这也是每年春季维修的一个主要项目。

一是加固车辕子。大车辕子有的单面出现裂痕，有合适的木材当然是更换新的。如果没有合适木材，就得到铁匠炉打制一个铁夹板，夹在裂痕处，用螺丝钉固定。

二是更换压厢盖。大车的车耳朵后面是对称的两个用木桩支起来的盖板，下面就是车轱辘，这两块盖板就是压厢盖子。它的作用一是防止车轱辘走起来向车里面甩泥浆，二是起到拦挡车厢里面货物的作用。压厢盖子是易坏部件，有时翻车首先把它折损。修车时如果压厢盖子坏了，就必须换新的。

三是前后车耳朵。这一前一后四个车耳朵是车辆的组成部分，平时坐人，拉运物资时，可以搭跨杆多拉货物。尤其是后面两个车耳朵，容易损坏，也是每年必须修理的地方。使用干木材，照原样做好安上即可。

四是大车案子的维修。大车翻转过来，扣在地上，安装车轴的两块厚重的方形榆木就是大车案子。它是关系到全车安全的关键部位，一般的车案子都比较结实，不容易损坏，一旦出现裂纹或断裂，必须买干榆木，重新做新的换上，这个地方的维修一点都不能将就。

五是刹车部位的维修。俗称车滑杠，是车辆下坡刹车减速的装置。有经验的车老板会经常检查，也会调试车滑杠。在车的里手车辕靠近车耳朵的地方，安放着铁质滑杠把，是一套锯齿咬合装置，滑杠把顶端有一圆孔拴着一个皮条，与半圆形滑杠牙上的圆孔连着，以便坐在车上也能掌控打闸刹车。这些地方日常就可以随时维修，关键的是在车的胶轮里面卡着的滑杠头，那是半圆形磨光的木质刹车头，在车前的滑杠把一提起来，由铁拉杆和调整螺丝组成传动系统，经过安放在车尾部的滑杠箱子，通过杠杆的原理，车闸拉杆就把滑杠头向前扯动，与胶轮的轮毂紧紧抱住，起到刹车减速的作用。两个滑杠头以及连接它们的木杆如果出现断裂或损坏，必须由木匠及时换新，以保人车安全。

六是辕套维修。这是大马车的驾驶核心部位，辕套都必须用较粗、结实的绳子做成，如果发现有破股的，要及时换掉。过去做辕套一般使用皮绳或粗麻绳，用牛皮制成套充子。

后来使用铁链子做套股，这样更结实。辕马的鞍子如果出现鞍子架断裂、鞍磨子破损，里面填充的棉絮或荞麦皮等物缺失等，就必须进行维修，重装。搭腰、蹲鞧、肚带、三花等部件出现损坏，也要在维修中一起修好。

七是要掌握基本的手艺。插缰绳：就是把缰绳拴在笼头的旋子上。旋子是两只铁圈用一蘑菇头形的轴连在一起，能自由旋转，笼头下颌穿入大环，缰绳插接小环。有了能旋转的旋子，就可以避免拴牲口时，缰绳拧劲绕脖子。以三股缰绳为例，先把缰绳拆开一段变为 3 个松股，仍然拧着劲，没有散开部分称为劲股。劲股冲着自己，松股冲外，旋子小环套入松股，紧贴劲股。捆绑货物煞绳的插接方法也是如此，只是没有旋子，更方便操作。

插套：分两种情况，一是长套插套钩子，也就是把套绳两端拴在车上或枷板上，方法同插缰绳；二是套绳从中间断开后，如何插接。把断套两端各拆一段松股，把两端松股隔一出一穿插对紧，按横向摆放，把左端的松股向上压，分别插入右端的劲股；反之把右端的松股向下压，分别插入左端的劲股。

系绳扣：拴牲口的绳扣也有讲究。根据整蹄牲口习惯站着休息的特点，骡、马要拴在槽头上方的铁环或横杠上。牛是反刍动物，习惯站着吃草，卧下倒嚼睡觉，所以，牛一般是拴在槽旁的桩子上，绳扣在木桩上可上可下，方便牛起卧。

八是长套的维修。这是指前面拉捎子的车套，因为套股比较长，所以叫长套。马车的长套一般都是以皮绳为主，没有皮绳也得用好线麻攒成的粗绳子。对于长套出现的套股劈裂，及时进行插套股修理；对于长短套夹板出现裂痕的，要及时让木匠制作新的换上。

7. 赶车

专职的赶车人俗称老板子或车老板子。拉脚的车就是铁瓦车或花轱辘大车，平时用于种地、收秋，农闲时走亲访友。装上席篷可以拉客，不装席篷可以运载货物，有货拉货，有人拉人，俗称拉脚儿。

牛车

车老板子一人一车，坐在大车前端里手，也就是左侧，民间称左侧为里，右侧为外，有“里手赶车——没外人”的歇后语。穿着白茬皮袄、皮裤、毡靴、戴狗皮帽子或狐狸皮帽子、屁股底下坐着狗皮垫子或羊皮垫子，几乎是车老板子的“标准装束”。从套车、装车、赶车到修车，都需要一定的技术或窍门儿，凭着自己的经验和活络的头脑才能驾驭。

一是调教牲口。当一名合格的车老板子，必须会调教牲口。调教牲口最好从牲口小的时候做起，此时，它还没有养成不良的习性，调教起来相对容易。对即将上套的牲口，先拴在外手车辕桩处，让它跟着成年牲口上路，锻炼胆量，适应环境，熟悉赶车人的口令。

经过几个月上路，就开始教其上套。先用套包子蹭蹭牲口的头、颈、膀子，使其逐渐熟悉，进而套到脖颈上；然后撩起枷板、搭腰，引导牲口捎入车辕或套中。捎入，牵出，反复若干次，使其自然形成习惯，最后套车上路。

鞭子是给牲口立威的，一要打得响，能起到为车壮威、震慑牲口、惊醒路人、联络同行的作用；二要打得准，能够驯服顽劣的牲口。牲口再烈性，也有弱点。会甩一手好鞭子的车老板子，一鞭子打在牲口耳台后，可将牲口震得立即跪下来，再在嘴角处轻轻用鞭稍一钩，又能使其仰首站起来。如此反复几次，多么顽劣的牲口也能服服帖帖。鞭子能使牲口激灵打战，光滑的皮毛上却不留下一点鞭痕，这才叫“好鞭头子”。

车老板子有一套专用的术语和鞭示，口中一吆喝，鞭子一比量，牲口就明白主人的意图。如果往左，就喊“咦咦”；往右，就吆喝“喔喔”；如要跨越石头门槛，鞭杆子一墩马屁股，猛喊一声“呔呔”，辕马就会高抬腿，灵巧地跨过障碍物。如碰到泥洼子和上坡，就鞭子紧摇，高喊“驾！驾！”牲口就会尽力拉车，等等。总之，使役牲口，首先要摸清牲口的习性，该顺从的顺从，该制服的制服。

民间还流传这样的口诀，让人们记住如何驾驭牲口：

“驾”是快走，“嘚”是行；

“捎”是倒退，“吁”是停；

“呔”是抬腿过沟坎，

里“咦”外“喔”别弄拧。

二是精心饲养。俗话说“马无夜草不肥”，说的就是骡马等牲口喜欢夜静吃草，必须把夜草喂好。骡马卸车后要遛，任其打滚解乏，然后扫净身上草屑灰土，开始喂草。刚干完活不能立即饮水，否则易生病，俗称“炸”肺，要吃饱后饮水。每天早晨套车前，先看看牲口的鼻头、嘴角是否湿润、眼角是否有眵目糊，是否打响鼻（指骡马），以此知道是否上火了；还要看看有没有胀肚，以防止肠结症，等等。赶车的都懂一些为牲口治疗小伤小病的方法。对牲口关心体贴，合理饲养，才能使其有旺盛的精力、充足的体力，确保正常出车，卖力拉车。

三是驾驭技巧。装车拉货，要尽量让牲口舒适一些。如果货物装得太靠后，辕轻，牲口会被吊着走路，有劲使不上；辕太重，压得腰塌着，牲口就会很吃力；套包子要包好，不能打膀子（磨破）；鞍子要放平，小心磨破脊梁；长套绳拴好不能架腿，以免伤了大胯，等等。

“恋黑的骡子起早的马”，是说马早起套车，精神抖擞，不赶即跑；骡子恋黑，不吆喝也猛拉，而且越拉越来劲。所以，马早晨拉车要适当限速，使其保存体力；骡子傍晚收车前不用驱赶，任其自然也能走得很快。

拉套的牲口中，左侧的叫里套，右侧的叫外套，正前方的叫中套。里套是大车的领路牲口，必须眼睛好使，耳朵灵活，赶车的鞭子一响就知走哪。里套最忌讳是瞎眼牲口，俗语有“瞎骡子打里——乱了套”之说。

驾辕的牲口是一挂车的核心，必须有一定的使役经验，能上坡擎住辕，下山坐住坡，力大稳当，灵活听话才行。

车老板子自身也需要有过硬的功夫，要眼观路况，冷静沉着，反应机敏。一是熟悉自己所使牲口的体力，该装多少装多少，做到装满载但不超量。二是了解所经路途，不超宽，不超高，防止出事故。三是识路况，审时度势，遇到道路崎岖不平时，重载下坡，抱着车辕子，帮助牲口驾车；道路泥泞或重载上坡，命令牲口提前加速。

遇到泥泞陷车或上坡拉不上去，俗称打误。此时，不能急躁，要冷静分析，确实靠自己的力量拉不上去，就要请别的车帮忙，不能硬拉。从别的车上借一套或两套牲口，俗称找挂，这时，就要两个车的老板子一同合作。因为，牲口大多只认自己的主人使唤，只有两人合作，才能走出困境，把打误的车拉出去。

途中出现了意外，要当机立断，先抢救牲口，为了救牲口，要不惜割断套索等。

（二）驮架

驮架

驮架也叫驮鞍，是专门用来驮运庄稼的农具，木质，四根弯曲状木条两两交叉木板连接，后面拴一篐棍，一边一个带轴的托物架，各拴麻绳，用来拢紧庄稼个子。不用时，向上合上托架，用时放下。配有襻胸、后鞘、肚带等附件用于固定其在牲口背上的位置。

使用时，先在毛驴背上垫上破棉被、布片等，防止磨伤驴背。再把驮架放在毛驴背上，把物品放在托架上。放物品时，两边重量要放均匀，后面驴尾巴下面是篐棍，防止上坡下梁驮架容易前后滑动。主要用于驮水桶、庄稼、粪肥等，适合山区、路窄或无车的人家从事农业劳动。

推车子

（三）手推车

手推车，俗称推车子，是以人力推、拉的搬运车辆，是一切车辆的始祖。虽然物料搬运技术不断发展，但手推车仍作为不可缺少的搬运工具而沿用至今。手推车在生产和生活中获得广泛应用是因为它造价低廉、维护简单、操作方便、自重轻，能在机动车辆不便使用的地方工作，如狭窄的跳板、便桥和羊肠小道上行驶，能够原地转向，倾卸货物十分便利。

手推车还是很有人文历史的运输工具，在民间，流传着很多关于移民祖先用手推车推着老母亲闯关东的传说。

（四）扁担

用来抬或挑物体的木杆，有圆扁之分，圆的也叫杠子，多用杨柳木制作，短粗，用于抬较重的物体；扁的一般较长，适于一个人挑东西，用硬杂木制作，两端有小孔，上插小木棍当销销，俗称扁担销子，防止挑着的绳子滑落。

七、饲养工具

（一）铡刀

是用来铡饲草、高粱秫秸或其他需要截断的稻草等的农具。铡刀主要由两部分组成，第一部分是铡床，由长 1.5 米、宽 30 厘米、高 30 厘米的榆、枣、山杏、槐等硬杂木做成。铡床中间挖槽以安放铡刀，铡床的两侧包铁皮上安铁钉为铡刀牙，底部侧面还要开槽，便于掏细草屑。第二部分就是铡刀，1 米多长，20 厘米宽，刀柄为木质，其余为生铁质打制，刀刃沾钢，刀背呈鱼脊形。铡刀和铡床的顶部用一根铁棍做铡刀钉，把铡刀牢牢地固定在刀床上，也方便拆卸磨刀。铡草是入冬后的一项很重要的农活，每家都要铡好几天，几人合伙或换工进行。使用铡刀时，必须两个人默契配合共同完成。一个人把草添进铡刀里，并尽力把草往铡刀和刀床连接处靠拢，另一个人则呈骑马蹲裆式，双手握住刀柄，高高抬起，待添草的人把草送到铡刀下，用力把铡刀按下，草被切断。一人摁刀，一人续草，平均每天能铡谷草 300 斤左右。中华人民共和国成立后开始流行手摇铡草机，以后被柴油机、电动机带动的铡草机取代。

（二）牲口槽

也叫马槽。是农村盛牛马羊等动物草料和饮水的工具，由木头或石头打造而成。它不仅是一种工具，更是过去一种农业文明的代表。最早在木头中间挖洞，盛放水和草料，供牛马等家畜饮用。后来用粗大的独木雕成、用石头凿成或用木板打造成梯形马槽，尾端凿个孔以放掉残存水。给牲口喂草料的槽子，根据所喂牲畜的不同，分别称为驴槽、马槽、牛槽、羊槽、猪槽、鸡槽等。其中驴、马、牛槽要从地面架起一定高度，而猪、鸡、羊等则直接放在地上。过去，为了防止驴马抻、拽槽子，防止猪拱槽子，喂驴、马、牛等大牲畜和猪的槽子都是石质的，其他则用木板制作。

其他动物则用碗、盆等喂食。如喂猫的猫食碗、喂狗的狗食盆子、喂鸡鸭鹅的槽子等。

过去，生产队都有专职饲养员，每天定时往马槽里添草加料。生产队井沿旁也有一个大马槽，是装水饮马的。收工时老板子把马牵到井沿旁饮水，喝足后牵马棚去吃草。

（三）料斗

泡发破碎后的黄豆、黑豆或豆饼的容器，多用小笸箩、旧水斗、破旧水筲等充当。搅拌均匀后，放到干草里喂牲口，这个过程叫拌料，搅拌的叉子叫料叉子。

（四）縻畜用具

农闲时，人们会把驴、骡、马等牵到野外草地里放牧，为了防止牲畜四处乱跑祸害庄稼，人们就用一根很长的绳子拴在牲畜的前腿蹄腕处，这根绳俗称縻驴绳。把一根铁棍钉到地里，俗称縻驴橛，把縻驴绳另一端拴在縻驴橛上，这样，牲口就以这根縻驴绳为半径在这个范围内吃草。

群牧时，为了防止一些不老实的牲畜乱跑，会在牲畜的脖子上挂一个短木棒，俗称扒拉子。如果牲畜跑得快或走得快，扒拉子就会不时地敲打牲口前腿，可以有效地防止牲畜乱跑。

（五）灌角

兽医给牲畜灌药的工具，类似匙子一类的东西，把牛角的后端削成斜面制作而成。

（六）小挠耙

用来给牲口梳理皮毛的工具，铁头、木把，或全为铁质。给牲口梳理皮毛俗称叨毛。开春后，几乎天天都要给牲口叨毛，能起到保养牲口的作用。

挠耙

第二节 农作物

一、谷子

（一）传统的敖汉谷子

谷子是敖汉地区主要农作物之一，在敖汉旗有着悠久的种植历史。现在播种面积约占耕地种植面积的四分之一左右。人们常说谷子是草性质，不管年景如何，抓住苗或多或少都能打一把，体现出谷子耐贫瘠、抗旱的优点。不同品种的谷子特点有所不同，长势上分高棵、矮棵、客杈、不客杈；穗子分长、短、粗、细、尖头、齐头、有毛、无毛、猫爪形、巴掌形、兔子嘴形等；生长期 60 天至 120 天不等；谷粒有黄皮儿、白皮儿、红皮儿、黑皮儿；米质分黄米、白米、黑米、黄黏米（俗称“小黄米”）。

敖汉地区传统的谷子品种有老来变、竹叶青、杈子红、兔子嘴小白米、猫爪子黏、饸饹谷、小白谷、大白谷、朝阳白、大白毛、六十天还仓、齐头青、齐头白、五尺高、二白谷、独杆紧、花花太岁、绳子紧、长脖子雁、金镶玉、老虎尾、绳头子、朱砂谷等 50 多种。

小米地理标志保护产品标志

秋天割地时要先扦谷扎子留种。在地里挑选籽粒饱满、穗头硕大的谷穗，从一豁豁长谷秸处扦下来，一把把交叉后捆成谷扎子。先搭在院里高处的横木杆上晾干，然后放在仓房通风干燥处。过去每家每户的仓房顶部都悬挂长木杆，搭满不同品种的谷扎子。俗话说陈谷子、烂芝麻，即使当年不种也要保存备用，谷子放置几年时间仍能够发芽。

春播之前把谷扎子粒子搓下来，用簸箕簸去秕子和糠，再放到锅或盆里加水浸泡一下，用笊篱把漂在水面的不饱满粒子捞出，剩余部分经过晾晒，即可选出合格的种子。

（二）谷子与地力

种谷子长势大多与头一年的茬板儿有关。芝麻、葵花、油菜、胡麻等茬统称为"油茬"，是种谷子的最佳茬板，如果施农家肥效果更好。新荒地种谷子必须把地深翻，使土壤疏松。一是用翻转犁（橛子）等农具扣地，达到深翻；二是用犁杖整地，需要经过挑垄、合垄两遍工序，要求深挑深合。新荒地土壤富含腐殖质，种谷子不用施农家肥。

种重茬谷子需要施农家肥，否则不仅秧苗纤细，秋后秸秆"噜疾"，收割时费劲。谷子不可在同一块地上连续播种三年，有"好地架不住三年谷""三年谷子不归家"之说。黄豆、黑豆茬种谷子，因豆叶落地后没腐烂，加之豆类的根瘤菌多，土质干燥，种子发芽率低，俗称"豆茬发酵吃籽"，应多下籽。绿豆茬相对比黄黑豆茬好一些。荞麦茬土质有碱性，种谷子必须施农家肥，幼苗不发旺，长势不如同时播种的其他茬幼苗，且地里垄沟、垄背布满落荞麦芽，容易"搭凉篷"把幼苗遮掩，需要及早先将垄背的耪掉，垄沟的待间苗时连同杂草一并薅去。因此，荞麦茬种谷子费时费力。

入伏后，在高温下碱性挥发，谷子长速较快，到了立秋后和其他茬口的谷子所差无几。荞麦茬种谷子的优点是秋后不死秧，叫"活秧熟"，人称"二豆茬"。玉米大多种在水浇地和"二阴地"，年年不换茬，所以玉米茬很少种谷子。高粱茬需要施农家肥，一是有碱性，二是高粱根深，把土地营养透支，高粱茬的谷子秸秆秋天容易"噜疾"。黍子茬种谷子需要破茬、合垄，因黍子分蘖，根系发达，开垄沟时不散板，黍扎子𡊨苗。加上黍子和谷子性质差不多，因此黍茬很少种谷子。

（三）谷子的播种

每一品种谷子的生长期各不相同，根据其生长期适时播种。如果接墒雨来得早，雨后过三四天再播种。目的是让地里的草籽儿发芽儿，播种时犁杖劐出来，草芽子见风后闪死。人们最怕谷子种到"草口"上，苗草一齐出，地荒难莳弄。

土壤墒情决定犁杖深浅的相对程度。沙窝子地儿指雨就能下透，犁杖深浅无所谓；土头地在介于没透和透雨之间时，犁杖要比下透雨情况下稍稍放得深一点。通常亩播种量在0.4～0.8斤，根据土质和茬板儿二者综合考虑。沙窝子地比土头地相对下籽儿少，黄黑豆茬发酵吃籽，种子用量相对绿豆、芝麻茬多一些。谷子籽儿点成漫撒子，遇到大风天须降低点葫芦头出籽儿口高度，防止风把籽儿刮落到垄帮儿上出靠山苗。点籽儿后，再依次点化肥、捋粪、打簸梭、打磙子。种谷子需要防蝲蝲蛄（蝼蛄、地老虎）。过去把谷子烀熟拌上“六六六粉”往垄沟点，后来有了“甲胺磷”等液体农药，或直接拌种，或把谷子炒煳拌成毒谷往垄沟点。

谷子播种后约一周左右即可露锥儿，气温高会更快些。两周左右渐渐长出两片嫩叶儿，便可观察苗情。凭多年种地经验，以十分之一为一成。八成以上为全苗，六七成为缺苗，五成为一半儿苗，五成以下为没苗。有经验的农民横着垄走，只要步步都踩到苗，就视为不缺苗。

造成谷子没苗的主要原因是干旱把垄沟土晒透，种子不能全部发芽，称落干了。再者是打磙子时地湿轧一层硬盖子或裂许多璺，容易使垄沟透风，谷子发芽时受风芽干。或者发芽儿时遇上大热天，土把芽子烫死。还有下籽儿过少、嫩芽儿被土截虫吃掉、幼苗被蝲蝲蛄串死等个例。人们采取用磙子镇轧松土、撒毒谷药害虫等补救措施后，观察几天如果不见效，只好翻种生长期略短的谷子品种或其他作物。

待谷子幼苗长到一寸左右时，用牲畜拉磙子在垄沟轧一遍青苗，再用长约 1 米、直径约 20 厘米的圆柱形带木框石磙把垄背儿轧平，起到抗旱、松土和蹲苗等作用。耙压要在土壤干燥的条件下进行，后来人们逐渐省去这两道传统工序。

（四）谷子的田间管理

谷子幼苗长三四片叶子时开始耪头遍，主要为了锄去杂草的同时把垄背耪平，便于薅地蹲着得劲儿。大多采用敞垄眼耪的方法，避免活土培到谷子幼苗底部。因谷子遇到湿润的活土便扎根，薅地时费劲。遇到谷子苗特别厚或种到草口上等个别情况，耪头遍也有用抱垄耪的方法，紧贴垄眼儿可锄掉一部分谷子苗和杂草，薅地省时省力。

耪二遍抱垄耪，大多是在薅地间苗之后。要求深耪到没锄钩，耪得越深越好，起到松土作用，促进根呼吸。耪三遍时在锄钩子上挂个用草拧成的圆形小趟头，往垄沟多培些土，使农作物底部生根，掩盖垄眼儿杂草。后来农作物施化肥，用耘锄代替了耪二、三遍。

谷子间苗也叫薅头遍谷子，是种植谷子过程中费时费力的一项细作活。要按一定距离留出一株相对粗壮的苗，多余的除掉，同时用刮锄除草、松土。不同的品种、地块株距标准不一样，客杈子品种、薄溜地相对稀些，能浇水、粪肥足的甸子地相对厚些。通常情况下的株距为旱田六寸左右，水浇地四寸左右。

俗话说“谷子间寸，强似上粪”，谷子间苗宜早不宜迟，不间苗近乎不打粮。幼苗单根时轻轻一拽或一刮便掉，薅起来省劲。倘若遇到透雨，雨前和雨后间苗的谷子几天后区别明显。间苗的少有争水争肥的植株，生长迅速。没间苗的雨后扎根不好薅，手指常常磨起泡或磨破。一旦把苗薅断，还得借助刮锄角来剜根。由于一簇簇苗之间根系交叉“丝根”，间苗后根部松动东倒西歪，土壤透风不利于生长，须重新扎根直立。生产队时期薅谷子大都是女社员的活，因为薅谷子费时，生产队年年不敢多种谷子，担心薅不出来。联产承包责任制后，每户承包地面积的一半以上种谷子，两口子齐上阵，起早贪黑也得薅二十多天。后来许多承包地转租，种百八十亩的农户采取雇人薅谷子的办法。“有钱难买五月旱，六月连天吃饱饭”，主要是指薅谷子而言。谷子间苗过早有利也有弊，偶尔会在雨没下透的情况下出现撑死现象，幼苗小容易旱死，另外也难以分辨谷苗和莠子，俗话说“良莠难辨”就是指谷子地。

耘地之后开始薅二遍谷子，主要是把莠子、双株、二茬苗和被钻心虫吃坏的病株剔除，比薅头遍省劲。

待谷子长到一豁豁高（20 厘米）左右时开始耘头遍，不可过深，以免纤细的幼苗被耘锄翻土摧倒。长到一尺多高时秧苗粗壮，接着耘二遍。化肥普遍使用后，追化肥和耘二遍同时进行。

蹚谷子要在青苗扛腔（顶端叶子形成筒状，即将抽穗）至吐舌阶段，过晚牲畜套的籰棍儿和耍杆子容易撸掉谷叶。之前拔一遍莠子，避免莠子籽儿成熟落地下年荒地。

“六月六看谷秀”，谷子长到拔节秀穗阶段，以黑黝黝颜色为最佳长势，人们俗称烟袋油子色。雨水足、粪肥大的地偶尔招蚜虫，不用管它，有“谷子招腻赛上粪”之说。拉齐穗子灌浆阶段要注意观察是否出黏虫，及时喷洒农药。晒米后容易招家雀儿，尤其是房前屋后和挨树林子的地块最为厉害。人们只好在地里插草人吓唬，或趁它们早、晚成群结队觅食时间轰赶。

（五）谷子的收割

收割谷子时要掌握好谷穗的成熟度，防止伤镰，有“谷子伤镰一把糠”之说。还要考虑起大风磨粒子、倒秧等天气因素。由于每个地块土壤肥沃程度、施肥多少、浇水多少等方面的差异，谷子的成熟特征不一样，白露过后要综合观察叶片和谷穗的变黄程度。水浇地或雨水充沛的年份，谷穗成熟后谷秸和叶片仍呈绿色，称活秧熟。旱田一旦出现大量倒伏、噜疾等情况要及时收割，省得“到时候一根根捋”“划拉不到手”。正常情况下通常采取搓谷码子的方法：在谷穗上揪下几个谷码子放在手心揉搓，挑出谷粒中搓不掉皮的“青眼子”粒子，用两个大拇指指甲对压。米粒“一包汤”证明谷子“生”，需要再养几天；达到粉状硬度，即使有个别“青眼子”也该收割了。

割谷子以趟子为单位，每趟子 10～12 根垄不等。如果收割的人多，就三人一组，一过去就是一趟子或几趟子。每趟子由一人在前先割趟子中间垄，每割够两把放一处，俗称开趟子。开趟子通常割两根垄，有时割“竹叶青”等高棵品种时就割三根，水浇地甚至有割四根的时候。原因是谷秸高，垄少放不开。后面两人或分别跟在开趟子者左右或拉开距离在同一侧割相应的垄数。一人割时则先开出趟子，然后往返割两侧的垄。

谷子收割

割谷子下打镰，谷茬留得越矮越好。开趟子者每到放堆子的地方，嘴叼镰刀把儿，选择较细软带穗的谷秸连根拔出一把，将其均匀分成两股，然后掐住穗头拧两个劲儿褃过来。穗子拧在一起打成绳状，谷秸一头儿夹入腋下，用脚掂起堆子顺垄沟将另一头插入，称“打勒子”和“穿勒子”。整个过程动作迅速灵活，好似瞬间精彩表演，令人眼花缭乱。后面的人割下谷子后，往开趟子人确定的铺子上放，称送谷把子。要用镰刀钩住整把穗子脖颈，用力摁放，尽量使其与谷堆穗子对齐且方向一致，方便捆、拉、扦等下几道工序。割在最后的人在送把子的同时，用脚或膝盖压住作物堆，双手抓住勒子交叉拉紧，缠绕拧几个劲儿将其捆起来，称捆个子。注意务必让谷秸子把勒子连接处压住，否则勒子会自然散开，也就捆不住个子了。捆好的谷子俗称谷个子。

割完一块地，人们在码谷个子时，记住每块地有多少码谷子，每码有多少个谷子，就知道这块地共有多少谷个子，也就估算出能打多少谷子。

（六）打场与收藏

收割完的谷个子码堆晾干才能拉回场院，防止烧垛。俗话说干打谷、湿打黍，谷穗潮湿很难脱掉粒子。打完荞麦、豆类后，场院倒出宽敞地方，便可以打谷子。从谷垛顶端一层层拆下谷个子，称拆谷垛，在场院按每码子 10 个谷子摆成谷码子。人站在谷码子旁边，解开勒子，一手持削谷刀或扦刀，另一手抓起一把把谷子，将其穗子削（扦）掉，讲究快、干净，不留“家雀儿脑袋（谷穗后部分的谷码儿）”。削谷子、扦谷子大多是妇女的活儿，生产队时期凭码子挣工分，女劳动力可以大显身手，一天挣平时两三天的工分，令

削谷穗

男劳动力羡慕。削下的谷穗用叉子挑成堆，少占地方。把谷垛按计划平分出打几场，够打一场的就停止扦谷穗或削谷穗，削掉穗子的谷秸称“干草”，一把把打成煞子捆成个，留作牲畜饲草。

谷穗经过摊场、遛场、翻场、起挠子、扫茬挠、串粒子、起场、聚场、扬头遍、打漫、过筛、出风等工序，下场后把蒙糠、暴糠收起来，清理干净场院准备打下一场。

长得矮小的晚谷子没法儿削穗子，常常带着秸铺场，称打烂干，连秸带穗一齐轧。脱粒后的谷挠子上带有没轧掉的粒子，有“穷豆秸，富谷挠，打不净的高粱挠”之说，因此，把几场的谷挠子攒到一块儿摊场轧二遍，俗称“落穰”。

谷子适宜长久储存，有“陈谷子、烂芝麻”之说。过去人们常常把谷子保存在窑洞、地窖等阴凉干燥处，可以长时间贮存。后来用簕子茓在仓房里，由于受光照加之温度高，陈谷子容易掉色，时间一长黄米逐渐变成白米。一旦受潮，小米饭有“哈喇”（发霉）味，米汤无法喝。

谷子碾成小米，可用来做小米干饭、豆子干饭、菜干饭、水饭、小米粥、碎米粥等。小米轧成面，可贴干面子干粮、小米面干粮，擦咯豆，摊煎饼，熬甜沫粥，蒸糁状，炒炒面等。过去粮食缺，把谷子连皮轧碎，用来熬谷楂子粥、贴谷面子干粮。上学带饭没有饭盒，就把闷透的小米干饭趁热攥成圆溜溜的干饭团，装进布饭口袋。

谷子用锅炒煳加入毒液，或加水烀熟拌上六六粉，制成毒饵，可用来毒杀地下害虫。把小米用凉水浸泡喂大牲畜，有败火功效，能够预防和治疗咳嗽等疾病。种白菜、萝卜、辣菜时，把小米适量掺入菜籽儿中，避免由于菜籽儿粒子小时常点厚。

谷子秸秆称干草，主要用作喂大牲畜。俗话说的存草如存银，指的就是干草。此外，盖房子时泡湿用来捆绑秫秸把子，缺少秫秸就用其捆干草把子代替。

二、高粱

（一）种植

敖汉旗高粱的种植历史悠久，南部靠近辽宁的乡镇，种植传统高粱品种比较早，品种也比较多。主要品种有大白高粱、关东青、小白色、歪脖子张、黏高粱、笤帚苗等。从米质上分有红高粱、白高粱两种，形态以高棵为主。后来敖汉旗农业局研制出矮棵的杂交品种，如“敖杂一号”“敖杂二号”等。现在以“赤杂系列”高粱种子为当家品种。

高粱大多种在谷茬上，对土质要求不高。由于根系发达相对抗旱，能把地里的营养透支，加上有碱性，因此下年茬板种谷子、豆类应上粪。忌重茬。

高粱俗称大苗，不怕杂草遮掩，立夏前后开犁首先播种。大多采取踩格子点穴种植，点种的人点葫芦头不绑胡子，只根据需要调整筹，以敲一下落三四粒为宜，株距一小步远，

高粱

跟着犁杖在垄沟里面走，边走边把脚印踩在种子上，这就是“踩格子”。有时候也点漫撒子，间苗时容易留厚。

高粱容易抓全苗，个别穴被蝼蛄（蝲蝲蛄）串死没有出苗，薅地时可留双株来借苗。老一辈庄稼人都是榜地与间苗同时进行，用锄角儿剜去多余的苗，抱垄榜掩住垄眼杂草，被称为“单锄品”。后来人们的农活技术渐渐生疏，不掌握这门儿“单锄品”技术，只好在榜完头遍后再间苗。薅高粱比较省劲，打开单棵、刮净杂草即可。薅掉的幼苗（俗称高粱苗子）不可喂反刍牲畜，牛、羊吃了会中毒。间苗后要适时耘、蹚，并加强田间管理，预防出穗后招腻（起蚜虫）、晒米期间招麻雀。

（二）收割与储存

割高粱前，要先查看籽粒成色，民间认为，高粱割早了米发糠，不出饭；割晚了一旦让霜打了，米不易煮烂。籽粒用两指狠掐不软或用齿咬较硬才是合适时机，有“八分熟，十分收；十分熟，八分收”之说。

割高粱时，如果每人单独割一趟子，一般都是以 7 垄为一趟子，自割自捆。有时两人割一趟子，则割 10 条垄。前面一人割 6 条垄，负责撂个子。第二人割 4 条垄，负责捆个子。以中间两垄为轴，分推秆、挟秆、抱秆、搂秆等各种割法。好手割高粱快且灵巧，一排高粱割下后，侧步转身，墩齐、卧放、捆好，做得十分顺畅。

通常割高粱大都是搂着割，右手挥镰刀搂过一片高粱，左手伸开搂在怀里，同时右手挥刀割下。不太熟练的新手只会左手抓住高粱秸，一把一把地割，经常因为抓不住，导致割下来的高粱拿不稳，称为“打把式”。

捆高粱也是一个很有技巧的活计，要找一个较细、黄化较好的高粱秸，俗称勒子。用它的根结部分，互相交叉拉紧后，用细端缠绕根结部分，缠好两圈后，把粗端摁在高粱捆上，用细端折回插在捆好的高粱秸里，同时压住根结一端。为方便装车，割完一块地，会把捆好的高粱个子码起来，戳在一起，俗称“高粱擿”，每擿大约20～40个不等。

割高粱有留茬与不留茬之分。留茬是在距地表一尺多的地方割断高粱秆，余下的部分俗称茬（zhà）子，用镐头刨掉捡回，是农家冬春季节主要的柴火来源之一。不留茬就是把高粱秆几乎贴近地表割下，只剩下很短的根系，俗称茬头子。不留茬一般是准备用秫秸盖房、糊棚，编织席子、笍子等。

割高粱需要技巧，因为是站着割，所以，还可以在夜间圆月高悬时进行，特别是秋收大忙季节。

打高粱时，把高粱个子排在场院心，不解勒子，蹲在地上一个个扦下穗子，脖儿越短越好。有时搭在凳子上扦，比蹲在地上省劲。用铡刀铡穗子的方法既浪费长莛，脖儿长又不好轧，很少采用。

高粱穗子溜场不好轧，轧到脖儿破裂程度粒子才逐渐脱落，俗称轧破花。经过几遍翻场后起挠子，再串掉高粱帽，才可聚场。挠子中裹有许多秕粒子，俗话有“打不净的高粱挠”之说，需要晾晒后经过两三遍落穰，才能近乎打干净。

高粱不适宜长时间储存，夏季天热容易招（zhāo）牛子吃成空壳。

高粱伐成米，可焖高粱米干饭、捞高粱米水饭、馇高粱米粥。轧成面可贴高粱面子干粮、擦高粱面子咯豆，代替荞面可以打高粱面子糨子等。过去敖汉地区众多的烧锅以及1958年成立的敖汉旗制酒厂，大多用当地高粱为主要原料酿酒。

高粱秸秆有多种用途。把高粱茬子用镐头刨掉捡回，是农家冬春季节主要的柴火来源之一。高粱秸俗称秫秸，可盖房、糊棚、编炕席、打笍子。长穗子的一节较长，俗称长莛，可钉盖顶、摵浅子、钉活计笸箩等。秫秸棒可给小孩做玩具、穿成一串教孩子数数等。

三、豆类

（一）大豆

大豆分黄豆、黑豆和青豆。青豆除了颜色是绿色外，其他与黄豆相同。适宜生长在涝洼地，敖汉大小河流沿岸的二阴地种植面积较大，旱田种植大多为了调茬。品种分黑脐、白脐，黑脐粒儿小，白脐粒儿相对大些，比黑脐生长期短。黄豆大多种在谷茬、高粱茬上，忌隔茬。

黄豆不选种，秋季脱粒的经过过筛、簸除杂质即可当种子。陈年黄豆发芽率低，俗称“芽子软”，不能当种子。必须下透雨播种，防止豆粒儿入地吸收水分后因土壤干燥重新变干失去发芽能力。播种时垄沟略深些，有时用点葫芦头点籽儿，有时提着小筐用手点，落地呈一趟线状。每亩播种量10斤以上。必须掌握好打磙子时间，土太湿时轧出硬盖子苗出不来，晾太干失墒豆粒儿容易“放炮”。

黄豆地容易招来一种叫“大眼贼”的动物盗窝，专吃幼苗。几窝“大眼贼”就把一片黄豆地糟蹋得不成样子，人们只好采用挑水灌的办法，俗称“灌大眼儿”。

黑豆品种分小粒、大粒，性质方面与黄豆相似，种植方法是一样的。不同的是黑豆发芽能力强，俗话有“黑豆三翻身”的说法，意思是播种在地里有三次发芽的机会，不用担心“放炮”“芽干”。

待黄、黑豆长出垄台拖垄榜一遍，再刮去垄眼杂草，不间苗。黄、黑豆叶片在炎热中午会被晒得打蔫儿，俗称“翻秧”。开花季节喜雨水，有“黄豆开花，垄沟摸虾”之说。俗话说“豆打高，麦打齐”，长得高的黄豆杈子多、角子多才能高产。偶尔招蚜虫，须喷洒农药。

黄、黑豆成熟后叶子脱落，称串叶儿，豆角皮儿变干。收割时要磨快刀，防止刀钝由割变为砍，炸角儿或留茬高剩“猫耳朵”。下打镰割，手掐住豆秧尖儿，抓的把子大又避免角儿扎手。割黄、黑豆时，开趟子者往往先割两垄，两把放一堆，俗称一铺子，然后按一定的距离随割随放。放置时，根朝外、梢对梢搭接在一起。如果秸秆茂盛，基本上6~10垄为一趟子。后面的人送把子时，分别往堆的左右放置，逐渐形成对称的铺子。最后的两三把子放在铺子的中间，俗称勾缝儿。最后一人送完把子，要及时拢铺子。把两只脚插入铺子底下，腿挡住一面，弯下腰用两手或用镰刀将铺子用力拢一下，膝盖同时在铺子上面压一下。一来防止被风揭铺子刮得四乱蓬散，二来铺子紧凑装车时少占地方。拢豆铺子时动作要轻，避免把豆角儿弄炸。收割完毕后，再把铺子集中，俗称码，大约每码20~30铺子，排成两排，晾干后，再运到场院里。

成熟的大豆

豆秸太干时，豆荚容易炸裂，损失籽粒，影响产量。因此，割黄豆要在清晨和露水较大时收割。这时的豆荚潮润，不易开裂，籽粒损失较少，也

不扎手。

在敖汉民间，有烀毛豆、烧豆子的习俗。烀毛豆，就是在黄豆快熟未熟之时，把豆荚摘下一些，下锅加盐煮熟食用，豆香清醇，吃过不忘。烧豆子就是在收割豆子的时候，选一些带荚较多的豆秸，在野外点燃，烧熟食用。

黄、黑豆铺子大，摊场开始碾压时经常吞磙，要有专人勤翻叉子，翻轧两遍即可打干净。用叉子把豆秸子挑出去，不串粒子，防止碾碎豆粒，直接聚场。豆粒皮子多，扬场需要风大一些。用四股叉扬头遍，再用木锨扬二遍。

有道是扬黄、黑豆满场欢，豆粒子蹦得满场院，有时用秫秸或木杆挡一下。一个人扬，另一个人打漫，把豆子堆上的角子、碎短秸秆等杂质扫到一旁。

黄、黑豆可多年贮存，不招耗子，但陈年容易走油，养分流失。黄豆是日常生活必需品，榨油、做豆腐、炒咸豆子、炒龙豆、做酱等，都用其作原材料。黑豆除具备黄豆的用途外，还可以炒熟磨成黑豆料，拌在干草里喂大牲畜吃。

豆秸铡碎可喂大牲畜，皮儿直接做饲草。

（二）绿豆

敖汉地区过去种的都是小粒儿绿豆，一般不单独成片种。在高粱、谷子等地里扔点籽儿，称“带绿豆”；缺苗地用绿豆补苗，称“錾绿豆”。秋天把角儿摘下搓粒儿，打个半斗四升留着生豆芽儿、熬粥。2000 年左右，敖汉旗的北部乡镇开始大面积种植大、小粒儿绿豆，常用品种有“大明绿”等，由其代替黄黑豆来调茬。敖汉南部乡镇仍然是在小块地种植。

种绿豆须翻地，使土壤疏松。谷子茬、高粱茬均可种植，忌隔茬。虽然可以种重茬，但是因绿豆茬是种谷子的最佳茬板儿，除非没抓住苗翻地，否则舍不得种重茬绿豆。不选种，村子之间串换一下当种子。

种绿豆需要落透雨。种在潮干土地里，豆籽儿吸收水分就发芽，土壤干燥无法扎根，容易“芽干”。生长期 110 天左右，过早播种赶在伏天开花，遇上炎热少雨会少坐角儿。一旦雨来得迟，不可晚于夏至节气后播种。晚种的绿豆只结一茬角，产量低，霜冻早常常有上不来的危险。每亩播种量 3～4 斤，漫撒下种。

绿豆地一般相对不荒，耪一遍再刮去杂草，不间苗。开花前后耘一遍，让土培出垄台便于收割。绿豆秧容易招腻（起蚜虫），要及时喷洒农药。角儿成熟期最忌连天雨，戳地的角里面粒子会变色，俗称“乌粒子”。遇到霜冻，未成熟角儿的粒子变黑，俗称“冻死鬼儿”。

收割绿豆的时机很难把握，待叶子变黄或部分脱落后要随时观察。割早了青角子多，脱落后的粒子表皮有褶皱，俗称“抽子”“抽粒儿”，影响质量等级；割晚了容易掉角子、炸角子。南部土地面积小种的比较少，收获绿豆时，都是采取镰刀割或者用手连根薅。北部绿豆种植面积大，用镰刀割速度慢，人们发明了一种叫推刀的工具，贴地皮往下铲，称“铲绿豆”“推绿豆”。大多起早上山，趁绿豆秧潮湿时铲，一上午能铲五六亩。后面一人用叉子捡成铺子，轻轻按一下。铺子晾干过程中自然收拢，方便装车。下午一般不铲，减少损失。

绿豆铺子晾干要及时脱粒，防止遇到雨水或长时间光照使粒子变黄。趁清早铺子返潮装车少炸角子，现拉现打。铺场晾晒一会儿套碌碡，上面轧一遍，再翻过来轧一遍，角子全部炸开，不用落穰。用叉子挑起秸秆，不串粒子、不落穰直接聚场。由于豆叶、豆皮较多，聚成的堆较大。经过扬场、打漫两道工序，扬一遍即可。

绿豆在炎热季节最容易招牛子（一种粮食害虫），不好储存。陈年绿豆颜色会由绿变黑，俗称掉色、落色。用手一捻掉皮或粉碎成“酥粒儿”。因此，打下的绿豆除留籽儿外，几乎全部出售。表皮亮绿的称芽豆，有褶皱或乌粒子的称淀粉豆，价格相差悬殊。

成熟的绿豆

绿豆加小米、高粱米可熬绿豆粥。绿豆熬水有解毒功效，还可以生绿豆芽儿吃。绿豆秸秆和叶子、皮儿用来作为牲畜饲料。

（三）杂豆

敖汉地区除了黄、黑豆和

绿豆有大面积种植外，其他杂豆则是小面积种植或是在别的庄稼地里套种，比如高粱地里带豇豆、红小豆，黍子地里带芸豆，也有谷子缺苗鍪红小豆和绿豆的。

芸豆是蒸大黄米年糕的最佳搭配，过去人们在种黍子的时候，直接有人跟在点种的后面带芸豆，就是走两步远向垄沟扔几粒芸豆种子。等待出苗时，把黍子出苗比较厚的地方，用人稍微间一间，而芸豆苗就全部留着。夏季的榜蹚耘等工序正常进行，芸豆爬蔓缠住黍秸，也不要管它，黍子照样生长、成熟。

割地时黍子和芸豆割在一起，捆在一起，打场时也混在一起打。因为黍子高低不一，割地时穗子一般都耷拉下来，常常是黍子的穗子夹在黍个子里面，所以打场时不能像谷子那样扦穗子，而必须是把整个黍秸全部铺在场上，俗称“打烂秆”。也有用铡刀铡黍穗子，再用人挑黍秸子的做法，总之怎么做，都是比较费工的。在碌碡的镇轧之下，不但黍秸被压扁，黍穗上面的黍粒、裹在其中的芸豆等都被碌碡压掉，随着起茬挠、串粒子、聚场、扬场等一系列程序进行，最后用铁丝筛子把黍子筛下去，筛子上面则留下芸豆，单独存放，单独分配。

而其他豇豆、红小豆的种植面积更少。没有大片地单独种植的，有经验的农民说，这些豆类不能单独种，需要在高棵作物下面种植，起到一个遮阴作用。在高粱地、玉米地，隔几个空种一墩杂豆，不影响庄稼的长势，也不影响正常的田间管理。只是到秋天，生产队都要组织妇女劳动力提前进地把豆秧子薅下来，在地里放好铺子。割完高粱或玉米后，再将豆铺子码在一起单独拉运回场。

四、荞麦

荞麦是敖汉中北部地区主要的农作物之一，种植面积较大。双井、牛力、皋川一带的荞麦历史悠久，远近闻名。中南部地区种植面积相对较少。荞麦的播种日期敖汉地区南北有别，北部地区，过了夏至就得种，否则来不及，而东部和南部地区，有时小暑时种荞麦也来得及。

荞麦

敖汉地区种植的本地荞麦品种为小粒荞麦，后来引进日本大粒荞麦和外地紫花荞麦等品种。荞麦适宜沙性土质，种荞麦的地要破茬、合垄，使土壤疏松。最好用翻转犁、拖拉机扣地，没有生隔（音给，一声）子。荞麦不怕冷土（生土），常在开垦的新荒地上种植。

荞麦不选种，俗语说：“仓有荞麦粒，就有下地种。”种前先把大仓子的荞麦用细筛子过一遍，筛去小粮食粒子和杂草籽儿。再把细小的棍儿簸出去，以防点籽时点葫芦头杆儿“叉粒子”。荞麦陈年、发霉不影响出苗。一旦烧垛了，轧出的面用来包饺子、煮面条，放到锅里不成个，没法儿吃，照样可以当种子。落在地里的荞麦粒儿，多次下雨受潮，第二年甚至好几年还满地出“落荞麦芽”。

（一）荞麦的播种

夏至头十天播种的荞麦叫早荞麦，后十天种叫晚荞麦。紫花荞麦生长期长，小满前后播种。种荞麦季节地里的草籽儿已经全部发芽，土质疏松不用耘、蹚，过去大都种一尺垄，比其他作物垄小二寸，俗称“荞麦垄”。荞麦种在半湿不干的潮干土地就能发芽，每亩点籽儿 4～6 斤，簸梭拖土可深可浅，不用打磙子。有时担心土干苗出不全，种完后用木板一拖，把垄背的土拖入垄沟，起保墒作用。

种荞麦有时采用背籽儿的方法，叫“种上垄”。不往挑出的垄沟里点籽儿，把籽点在垄背儿上，让左右垄沟翻成的垄背儿土掩住籽儿。更有甚者不使犁杖，在扣过的地里手拿荞麦籽儿口袋，一遭遭走着来回用手撒籽儿，俗称“种漫撒子”。一处扬两米宽，约五六根垄。扬完用木板拖一下埋上种子，既不用耢，又不用耘、蹚，省人省工。只要撒上籽儿就等着收割，人们戏称为“磨镰等”。

荞麦幼苗期喜干旱炎热天气，叶子经过多日灼晒才能使碱性挥发，雨后迅速生长。相反，遇上连日透雨则长得纤细，俗称“荞麦怕窝儿涝”。长到一豁豁高时，如果颜色深绿、叶子肥大能多打粮，反之颜色发红、叶子小，到秋天也提不了气。

荞麦地土质疏松，少有杂草，用锄头耪平垄背儿即可。后来追尿素，就用耘锄，浅浅地耘一遍盖上化肥。不间苗，不蹚地。

荞麦顶花长，授粉阶段叫“放臭花”，随风飘出一股异味。“放臭花”后开始陆续结粒子，称“坐粒子”。结粒子的多少直接受雨水影响，干旱年份多“开谎花”，不结粒子。偶尔出现起蚜虫现象，需要喷洒农药。入秋季节长势好的荞麦，粒子压弯秸秆，风一吹，垄之间“搭凉棚”。从荞麦地穿过时后面出现一趟沟，蹚倒秸秆，撸掉粒子，秋季轻易不可进荞麦地。

长势“一根香”少杈子的荞麦产量低，甚至打不回籽。镰刀割太矮抓不到手，白扔又不忍心，只好跪地用手薅。赶上天旱近乎绝收的荞麦地，往往不收割扔掉，连籽儿带肥全白搭。荞麦秸秆长势高矮不决定产量高低，只有杈子多且结满一嘟噜一嘟噜似“家雀脑袋”般粒子，才能多打粮。

（二）荞麦的收获

人们管荞麦叫“巧麦”，指其收成好坏没有规律性。哪年“收早荞麦”“收晚荞麦”，关键取决于“放臭花”期间是否下一场透雨，荞麦能够吸足水分“坐粒子”。有时晚种的荞麦遇到干旱没结粒子，眼看着白瞎了。谁料到白露节气过后下了一场透雨，顶端的杈子重新开花，授粉后没有一个“谎花”，全部结成粒子，抓一把都扎手。到秋分节气大部分成熟，待上霜冻时，顶尖的也变为八分仁儿的虎皮色粒子。因此，人们常说荞麦是巧得的作物。

即将成熟的荞麦最怕霜冻和大风。遇霜冻后收割，镰刀一碰就掉粒子。大风天气会“摇”掉许多粒子。因此，即使有零星的几个白粒子，也要考虑天气因素，掌握好收割时机。

长势正常的荞麦开趟子割，放成铺子拢紧，防止被风刮散铺子。“搭凉棚”的荞麦互相搭接，怕掉粒子无法撕扯。只能每人把持一趟子，从一侧滚着割，称“滚个子”。滚出的铺子大小不一，杂乱无章。如果铺子干透来不及拉回场院打，遇到大风天要扛着铁锨快往地里跑，每铺子上锄一锨土，称“压铺子”。

荞麦秸秆壁薄且空芯，打场时容易破碎，混在荞麦花和荞麦粒中不好“折腾”。少量的荞麦待铺子干透后拉回场院，用二股叉一点点来回拨打，俗称“扒拉荞麦”，也叫“刷荞麦”。俗话说“荞麦刷三遍，看都不用看”，意思是说荞麦拨打三遍，粒子就全部脱落了。“扒拉”干净一叉子后，将荞麦秸秆随之端走。如果种的太多“扒拉”不起，只好趁荞麦铺子未完全干透拉回，厚厚地铺在场院上用碌碡打，免得秸秆太碎。因为铺子铺不均匀，时常出现“拖碡”现象。

待打干净后，清出秸秆，圈成一巴掌厚的圆场“串粒子”。一是串嘟噜，二是将荞麦花串碎用来喂猪。其间须使用木锨“翻锨”让上下串匀，直到部分粒子“沙底”，碎秸秆浮到场面为止。用小耙子搂出碎秸秆，称“荞麦嘎巴”，然后聚场、扬场。从“上半头”饱满的粒子中装袋留种，其他的和“马道”上的黄稍子一掺和，合到一块儿下场。

割荞麦

收割荞麦时由于地暄容易连根带土薅掉，扬干净的荞麦粒子堆常常混有零星小土坷垃，因此荞麦又被称作“土荞麦”。

荞麦是老鼠最爱吃的食物，储存时容易招耗子，经常嗑漏口袋吃剩一捧荞麦皮。

荞麦轧成面可拨荞麦条、包饺子、打凉粉。日常生活中经常打荞面糨子，用来打布袼褙、沾鞋底子、沿鞋口、糊顶棚、糊墙、糊窗户等。

荞麦结粒子之前，茎、叶、花可同时食用，称“吃荞麦芽”。用开水炸烂，在冷水中泡一会，捞出攥干，可凉拌、做菜、熬成粥等。荞麦皮用来装枕头、小孩睡口袋、车鞍绨子等。荞麦秸秆不但是做饭的燃料，而且垛墙帽、抹墙、抹房时当穰秸，因其含碱性，和出的泥晒干后结实。20 世纪 90 年代，人们用大型粉碎机将荞麦秸秆粉碎作喂猪辅料。后来本地品种的黑色猪淘汰，长白猪之类的白色改良猪吃了荞麦秸粉身上红痒蹭圈，荞麦秸不再作猪饲料用。

五、黍子

（一）这就是黍子

黍子在敖汉种植历史悠久，其诞生历史与谷子一样长，在兴隆沟遗址中浮选的碳化植物颗粒中，有 85% 是黍，粟仅占一小部分。在敖汉地区，黍分糯性和非糯性两种，人们习惯把糯性的黍称为“黍子”，把非糯性的黍称为“糜子”，统称“糜黍”。谷子也有糯性非糯性之分，非糯性的谷子叫“谷子”，糯性的谷子叫“黏谷子”。

黍子分为大黄黍、大白黍、大红黍、铁秆黍、高粱黍、庄河黍等，有的紧码、有的散穗子。

黍子耐贫瘠能力比谷子还强，也属于草性质。适宜新开垦的土地，尤其是新荒地。一般种在经过整地的谷子、高粱、荞麦茬上。豆茬、油茬上种出的黍子，黄米相对黏性差些。

黍子不选种，只要秋季没“烧垛”的都可以当种子，俗称“种大仓子籽儿”。根据季节选种生长期不同的品种。铁秆黍类叫高棵黍子，生长期长，小满前后播种；高粱黍类叫矮棵黍子，生长期短，芒种前后播种。为预防出乌霉，播种前把种子用酒拌一下，每亩下籽半斤左右。

幼苗出土呈喇叭状，叶片肥大。如果连续几天刮大风，会有沙土灌入将其埋上，俗称“迷眼”。一旦遇上急雨，幼苗的两个大叶片沾上泥贴地，也容易被土埋上，俗称“呱嗒住了”。因此，幼苗期比较娇嫩。糜黍苗只要不是过于稀、厚，自来苗即可，产量差不多。厚了不分蘖或少分蘖，穗子较多，有“糜黍是密黍，稀了少打粮”之说；稀了易于分蘖，长成一墩墩的，穗头较大，又有“黍子是二货，有两棵苗就不错”之说。

黍子长到半尺左右时先耪一遍，薅地时刮掉垄沟儿杂草，即使厚了也很少间苗，实在是长成一团的苗疙瘩，从中间薅出几撮，只要稀疏些即可。黍子的根比较粗，间苗容易使根部的土松动，透风后留下的植株擗黄。再耘一遍，蹚或不蹚都可以。

黍子地易生“眼儿呼”，形状酷似黍子，比黍子纤细，结黑色子粒，成熟后大部分自

收割黍子

然落地，第二年成为地里的杂草，未落地的打场时混入黍粒中成为杂质。因此必须在成熟前薅掉，称“拔眼儿呼”。烧垛的黍子籽儿种在地里容易出“乌米”，嫩时可食用。黍子不招腻，偶尔招黏虫嗑黍码子。

（二）黍子的收获

一个黍子穗儿上的籽实不同时成熟，先从穗儿尖儿开始晒米，后面的绿嘟噜上有许多秕粒，因此有“黍子伤镰一把米”之说。成熟的黍子遇上大风，经常磨掉粒子或刮掉穗子。如果不及时收割，秸秆干了容易“噜疾秧”，割地时抓不到手，捆个子时无法当勒子用。有时不打算上垛就不捆，直接晾铺子散拉回场院，现拉现打。

俗话说“湿打黍、干打谷”，打黍子不必等秸秆干透，以免轧碎。解开勒子均匀铺成圆形，秸秆与穗子杂乱交织，在碌碡的碾轧下黍粒脱落。打烂秆过程中黍叶子被轧掉，扬场时茬挠多费劲。视打的干净程度决定落穰或不落穰。

陈黍子黏性差，不适宜长久储存。去皮的黍子称大黄米，可熬大黄米粥、馇黏干饭（腊八粥）。轧黄米面可撒年糕、蒸豆包、烙黏饼子、兑小米面蒸糁状等。

黍子秸和糜黍糠是泥水活不可缺少的添加材料，相当于水泥活中的钢筋，起抗拉作用。成棵的黍子秸铡碎用来和“大穰秸泥”，垛墙、垛墙帽时泥挂叉子。抹房、抹墙、脱坯等和泥时，将其铡碎当穰秸，泥干后减少开裂。

糜黍糠和泥，抹出的里屋墙面、炕面、锅台等光洁、结实、不脱落。糜黍糠也是保温材料，在过去农村住户为了防止水缸在冬天冻死，就在水缸外面围上一个秫秸帘子，里面楦满糜黍糠。还有农家菜窖的上口，为防止寒风进入，就用一条破麻袋装满糜黍糠，做成一条暖被盖在窖口，用以保温。

六、玉米

敖汉地区称玉米为棒子、苞米，传统种植品种分白马牙、黄马牙两种。还有一种黑白相间的品种，俗称“花棒子”，产量低，不适宜大面积播种。通常在房前屋后园子少量种些，成熟前烀着吃。

棒子主要种在河流沿岸或水源较浅的二阴地上，不怕重茬，可连续在同一块地上种植。山地不适宜种棒子，连续干旱会使秧立干死，经常出现绝收。种棒子须施足粪肥，否则秧纤细发黄，不结或结些小棒子头儿，俗称“寡妇秧”。点穴播种，每穴下三四个粒儿，株距一小步左右。幼苗四五个叶时耪地，间成单株。后来使用尿素作追肥，边点肥边耘地，代替了耪二遍。膝盖高左右正值放喇叭筒时蹚地，拔节后容易刮断。

棒子秧生长中期容易起黏虫，被虫子吃的秧遇到风刮常常从半腰节折断。结的棒槌子有嫩粒儿到硬浆期间常常招獾子，晚上进地里把棒子秧一片片摁倒啃食，而且有“黑瞎子掰棒子——认准一块地”的习惯。人们只好拧根长长的榆树鞧子，离地一尺左右把四圈围起来，或在地里横着一道道绑在棒子秧底部。民间认为獾子腿短，遇到有障碍物绊腿的地方不仅绕行，而且长记性再不涉足。

棒子不可过早收割，成熟的特征是棒子叶和棒槌子皮完全变干，个别棒槌子熟到往下耷拉程度。棒子收割俗称“掰棒子”，大多先把地里棒槌子收回场院，过后再往回拉棒子秸。“掰棒子”有两种方式，一是在直立的秧上先掰下棒槌子，称“站着掰”，然后把空秧子割倒放成铺子；二是先把秧割成铺子，再坐在地上逐铺子掰，称“坐着掰”。选出一根没干透的柔软秸秆当鞧子，俗称“手出鞧儿”，把掰完棒槌子的秸秆铺子捆上。掰棒槌子有两种方法，一是直接从秧上揪下来，俗称“批槌子”；二是在秧上剥去皮，俗称“扒棒子”。掰好的棒槌子放成堆，然后装到口袋或车的粪帘子上运回场院。如果数量少，就连秸秆一起割下捆好运回场院，打完场后再解开个子“扒皮”，费时费力。

遇到霜冻或大风天气，如果来不及收割，就把棒子一堆堆割倒，避免棒子叶从秧上落地，刮成光秆儿，俗称“撂铺子”，日后再掰。

剥去皮的棒槌子放到房顶或垛在院子、场院晾干。数量多套碌碡脱粒，数量少或用棍子砸或人工手搓。搓棒槌子时，将其放到大簸箕或笸箩里，用剪子或螺丝刀、旧镰刀头等简易工具，把棒槌子隔几行穿掉一行，然后用没穿的来“啃”或用手搓掉粒子。棒粒子不易储存，夏季天热容易招牛子。

棒子加工成米、楂儿、䃺儿或筛成面，可用来做多种主食，还可以不用加工炒棒子粒吃。除人食用外，用来作牲畜、家禽饲料。秸秆主要喂牲畜、当柴烧。

玉米

扒玉米

七、芝麻

芝麻的传统品种有八筒白、霸王鞭、大黄秧等。俗话说薄地种芝麻，人们通常理解为芝麻耐贫瘠，实际上芝麻最喜欢多年施肥的壮地。所谓的薄地，指的是某块地多年没种过芝麻。农谚说“油见油，十年愁”，芝麻怕重茬，种一年芝麻的地块，需要等二三年后才能再种芝麻。否则，芝麻从出苗后一天天烂根枯死，到开花结角时几乎全部死光绝收。

芝麻大多种在谷子、高粱、黍子茬上，荞麦、玉米茬次之。芝麻、豆类茬适宜种谷子，舍不得种芝麻。芝麻属独根作物，不怕土壤硬，直接在白茬地上开沟，挑掉扎子即可。经过破茬、合垄的地块，土壤疏松反倒不好抓苗。

芝麻播种季节根据品种生长期决定，莀品种立夏至小满播种，稙品种芒种之前都可以播种。芝麻芽软，播种时犁杖不宜过深，讲究“栽住犁杖处掉茬子就行”。犁杖后面拴一个胳膊粗拖子，用带叶树枝绑成，起拖平垄沟作用。有时把籽儿点在粪上面，怕簸梭拖土过厚苗出不来。芝麻籽儿必须吸足水分才能发芽，俗称“不洗脸不出”，因此大多干埋等接墒雨。种上芝麻的地里茬子不用捡，防止土壤松动透风不利于出苗。

芝麻是娇嫩作物，受气温低、雨水不足等气候条件影响不好抓苗。出苗前后轧二遍磙子，可提高出苗率。长到二三指高，把垄背儿的杂草耪掉。幼苗期怕草遮掩，俗称“怕欺负”。垄沟杂草多，容易把苗“架”得纤细，须尽早薅草间苗。间苗不用拔根，掐掉脖儿即可，株距六寸左右。薅二遍要仔细观察，把酷似芝麻秧的西天谷薅掉。开花季节喜旱，遇上连天雨或雾天，叶子容易起黑斑。闭花前后容易招蚜虫，影响生长。

收获芝麻要小心。芝麻成熟的特征是掉净叶儿，秧变黄，地角子微微开裂。一人一次割一趟子，称推着割。有时收割过晚，个别秧底部的角子张嘴儿，就用大笸箩接粒子。割一把倒过来抖搂一下，做到颗粒归仓，边往前割边挪动大笸箩。割倒的芝麻秸用榆树条捆成碗口粗细的个子，趁湿拉回场院，戳成攒晾晒。

芝麻秸

秋季收割芝麻时，挑选秧高、角儿密的植株，单独捆起来留籽儿。芝麻不怕陈年，放置多年仍有发芽能力。民间讲究“芝麻不过门槛不出苗”，理由是地里有撒落的芝麻粒儿，第二年看不见出落芝麻苗。其实，落在地面上的芝麻粒儿，在秋、春两季吸收雨水发芽，气温低被冻死了。

大约一个多月左右芝麻晾干，角儿全部开裂，就该抖搂芝麻了。把场院打扫干净，从一侧一个个倒着提起来，用木棍儿轻轻敲击，称倒芝麻。敲打后重新攒或垛起来，上大冻后敲打两遍。

把抖搂成堆的芝麻过筛，去除角子、叶等杂质，用木锨扬干净。如果数量少，就用扇车风、簸箕簸，达到净化目的。

芝麻长时间不变质，便于贮存，但年久过长会“走油”，营养成分降低。主要用来榨油，称香油。其次可以烙芝麻烧饼，黏在烧饼外面，吃起来格外香。把芝麻炒熟加盐擀压成芝麻盐子，是上好的就饭小咸菜，有“一辈子没开怀儿，就想吃鸡蛋蘸芝麻盐儿”的玩笑话。

芝麻秸平时用作烧火做饭的燃料，年节时会派上用场。过除夕时，人们在院子里横七竖八地撒上一层芝麻秸，称“撒岁”。除夕夜煮饺子、发纸都要用芝麻秸生火，取“芝麻开花节节高”之寓意，讨个吉利。正月十五办黄河灯会，连城里秫秸把子上插的三角形五色纸旗，旗杆儿也用芝麻秸来做。

八、打瓜

敖汉中北部地区土质适宜打瓜生长，尤其是双井、木头营子、敖润苏莫苏木一带的沙窝地，种植面积大，结的瓜个大、瓤甜。传统的品种有顶心白、一窝蜂等。

种打瓜的地须深翻，适宜在新荒地上播种，一般不上粪。有一种叫“大眼贼”的田鼠，嗅觉灵敏，专门顺垄沟扒打瓜籽和幼芽吃。人们只好种完后或苗刚一“拱包”就把垄背儿耪平，俗称“耪萌生”“耪梦生”。大多在苗“团棵”时耪一遍，不用间苗。打瓜和其他作物不一样，地里的草不可薅得太干净，留给爬蔓儿时秧上的细毛须缠绕，刮风不至于翻秧。

打瓜秧扎根深，坐瓜至成熟期喜干旱气候，有旱瓜涝枣之说。一旦遇上连天雨，瓜停止生长，叶子起黑斑，新结不久的小瓜变黑干枯，俗称“化了”。连续雾天秧子容易被“雾死”，因此，种打瓜的地里必须带些线麻，起遮雾作用。雨水多的年头打瓜收成不好，瓜结得稀，个小，瓤不甜。

打瓜

打瓜长到青头时，在地头用横木前后绑两个木撑子，上搭横杆，或拔地里的麻秆或砍树枝披在上面，称“搭瓜窝棚”，方便看瓜人避暑和众人来吃瓜。看瓜人称“瓜把式”，负责瓜地的管理。打瓜开园后，看瓜人随时挑选熟瓜放到瓜窝棚里，允许众人来吃，有“青瓜嫩枣，谁见谁咬”之说。瓜窝棚旁放一领旧炕席，在上面倒籽儿、晾晒。伏天炎热，过往行人口渴了，经常四下寻找瓜窝棚或长着线麻的地方，吃几个打瓜解渴。过去对来地里吃瓜的人有约束，不许带羹匙，打开用手抠瓜瓤吃。不许带咸盐粒儿，怕吃饱后用盐来消化吃得多。打瓜地容易招“大眼贼”，从结瓜一直吃到硬皮，看瓜人只好每天找鼠窝下夹子。待瓜全部成熟后，瓜秧干枯，俗称罢园。

打瓜地杂草多，第二年不适宜种旱田，须等草籽全部或大部分发芽后种晚田，减少后期田间管理强度。

打瓜籽儿用来炒着吃，俗称“嗑瓜子”。有“小板凳，四条腿儿，我给奶奶嗑瓜子”的传统童谣。炒熟后用炊帚蘸水淋湿，再闷一会儿即可食用。冬闲家里来了客人炒上一盘，边唠家常边嗑打瓜籽儿，是待客的较高礼节。过春节家家都有炒打瓜籽儿，除夕夜享用。

九、地瓜

地瓜，其蔓细长，茎匍匐在地面，地瓜是其块根。地瓜收获较早，在青黄不接时作用很大。

（一）育秧

地瓜等农作物要通过育秧移栽的方式种植，既可以延长作物生长期，又提高了繁殖能力，相应提高了作物产量。地瓜育秧俗称“席地瓜秧子”。育秧时，用土坯在炕头围成一个方池子，四周用泥密封固定，大小根据要培育的地瓜秧苗多少而定。在池子底部铺一层农家肥，上面挨个摆好地瓜栽子，再用粪肥等铺平，上面再撒上一层沙子即可。每天及时掸水，通过平日的烧火做饭，使池子升温，地瓜的秧苗便密密麻麻地冒出来，长到 20 多厘米时，就可以从根处拔起，往地里移栽了。

（二）栽植

地瓜和土豆都是以根茎为收获物，收获时需要从地下翻出来。常见的方法有两种：一是用镐头刨，随刨随捡，适合种植面积较小的地块；二是用犁杖挑，再用人工捡出来，适用于种植面积较大的地块，这种方法在捡拾时往往会有遗漏。

（三）收获

敖汉民间把收获土豆、地瓜、蔬菜等叫“出”，如出地瓜、出土豆、出萝卜、出白菜、出蒜，等等。刨地瓜和土豆虽然很累，但很有趣味，特别是在刨出了大个儿的地瓜或土豆时，内心更是十分喜悦。

（四）食用

地瓜主要以烀或烤为主，有时也和面蒸食，或与米煮粥。但地瓜越冬储藏不易，需要在屋内挖窖储藏，俗称地瓜窖。地瓜可以切片晒干，俗称地瓜干。人们把地瓜干碾成面，再掺上其他面粉和面，可以烙饼、擀面条等，也可以用于制粉条、做菜、酿酒等。

地瓜收获

地瓜对土壤的要求很严，一般都是高坡沙土，敖汉东部地区比较适合地瓜生长，以兴隆洼镇的地瓜最有名气。

第三章

农活

敖汉旗位于内蒙古自治区赤峰市，燕山山脉东段北麓，科尔沁沙地南缘，是中国古代农业文明与草原文明的交汇处。

第一节　备耕

一、整地

整地分为秋、春两个阶段，具体时间大多由土壤干湿度决定。每个阶段结合不同地块的板结程度和种植需要，根据人力、畜力所能承受的条件，因地制宜，采用犁杖挑地和各种翻地工具深翻等不同的整地方式。

（一）整地形式

敖汉旗南部有一句农谚："庄稼进了场，套犁杖整地忙。"在人民公社时期，每到秋季，公社就要召开三级干部大会，也把秋季和明年春季整地作为一项主要工作进行部署。旗统计局在过去的统计年报里面，也设有秋季整地一项，作为统计上报的内容。整地的作用是松土保墒、熟化土壤、灭虫灭菌、清理根茬，方便第二年耕作。整地分为以下几种：

1. 扣白茬地

把秋收后的玉米、高粱、谷子、黍子地用翻转犁（俗称橛子）或双铧犁（后来用拖拉机）进行深翻。

2. 挑地

挑（敖汉人读 tiǎo）地。在农村，垄沟和垄背是相对的概念。春天，把种子播到垄沟里，秧苗就生长在垄沟的位置；到了夏季蹚地后，垄背被犁杖挑成了沟，土被翻到了秧苗生长的位置，这样，原来播种时的垄沟就变成了垄背，原来的垄背成了垄沟。挑地在秋后进行，也可在开春化冻后、播种前进行。一般来说，秋季挑地，易于保墒，但根茬清理难；春季挑地，根茬易于清理，但容易失墒。

由于敖汉南部地区土地面积较少，北部地区土地面积较多，加之土壤差异，因此，对"挑地"概念的解释和具体方法有所不同，可谓"百里不同俗"。

南部地区土壤土质为黄黏土，挑地也叫"破茬"，大多在秋季进行。把豆茬、谷茬、黍子茬、芝麻茬、刨完茬子的高粱、玉米地等地块的垄背挑开，将长在上面的农作物根茬挑出来，类似于秋翻。用人工把谷茬、黍茬等根茎捡出后，第二年开春土地化开便进行合垄。不论是秋季挑地还是春季挑地，到种地前，都要进行合垄，以确保种地时仍能播种到原来的位置上。

北部地区土壤为沙性土质，挑地的方法和称谓包括三类。一是扛垄，也叫"挑光板子地"。把夏季没蹚的豆茬、芝麻茬等地的垄背儿挑成垄沟，秋、春两季根据墒情适时进行。二是破茬，大多在春季进行。与南部地区不同的是，破茬仅限于谷子茬、黍子茬和少量的玉米茬、高粱茬。劐掉的玉米、高粱根茬大多被捡走，谷子、黍子根茬可不捡，破茬后直接把垄合过来。三是扛茬。挑地时仍挑垄沟，把已经蹚过的谷子、黍子垄沟儿再深挑一遍，也就是挑春天种地时的垄背，因为这种挑地不能把根茬挑出，所以也叫“挑白茬子地”。

有的人家则根本不挑地，也不扛茬，自然也就没了合垄等程序，人们把这叫种白茬地，也叫平板儿地。

3. 刨茬（zhà）子

在南部土地面积比较少的地方，刨茬子都在秋季进行。生产队期间，割完地后要把高粱茬、玉米茬地块按垄数分给社员，各户起早贪黑刨下茬子，磕净根茬带的土，称为“打茬子”，弄回家里当烧柴。北部土地面积大的地方，秋季忙不过来，就把刨茬子放在春季。

4. 扛趟

扛（敖汉人读 gàng）趟是把刨完茬子的高粱地、玉米地以及各类豆茬地的垄沟用犁杖蹚一遍，恢复垄的形状，便于耕作。南部叫“扛趟”“扛垄”“扛茬”等，相当于北部地区的“扛垄”。

5. 打垄

在春季，把秋季深翻的白茬地用犁杖按照一尺二的垄距打成垄，准备春播。

6. 晚田整地

种完大田作物后，地下的草大部分已经发芽出土。开垦生荒或白茬地的过程中，绝大部分杂草都能被除掉。晚田整地一般都是整完一块播种一块，用来种植生长期短的稙谷子、黍子、绿豆、荞麦等作物。

（二）整地犁杖

用木犁杖或各种铁质翻地农具整地时，把套、扁环子、耍杆子（二牛杆）、牵筋（千斤）按前后顺序连接在工具上，套上牲畜。敖汉地区传统使役的畜力以牛为常见，一直延续到联产承包责任制初期。后来随着生产方式和生产力水平的不断提高，畜力由牛变为以马、骡、驴为主，木犁杖改为铁质。挑地拉套大多为两头牲口，深翻有时需要套三四头牲畜才能拉动翻转犁。将牲畜的缰绳在笼头上互相连接，再把一根长撇绳的两端分别系在里、外手牲畜的笼头上，不听使唤的牲畜须戴闷缰，撇绳固定在犁把上，一手扶犁杖，一手拽撇绳驾驭牲口，控制拉套过程中走正垄，到地头抹犁杖。

整地时人畜累了要歇息一会儿，称歇套、歇犁杖。到地头把犁杖抹过来插进地，喊一声“吁”。牲口停住后，手拽双股撇绳往后收缩，再喊一声“捎”。让牲畜向后退一步，套处于松懈状态得以歇息。细心人还要“投投”牛鞅子、整一整夹板和套包子，即往前移动位置，借机观察是否“打膀子”。歇息后，把夹腿的牲畜套捋顺过来接着干活，称挑套。中午、晚上收工，称卸犁杖。给牲畜解开牛鞅子或夹板，把整地的全套工具放在地头，或牵或赶着下山。经过长期驯服的牲畜比较听话，加上有箍嘴束缚，乱跑也吃不到东西。只能老老实实往家走，回到圈舍吃草吃料。

（三）倒茬

倒茬，也叫换茬，就是指在同一地块上每年轮流播种不同的农作物。与倒茬相对，不进行倒茬，在同一地块上仍然重复播种同一农作物的，叫重茬，也叫迎茬。农业耕作要忌重茬，特别是消耗肥力大、容易产生病虫害的农作物，如玉米、高粱、豆子等，必须倒茬，否则，就会出现“死秧”等现象，严重影响产量。菜地也同样需要倒茬。

二、积肥

俗话说庄稼是朵花，全靠粪当家。过去种地使用农家肥做底肥，地里庄稼长势的优劣取决于农家肥质量优劣和数量多少。因此，人们利用多种方式想方设法多积肥。

（一）粪坑积肥

为了准备足够的农家肥，不论是生产队集体，还是农家各户，都有一个专门用来积肥的场所，统称为粪坑。生产队的粪坑比较大，设在西厢房牲畜圈的前面，比院子地面低一块，为了下雨天积水。牲畜圈里面的粪便经常起出来，放在粪坑里面沤制发酵，夏季农闲时节，生产队也经常组织社员上山割青草，铺在粪坑里，上面盖上土，沤制绿肥，也称“压绿肥”。秋季打完场后，会组织社员集中几天时间，把粪坑里面的粪肥起出来堆在一个宽敞地方，统称为“起圈”“攒粪堆”。

而农家各户的粪坑，一般都比较小，在自家的当院一个地方，挖一个二尺左右深的长方形方坑，扫院子的杂土、散撒鸡鸭鹅的粪便、每天灶坑扒出的灰等，凡是能沤制成粪肥的东西都往里面放。到了秋天，起早贪黑地起出来，堆放在自家大门口外，倒细，等候卖给生产队。后来实行家庭联产承包制，各家各户的粪坑更是发挥了极大的作用。

（二）圈舍

积肥是农家大事，而畜禽粪便是农家肥的主要来源。有的人家饲养猪羊等，主要就是为了攒粪，食用或出售反而是次要原因。猪有猪圈，羊有羊圈，驴、马、骡有敞棚，既是牲畜居住之所，也是积肥之地，俗称糟粪。

牲畜圈舍是主要的积肥之地。当圈里粪便布满一层时，就要及时垫上一层新土，俗称垫圈。农闲时间或雨后，人们用风刮堆积到墙根的土、场院腐烂的糠或秸秆、富含腐殖质的地表土、青草等来垫圈。利用湿度、温度条件，与畜禽粪便一同沤制。生产队时期都有一个固定的土场，春夏秋三季随时取土方便。到了小雪节气前后，组织社员刨下够一个冬天垫圈的土，称为“翻土”或“暄土”。这样的土堆不会被冻死，方便随时取土。

为了攒粪，家家户户都经常垫圈，有的人家垫圈比较勤，以至于春天卖给生产队的粪，“只见黄土不见粪”的居多。后来实现联产承包责任制分田到户，村民的积肥积极性日益高涨。那时再比较，就是看谁家的粪堆颜色发黑，谁家的粪肥质量上乘。

（三）捡粪

捡粪也是农家肥的另一来源。过去农村牲畜实行一年四季放牧，连猪都经常散撒。北部地区夏季由猪倌儿赶到上山吃青草，冬季散撒在街上到处寻东西吃，随地大便。闲暇时节，乡间身背粪筐，手持粪叉的捡粪者随处可见。走在街上、路上，见到牲口、畜禽的粪便，及时捡到粪筐里，倒进自家粪坑，既积肥又保持了环境卫生。那时家家备有捡粪工具，人们走出大门口常常会习惯性背起，讲究“过日子人粪筐不离肩膀”。有时候当家人出去串门儿半晌没回来，家里有事或来外人时，女主人打发孩子去找，不用往院子里瞅一眼粪筐子是否在家，告诉孩子的话大多是“看你爹粪筐子在谁家大门口呢”。实行联产承包责任制后，除了羊以外，家家畜禽一律舍饲，结束了捡粪的历史。当年的粪坑被填平，捡粪工具被当作传统农耕用具收藏进民俗博物馆。

（四）厕所

人粪尿虽然是很好的有机肥来源，但在过去，人们大多不习惯积攒，有的人家连厕所也没有，房后、胡同就是大小便场所，有时大便完毕，猪、狗等就会很快把粪便吃掉。长此以往，就形成了“屎还没拉呢，就把狗叫下了”这句俗语，讽刺那些事还没做成，就把结果宣传出去了的人。

多数农户房后墙角处挖一个供家人大小便的土坑，下面放一个缸，称大粪缸。有的用石头、水泥砌成个大粪池子。上面搭木棍、木板便于蹲立，三面围出遮掩人的露天土框，称大粪窖、茅坑。由于夏季积存雨水，偶尔有小鸡、小猪掉入淹死。人粪尿俗称大粪，可用作“五五一”积肥法（五份土、五份骡马粪、一份人粪尿）沤制粪肥。也可用水稀释掺入土里，发酵后搅拌均匀，俗称“泄大粪”，用作农作物追肥。大粪营养高于其他农家肥，施入后农作物长势效果明显，有“没有大粪臭，哪来五谷香”之说。起大粪用大粪舀子，俗称淘大粪。随着人们生活水平的逐渐提高，在修建砖瓦结构房舍的同时，大部分家庭盖起厕所，取代了露天大粪窖。

（五）炕洞土

炕洞土也称炕洞烟子，是很好的肥料，据说含钾量比较高。敖汉人都睡火炕，经过长时间的烟熏火燎，炕洞里的土坯和烟灰等都已经变成熟土。扒炕、搭炕时，把这些清理出来，用水浸泡沤透。除了抹房，可成为很好的肥料，春季返青的小葱就得施炕洞烟子以增加其粗壮。

三、起粪送粪

（一）起粪

每年秋季上冻前和春季化冻后，人们把粪从圈舍、粪坑里起出来，称起圈、起粪。起圈一般由三人完成，一人在圈里边刨粪边往抬筐里装，另两个人把粪抬到外面。有时人手不够，就用独轮车往外推，整齐地堆放在固定的粪场上，堆成等腰梯形立方体，称粪堆。生产队时期通常放在社院子牲口圈门口一侧，个人家则放在大门口外的宽敞地方，方便运输。

秋季上冻之前起出的粪叫秋粪，也叫土粪。由于经过从春到秋的高温，畜禽粪便同各类垫酵充分融合、发酵，肥力较好，粪“壮”。土粪受到畜禽踩踏，板结成坚硬的微绿色粪块。起土粪时，先用镐头从圈舍的一角一点点刨开、砸碎较大的粪块儿，用带绳抬筐、推车子运走，堆起来的土粪堆相对较大。开春化冻之时起出的粪叫春粪，也叫黄粪，因为冬季的圈舍无法垫圈和加水沤制，积攒的畜禽粪便单一，气温低发酵不好，肥力较弱。春粪相对松软、重量轻且数量较少，起圈时只要用二齿镐子即可刨松动，装满带绳抬筐或推车子后，上面再摞上一抬筐粪，可以毫不费力地运走，加快起粪进度。

在不少人家里，春粪和秋粪所上的地块是不一样的。秋粪营养丰富，草籽儿在发酵过程中腐烂，送到种谷子、芝麻地做底肥不荒地。春粪营养低，则送到玉米、高粱、豆类地里。生产队时期，各户的粪归集体，班子人员逐户打方，按粪的纯度评出一、二、三等，以质论价，每立方米一等六元，二等五元，三等四元。

（二）倒粪

粪起出来后，要进行粉碎、翻倒，俗称倒（读 dào）粪。倒粪可以使粪肥变碎、发酵更快、肥力更均匀。倒粪主要用铁锨（多用方锨）和镐头（也有用二齿子的），可以一人进行，也可以两人进行。倒粪时，从粪堆的一侧开始，先用镐头把粪一点点搂开，细细砸碎，再用锨翻到另一侧，如此往复，粪堆就从一侧逐渐翻到了另一侧，成为整齐的粪堆。农家粪堆的大小、细碎程度，是衡量一个家庭勤劳与否的标志之一。

生产队时期，无论集体还是个人家的秋粪大多秋季就倒出来。实行联产承包责任制后，人们大多春季化冻后倒粪。

两个人为一组，从粪堆的一侧开始倒。一个人用二齿镐子把粪均匀地搂开，铺成薄薄的一排子，边刨边将粪坷垃捣碎，另一个人用方锨也叫板锨，把砸成粉末状的细粪，一锨一锨地铲起来，放到粪堆的另一侧。中间留出一米左右的空地，称马道，在马道上刨砸。循环往复，粪堆就从一侧被逐渐翻到了另一侧，直到把整堆粪倒一遍成为整齐的粪堆。

讲究的人家，隔一段时间还要再倒一遍粪，俗称倒二遍粪。所以，民间就把反复说一个内容的话形容为“和倒粪似的。”

倒粪

黄粪起成堆后，要及时倒出头遍，然后用不含草籽儿的干净土把粪堆埋严，称发粪。随着气温不断升高，黄粪得以充分发酵，微生物逐渐转化，粪里的杂草籽儿发芽。其间须随时挖开深洞观察发酵程度，待几天后粪堆变成微绿色，且有白草芽子，视为粪发好了。一旦变为灰白色，称发大劲了，肥效降低，整堆粪几乎白瞎了。补救的措施是在粪堆顶部挨个挖出深坑倒入水，使粪处于潮湿状态。粪发好之后开始倒第二遍，把土均匀地掺入粪内，其间草芽子见风闪死，免得捋到地里荒地。掺入的土吸收粪内营养，形同沤土粪垫圈，营养更加均衡。黄粪体积的增大，可相应增加施肥面积。倒第二遍后再发酵几天即可往地里送。

（三）送粪

把农家肥运至地里称送粪，每十垄为一单位，顺垄沟均匀分散成小的粪堆。送粪时，确定卸粪的固定垄沟，往中间垄卸叫正趟子，往两边垄卸叫偏趟子。顺垄沟均匀分散成小的粪堆，称扒粪，要求距离远近和数量多少标准大约一致。最后用铁锨把粪堆拍实，埋上一层土，称埋粪堆儿，防止养分挥发和表面被风刮。

生产队只有一辆马车和一辆牛车，由于量大，运送能力弱，又不能耽误开春化冻后起圈，所以，过了正月初六就开始往地里送粪，否则耽误农时。

过去送粪大多用牛车，后来改用马、驴、骡子车。车棚上放置粪帘子，既能多装粪又可防止路上颠簸滑落。有的山区道路不畅，不能用车，人们便赶着毛驴送粪，有的干脆用挑筐挑。用毛驴送粪时，先把粪装在口袋里，一个口袋装一堆粪。装粪时，先把口袋底扎上一块儿，称“扎口袋底儿”，以备到地里有个抓手。每头驴驮一个口袋，也就是一堆粪。每人赶四五头驴，到地里后把粪倒在指定位置。由于常年从事这项工作，一些聪明的驴会懂得侧身上坡，防止口袋从背上滚下来，有的甚至自动站到地里大致的位置上。

四、选种

在 20 世纪 80 年代以前，农业种植用种全部自繁自育，老祖宗留下来的田间选种留种的方式方法一直被农民所乐道。选种工作在头一年收割前就开始了。每到收割谷子、高粱、

选种 晒谷种

黍子等农作物前，主人都要拿着镰刀在地里挑选穗头硕大、籽粒饱满的穗子，连带一定长度的秸秆削下来用绳捆好，挂在闲屋的檩子上。玉米则是把挑好的棒槌子掰下来，扒下外皮，编成一串挂在屋里或房檐下。

（一）田间选种

庄稼成熟后，谷子和黍子这些矮棵作物在割地的时候，都要由几位有经验的老农手拿镰刀，先行进地，在低洼存水处庄稼长势格外好的地方，选择穗大籽粒饱满的庄稼，进行单棵选种。一手抓住谷穗的脖，另一只手翻拿镰刀，用刀刃轻轻一削，就把那个谷穗割下。就这样选种的人在前面选种，他们选出四大把，把谷穗向下，带着的谷秸交叉合在一起，用细谷草为靿，紧紧捆扎成把。根据明年的播种面积大致确定用种量，按照略有结余的原则选种。

黄黑豆选种则是进行粒选。首先在割地时，把低洼地处的豆子单独割下来，单独分成铺子，拉地时做好记号，进场院后再挑出来，找人用木叉敲打，单独存放作为种子。也有在打黄豆（黑豆）时、扬场时选择豆子堆最下边的豆粒收起来，作为种子保存。种地前，把谷子和高粱搓下后，反复筛、簸，去掉秕子、草棍之类，才能做种子。玉米要把棒槌子中间部位的粒子搓下作种子，两端的不用。豆子则是在正月至二月间农闲时选种，挑出干瘪、破损、虫蛀的豆粒，俗称挑豆种。荞麦则一般不选种。

（二）场院选种

对于高粱等高棵作物，就得等到庄稼进场后，在扦高粱穗时，挑选穗子大，籽粒饱满，没有霉粒的高粱穗单独存放晒干，然后单打单存，作为明年的种子。

（三）串换种子

为了提高产量，增强庄稼的免疫力，人们要经常串换种子，各种农作物种子都可以串换，一般是户与户之间串换，越远效果越好。特别是土豆，串换种子的效果最明显，俗语有“换种如上粪”之说。这也是为了避免一个品种在本地种植多年造成退化的一个措施，串换种子的原则是生长期差不多的地方互相串换，像本旗南部，都到朝阳一带串换小白谷、鸭子巴掌小黏谷、大白高粱、关东青高粱、大白黍等品种。有些庄稼品种可以从生长期短的地方向生长期长的地方串换，这样可以提高产量。例如敖汉北部的向日葵、马铃薯等种子，串换到南部农村，就会提高很多单产。为了体现公平和种子珍贵，串换种子都是1.2～1.5斤粮食换1斤种子。在那个时期，两地串换种子是经常的事情，只要打听得准确，有人帮忙联系，一般都能够换成。

五、耙轧保墒

在生产队时期，春季播种前都要抢时间进行耕地的耙轧保墒。

（一）耙

过去每个生产队都有一到两个用略粗一点的木杆做成的钉齿耙，就是三根木杆组成一个大三角架，长的一个边安放着一拉溜粗铁钉子（用钢筋打磨），耙地时在前面两根木杆交叉处拴牛套，一头犍牛拉一个钉齿耙，一人赶一头牛，铁钉向下扎入土壤中，牛拉动着向前，铁钉把土壤中的土坷垃镬开，使地面平整土壤细碎。到了20世纪70年代，农村有了拖拉机等配套农机具，拖拉机带着圆盘耙、镇轧器、深翻犁等农机具，大大提高了劳动效率。牛拉钉齿耙退出舞台，成为人们的记忆。

（二）轧

一是石辊轧垄背。在农村流传着这样一句话“拉着碌碡带着辊”，这个“辊”就是春季压地保墒的石辊。石匠用一块长条石凿杵成比碌碡长一些细一些的石辊，木匠做成辊框，套上一头毛驴，一下子能轧三条垄背，不仅把合过垄的垄背轧平轧实，还把浮在上面的土坷垃轧碎，起到保墒的作用。

二是石磙子轧垄沟。每年在雨水节前后，生产队都会指定专人套上几副石磙子出工轧地。一头毛驴拉两个石磙子专门轧垄沟，也起到轧实地表，防止水分蒸发的作用，为春耕保护墒情。

第二节　种耪割打

一、春播

（一）验墒

验墒就是查看墒情，墒情不好绝对不能耕种，否则种子不能发芽。一般来说，土壤攥之成团、轻拨即散为最好。有经验的农民用手向地里抠一把，能见到湿土就可以种地。达不到这个要求就要等雨，看雨的大小，看下了“几指雨”。不是特别严重的旱情，四指雨就可“接乎”，也叫接墒。当然，最好是下透了。一旦下了透雨，能播种了，人们就会稍等一两天，待土地稍干、草芽萌发后，倾巢出动，抢着播种，此时，满山遍野响彻着吆喝牲口的声音和葫芦棍敲打葫芦头的声音。等草芽萌发后再播种，可以让草芽翻到地面晒干，地就不会“太荒”，可以减少后期田间管理的工作量。

（二）播种时机

敖汉地区无霜期短，且多春旱，南北气候有差异，有“春打南来，秋打北来”之说。加之地形和土壤不同等因素，南部地区春播时间往往比中北部地区早一个节气。播种要按照农作物生长期的长短合理安排。

敖汉地区十年九旱，具体开犁时间不确定，受接墒雨来得早晚制约。无论地区南北，如果不落透雨，即使到了播种季节也无法耕种，有“多前儿下雨多前儿春”之说，还要考虑避免气温低种早种子长时间不发芽，导致“粉籽儿”现象。

正常年份如果墒情好、气温高，南部地区玉米、高粱等生长期长的作物，播种时间大约在谷雨节气过后几天便开犁了。中部地区常常到立夏节气前后几天开犁。北部地区多为沙窝子地，种早了往往被风沙掩埋，小满节气前后开犁。开犁后，常常以秋分节气为成熟期，视农作物生长期的长短，先种玉米、高粱、谷子之类的茛庄稼，接着种黄豆、芝麻、黍子、糜子，最后种黑豆、绿豆、荞麦等稙庄稼。以“立夏到小满，种啥都不晚”为最佳春播农时。芒种节气过后，茛庄稼大多不再播种，有“过了芒种不可抢种”之说。落透雨晚的年份，人们不得已冒着霜冻时不能成熟的风险，仍然抢种茛庄稼。在千百年的生产实践中，种田人祖祖辈辈都有一个良好的愿望，认为天无绝人之路，好春不如好秋，极少有落透雨晚、霜冻早“两头找”的年头。于是，总结出“过了芒种还能抢种十八天”的经验，这是对敖汉地区长期春旱而采取的无奈选择。有时遇到霜冻晚的年头，也能够获得好收成。

如果遇到春旱，那就只能按着降雨的时间来安排，如果“不赶趟了”，就只好种谷子、豆子。谷子品种很多，生长期长短都有，能适应各种墒情条件的需要。如果还不能播种，就只好种荞麦、萝卜等，总之，不让地闲着。

（三）播种

敖汉地区传统耕种的主要工具为木犁杖。直到 20 世纪末，只有单一挑地功能的木犁杖被挑地、播种、施化肥一体化的新型铁质犁杖取代，大大地促进了生产力，提高了劳动效率。时至今日春播实现了机械化，传统耕种方式方法已经难觅踪迹。

过去，由于犁杖笨重，拉犁杖的都是用牛，牛是农家必养的家畜。中华人民共和国成立后，由于耕作技术的提高，农具的优化，牛逐渐退出，还要考虑兼顾拉车，牛的行动缓慢，拉车的效率低，因此，逐渐被驴、骡、马代替，通称长腿牲口。

1. 扶犁杖

播种时首先是用犁杖在垄背上劐出垄沟，也叫插犁杖，因此，扶犁杖是播种的第一步。

犁杖一般用两套的骡马或三套的毛驴拉着，由一人扶着犁杖，要保持犁杖的平稳顺直，犁托托和犁铧要始终保持在垄背的位置上，且深浅合适。扶犁杖相对来说算轻松一些的活，但技术要好，因此，多由年纪大、经验多的人担任。

扶犁杖扶得好的，垄既直又匀，深浅也合适，牲口拉起犁杖来也省劲。具体说来，一要根据土壤干湿度，掌握好不同农作物种植深浅的标准，即犁杖的深浅度。种深了，种子发芽出不来，造成缺苗；种浅了，天一热将垄沟土晒干，种子不发芽或发芽不全，甚至芽干死。二要掌握好垄与垄的间距，垄小了，翻出的过梁子土容易将已经种上的垄掩埋；垄大了，最后一根夹子垄插不进犁杖。三要将犁杖扶直，避免耪、耘、蹚地时因局部地段过窄而伤苗。坡地坡度较大，保证犁铧向两侧分开的土均匀。下翻土时犁杖不宜太快，以免遮掩下边已经种上的垄。四要把垄的两头挑到头，抹犁杖时把握好牲畜和犁杖拐弯弧度，及时插犁杖，等等。初扶犁杖者尽管牢记“扶犁杖看托托，说媳妇看哥哥”的农训，可眼睛光顾盯着犁托托，牲畜一走起来，不但来回晃荡掐不稳犁把，而且还顾及不了牲畜是否走正垄，嘴里“吁、喔”喊个不停，手忙脚乱之中，犁出的垄沟弯弯曲曲，弄不好牲畜发生趔犁杖现象。有经验的扶犁者，靠腕力掐稳犁把，嘴叼旱烟，步伐匀称，悠然自得，犁出的垄距一致，垄沟直如一条线。初扶犁杖者见状，没体会熟能生巧的道理，又羞又恼地感慨：“牲口犁杖都熊人！”

2. 点种

垄沟劐出后，用葫芦头把种子播到里面，俗称点籽儿。这个活儿劳动强度不大，但需要细心、耐心。过去，女人不上山干活，点种也由男性完成。中华人民共和国成立后，女人也开始下地干活，这项工作就由女人来完成了。

点籽的人要紧随犁杖之后，一手持点葫芦杆儿上端，下端出籽儿口对准垄沟，另一只手拿点葫芦棍敲击葫芦杆儿，掌握好敲击轻重度，使种子连续或断续地播到垄沟里。点籽儿因农作物品种不同而稍有差别：谷子留株后要成一条直线，因此，播种时种子分布不能太散；荞麦不实行间苗，播种时就要适当分散，便于今后作物生长。

所播种子的不同，对葫芦头出籽儿口的处理也不同。点谷子、芝麻、黍子等秧苗较密实的小粒儿种子时，出籽儿口处需要绑上一束用硬草棍儿做成的“胡子”，便于种子经敲击后从出籽儿口涌出后，经过胡子调节，顺缝隙分散均匀再落地。这样点下的籽儿出苗后有间隙，称“没有死撮子”，避免薅地时因丝根不好间苗。种高粱、黄豆、黑豆、绿豆等大粒作物时，如果种“漫撒子”，不用绑胡子，根据每亩种子用量标准，掌握好敲击轻重幅度，随时调整出籽儿口用棍儿等障碍物做成的挡头，俗称“箅”，由箅的密度来控制种子涌出量的大小。

播种大豆、玉米等穴播作物是点播，只能每穴敲一次，种子用量也用“箅”控制。手脚灵巧的妇女干脆不用葫芦头，而是一手拿着装种子的袋子，另一只手捏一把种子，每穴投2～3粒，豆子稍多，每步一掩，十分快捷，俗称踩隔子。高粱也是点播，但高粱籽粒较小，不宜直接用手播种，就得用葫芦头，对葫芦嘴的“筹”作适当控制，每敲一下落3～4粒种子，然后踩隔子。

另外，种子质量不好或墒情不好时，就要适当多下种，以保证出苗率。

人们还习惯在高粱地里间作一些豇豆、芸豆、绿豆等豆类。一种方法是在与垄垂直的方向上每隔一两丈，在垄沟里点上豆类的种子，然后铲土埋上、踩实，俗称“錾豆子”。另一种方法是，顺着垄，把豆类的种子播在高粱的两株之间，也有的是在高粱定株后补播，俗称“带豆角子”。

3. 捋粪

点籽之后，用粪耙子把粪堆的粪搂在粪撮子里，顺着垄沟把粪撒在垄沟里，叫捋粪。一副犁杖的捋粪人数，最多3人，最少1人，视具体情况而定。生产队时期，种地时牲畜力量硬，社员人手多，用2～3人打接头捋粪。方法是把一趟子地的粪堆按人数平均，捋粪人各捋一段，避免跟不上犁杖的现象，似接力赛。捋到接头，把粪耙子倒插于地上，坐在刮粪板上歇息。后来包产到户人手少，就得一个人撵一副犁杖。尤其到了最后一根夹子垄需要倒堆子，边捋边倒粪，追不上犁杖，累得气喘吁吁。

捋粪时，先把埋在粪堆上的土刮去，凭眼力把一堆粪按垄数平均，掌握好挎粪的多少。挎多了，剩下的垄摊不着；挎少了，剩下太多捋不净。捋粪用胳膊腕子支撑粪簸箕，讲究力道均匀。初学者腕力不够，往往粗一股细一股，戏称“长虫吃鸡蛋”，还常常接不上头。

捋粪

俗话说“不怕粪薄，就怕摊不着”，哪怕一两步远摊不着粪，幼苗阶段长势差别明细。地的两头一两步远不捋粪，有“长头籽，缩头粪”之说，原因是地头往往苗出不全，或牲畜糟蹋，上粪没必要。有经验的人捋粪时先从粪堆的四周底部挎粪，待捋到最后两根垄时倒堆子，即将粪堆的一半儿移到邻垄留给夹子垄，所剩另一半刮到粪簸箕捋入。不可留下太多粪底盘，以免被讥笑为“不是成手庄稼人”。如果是点播、踩隔子，还要把粪撒在点种人的脚印上，从一个粪堆到下一个粪堆，正好一撮子粪。这种方法肥力集中，但不利于根系发展。现在已改为种地前把粪分撒在地中，这种方法肥效长，但肥力分散。

4. 打簸梭

种子点入垄沟，捋粪（有些地不上粪）后还需要拖上一层土覆盖，即打簸梭。簸梭较轻，通常由一人牵着一头毛驴拉着，跟在捋粪人后面。到地头拐弯讲究“簸梭跟在犁把后”，避免挡住拉套的牲口。

如果一副犁杖只有拉犁杖的两套牲畜，没有闲余牲畜拉簸梭，就采用挂簸梭的办法。把簸梭挂在犁杖的耍杆子外侧，随着犁杖前行，把上一垄的垄沟用覆土盖上。挂着的簸梭受耍杆子支配，往往容易随犁杖扶不正而跑垄。到了地头抹犁杖时，还需要用人提起来放入垄沟。开趟子种时，因为播种第二遭垄时才能给第一遭垄挂簸梭，不能及时将土覆盖，热天容易把已种上的头遭地晾干儿。最后一遭垄挂不上簸梭，只好停住犁杖用人拉。抽犁杖种时，播种第一根垄用不上簸梭，由点种人背着，播种第二根垄时才需要挂簸梭，覆第一垄的土。到最后一根垄时，再由人拉着簸梭把最后一垄覆上。挂簸梭费时费力，属于缺少人手、畜力没有办法的下策。因为犁杖后面还有扶犁杖的、点种的、捋粪的，拉簸梭的绳子不能太长。因此，民间有“长磙子短簸梭”之说。

5. 打磙子

播种之后，为保持好墒情，必须用磙子把垄沟的覆土轧实，称打磙子。打磙子可以保持土壤水分，且因其体轻，不会使土壤板结，有利于种子着土、发芽、生根。打磙子在播种结束土壤稍干后进行，不能太早，太早轧后容易板结，出现裂纹，透风，影响出苗。也不能过晚，太晚土壤失墒严重，影响种子发芽。

如果播种时土壤墒情不好，就要及时打磙子，防止失墒。如果地太湿时播种，必须等簸梭拖的土晾晒出一层干皮再打。豆类作物必须掌握好打磙子的时间，避免土湿轧出硬盖子苗出不来，土干黄豆籽儿“放炮”、绿豆籽儿芽干死等现象。荞麦发芽时芽子较软，且又在雨季，所以，播种荞麦时，只拉簸梭，不打磙子。

打磙子是个简单轻松的农活，由一个半桩孩子就可以完成。用一头驴拉着一根挂着两到三个磙子的耍杆子，打磙子的牵着驴在一侧。每个磙子轧一条垄沟，几个磙子就轧几条垄。一往一来叫一遭，往而不来称一杵，来来往往，磙子总是不走空。

打磙子

打磙子时，要根据垄数先选定一组磙子从哪几根入垄，避免左右剩余垄数与磙子个数不吻合，俗称“不赶垄”，多跑冤枉遭。以 12 根垄（通常为一趟子）为例，3 个磙子正好跑两遭，两个磙子则需跑三遭。如果若干根垄，则近距离查出磙子个数的倍数，以 2～3 倍为标准，不可有余数，避免剩下余垄。

地种完后，过几天如发现苗出得不够，俗称缺苗，这时，可以再打一遍磙子，一来把第一次打磙子形成的结块压碎，二来也可以保墒。但豆子、向日葵、荞麦等不适合打二遍磙子。

过去敖汉北部风沙大，经常把垄沟埋平，称“刮滚垄”。遇到墒情不好的年份，个别地块抓不住苗。因此，几乎年年需要翻地，以谷子为多见。翻地须慎重，有“翻地如休妻”之说。受季节、雨水等多方面条件影响，翻地大多难得好收成。

二、田间管理

（一）夏锄

春播结束，经过短暂的歇息，视农作物幼苗长势陆续进入夏锄阶段。夏锄之前先压青苗。谷子、芝麻幼苗长出两三片叶子，套磙子在垄上轧一遍，既可以松土，又可以促苗敦实。

夏锄即用大锄来耪垄背，俗称耪地。一般来说，耪地宜在幼苗三四片叶子时及早进行。既可除草，又能松土，促进根呼吸。由于破坏了土壤在种地后形成的毛细管结构，同时垄背儿耪平后避免垄帮儿的阳光反射到幼苗上，因此，能起到一定的抗旱作用。民间有

“地榜三遍赛好雨”“旱榜田、涝浇园”之说，当然，也有“锄板子底下有水也有火”的说法。

通常情况下，谷类须根作物榜两三遍，豆类独根作物最多榜两遍。

榜头遍用通垄通榜法，又称倒拉牛。可以适当浅一些，榜平垄背即可。沿一根垄背儿不抬锄头，倒捎着一直䠞到头。由于眼睛盯着锄头过久，偶尔停下来，觉得天旋地转，好半天才缓过劲来。锄头不如垄背儿宽，把垄背榜平后，其土很少滚入垄眼儿，因此又称敞垄眼榜。

榜第二遍大多是在经过薅地间苗之后，需要抱垄榜，分倒榜、正榜。倒榜时站在一根垄的左侧垄背儿上，倒捎着同时榜该垄左边的生背儿和右边的熟背儿。在两个半拉背儿上左边榜一米，抬起锄再到右边榜一米，循环往复。正榜时朝前方榜，方法一样，榜完后最后一根左垄上留下许多脚印。榜第二遍越深越好，一方面松土，可以帮助禾苗向深扎根，谷类作物有榜几遍扎几层根之说；另一方面往垄眼儿培土，使农作物底部生根，掩盖垄眼儿杂草。有时在锄钩子上挂个用草拧成的圆形小趟头，往垄沟多培些土。早年的老庄稼把式还有一手绝活，边榜地边用锄头给玉米、高粱点堆儿作物间苗，俗称开垄眼儿，也叫单钕拼、大开膛。

榜第三遍只需铲除地表的杂草即可。现在的第二遍或第三遍一般都用牲口拉的耘锄来完成，俗称耘地。三遍过后，就可以蹚地了。

榜地必须在土壤干燥的情况下进行，最好是在晴天或中午，天越热效果越好，可以让榜下来的杂草很快枯死。阴雨天榜地，则杂草很容易复活，还容易“耙扎”地，使地板结发硬。湿润的土既沾锄板又容易压在苗儿上，影响作物生长。民间有“干天榜地如上粪，湿天榜地如夹棍”之说。

榜地时顶着炎炎烈日，常常汗流浃背湿透衣裳，只好光着膀子，脖子上搭一条手巾，有时后背晒起泡，上身晒爆皮。过去给财主榜青的长工上山榜地时，锄杠上用绳子挂着泥烧制的陶罐，两侧有耳，称水罐子、水瓮子，里面装满小米水饭放在地头，榜一气儿坐地头儿吃上几口，解渴解饿。大集体乃至联产承包责任制后，榜地时带饮用水仍然是惯例。

榜地是农活中最累的，民间以榜地衍生出的词很多，如形容农民是榜大地的、撸锄杠的、顺垄沟找豆包的等，打短工也叫榜青的。

后来人们发明类似锄头的工具，叫勒子，形似耘锄，只是一个带刃锄板，用牲畜拉着代替锄头，比榜地省力气。

（二）间苗

俗称薅地。中华人民共和国成立前，种地没有薅地工序，讲究点自来苗。玉米、高粱等

间苗

作物，在耪的同时用锄角砍掉多余的苗株。谷子苗厚就贴着垄眼儿抱垄耪，拉掉多余的苗，留成一条线即可。中华人民共和国成立后，提倡妇女参加劳动，对庄稼精耕细作，参加生产劳动的妇女担负起薅地任务，使人工直接间苗成为可能。这样，耪地和间苗就分开进行了。

薅地包括两个内容，一是拔除多余的苗株、防止因株数过密影响作物成熟；二是清除垄间的杂草，特别是与谷子苗株外观十分近似的莠子草，必须清除。主要工具是耙锄，或一些自制的小工具。

薅地大多在耪完头遍后进行，一来不用刮垄背儿草，二来垄背儿耪平后蹲在地上得劲儿。谷类作物一般薅两遍，豆类作物由于不用间苗，薅一遍杂草即可。薅地时，一个人同时薅一至三根垄不等，通常都是薅两根垄。每个人的动作娴熟程度参差不齐，其技能技巧是决定速度快、质量好的关键。标准的方法是蹲在垄背儿上双手并用，右手拿锄，刮去垄眼儿杂草，左手配合间苗。间苗须根据土地的肥沃程度、作物的生长要求确定不同的株距，爱苗的人往往容易把苗留厚，生长期间水和肥供应不上导致长不高、穗子小，甚至成熟期出现早死秧现象。在间苗时薅断的苗、草要用手锄尖儿把根部剜出来，防止其从根部重新长出。边薅边往前移动双腿，身后薅好的庄稼毫发无损。有些人不会蹲着，或跪着或坐在地上亹（weǐ），不仅速度慢，而且身后薅好的庄稼常常被屁股压倒或被腿蹬下的土掩埋。

间苗一般也要进行两次，第一次主要是间苗，第二次叫薅二遍，因为第一次间苗已经定株，所以，第二次主要是除草，就是薅莠子草，也叫拔大草。

（三）耘地

耘地时套牲畜拉耘锄，在垄背上用耘锄的两个前铧向外翻土，后铧配合向两旁分土，把垄背土均匀翻至两侧的同时，耘掉垄背儿残余的杂草，往两侧垄眼儿秧苗根部培土掩埋新出的小草。利用耘锄给地松土，可增加庄稼根呼吸能力，促进苗生长。

耘地通常为两遍，后来取代了耪二遍工序。第一遍时不可耘得太深，免得幼苗细矮被土摧倒、掩埋。第二遍时则深耘，施用化肥后可掩埋追肥。

（四）蹚地

间苗、耪地和耘地等环节结束后，禾苗也长得较高了、健壮了，就要进行蹚地。蹚地，就是用犁杖把垄背挑起，土自动培在苗株的根部，使苗株的抗旱、抗病能力增强。

蹚地必须使用打了铧翅的犁杖，有“犁铧打翅为蹚地”之说。将犁铧两边的铧翅打掉，为的是防止蹚地时伤到庄稼。一般的农户家里都有两种犁铧，没打翅的犁铧用来种地、挑茬、合垄等，打翅的犁铧专门用作蹚地。

中华人民共和国成立后，化肥大量使用，俗称追肥。在蹚地前，把化肥点在垄沟里，蹚地时自动埋在地下。蹚地不能太早，早了容易埋住秧苗；也不能太晚，太晚蹚地时容易伤庄稼。

豆类、芝麻等直根农作物怕伤根，没有蹚地工序。谷子、玉米、高粱耘两遍后则需要蹚地。耘地要适时掌握好作物的生长高度，矮容易埋住苗，长高拔节后容易碰断。蹚地时在犁铧下端绑上蹚头儿，靠蹚头儿阻力将翻起的垄背儿土推向垄沟。垄背儿变为垄沟儿，把土培在农作物根部，避免成熟季节因穗子过重导致秸秆出现倒伏现象。在松动土壤的同时，蹚出的垄沟儿能积蓄雨水，以利于抗旱和农作物根系发达，农谚有“浅种深蹚长得发旺”的说法。

蹚地大多在伏天至立秋前进行，这期间农作物处于扎根阶段，挑断的根吸收水分重生。立秋后不再扎根，伤根不利于生长，因此不适宜蹚地。确需蹚的地块，也只能把犁杖调得浅浅的，称“蹚秋板儿”。蹚地时尽量小心不端苗，防止根部土松动遇上天旱出现擗黄现象。不在地中间停犁杖，以免耍杆子压倒庄稼。

一般来说，蹚地结束后，田间管理也就告一段落，俗称挂锄。接下来，人们便开始打草、镩树等其他农活了。

（五）后期管理

1. 打乌米

过去，防止病虫害的技术手段落后，各种病害较多，农作物中的黑穗病就十分普遍。黑穗病俗称乌米，主要发生在玉米、高粱、谷子、黍子等作物上。由于乌米易传染，严重影响产量，因此要经常去掉病株，俗称打乌米，是过去田间管理的重要一

乌米

环。现在，随着农作物新品种的推广，农药的使用，乌米也逐渐绝迹。

乌米完全包在穗包里的时候不容易发现，因此，民间有“打乌米眼”一词，形容什么也发现不了。另外，高粱的乌米位置较高，人们要不断抬头才能找到乌米，因此，民间有“打乌米眼——净往上瞅”这一歇后语，讽刺那些趋炎附势的人。高粱、黍子的乌米可以生食，也可以蒸熟了吃，味道鲜美，是儿童喜欢的食物。据说，乌米还有止腹泻的功能。

2. 拔大草

是早秋季节田间管理的一项主要活计，一般指谷子地里拔除莠子草，以防其成熟后草籽落在地里，更主要的是使其减少与庄稼争养分。其他作物田间拔大草，是为了防止来年荒地。

3. 灭虫

庄稼的田间虫害主要的有高粱、玉米、豆类的蚜虫，也叫腻虫；谷子、玉米的钻心虫、黏虫等。过去没有农药，农民就用传统的土方土法来防治。比如用红矾拌种以杀灭地下害虫，人工扑捉黏虫等。中华人民共和国成立后，化学农药陆续上市，各种专杀农药为防虫灭虫提供了有力支持。

4. 放垄

放垄是过去传统农耕作业必不可少的一项任务，一般都是在秋收之前的农闲时节，人们拿着锄进地，采取通垄榜的方式，将蹚完地垄沟里面长出的杂草除掉，以保证明年地里不荒。

三、收割

（一）割地

秋天，农作物相继成熟，进入收获季节。收割庄稼俗称“割（敖汉人读 gā）地”“动刀”。只要是把庄稼“撂倒了”，就不怕风吹、霜冻等灾害。所以，割地是最急、最累的农活，有“三春不如一秋忙”之说。割地的主要工具是镰刀，所以，收割也叫“开镰”。根据农作物品种的不同，收割的方法也不同。

早年的财主在收割之前给长工、短工加一顿犒劳饭，俗称“压茬酒”。存草如存银，希望割地过程中尽量把茬子留得短一些。大集体时期采取增加工分儿、发放补助粮等方式，这也是“压茬酒”的变相，调动社员出工和干活的积极性。

常言说手巧不如家什妙。收割之前，家家户户都要到铁匠炉、供销社或公社综合厂烘炉车间，挑选钢口儿好的打制镰刀头，安上粗细、弯度适宜的镰刀把儿，避免涮手或胀把。为防止掉头，安镰刀时找一块儿皮子泡湿垫上，待干后夹紧。割地前先把刀磨快，边磨边用大拇指指甲挡一下来试验。晚上磨好刀伸进灶膛蘸上灰，防止生锈。割地时把小磨石钻个眼挂于腰间，便于在休息空当随时磨刀。

不同的农作物成熟期不一致，要根据多年的实践经验确定收割时间。割早了伤镰，籽粒不成实；割晚了遇到大风、霜冻，籽粒就会丢失。收获庄稼的时机很重要，否则影响产量。农时不待人，一镰刀撂不到，成熟的农作物必须起早贪黑及时收割，因此收割有“抢秋”之说。敖汉地区大都以秋分节气为最晚割地时间，受气温低、光照不足等气候因素影响，秋分后没达到成熟度的农作物生长缓慢，有“秋分不割，熟俩掉仨”之说。过了秋分节气，遇上恶劣天气，熟的粒子不如掉的粒子多。谷子、荞麦怕风，风一吹，就把粒子磨掉了，必须成熟了就割。相比而言，玉米、土豆、地瓜等农作物的收获就显得不那么急迫。

割地大都以趟子为单位堆放，大集体时社员多，常常同时割数个趟子。由于农作物品种不同，割地的方法也不一样。有开正趟子、开偏趟子、上打镰、下打镰、打�子、铺鞥子、捆个子、拢铺子等各种不同的工序。一片地收割完毕，将捆好的个子、拢完的铺子集中码成排晾晒，大约 20 个左右（铺子）为一排。把庄稼集中起来统称码地，码什么庄稼就叫码什么，如码谷子、码豆子、码荞麦等。码排时分两溜儿，中间留出停车道，便于左右装车。遇到下大雨，晴天地皮干了后还要翻个子、挪铺子，使其尽快晾干。

割矮棵作物时腰的弯度大，时间长了腰部酸痛，十几步就得直起腰放松一下。有时忙活急了镰刀容易把手割破，上山时挎兜里要预备布条包手。

（二）拉地

场院是秋季用来存放庄稼和打场的场所，大都选择地势平坦、便于车辆进出的宽阔地方。拉地之前要先遛场院，就是用碌碡把场院轧实，表面压光。分遛新场院和遛老场院两种。

遛新场院要趁透雨后把地面或挑，或翻疏松，再用木板拖平，套上牲畜拉碌碡反复镇轧。把一掐子带叶儿的树枝从根部捆扎成笤帚形状，上面扣一铁锨泥拴在碌碡后面，镇轧过程中用来拖土，填平凹处和牲畜踩的蹄子印，直到场面平整。

遛老场院前，要挑水“泼场”洇场地，要洇透，否则场院碾轧得不结实，会经常掉土，粮食里就会有沙子。如果此时赶上一场透雨，就可以不用挑水“泼场”了。

无论是趁下透雨或人工洒水后泼场，遛场都要等场院表面不湿润了，再套上牲畜拉起碌碡碾轧，称为“钢场”。遛场前，先在场院上铺上杂草或碎秸秆、草木灰等。否则，遛场时泥土就会“沾碌碡”，遛出的场院不平也不光滑。场院遛好后，晾干，再把杂草清理出去，再晒几天，就可以使用了。

通常用车拉、驴驮、肩挑（扛）等方式进行，俗称拉地。拉地又称拉庄稼，是把割倒的庄稼在地里晾晒干燥后，及时运到事先遛好的场院里。一般来说，高棵的作物只能用车拉，矮棵作物既可车拉，也可肩挑、驴驮。

拉庄稼时要在车厢的四周绑上跨杆，使车厢的底面积增大，以便多装。装高粱时，一人在下面向车上扔，另一人在车上摆放。摆放时，要头对头，高粱穗要装在车厢里面，要装得左右均匀，不“压偏”。装谷子、黍子个子时，一人在地上用豁叉插起往车上扔，一人在车上用手镐子叨住。装豆类、荞麦等铺子时，地上的人用二股叉端起来撇给车上的人。俗话说翻装车、正垛垛，即把个子、铺子朝上的一面翻过来往车上放。

装车先装四个车厢耳朵，俗称“搭码头”。待码头和车压厢盖子装平，在左右跨杆两侧各摆一行，称摆边。中间再搭接着摆一行，称勾缝、勾心。谷子穗朝车里，豆铺子往车上横排。装车是技术性很强的活儿，操作过程中一要掌握好辕轻、辕沉的标准，有利于牲畜拉车；二要装得左右对称，不能里大或外大，防止途中“烧香”侧翻或抖搂包。

装满车后，还要用煞绳把庄稼捆紧、捆结实。把两根煞绳的一端分别固定在车的前大掌上，从车顶拢着庄稼扔到车后，左右对称摆好。提起车后的吊鞅（一种类似牛鞅子之类的器具，两端拴在车的尾部左右两侧），把绞锥紧挨其下插在车上的庄稼里。车后两根煞绳的另一端合拢在一块儿，从绞锥下绕一圈，到上面把煞绳拧劲儿打个环儿，穿进绞棒，压住绳子一圈圈转动，把煞绳逐渐缠绕在绞锥上，而且越缠越紧。车上的人随着绞棒转动，不停地踩两根煞绳和庄稼，称“打煞绳”。待手转不动绞棒后，整车庄稼被牢牢地固定在车上。用一根细绞棒绳把绞棒拴牢固定，这个细绳俗称救命绳。

肩挑和驴驮主要是针对庄稼不多或车辆不易进入的地方，特别适用于矮棵作物，如豆类、荞麦、谷子等。拉庄稼的时间也有讲究。拉豆子、荞麦最好选在有露水、湿润的早晨，这样可以少掉粒子。

庄稼拉进场后，为防雨和少占空间需要叠、摞成垛，叫垛垛、上垛。垛谷个子、黍个

拉地

子时先打出圆形垛底儿，边码层边填实垛芯儿，一律穗子朝里正放，即在地里朝上的面仍然朝上。垛垛时要把握圆度，防止垛高了往一面倾斜坍垛。地上的人用豁叉扔，上面的人用手镐子叨住摆放。码到一定高度开始往回收垛，垛完后用杂草、树枝或黍子秸秆等覆盖顶端，防止漏垛或顶尖的谷穗被家雀儿吃。高粱或竖着戳在一起，俗称高粱擶，或垛成排叠放，隔几层调换一下穗子方向，防止重心向一面倾斜。也有穗子朝上排成长溜，既晾晒高粱，又起到场院围墙的作用。由于豆子、荞麦之类的铺子没捆勒子，拉到场院卸车时已经散乱，只能叠放成形状不一的尖形堆。遇到雨天很容易漏垛，雨后需要劐开晾晒后倒垛，避免烧垛。

四、打场

庄稼不同，打场的方式也不一样。谷子和高粱要先把穗子割下来再打；豆子、黍子等可以入场直接用碌碡碾压；荞麦用叉子来回拨弄，荞麦粒子就会掉下来，俗称“拨（敖汉人读 bū）棱荞麦”，也叫“刷（敖汉人读 shuà）荞麦”，俗语说“荞麦刷三遍，看都不用看”，意思是说，如果荞麦刷三遍，荞麦秸子里肯定很干净了；芝麻要整捆的倒过来，用木棒轻轻敲打。虽然前面的脱粒过程不同，但后期粮食净化过程基本相同。

1. 取穗

削谷子 用专用的削（敖汉人读 shào）谷刀把谷穗削下来，以便于打场脱粒。削掉谷穗后的秸秆叫干草，是牲口上好的饲草。也可以不用削谷刀，而是直接把谷穗扦下来，所以也叫掐谷子，有的用掐刀子切谷穗子。

扦高粱 就是用掐刀子把高粱穗切下来。扦高粱可以在打高粱的前一段时间进行，把扦下的高粱穗两两相对，头朝外用秫秸捆好，俗称“高粱头”，把高粱头放在墙头上进一步晾干。扦高粱时，不能破坏高粱捆，穗子扦下后，“一个高粱”就变成了“一个高粱秸子”了。

2. 摊场

打场时先摊场，也叫铺场。分满心和空心两种，量大的就铺成满心，量小的铺成空心，俗称铞嘎啦圈子。

摊场

3. 遛场

铺均匀后开始遛场，根据场的大小、薄厚确定使用大碌碡或小碌碡，以及套一个牲口还是套俩牲口。一个人站在中间，用长缰绳控制着牲口，拉着碌碡反复碾轧，直到粒子完全脱落。俗话说会遛遛边儿，不会遛遛圈儿。遛场时要向后一个脚印一个脚印地慢慢移动，让碌碡均匀碾轧场边儿、场心儿，也就是一个碡印儿挨一个碡印儿，这样粒子才能完全脱落。遇到较大的场时，用两头牲口分别拉一个碌碡，一个从边儿到心儿，一个从心儿到边儿，轮流交替，以提高效率。

遛场过程中要不时停住碌碡用叉子插底翻场，抖搂开死撮子继续碾轧。即使如此，仍会有些穗子脱不干净，晾晒后再打一遍，俗称打二遍、打落穰。遛完场后，用叉子把脱落后的秸秆或挠子清理出来。再用扫帚轻轻地把碎茬挠扫成堆，俗称漫茬挠，过筛后端走，便可把粒子聚成堆。先用“赶场滚”从周围朝场院芯推，再用扫帚扫干净。

遇到较大的场时，人们会用两匹马或骡子分别拉一个碌碡，一个从边到心，一个从心到边，轮流交替，以提高效率。打场时，人们还忌讳别人问能打多少粮，也不能问粮食收完没有，认为这类话不吉利，生怕一旦说错，少打几斗粮食。

4. 翻场

打高粱、谷子时，要碾轧数遍，随时用木叉上下翻动穗子，俗称翻场。翻场后继续碾轧，如此往复三四遍。即使如此，仍会有些穗子脱不干净，这就要把挠子再晒几天，然后再打一边，俗称打二遍、打落场、打烂场等。

打豆子时，要把豆秸晾晒干爽，避免碾轧时由于湿导致掉角子、轧扁粒子现象，然后整秸铺到场院。豆秸用碌碡碾轧一遍后，大部分豆角子炸开。翻场时抖搂开没完

遛场

全炸角的“死撮子”继续碾压，把豆秸子碾轧成挠子状，豆粒即可全部脱落，不需要打落场。

俗语说：“穷豆秸，富谷挠(敖汉人读 náo)，打不净的高粱挠。”意思是豆子打完一遍，豆秸子里面几乎没有粒子了；谷子粒儿小，看似谷挠子上已经比较干净了，打落场时还能轧下许多粒子；而高粱挠子上帽子内残留的粒子很多，每次打一遍都会有一些粒子。所以，高粱一般要打三遍。

5. 起场

遛完场后，用三股叉或四股叉把脱粒后的碎秸秆或挠子清理出来，这个过程叫起场。这些碎秸秆也各有称呼，谷子、高粱的碎秸秆叫谷挠(敖汉人读 náo)子、高粱挠子，黍子的叫糜黍穰，荞麦的叫荞麦秸，豆子的叫豆秸子，等等。起完场后，再用扫帚轻轻地把带有粒子的碎莕挠扫成堆，过筛后端走，便可把粒子聚成堆。

6. 聚场

聚场，就是把打下的籽粒聚集起来堆在一起的过程。先用“赶场滚”从周围朝场院心推，再用扫帚把剩余籽粒扫干净。

7. 扬场

聚在一起的粮食，糠秕、杂草混杂在一起，必须分离干净。依靠自然的风力除去粮食中的杂草、叶子、糠皮儿、秕子等，叫扬(敖汉人读作 ráng)场。

扬场是个技术活，最少要有两人。一人用木锨把粮食呈弧线形扬向空中，根据风向、

扬场

风力决定粮食和杂质的落地位置，留出马道，左边扬一会儿，右边扬一会儿。讲究“出手一条线，落地散成片”。落地时粮食呈长条形堆成一堆，粮食下落时，借助风力，把相对较轻的杂质等吹到稍远的地方，用马道隔开，达到粮、草分离的目的。另一人手握长把扫帚随之打漫，把落在粮食堆里或边缘的硬草秸、豆荚子等轻轻扫到一边，俗称打漫。人们还常说，扬场全凭好打漫的，可见打漫的也很重要。谷类粮食在扬完头遍后接着扬第二遍，进一步净化，俗称出风。如果实在没风，就只好筛完后用扇车分离了。

人们戏说“会扬场扬个长巴堆，不会扬场扬个王八堆”。不会两顺撇扬场的只好站在一侧扬，俗称大堆拱，费时费力，粮食往往扬不干净。

8. 下场

下场就是把粮食从场院收归到仓里。下场主要用撮子、斗、粗布口袋等。撮子用来把粮食装入斗里；斗用来衡量粮食的多少；口袋用来装粮食。一般每条口袋可装四斗粮食，每斗的重量根据粮食品种的不同而有所不同。谷子大约 40～43 斤，高粱 42～45 斤，豆类、小米能达到 50 斤左右。

过斗是下场的重要过程，也是衡量一年劳动成果的过程。过斗，主要是用撮子把粮食“撮”进斗里，然后用一个平直的板子（俗称斗趟子）刮平，这样，斗里的粮食就是一斗。

用斗趟子刮斗也有学问：斗趟子直立着刮，斗里的粮食密度小，分量就少一些；斗趟子倾斜压着刮，斗里的粮食密度就大，分量就大一些。

打场时最高兴的事儿是打“饱场”，也就是实际打出的粮食远远多出原来估计的数量。在好年景中常出现，对不好的年景，打出的粮食往往怎么低估也达不到。

对于榜青的和东家来说，下场还是一个劳动成果分配的过程。根据正月时与东家的约定，要把粮食分割清楚，粮食分完了，跟东家一年的约定也就结束了。所有的庄稼收拾完毕，把场院门子封上，俗称关场院门子，一年的农活就基本结束了。

粮食扬干净后开始下场，也叫“扛场”。先用撮子装入斗里，再用斗趟子刮平，称量后倒入口袋，一袋袋掮到肩膀扛进茓子、囤子或粮仓储存。过去使用的都是二斗半或三斗口袋，每口袋粮食约百斤以上。一个人从地上拔起口袋往肩膀上放很吃力，只好另一个人帮助掮口袋。方法是扛口袋人左手攥住口袋嘴儿，右手和掮口袋人的左手从口袋下面握在一起，掮口袋人的右手掀起口袋底，齐喊口令“一、二”同时发力，“一”为掮起来，“二”为落到肩膀上，这个做法俗称“搭肩”。扛口袋有人用左肩膀，有人用右肩膀。

茓茓子时，根据粮食多少，把茓子圈成大小不一的圆形，用细麻绳将一端固定在接头的一个点上，边倒粮食边沿着里圈抖搂茓子。茓子的底边要和下一圈有寸余重合，避免粮食外泄。

9. 吃了场糕

在敖汉民间，还有一个吃了场糕习俗。这是过去农村在完成秋收以后最为隆重的一个民俗活动。就是在第一次打场收获后，用新收获下来的大黄米蒸一锅年糕，大家聚在一起吃一顿，估计这是古代庆祝丰收仪式的遗存。

每年打完场以后，都要把当年的新黍子推成大黄米，淘米轧面蒸年糕。用当年新打下来的黄黑豆，磨浆做豆腐。晚秋的菜园子还有几样时令蔬菜，采摘下来，做几道农家菜。亲朋好友聚在一起，吃着金黄的年糕，谈论着一年来的开心事，最开心的当数今年的收成。亲戚邻里间互相请，轮流着吃，以此增进亲情、友情。

10. 打场的讲究

敖汉地区普遍流传着“打宝场”的民间故事，讲的是打场时借助精灵等某种超自然力量，打出的粮食是实际产量的几倍、几十倍。有的地方甚至把“打宝场”的故事说成是发生在当地某某家的真事，讲得有鼻子有眼儿。辛苦劳作一年，谁不愿意多打点粮食？与其说是打场的习俗，不如说是人们心里的一种祈愿。多少年来，人们宁信其有不信其无。祖祖辈辈恪守着一系列传统的习俗，都期待着打场时多打出些粮食，并把这一愿望寄托在与打场有关的每一个细节上。

打场的种种讲究是人的心理意识在生产实践中的具体反映，逐渐演变成一种习俗，在大脑中形成烙印并自觉遵守。人们心目中打场使用的工具具有灵性，不可亵渎，因此十分敬畏。家家过年时要在碌碡上贴福字、富字，农历二月二往碌碡上粘黏干饭，不许坐碌碡。工具在使用过程中不许扣着置于地上，因扣着俗称“趴着”，扣着放被视为对其不恭。打场时不许在场院说闲话，更不能说估算该场庄稼能打多少的“厌恶话”，多估少估都不行，只能沉默不语。忌讳生人到场，尤其最担心孕妇到场带来晦气。偶尔到场不能问能打多少粮食，也不能问是否下完场之类的不吉利话，免得遭到主人的责怪甚至谩骂。因此，有经验的人在别人家打场时刻意远离其场院。下场时按照老规矩，站到粮食堆一侧，朝家门口的方向打撮子装袋，意思是往家里撮。不许有人在堆前站着，视为把归仓的粮食给挡走了。装袋子时不能提起来墩，担心粮食墩走变少。扛粮食时不允许说出袋数，用心默念记住，只有下场结束后才可报出。

第三节　杂活

一、泥水活

泥水活，泛指抹墙、垛墙、抹房、脱坯等。抹房、脱坯大多是利用种完地到耪地之间的近一个月时间。一是抢在雨季快来临之前，二是趁短暂农闲不耽误农活。垛墙从春到秋时间不固定，多以春夏居多；抹里、外屋内墙时间选在春、夏两季，天热干得快；抹外墙一般以秋天常见，为的是冬季不透风暖和。吃水困难的村子，用腌酸菜的废水和泥，免得去大老远的井台挑水；自家院里有井的，常常打完场以后抹，但必须赶在上冻之前，否则泥水不和，一冻一化不结实。

泥水活首先需要和泥，分和排子泥、和懒泥两种。先备好一堆土（抹房用经过浸泡砸碎的炕洞坯加土），再用铡刀铡出长短适宜的黍秸、荞麦秸做“穰秸”，起到泥土间的连接、支撑作用。和排子泥时，从土堆的某一面底部开始，用二齿镐子将土叨出一层，称“一排子”，根据用途加匀多少不一的穰秸，倒水来回搅拌成泥。将和好的泥用铁锨铲到一边，称“倒泥”。留出和下一排子泥的地方，称“留马道”。如此循环往复，直到把土堆和完为止。和懒泥时，把一堆土散成圆形，薄厚一致，用论排子和泥的方法加穰秸、倒水，辅以铁锨来回折个，一次性全部搅拌成泥，一般是人手不足情况下才和懒泥。

泥有稀泥、糨泥之分。脱坯和糨泥，且多加“穰秸”，避免搬运、使用时折断；垛墙时用的泥略比脱坯泥还要糨许多，穰秸铡得比较长，垛时“挂叉子”，墙或墙帽子遇到下雨“禁泚”；抹房、抹墙的泥要相对和得稀一些，便于“泥抹子”抹擀，有“懒汉子和稀泥，累死挑水的”之说。

和好的泥要等一会儿再用，称“醒一会儿”，目的是让泥均匀吸收水分。使用前再捣一遍，使泥的水、土、穰秸三者“合炉”。泥用到最后，部分水分浸入底部土里，称“起底子”，需要加水重新和一下，称“揸底子”。

和泥是累活，尤其是抹房时用泥量较多，捣泥须身强力壮者，有“这个活，都赶上和大泥累啦”的说法。

（一）抹墙

把房子墙体表面用泥覆盖，称为抹墙。分抹室内、室外墙两种。俗话说“墙上有层泥，脸上有层皮”。抹室内墙面主要是为了美观，抹室外墙还可以防止因为雨淋等破坏墙体。

抹墙要用纯净的熟黄土，生黄土容易开裂。室外墙两三年抹一次，大多用铡碎的黍秸或碱性较大的荞麦秸当穰秸，不易太长。土要洇透，泥要和得稀稠适中。抹墙的泥不宜太厚，但必须用力抹平、抹光。这样抹的墙面才不会出现裂纹，能起到保护墙面的作用。

室内墙大多是在盖好房子后，用抹室外墙的方法抹头遍泥。待晾干后，用黄土加黍糠和成稀泥薄薄地再抹一层，称抹二遍胶泥、刮里子，掩盖住穰秸。既要抹平，又要擀出光面，以示美观。住了几年后，里屋墙面上经常布满挂东西砸钉子留下的大小窟窿眼儿、妇女沾“布袼褙”浸起的凸凹不平、老年人黏痰吐沫留下的印记、小孩子指甲或木棍（炭）的涂鸦等；外屋墙烟熏火燎，灰霉乱脏，散发着遢灰的异味。需要隔几年就抹一遍胶泥，干净的墙面让人进屋后神清气爽。不住人的闲屋放东西，一般多年不用抹二遍泥。

离河滩较近的地方利用河沙资源，用筛出的细沙子加黄土和“沙泥”，代替胶泥刮里子，称抹沙皮墙。不仅结实耐久，而且脏了的地方可用水轻轻刷掉，省工省力。过去，除了大户人家，很少有室内墙壁糊纸的。

（二）脱坯

脱坯用的坯模子是一个木质的长方形方框，用干透的榆木或柳木板制成。根据坯的不同用途，有大坯模子、小坯模子之分。在敖汉地区，各地坯模子内径的长、宽、高尺寸不尽相同，但规格差别不大。通常情况下，框内尺寸为：大坯模子长 1.2 尺或 1.5 尺，宽 8 寸，厚 2.5 寸或 3 寸；小坯模子长 1 尺或 1.2 尺，宽 6 寸，厚约 4.5 寸或 5 寸。坯模子长框外侧平直，两端各长处一块，用于插横掌。即在宽面两端各穿上一根竹棍，便于脱完坯后，两手抠着竹棍往起提坯模子。

土坯是以前民居建筑常用的建材，脱坯主要用来搭炕和垒墙。搭炕时，用小坯来戳炕洞，称炕洞坯；上面搭盖大坯，称炕面坯。垒墙时用小坯，大多用来垒屋内两堵山墙，或把厢房的大屋隔开，俗称“间壁子”。此外，还用来垒鸡窝、狗窝等。

在农村脱坯是一项比较累的活计，俗话说“脱坯打墙活见阎王”。脱坯的程序是：1. 洇土，或从远处拉来新土，或就地挖掘湿土，拌上铡碎的黍秸当作穰秸，需要多少，凭经验确定，放足水，将土洇透备用。2. 清理脱坯场地，使用平板铁锹，将地面抢包填坑，基本平整。3. 泡透坯模子。脱坯的坯模子是木板组成，使用干透的榆木或柳木板，根据坯的类型，确保模子内净剩尺寸符合土坯的尺寸。坯模子的宽头一头穿着一根竹筷子，是用来两手抠着提坯模子的。脱坯之前提前把坯模子泡在水里，充分浸泡，脱坯时便润滑好使。4. 捣泥砸泥，进入脱坯时，要将洇好的泥堆，用二齿子从一面捣开，根据干湿程度，适当加水，然后用镐头或二齿子背，使劲砸泥，把泥砸合拢了，脱成的坯结实不裂纹。5. 脱坯最少得两个人，一个人负责端坯模子脱坯，另一个人负责砸泥、供泥。脱坯时要有一个铁盆装满水，是往泥上淋的延水。6. 端坯模子的人必须有劲，还得有技术。一个泥坨子端进坯模，首先往泥上淋水，其次双手一起动作，左手把泥向坯模子的右边推，右手把泥推向模子左边，使劲把四个角楦起来，以保证脱出的坯四角饱满，方方正正。7. 当脱成的坯在场地晒得半干时，要一块一块立起来，称为“立坯”，这样再晒几天，就得码垛了。长边着地，两块之间有小缝，码够长了就往高码，一层又一层，顶上苫一个防雨的破旧炕席等物件，彻底干透就可以使用了。

（三）搭炕

敖汉地区民房普遍为土坯搭火炕，用柴火做饭、取暖。时间一长，炕的灰洞子、坯洞子存满草木灰，烟囱柜子挂上一层油性胶状物。烟道被堵塞之后，就会出现灶火门往外燎烟等不好烧现象，俗称“钻烟不进火”。这样，不仅做饭烧不开锅，而且很难把炕烧热。因此，每隔两年必须重新搭一次炕。

一般民房都是“足丈的间量”，而一铺炕则为长 3.3 米，宽 1.7 米。搭一铺炕用炕面坯 58 块、戳边坯 26 块、戳洞坯 52 块。搭炕的顺序是：1. 扒炕，清理炕洞。将扒下来的炕洞坯扔在院子里堆放，准备抹房子或当粪肥。掏出来的炕洞灰也存放在一个背风的地儿，用来作为小葱的追肥。2. 和一堆穰秸泥，等泥醒好了准备抹炕面。3. 挑选炕面坯、戳边坯和戳炕洞坯，随时使用，随时运到。4. 垫炕洞。清理炕洞时，难免把炕洞底面刮得凹凸不平。要用土垫平，便于戳坯时牢固。从炕头向炕梢逐渐稍微抬高，以利于烟气上升。5. 按照先戳边，再立洞，最后摆炕面的顺序，自炕头向炕梢开始码坯搭炕，戳边、戳洞、摆炕面同时进行。这期间哪块炕面坯不牢固，要及时在坯角处垫实，使每一块坯都平整牢靠。6. 抹第一遍穰秸泥，快一些烧干，防止“粉坯”；在炕面有了八分干的时候，抹第二遍糜黍糠泥或沙泥，这次要抹平。炕面子干后，还要用少许稀泥溜炕缝，一来防止从缝隙冒烟熏黑被褥，二来不给臭虫留藏身之处。

（四）抹房

过去的土房子大多都是泥土顶，经过雨水冲刷，房顶会越冲越薄。天长日久，房子就会漏雨。因此，清明以后，家家都要赶在雨季前抹房。

抹房要先预备土。把搭炕时换下的旧坯（称“炕洞坯”）一块块摞在房檐下，呈圆锥体或长方体。不可杂乱摆放，避免有缝隙体积过大。四周围上适量的黄土，从顶端浇水浸泡。几天后炕洞坯“粉透”，再像倒粪一样将坯砸碎。通常需要倒两遍，把小硬块都砸碎，使坯土与黄土掺和均匀。

如果抹房的人较多，常常根据实际情况把人分成三组。岁数大、会抹泥的长者“掌抹子”。青壮年和泥、从房下往房上扔泥。小孩、体弱者上房锄泥。

抹房前，因炕洞坯里含有穰秸，和泥时不需要加入过多的穰秸。把土用水洇好再和泥，否则和出的泥“性子急”不好使。和好的泥堆在房檐下，然后把泥弄到房顶上，这个过程叫上泥。上泥有两种方式：一是在前房檐下搭一个放有平板的架子，俗称一步撬，房顶上也放一块木板。架子上面站着一人，地上人把和好的泥铲到架子的木板上，再由站到架子上的人把泥铲到房顶上。这种方式要有四个人以上才能完成，适合抹房子数较多的房顶。二是用一个手柄较长的小泥叉，把泥铲起直接抛到房顶上。这种方式三人就可以完成，适合抹房间数较少的房顶。

房顶上的两组人，一组负责用铁锨把泥端到需要抹泥的地方，另一组用泥抹子把泥均匀地抹到房顶上，称擀抹子，讲究“一人供一人”。随锄随抹，不可攒下，以免“沏底子”。抹房时，人们还常把酸菜汤、冬季腌菜的咸汤等，用扫帚掸到泥的表面，用抹子再抹一遍。据说，这样抹出的房顶表面泥土有碱性，分外“经雨水”。

农村抹房具有集体性，是小村子互相帮助的具体体现。时间普遍为中午，图的是不耽误农活，加上天热挽裤腿踩泥不凉。今天东家，明天西户，有时一天中午抹两户。主人要准备相对丰盛的午饭，主食是小米水饭、豆包或煎饼等，忌讳吃糁状与饸饹。做四道菜，随吃随添。一些男劳动力在帮忙抹房子时，也有左邻右舍的女人们过来帮助女主人做饭，尽显朴实的民风。在许多地方，都是人到齐了就开始干活，抹完房子再吃饭。也有的地方是先吃饭，后干活。至于喝酒，那是改革开放几年后日子好过了才有的事。

抹房讲究“手到哪儿泥到哪儿”，便于“掌抹子”者得劲。曾经有一个笑话：叔侄俩抹时分为一组，叔叔掌抹子，侄子锄泥。叔叔一个劲儿地责备侄子放泥的位置不对：“咋没记性，说你多少回了，手到哪儿泥到哪儿，咋就记不住呢？”侄子喜欢开玩笑，挨骂后伺机想报复一下叔叔。正巧，不一会叔叔突然去挠脑袋，侄子见机会来了，“吧唧”一下，一铁锨泥扣到叔叔脑袋上。叔叔急了，“咋还往脑袋上扣？”侄子哈哈大笑起来，“我长记性了，你不是说手到哪儿泥到哪儿吗？”弄得叔叔哭笑不得。

从 20 世纪 80 年代末期开始，人们居住条件有所改善。土房的房顶陆续铺水泥瓦、红矸子瓦，后来又使用彩钢瓦，抹房子渐渐成为历史。

（五）垛墙

这是在敖汉南部山区的一种劳动。家家户户的院落都需要有一个院墙，南部山区石头较多，在规划好院墙的位置后，请瓦匠打地基用石头垒砌基础。然后准备土和穰秸（黍秸子），在墙基附近挖土槽子，按照比例把土和穰秸混合拌好加水浸泅，到时候请来青壮劳动力开始垛墙。用穰秸泥垛墙是一个累活，有“脱坯垛墙活见阎王”之说。垛墙时先将泅好的穰秸泥加水至合适，用二齿子把泥捣开、砸透，然后由身强力壮之人使用泥叉将泥叉起来放到墙基之上，墙上由有经验的人掌叉，使用四齿泥叉，按照一定的高度，用穰秸泥垛起来，并将墙的两面用泥叉齿打平并划出叉印进行美观处理。这样垛成的墙非常坚固，比板打墙耐久。在二十世纪的六七十年代，南部山区一些农村用垛墙的办法修建住宅，虽然不怎么美观，但是结实、保暖还廉价。

墙的主体垛完以后，就要垛墙头帽子，亦称屯墙头帽。为防止雨水冲刷院墙的墙头而使之损坏，在敖汉地区一直流传着垛墙头帽子的习俗。不论是北部的板打墙还是南部山区的穰秸泥垛墙，都需要在墙头上面垛一个墙头帽。在早先人们用秫秸秆（高粱秸），铡成一尺八寸长的秫秸把子，用土泥固定在墙头之上，上面用湿土覆盖，整形成鱼脊背形状，拍实后再抹一层穰秸泥。也有直接用穰秸泥垛在上面，中间高，两边低，呈鱼脊背形，之后每年春季都抹泥以防雨浇。后来发展到用石板代替秫秸，一直到现在用砖屯墙头帽，上抹水泥以图永久。

二、打井

水井深浅不一，根据地下水位情况而定，有一两丈深的，也有四五丈深的，甚至十多丈深的。如果村中户数增多、距离井较远，或者重新立村，挑水不便时，几户人家就会商议共同出人、出资打井。

打井之前，要先请有经验的人看水脉，确定井位，选择吉日。开始打井这天，要举行祭祀祈祷仪式，设置供桌、焚香奠酒，每家主人或参与打井者，都要跪在桌前，祈求神灵保佑井水兴旺，打井者平安，鸣放鞭炮后才破土动工。

打井是十分隆重的事，也是值得纪念的大事，因此，有的村落在起名时干脆就叫新井村。打井期间，大家都会齐心协力，如果挖到地下水面，俗称见水了，人们就要“吃喜儿”以示庆贺。

井底的直径一般比井口大，所谓“膛要大”，以求井里能多储存一些水，来水的范围也会更大。井身挖好后，要用柳木（柳木不怕水泡）做成井磐下到井底，然后在井磐上贴着井壁向上砌石块，石块用绳索和抬筐续到井下，俗称甃井。从井底一砌到井口的，叫一甃到顶；只砌井底和井口两段，中间不砌的，叫穿靴戴帽。

打井最关键的人是把井口的人，这个人要胆大心细、有经验，往上提土，往下送人、送石头、送工具，都要由把井口的人把关，是打井队伍里的核心人物。每当井底的人装好土后，就会摇一下井绳，把井口的人就会喊“打起来！走！”拉绳子的人就会一起用力，将装满土的筐拉上来。

最辛苦的是在井下干活的人，地下潮湿阴冷，而且还有危险，每隔一个时辰就要上来倒班一次，休息后再下井，一般都要给予额外的犒赏。

把井里沉积的泥沙、杂物等清理出来，俗称淘井。如果水位下降，就要继续往下挖，俗称“向下追”或“追井”，使井水来得更旺盛。

井口一般要高出地表，以免脏水杂物流入。对井口的建设和维护十分讲究，好的井口用一整块大石块凿成，最差也要用粗大的石条搭接而成。井附近一般都安放有石槽，俗称井槽子，方便耕作或放牧归来的牲口饮水。有的还在井沿附近挖个水坑，把不用的水放到里面，便于人们夏季沤麻或做泥水活。

井口上方安辘轳架。辘轳架用两个木头交叉成 × 形制成，立在井沿一侧。把辘轳固定到辘轳架上，辘轳的一端有摇把子，俗称辘轳把，供人摇辘轳用，另一端或插在辘轳架后侧的一块大石条上，俗称辘轳桩，或用绳索沉一块大石块。水浅的地方，不用辘轳，直接用水扁担钩着水筲，把水吊上来即可。

挑水，是人们生活中必须进行的内容。到了冬季，还要早早起来，把井沿上的冰刨开、雪扫净，便于人们挑水。这类活大多由人们主动去做，不用谁安排，也是积德行善的事情之一。家长还要经常对孩子进行安全教育，不让孩子到井沿上玩耍，防止孩子在玩耍时掉到井里。即使如此，孩子掉到井里的事还是时有发生。

水井也是一些想不开的人寻短见的地方，遇到不顺心或想不开的时候，常常选择跳井自尽，人们常用“某某跳井了”来描述自杀的人。即使把人打捞上来，附近的吃水人也要懊恼好些天。如果是老井，水也不好，人们就会弃之不用，再打新井；如果能用或没能力打井，也要把井里的水尽量淘干净，等有了新水再继续使用。

中华人民共和国成立后，出现了半机械化的提水工具——水车，由大小齿轮和链条、皮阀、水槽、水车管子等组成，用牲口拉着，在园田等处使用。20 世纪 70 年代开始出现压水井，俗称“洋井”。

三、打墙

人们常说，农活儿有四大累：和大泥、脱大坯、打大墙、锄大地。可见，打墙是农村十分常见的农活，也是一项十分累人的农活。

打墙必须用黏土，不能用沙土、蒜瓣子土（栗钙土）。土要先洇好，不能太干——太干，土就不能很好地结合；也不能太湿——太湿，打的墙立不住。把四根抱杆在计划打的墙四角埋好，把梯子立在两个抱杆之间，先把两个墙板摆放好，用绳子拢上，就可以开始打墙了。

打墙一般要七人，两人在上面踩土、夯土，四人在下面两侧装土，留下一人等着打墙花。踩土要铺匀、踩实，每装到墙板厚的一半时，要用榔头或磙子密实地夯一遍，然后再重新上土，如此往复，一堵墙就立起来了。卸下墙板，打第二个墙时，打墙花的人用条子锹把墙面密实地拍光，一堵墙就算成功了。

过几天或过一段时间，等墙体干透后，就要垛墙帽子，就是用和好的大穰秸泥在墙头上垛一层，以防止雨水直接冲刷墙体。有的人家垛墙帽子时，还在墙头上苫盖一些高粱挠

打墙

子、高粱茬（读 zhà）子等，防雨效果更好。

如果是盖房打房框子，墙体就要厚重、高大一些，还要用夯，特别是地基，更要砸实。如果只是打院墙，就可以稍矮、稍薄一些。

四、草料活

（一）打草

打草也叫打羊草，这在敖汉旗中北部地区是一项每年必须完成的任务，主要是给羊准备过冬饲草。生产队每年都有指定一片天然草地，禁止打草放牧，叫封草场子。立秋过后进入打草季节，生产队把集体饲养的羊饲草备足，叫开草场子。剩余部分允许社员个人打草，叫放草场子。

天然饲草也叫青草，主要包括一年生莠子草、猪毛菜、蔫巴棵等，也有多年生芦苇草、牤牛茬、甜草秧之类。采用锄头耪、镰刀割、钐镰钐等方法把草割掉，晾干后拉回来上垛。每年秋收之前，无论生产队还是各家各户都有羊草垛，数量不等，大小不一。通常垛得很高，既少占地方又能够防止下雨漏垛。

而中南部山区，没有大面积草场，生产队的羊，每年过冬一是靠兰倌撒山放牧，二是打场时留下来的各类花繁叶茎挠和玉米秸，就是绵羊过冬的饲草。社员各户的自留羊，过冬饲草就靠平日里在山上割回来的各类野草，晒干上垛，冬天铡碎喂羊。

（二）铡草

也叫铡干草，是用铡刀将谷秸切碎作牲口饲草，以数九天为宜，天冷草节易崩开。铡草分把刀的和续草的、扒灰的三个环节。续草者是一位有经验的人，他能拖着谷草扎子，掌握着草节的长短，两手掐住谷草扎子，一点一点续入铡刀刃下，紧跟铡刀起落节奏，续草速度不能太慢，铡出的草节长短合适。为了不影响进度，再由一个人把谷秸均匀拢成扎子，以两“掐子（双手合掐）”为标准，视把刀者力气、续草者习惯大小不一。打扎子方法有两种。一是贴扎子，待续草者手中的草铡至三分之二时，趁其一抬手的瞬间贴入。二人凭手势、眼神默契配合，循环往复。二是接扎子。随着续草的进度，把一大掐子谷秸抖搂松散，不许有“死撮子”，根部朝前不断地接入，称为“接龙”。要求多少均匀一致，且不断头。遇到人手不足就把草移至铡刀旁，续草者边续边自己打扎子，中途停刀。

铡草

续草者在把刀人抬起刀的瞬间，两手掐住草，用右胳膊压住，借助膝盖用力帮助向前移动，手腿并用连续不断地往铡刀里输送谷秸。续草者右袄袖（胳膊肘以下）和左裤腿（膝盖以下）均绑上口袋片、麻袋片或旧布，一来防止磨破衣服，二来扎紧袖口、裤口，既利索又不钻草。铡刀有节奏抬按，续进的草必须和刀起刀落保持高度一致，避免放空刀。续草技术含量较高，讲究匀、细、没横草等过硬功夫。有“寸草铡三刀，没料也上膘”之说，且是累活，缺乏实践经验的人很难胜任。

把刀人（摁铡刀的）有时一个人单刀扤，有时两个人绑拐子。拐子和摽棍要选用榆木、柳木，防止折断。绑绳要摽紧，防止拐子在抬、按铡刀时向左右滑动。把刀人在铡草前必须把刀磨好，这样铡刀使用起来既锋利又轻快。

把铡碎的草用叉子、耙子挪离铡刀叫扒拉灰。不能使碎草攒下，要盯准铡刀多加小心，避免使用的工具齿塞进刀内。碎草攒成一堆时，有人使用麻袋或大筛子收入草屋子，以备饲喂。

（三）磨料

磨料也叫破牲口料，用碾磨把黑豆、玉米破碎，不过筛，破碎到一定程度即可，用来喂牲畜。一是喂干料，破碎的料便于牲畜咀嚼。在活计重时，把料定时定量撒入没有饲草的槽中，叫作加精料。二是拌湿料，平时把破碎的料加水浸泡拌入干草中，料容易附着在干草表面，吸引牲畜吃草。

五、弄烧柴

过去做饭和取暖全靠柴草，也叫柴火。柴火在人们日常生活中的重要性仅次于粮食，有“吃烧一般沉”的说法。如果一个家庭既缺粮食又缺柴草，就是“吃烧两叫和”。不同地区用作柴草的燃料各不相同，民间统称为“整柴火”，是人们主要的生存手段之一。农闲季节，人们利用当地柴火资源，准备足一年之中的烧柴，家家堆起树枝子垛、穰柴垛、茬子垛等。通常和“整柴火”之人打招呼，夸其过日子能干，大多是得到“不整柴火咋也不能烧大腿”之类的回答。有些懒惰人家缺柴草烧，被人讥笑为“捅鼻子眼儿柴火都没有”，由此视为不过日子人家。

（一）砍山柴

南部地区的大山上长满多年生灌木科植物，有蚂蚱腿子、老鸹眼子、苦丁香、毛榛柴、冬青、苦柳、铁杆蒿等，统称“大山柴”。上山砍柴时，每个人带着一根扁担、一副拘绳、四根榆树鞦和一把镰刀。砍柴要爬山过沟，山上经常有野兽出没，人们常常结伴而去。用镰刀把山柴割下来，先捆成四小个儿，再用拘绳捆成两个大捆，用扁担挑回家。砍回的山柴直接上垛，经自然风干后，比其他柴草经烧。砍山柴需要到一二十里地远的大山上才能割到，因此当地人把这种劳动称之为“上大山”。

（二）镩树枝子

镩树即用一种叫树镩的铁质工具，根据树的高矮安一根长短适宜的木把儿，镩掉树下面的枝子，促使其往高生长。立秋之后进入镩树季节，中北部以镩杨树为主，中南部则还有柳树、松树等树种都需要镩，镩下的树枝子捆成一搂粗的个子晾干当柴烧。

（三）搂穰柴

穰柴泛指冬季荒野上干枯的各种杂草。将杂草用筢子搂到一块儿当柴烧，叫搂穰柴。敖汉中北部地区多平地，树木少，砂性土壤，适合一年生野草生长。小雪节气后天寒地冻，这些野草很容易折断，或连根拔出。

搂穰柴的工具俗称拉筢，由拖子和筢子两部分组成，合在一起使用。筢子搂，拖子装，二者缺一不可。拖子的制作：1. 摵拖弓子：选择直径 3 厘米左右、高 3 米以上的榆树或柳树，要求粗细均匀，趁湿性摵成 U 形状，底部长 2 米，两端高 1.5 米。用石头之类的重物压实，待干后成型，称拖弓子。2. 勒拖子：将粗线麻秆顶端浸湿，2 米长，依次排列拧在拖弓子上。再用细榆树条拧成鞦子，在前面和中间的线麻秆之间，上下有序捆绑缠绕三至五道儿，将其固定牢固。3. 绑拖子梁：在拖弓子的两端，用铁丝绑一根略粗于拖弓子的横梁。横梁中间竖立一根 1.5 米左右倒立的竖梁，竖梁上部要带一个短树杈，便于挂筢子。

搂穰柴大多为一家出动两人，每人各自用筢子挑着拖子。其中一人还要拿着扁担、拘绳，以备往回挑穰柴。到了山上，把筢杆儿挂在拖子竖梁的短杈处，筢背子搭在肩上，用肩膀拉动拖子和筢子。在前行过程中，把地上的杂草逐渐搂到筢齿上。待筢齿挂满穰柴后，称够一筢子了。然后停住脚步，翻过筢子，把筢齿上的穰柴“褪”在拖子里，称卸筢子。循环往复，每“褪”一次后，都要用空筢子把拖子里的穰柴往紧“刹刹”，既腾出空间，又能使囊柴充分“合拢”。拖子内大约卸10～12筢子穰柴后，满了再也盛不下，称满拖子了。这时，就要统一卸在一个地方，称“一拖子”，也叫一铺子。柴草稠的地方，一般半天工夫能搂20多拖子。下山时，用拘绳捆成大小一致的两捆。一个人左右肩各挑一副拖子，另一个人插入扁担，把穰柴捆挑回家。

穰柴比较蘼，不经烧，灶火坑还容易“炼荒”，烧火时离不开人。

（四）搂树叶

入冬后树叶子脱落，经风一刮聚拢到一起。人们便用竹筢子搂成一个个小堆，再用抬筐端着装入大花篓筐里。花篓筐穿根拘绳，装满后两头系牢往家挑。晚上刮一宿大风，起早就有人上树林子搂树叶子。等女人做熟饭，男人已经搂回一挑子树叶子。

搂树叶有“占地盘”的习俗。树叶刚开始飘落，就有人用筢子搂出一个个小堆，表明将这块地方占上了，别人不能来此处搂树叶子。每一次搂完树叶，装花搂筐时都要留下一小堆，以占据领地。为此，相互之间常常因为地盘的归属闹得面红耳赤。

（五）捡粪

干燥的牛、驴、马粪可用来生火做饭、烧炕取暖。农闲季节，北部地区人们或背着粪筐，或挑着挑筐到山上捡粪，南部地区的人们有起早去马路捡粪的习惯。在院子里的向阳处摊成一排排小粪排，晾干后当柴烧。到了数九寒天，白天的火盆里要不断埋入干驴粪蛋儿，以免火熄灭；晚上睡觉前，常常在灶膛里塞满干粪睡热乎炕。敖汉民谣中有“牛粪烧干粮，煲个蜡炸黄”，形象地描绘出用牛粪生火贴玉米面干粮的场面。

（六）捯淤柴

夏季一遇山洪，河流、沟谷下游两岸常常囤积许多木棍之类的植物碎屑，称“淤柴”。洪水过后，用二齿镐子捯开晾晒。待晾干后用叉子或小铁筢搂到一块儿。淤柴比穰柴经烧，放在防雨淋处常年备用。

（七）挖酸浆疙瘩

中部地区的山坡上长着一种叫酸浆的植物，根部长约一米，顶部约对掐左右粗。春季，当地人或拿口袋，或挑着挑筐上山去，用铁锹把酸浆根子挖回家当柴烧，称“挖酸浆疙瘩”。由于其密度大，燃点高，非常经烧。因此，民间有“酸浆疙瘩火能开铁”的说法。人们常常把细铁棍儿、铁钉放在上面烧红，砸出磙脐子尖儿、撅成挂钩等。用其烧火做饭时，人们十分谨慎。待把锅烧到七八成开，马上换作其他燃料，防止把锅烧漏。

苘麻　线麻

第四节　经济作物

一、麻

（一）种麻

敖汉旗种植的麻有两种，一种是线麻，种植量较大；另一种是苘麻，种植量较小，种植方法相同。

种麻较为简单。在人民公社时期，中南部的生产队大多数都安排种植一些，主要是为了解决生产用绳子问题。种麻的地块需要在整地方面精细一些，最好是把地深翻，把土块拍细，再施上优质农家肥，这就为种麻整好了地。种麻不需要特别复杂的技术，因为线麻籽出芽率高，只要土壤松散不干旱，播种十来天就会出苗。它的田间管理也是比较容易的，正常的除草、耪几遍，蹚一遍就等着收获了。

麻虽然好种，但是收获时却有着严格的套路，必须一环套一环，特别是线麻。要先看成熟度，秋分节气过后，要天天察看线麻叶子，从叶子发黄程度确定该不该收。到了大部分叶子发黄时，就开始刹麻了，拿着一根用木棒做成的刹麻刀，从下往上用麻刀的刀刃部分将线麻叶子纷纷挑落，刹麻的活看似挺好玩儿，不会用那个劲的就干不了。刹完麻，地里的落叶用铁丝筢子清理干净，就开始薅麻，线麻收获时绝不可以用刀割，必须用力薅下来，然后再一把一把地将根部戳齐。然后用长得细小的线麻拧成鞧子，捆成一个个线麻捆。再把那些细小的麻秸收拾起来，拧成长长的几根大鞧子，准备沤麻时用。捆好的麻捆垛在一起，捂一天多，搬来铡刀，将成捆的线麻从根部铡齐。从刹麻到薅麻再到铡麻这一系列程序完成后，下一步就是沤麻。

（二）沤麻

过去，每个村子都有挖现成的淤泥池塘，沤麻前人们把池塘里的淤泥清出来，这叫“清池子”。再从河套上游挖开水沟，把河套里哗哗流淌的溪水引入池塘，这就是一个简易的沤麻池。当池塘底部积满一层水的时候，就从上面把水截住，这时人们开始把成捆的线麻搬来，放到早已铺好的大勒子上面，码成垛，然后在上面把勒子使劲扎紧，再搬来几块木板放到线麻上，最上面压上几块早就准备好的大石头。哗哗的河水流进沤麻池，越积越深，当积水快要没过线麻捆的时候，察看其牢固程度，以防翻个。等沤麻池里面的水积满了，在池塘的下边挖开一个小水沟，让积满的水从那里排出去。这样一个沤麻池通常能装下两大捆的线麻，每天人们轮流着到池边看一看，维护着池塘的正常进水排水，也成为人们业余生活的一部分。

沤麻讲究成色，也就是在时间上要把握好分寸，沤得时间短了，麻批扒不下来，影响产量；沤得时间过长，麻批腐烂，不结实。大约在池水里沤制了 10 多天，线麻秸子的表皮变得有些淡黄色，池塘里有些淡淡的腐臭味儿，表明线麻已经沤好了。人们把上游的水放开，把池溏的排水口挖深些，使池里的水尽可能地多排出一些，他们挽起裤腿儿，下到池塘里，开始出麻，把湿漉漉的线麻捆一个一个地搬到一旁干爽的空地，解开勒子进行晾晒。干透了，捆成小捆，冬天人们的茶余饭后，边唠嗑，边扒麻，成为生活乐趣。

（三）攒绳子

也称作“打绳子”。打绳子的工具称为绳车子，由三部分组成：

一是可以固定在地里、不能移动的木架，用来固定铁质摇把。木架要固定在一个固定的位置上，摇把顶端弯成尖钩或圈，伸出木架前端，打的绳子是几股，就安几个摇把子。每个摇把子所钩的麻经绳儿，就是绳索的其中一股。根据绳子的要求，可同时使用 2～3 个或多个摇把。再找一个木板条，上面均匀地钻一些圆孔，把木板条套在摇把上，摇动木板条时，套在上面的摇把也会同时转动，确保各股经绳拧的劲均匀。

二是可移动的类似一个小椅子一样的架子，上边压块大石头，可随着绳子的收紧而移动，正因为如此，这个部分才称为绳车子。绳车子一般安装 1 个摇把子，摇把前端的钩子同时钩住各股经绳，通过摇动摇把，使各股绳子合为一股。要随时察看各股劲儿的大小。劲儿小的，要单独摇动相应的摇把子，使各股劲儿均匀。

三是一个叫瓜的东西，也叫木瓜、绳瓜子等，是一个两头平，中间圆滚的木头，像是一个椭圆形去掉两头。中间部位横向穿一个木把，以便打绳子的人两手把持。中间有三到五个不等的凹槽，每个凹槽可容纳一股经绳，用来支撑和分离各股经绳，使其能均匀地缠绕，不会缠绕在一起。把经绳从绳车子端嵌入瓜的凹槽，用瓜支撑各股经绳。

打绳子

给绳子上劲时，摇把的另一端是光滑的把手，再用一块带几个孔的木板把绳车上几个摇把连起来，可以自由转动。每个摇把挂一条绳批子，按照所打绳子的长度，留足余量，把绳批子放至末端。末端处是一个合股车子，一个厚立木板条上钻一个孔，穿着一个一头带钩的铁质摇把。木板条安在一个带叉的木拖上，木拖由石头等重物压住。前端放过来的绳批子都挂在这个铁钩上，前端摇动连接摇把的木板条，给绳批子上劲，绳批子上劲到一定程度，由一个人手拿木瓜。这时，后端的合股车子由一人掌控，随着前端绳车子的上劲，辅助上劲，木瓜向前缓缓走绳子渐渐攒成，木拖也被绳子带动向前拖走，到了前端绳车子处，一根绳子攒成。

此时，绳车子也会随着绳子的形成和收缩慢慢向架子端移动。为防止移动太快或不稳，绳车子要用大石块或其他重物压住，使其只能在绳子越拧越紧的情况下，匀速地、慢慢地向架子端移动。有时，看热闹的小孩子也会成为压绳车子的重物。

使用木质纺车子，将麻批纺成所需的绳批子的过程，被称为纺绳批子。两个木条组成的十字齿，用四根木条连在一起，组成车鼓，是存放绳批子的地方。中间是一根长轴，前端在十字的中间穿出来，用一个铁钉别住。后端穿在一个木板条做成的立柱上，为了转动灵活，穿轴的孔抹一些大车油。使用时，先将麻批按照规格挂在纺车齿上，用手摇动手中的麻绺子，纺车飞快转动，手里熟练续接麻绺，到一定长度将手向前一送，绳批子借助惯力自动地绕在车鼓上，周而复始，车鼓上面绳批子满后，就捯下来，卷成轴，绳批子就纺出来了。

敖汉北部的乡镇在过去有攒草绳的，草绳大多利用当地野生植物为原材料。用达子筋、麻批子草、顺山溜、得力苏草（俗称扫帚草）等野生植物攒草绳时，浸透后冻僵，摊放在场院。碌碡框子两面各拴一根短绳，两个人来回拽动碾轧，直到轧破花儿为止。如果数量少，用木榔头垫上石板砸。然后再人工搓成两股绳批子。再把绳批子分成三股，通过绳车子上劲儿、走瓜合并拧到一起。检查草绳质量好坏的方法很简单，检质员掐住一节反向拧几下，看看绳子劲儿是否上足。

打绳子的地方要平整宽阔，确保绳车子经过的地方平坦而直长。打绳时，按所需绳索之长度，稍长一些设定架子与绳车子之间的距离，再按绳索所需的粗细确定绳子的股数。

二、棉花

棉花（敖汉人读 nián hua），据说，种棉花是明初朱元璋用强制的方法在全国推广开来的。中华人民共和国成立前，棉花是人们必不可少的经济作物。由于气候原因和水肥条件限制，种植的都是中熟、早熟或特早熟品种，产量也不高，早已不种植。

三、蓖麻

俗称大麻籽，一年或多年生草本植物，通常呈绿色、青灰色或紫红色。种子椭圆形，皮硬，有光泽，并有黑、白、棕色斑纹。用蓖麻榨的油医疗上做泻药，农村用来做“大车油”。农村唱戏时，用铁丝把蓖麻籽穿起来，晚上点燃用来照明，俗称油耗子。榨出来的油也是人们点灯照明的主要油料。

蓖麻

四、烟叶

俗名旱烟，以四道湾子镇四德堂一带的较为有名气。栽植前，要先整理出一个畦子用于种烟苗，待烟苗抽芽展叶后移栽到地里。烟地一般都是零星地块，上一些牛粪、驴粪等不太“壮”的肥料，不上猪粪、人粪等较“壮”的肥料。烟叶适应性强，田间管理简单，适当的掐尖打杈即可。到了初秋时节，就可以开始从烟株的底部开始掰烟叶了，俗称打烟。

掰下的烟叶用长绳（绳子多用马蔺叶拧制）编夹叶柄，成串悬挂在室外晾晒，令其在夜间搭一搭露水，上面放上蒿子，但千万不能挨雨淋，否则烟叶会霉变。晒至棕红色，半湿半干时，用马蔺捆成一把一把的，俗称“把子烟”，摆在通风处阴干即可。

敖汉地区的旱烟大致分两种，一种叫葵花烟，也叫黄烟，劲儿小，烟气柔和，味道幽香深厚；一种叫蛤蟆烟，劲大，味道比葵花烟辣，俗称蛤蟆拱。

五、笤帚穄子和炊帚穄子

也叫笤帚苗子，植物形状与高粱相似，但比高粱细高，穗弯曲，无主蕊，籽穗松散，壳很大，几乎把籽粒包死，适合绑扎笤帚。炊帚穄子也叫笤帚苗子，它的主蕊挺直向上，跟散穗子高粱相似，适合绑扎炊帚。

笤帚穄子和炊帚穄子的长莛儿都很长，纤细秀气，且整个秸秆粗细均匀，很适合钉各种盖顶。

绑笤帚

六、夏秋之季的“小秋收”

（一）刨药材

在敖汉旗南部山区，过去农闲时节人们上山刨药材是一项比较可观的副业收入。山区的野生药材种类比较多，产量比较多的有：当归、半夏、桔梗、黄芩、熟地、狼毒、远志、车前子、益母草、柴胡、苍术、蒲公英、黄连等。20 世纪的 60、70、80 年代，每到夏末秋初的农闲时节，不论男女，都结伴上山，肩扛一把镐，手拎一个筐，登山采药。哪个山有什么药材，当地人都了如指掌。雨水丰沛的年月，野生药材长得茂盛，就能多出产一些。如果赶上旱年，药材长得也不好，产量也低。

当地供销社都有副产品收购门市，按照国家当时的收购牌价，由供销社检质员（也称“鉴定”）凭经验给出等级和价格，其中少不了优亲厚友。每年的药材季，都是大多数农民家庭一个“小秋”，采挖一些药材，卖到供销社换回一些生活必需品，缓解家庭经济压力。

（二）挖甜草

挖甜草也叫剜甜草。过去敖汉中北部地区盛产甜草，挖甜草是当地人的家庭经济收入之一。

甜草为多年生药材，秧长在地面上，夏季开花，秋季结角。地下根可入药，分为两部分，上端较细部分叫毛须、须子或毛草，下端较粗部分叫丁头、疙瘩或唧子。挖甜草主要找丁头，有重量且价格高。丁头有红皮、黑皮两种，红皮一般只能长到拇指粗细，黑皮则可以在适宜生长的土质上长得较粗。过去民间有“七斤草，八斤宝”之说，丁头长到八斤重起码需要百年以上，其间汲取大自然丰富的营养，可谓集天地日月之精华，堪比人参、灵芝之药效，故而被誉为宝。

每一棵甜草丁头的粗细和距离地面深浅各不相同，形状分为两样。一是一根或几根毛须下长着一个较粗的丁头，俗称“秃唧子”。二是除毛须外，丁头的前后长着平行的毛须。前者叫前须，后者叫后脑儿。二者前后常常连接着粗细相似的丁头，俗称“串儿草”。在芦苇草密集的地方，偶尔有芦苇草根从丁头上穿过，这样的丁头叫穿心草，民间视其为珍贵的药材。

挖甜草大多为十几岁到五六十岁的男性，从春季化冻到冬季封地期间，小学生利用放学或星期假日，大人趁农闲或阴雨天，随时随地都可以挖。工具是用长一尺、宽六寸左右的长条铁锨，安上两米左右的锨把儿。铁锨窄挖出的坑细省力，锨把儿长便于往深挖。甜草长势特征按区域性规律分布，丁头的粗细、深浅和多少一块地一个样。有经验的人来到地里挖上几棵，凭经验即可知道周围地下甜草的长势。于是，不停地寻找好地方，直到找到合适的“窝子”才停下来。因此，有经验的人被称为会挖甜草，人们都愿意跟随其选择方位。

挖甜草之前先挑粗壮的秧，挖两锹深后观察毛须的特征，估计丁头的粗细、深度，决定取舍，不是每一棵都挖下来。毛须的多少、粗壮直接决定丁头的粗细。偶尔毛须外有一圈儿烂皮叫套皮儿须，有套皮须坐大草之说。快挖到丁头脑袋的一刻，根据毛须、烂须多少便可知道其粗细，开始小心翼翼地往深挖。遇到丁头粗舍不得砍断，锹把儿不够长就在坑儿边“打跳凳”，下到跳凳上挖。过去，犯风的沙窝子地春天常常走土，几天的大风把地面刮下去一尺多深，许多甜草被刮露出来。只见光溜溜的地面上横七竖八地布满毛须，和丁头的前须、后脑儿连接。丁头裸露于地表，俗称露唧子。砍断毛须直接挖丁头，省时省力。还可以根据一棵秧刮露出地表的毛须粗细、烂须多少，轻而易举地找到丁头。最省劲的方法是别沟垲子，有句顺口溜说“别沟沿儿，省一半儿（劲）”，借助往沟底下挖土别出丁头。但必须小心，防止沟沿儿坍塌出危险。

农村基层供销合作社成立的三十多年，北部公社的总社和分社都有甜草收购业务。人们挖够几十斤或扛，或挑着去卖。那时候甜草收购分毛须和等草（丁头），等草按粗细又分一、二、三等，等级不同价位不同。检质员凭经验估计一下各等级所占比例，给出平均价。毛须和粗细丁头等份的一捆甜草，平均每斤单价 0.13～0.15 元。

多少年来，人们一直把甜草视为山上有灵性的宝草，能否挖到粗大的丁头完全靠一天的运气。除卖钱外，还用来熬甜草水喝，能起到止咳、解毒作用。挖甜草有许多讲究，如第二个人挖到的丁头前须恰好是第一个所挖丁头的后脑儿，则须归第一人；挖到丁头脑袋时不许出声，以免引来人围观把大丁头吓跑；称大丁头“老山货”等。民间戏说挖甜草人不发家，前面挖后面出窟窿，把挖甜草的深坑比喻成花钱的去处，意思是卖甜草的钱会有意外开支花掉。

（三）捡蘑菇

进入雨季捡蘑菇，是全旗南北农村的一个共有的副业来源。中北部地区少山多丘陵，以成片杨树林居多。大多都以捡杨树林里出产的各类蘑菇为主，像地扣蘑、羊肚菌蘑、杨树蘑等，尤以羊肚菌蘑为珍贵。一场雨后，清晨露水晶莹，树林里青草嫩绿，挂满露珠，人们一手提筐篮，一手拧木棍，在林间穿梭，低头寻觅，发现地扣蘑就是一窝子；发现羊肚菌蘑，有时是单独一个，有时就接二连三好几个。弯腰捡拾，如获至宝。

而敖汉中南部山区的人们夏季捡蘑菇的范围和种类则更多、更广，不仅在成片的杨树林里能捡到杨树蘑和地扣蘑，更多的则是山上的出产。大面积的黑松林覆盖广袤的大山，每到夏季雨水季节，松树蘑便大量生长，雨后清晨，人们早早上山，寻捡于山间松树之中。松树蘑的特点是成片生长，发现一处便能捡到许多，一个早晨捡几十斤松树蘑是平常的事。立秋以后，松树底下又开始长出红蘑，这是一款高端野生菌，可以说是北方山区独有的珍品。它依靠松树的腐枝败叶和立秋以后的适宜温度，在合适的地方破土而出，数量很少。一株株钻出地面的红蘑，肉红的颜色挺拔俊秀，人们小心地从地上拔起来，抹掉根上的泥土，装进篮子。

不论南北，人们捡蘑菇除了自己食用一些外，更多的都卖掉换钱，贴补家用。北部的羊肚菌，南部的红蘑，都是菌中珍品，价格也非常昂贵。有些人此方面经验比较丰富，一个捡蘑菇季，能有上千元乃至几千元的收获。

第五节　家畜家禽饲养

一、农家与耕畜

（一）养畜习俗

敖汉地区传统农耕使役的牲畜包括牛、马、骡、驴四种，通称“耕畜”“长腿牲口”，是相对羊、家禽类而言。过去相当长的时期，牛是农耕的主要畜力，普遍用牛来拉花轱辘车当运力送粪、拉地，拉套翻地、种地、耘地、蹚地。牛温顺容易驾驭，缺点是脚步慢。在 20 世纪 80 年代中期，许多地方仍然可见黄牛拉犁杖。一直到 90 年代初期，耕牛在全旗各地退出农耕，骡、马、驴成为田间沃野里面的主要畜力。

骡、马、驴大多为自繁自养，也有从邻居、亲戚之间买知根知底的“秧头好”驹子饲养。民间有“能买小上当，不买老香赢”之说，意思是小口齿牲口价格相对便宜些，逐渐长大后会增值，称“驮钱走”；老口齿牲口越养越贬值，最后只能卖肉食价。牲口从小经过主人驯服，在使役过程中能够慢慢养成各自的良好习性。主人想方设法调教，防止养成尥蹶子、口骚、眼岔、蹿套等劣习，俗称“使出毛病”。一头服从主人使役的牲口，称百套皆熟，和主人有着较深的感情。耕畜是家庭的主要财产，可用于拉套、骑行、驮负使用，还可以繁殖、积攒粪肥等。因此，每一头大牲口都是一个家庭中的“半拉家底”。一旦意外死亡，是家庭重大的经济损失。村里人一面安慰主人家“庄稼佬不死象，养啥都兴许糟践”“家趁万贯，带毛不算”，一面由热心人帮忙将牲口扒皮提肉，挨家挨户去“撒敛”卖钱，让大伙儿帮助分担损失，凑钱再买牲口。

农村养耕畜有三点不成文的习俗，就是讲究一有劲，看一头牲畜有无力气，先看四条腿，腿的上下匀称，粗壮像柱子，这样的牲畜肯定有劲。二好使，牲畜能听懂人发出的口令“喔，驾，吁”！能够听到口令，两耳竖起，并且令行禁止的，被称为好使“灵透”的牲畜。三繁殖，农家都愿意饲养雌性牲畜，精明的人家会及时掌握牲畜的发情配种时间，精心调养希望下驹生犊。

农户对饲养的马、骡、驴有许多说道，不宜饲养带有笑头、龟背、花膛、剪子口等特征和打耳挂牲畜，据说对主人及家中过日子有妨碍。民间有该方面的顺口溜："有钱难买驮钱花，不要笑头白尾巴。姓李不养沙栗马，草白色骡子全白瞎。"

民间有许多专门以买卖牲畜为职业的人，称"经纪""拉缰（俗称 gāng）绳头的"。这些人谙熟牲畜行当的学问，有丰富的经验，他们都有一套实用的"骡马经"，经常走乡串户或到集市上倒买倒卖，从中渔利。主要从以下几方面为依据来评判，由此断定价格：一看个头。耕畜的高矮、长短俗称"皮挂"，决定着力量的大小，有身大力不亏之说。过去饲养的都是本地品种，尤其驴的体形较小，有"疙瘩驴"之称。20 世纪 70 年代初，"陕西驴""泌阳驴"公驴引进，经过改良才培育出体形较大的品种。体形长短适合于不同用途，有"长拉短驮"之说，意思是体形长适合拉套，短适合驮驮子。二看形。看形即看式样，包括毛色、头的大小、牙是否错齿、腿的粗细、尾巴是否完整、蹄的类型等。有许多俗话，如："先看皮毛后看蹄，再看嘴巴齐不齐。""远看一张皮，近看四个蹄。""前身高，不用挑。前身矮，不用买。""前腿弯，搬倒山。后腿弯，一溜烟。"三看口齿。俗话说瞒岁瞒不了口，看口齿是确定牲畜年岁的唯一方法。通常情况下，牛和羊的口齿一样，马、驴、骡的口齿一样。从事牲畜买卖生意的基本功首先是掰开牲畜嘴看牙，根据出几颗牙或牙上的龋口特征来用行话"报口齿"。包括白口驹、剔牙、扎牙儿、四个牙、五岁、"边牙露肉，赖五赖六""七咬中龋八扫边"、一面口、新一面、中一面、"中龋断、八岁半"、老一面、"光板儿""上平下平，十岁有零"等。也有个别异样口齿不容易辨认，如大龋（黑龋）、小龋、粉龋、二黄龋、豁龋等，需要有多年实践经验才能确认。四看细微处。买卖牲畜时需要仔细观察其身上细微之处，如滴泪旋、号丧旋、盘缰旋、追风旋等个别旋位，花膛、笑头、龟背、剪子口等忌讳之处，尾巴向左或向右侧倾斜，眼皮及眼睛等。每一个特征都有不同的解释，如："号丧滴泪都不怕，就怕半夜打耳挂。""里为迎风，外为倒圈。""上眼皮没肉，伤人没够。""先看长后看短，再看有没有鞭花眼。"五看步态。俗话说"是骡子是马，拉集市上遛遛""看马不看口，全看几步走。"牵着牲口走一圈，能发现溜胯、瘸腿、寒筋腿、抬蹄等毛病。六看习性。用手去摸嘴看是否口骚，掏裆看是否有蹶子等。有时套车试验前拉后捎的熟练程度，看是否百套皆熟。

民间饲养牲口主要是为了役使，牲口除了可以拉犁、拉车外，还可以驮负、骑驭等，既可以转化农作物秸秆积攒农家肥，老了还可以杀了吃肉，是最环保的农业生产方式。

牲口在棚圈里饲养，棚圈要向阳通风，冬暖夏凉，同时要勤垫、勤起、勤打扫，做到料净、草净、槽净。牲口的饲草主要有干草（即谷草）、玉米秆、青草、干青草等粗饲料，还有高粱、黑豆、豆饼等精饲料。喂饲的顺序是先喂粗饲料，后喂精饲料；先喂干饲料，后喂湿饲料；先喂饲料，后饮水。

干即光喂草，饲草要铡短，牲口容易采食和消化，民间有“寸草铡三刀，没料也上膘”的农谚。

湿即把高粱、黑豆、泡豆饼等精饲料撒在饲草上，再洒适当的水，用拌料棍搅拌均匀后喂牲口，使其长劲。

喂饱牲口之后要饮水，让牲口既吃好吃饱，又要喝足，俗话说得好：“草膘，料劲儿，水精神。”

白天是使役牲口的时间，补充营养和水分的时间只有在夜晚。喂牲口要做到定时定量，少添勤添，使其尽量把草吃完。因此，后半夜人们也要给牲口添草喂料。

到了深秋，庄稼全都收割完毕并运回场院，人们就把牲口撒开，俗语有“九月九，大撒手，牛马猪羊遍地走”的说法。

随着年深日久，人们会慢慢加深对牲口的感情。尤其是主人，绝不可随意鞭打棍击，认为“鞭打棍棰，干喂不肥”“不怕使十天，就怕猛三鞭”。牲口也会对主人的意思有所熟悉，使用起来也就十分顺手。平日役使时也注意分寸，适量适度，时刻提防霜、雨、雪淋身，怕牲口着凉生病。

每到春季，还要给牲口败火，喂一些小米、绿豆、盐水等。到了伏天，开始打草，为牲口越冬做准备。挂锄后，还会把牲畜集中起来放养，放什么牲畜的人就叫什么“倌儿”。如牛倌儿、猪倌儿、羊倌儿、马倌儿。

民间讲究卖牲口不卖笼头，双方讲好价钱或有经纪人从中讲好价钱后，卖方则摘下牲口笼头，俗称“抹笼头”，买方就要用自己带的笼头或缰绳把牲口拉走，买卖就算成了。

农家生计，处处离不开牲口，对牲口的特点习性了如指掌。使役时，按牲口的大小、强壮程度定活，绳套等挽具都做得非常细心、合适，免得磨破牲口皮肤。使役完后，会让它打个滚，放松放松，休息一会儿后再少喂些草，然后再饮。严禁一卸套就暴饮，这样牲口容易患病。

虽然如此精心，但牲口仍不免会发病甚至死去。结症是马最常见的疾病，一般用“掏”的办法解决，就是用手从马的肛门里伸进去，“掏”出没消化的草团。相比较而言，骡子的病较少，驴次之，但也有“驴骡不得病，得病就要命”的说法。因此民间有俗语“家趁万贯，带毛不算”。还有“多养牛羊少养驴，勤扫当院少赶集”等教诲。

家中牲口的多寡，往往是贫富的依据之一，因此，民间十分重视牲口繁殖。人们世代养畜，谙熟畜类的繁殖规律，经验认为：“六畜怀胎不用查，猫三、狗四、猪五、羊六、牛

驴的各种用途

七、马八。”其中数字以月为计，比如，马妊娠期八个月、牛七个月、狗四个月，等等。

动物的发情配种也因动物的不同而有着不同的叫法，驴马发情叫赶槽；牛羊发情叫打栏；猪发情叫打圈子；狗猫发情叫走势子；公鸡发情叫压蛋；母鸡发情叫抱窝。

（二）耕畜的饲养管理

农村有一句俗话“好牲口全靠好经营”，就是说耕畜不怕使役，就怕经营不好。对于马、骡、驴的饲养管理，农民在长期的生活实践中，总结出许多好的实用方法，主要有这样几点。

一是合理使役，不让牲畜过力，也就是不超负荷使用。不管是什么牲畜，一次超负荷使役，过于劳累，三几天都缓不过来，还容易使其得病。瘦弱牲畜的毛稍挂汗珠俗称“见汗了”，就说明是“使到劲了”。膘情好的骡马轻易不会使役过力，有“骡马见了汗，活计才一半”之说。“力量硬”的牲畜拉犁杖在地里耕种，经常把人累得精疲力竭，却看不出牲畜有疲劳的症状，即人们常说的“人靠不过牲口”。有经验的庄稼人，不管活计怎么忙，也绝不让“力量软”拉套的牲畜用过力。

二是勤饮水、刷毛。牛、马、骡、驴等大耕畜，必须保持夏季饮三水，冬季饮两水。马、骡、驴在使役前饮、牛卸套后饮。还要经常给牲畜刷梳毛，用铁片做成带有锯齿的挠子，在牲畜吃草时，给它浑身挠一遍，把沾在身上的杂物弄掉，起到梳理绒毛、挠痒等作用。民间有“穷汉子得个驴，白天黑天梳毛翼”之戏言。发现身上招虱子，要及时泄敌百虫水顺脊背戗毛洒抹，或往各个部位均匀揉搓湿性六六粉。

三是按时喂草添料。使役的牲畜只有夏季两三个月“见青（草）”，其他季节均在圈里饲养，俗称“坐槽蹲”。需要按时给牲畜添草拌料，尤其是夜间饲喂更是非常重要的，“马不食夜草不肥”，驴、骡都是如此。给牲畜喂料分忙季和闲季，农闲时节活计轻，一天晚上拌一次湿料即可；农忙季节除了一天拌三顿湿料外，早晨或中午还要适量加一次干料，把玉米粒或高粱粒、黑豆粒直接撒在草里，这样牲畜吃了会更有劲。以毛驴最为效果明显，有“料驴（吃料才有劲）”之说。

四是春秋两季驱虫灌药。牲畜吃的青草或干草上，难免会带有多种虫卵。还有一种小黄蜂子，专门在长腿牲口的拳窝、后胯等处毛上产卵，牲口因产卵部位瘙痒而不住啃咬。这些虫卵通过不同方式进入牲口体内寄生，有的成虫后才随粪便排出，生长期间吸收营养。牲畜肚子里有蛔虫或瘦虫等，就会毛梢干焦，失去光泽，俗称“翻毛”。不但“不呛食”，而且干吃不上膘，呈瘦弱状或一副病态。每年立冬后，必须找兽医灌敌百虫药驱虫，俗称“投药”。每年开春，还要给牲畜灌清火药。遇到上颚肿胀的牲口，俗称“龈高”，兽医便用三棱粗针扎破上颚放血。

五是对揣驹母畜精心饲养。农家饲养母畜，除了役使，下驹繁殖也是重要的。一年添一头马驹或驴驹，对于一个农户家庭来说都是一件喜事。当母畜揣驹后，要根据孕期精心饲养，不要过度役使，让其充分休息，保证母畜能够顺利生产。

六是每年要为牲畜挂掌修蹄。俗话说“龙无云雨不腾空，马不挂掌路难行”。牲畜挂掌如同人的脚上穿鞋，行走起来足下有力。出行时，遇到冰面、雪地能防滑，走砂石路减少蹄子磨损。冬季，铁掌上的铁钉着地，避免蹄子直接接触地面，减少体内热量散失，以利于上膘。过去每到冬季，人们会根据牲畜的蹄子变化，适时地牵到附近铁匠炉修蹄挂掌，也有赶集时找集市流动性挂掌师傅。20 世纪 90 年代以后，人们大多以机动车为主要运力，牲畜很少负重或远行，再不需要挂掌了。随着民间烘炉的消失，给牲畜挂掌的手艺逐渐失传。

开春后，阳气上升，牲口也容易上火，要适当喂一些败火的草料，如小米等，为了增加牲口体力，还要给牲口加料、叨（梳）毛等，对牲口给予抚育。还要时不时把牲口拉出去遛一阵，有时还要套上一些农具，俗称上上套，使其不致对套具陌生，以备春季耕种。

（三）野生饲草

除了干草、豆秸、玉米秸等作为主要饲草外，还有大量的野生饲草，是牲畜饲草的重要补充。敖汉旗地处燕山北麓与大兴安岭南端交界处，野生植物资源丰富，就境内来说，南面属丘陵地带，北面属科尔沁草原南端，是农牧交错地带。主要的野生饲草资源品种有以下几种：

达乌里胡枝子：豆科，敖汉俗称牤牛茶。

草木樨：豆科，一年生或二年生草本植物。

山韭菜：百合科，多年生中生草本植物。

地榆：蔷薇科，多年生中生草本植物。

虎尾草：禾本科，一年生丛生型小禾草。

茵陈蒿：菊科，俗称黄蒿、蒿子。一年生或二年生草本植物。

甘草：豆科，俗称甜草秧，多年生中旱生草本植物。

羊胡子台草：莎草科，俗称羊胡子草，多年生草本植物。

羊草：也叫碱草，禾本科，俗称铁草。多年生草本植物。

赖草：禾本科，多年生草本植物。

芦苇：俗称芦草，禾本科，多年生草本植物。

金色狗尾草：禾本科，一年生疏丛型禾草。

山岩黄芪：草本植物。

山竹子：豆科，中旱生、沙生半灌木植物，俗名塔狼。

猪毛菜：藜科，一年生旱生多汁草本植物。

沙蓬：藜科，一年生旱生草本植物。

（四）劁骟

从事劁骟的人一般是去集上招揽生意，手术刀装在刀套里系在腰带上，下垂至大腿部，在牲口市上一站，本人就是幌子，有需要劁猪骟马的，自然上前搭话。有的手艺人还在集市附近找人家落脚，赶集时把自己骑的毛驴拴在该户门口，日子久了，自然都知道是他的落脚处，就会有生意找上门来。

骟驴、骟马，只骟公的，不骟母的。使役的驴马，尤其是用于驾车、拉犁的叫驴、儿马，一般都阉割去势。骟过的驴俗称骟驴，骟过的马俗称骟马。

骟驴、骟马的关键是放牲口。所谓放，是指用绳索把被骟的牲口捆绑放倒，然后实施手术。放牲口必须亲自去做，很少让他人帮忙。避免捆绑不妥或生拉硬拽，摔坏牲口内脏或腿部受伤。先用绳索锁住脖颈，从两前腿中间穿过，套住后蹄寸子，再回到脖颈绳套处，用身体靠着拉绳，使驴马坐在地上，再慢慢下滑，轻轻躺下。

把一侧睾丸表皮切开寸余长的小口，挤出睾丸、附睾，可带出白筋、红筋各一根，白筋为输精管，将其挑断；红筋为血管，一手捏住，另一手向上撸，把血管撸细至5～6寸长不见红色，然后割断，同时切下睾丸、附睾。血管先撸后切的目的是防止内出血。切开睾丸内膈膜，挤出另一侧的睾丸、附睾，找到白筋、红筋，用相同方法切割。骟完，要高拴忌卧，切勿触摸，防止感染；要牵着遛十几天，防止粘连。

有的从睾丸两侧分别切口，分别切割睾丸和附睾，此法摘除睾丸比较方便，但外面两个伤口，感染概率较前者高。

儿骡子也会发情，不好管理，也必须骟了才行，骒骡则不必骟。

骟牛比较简单，无须放倒，有人牵着就行。牛的睾丸下坠，施术者突然抓住，牛立刻服服帖帖，不耍不闹。一手持刀切开，一两分钟即可摘掉睾丸、附睾，骟后牵着遛几天。

二、养猪

在20世纪80年代中期以前，因为是人民公社体制，一切都是国家“统购统销”。社员家庭养一口猪，是全家人一年的盼望。每家每户的院子里西南角上都有一个垒得方方正正的猪圈，猪圈的地面要比院子低下去一块，为的是垫圈积肥。猪圈的墙要垒得结实一些，用大块石头做基础，为的是防止猪拱墙根。在猪圈的西北角，搭着一个有一根立柱支起来的猪盘窝，这是为猪提供憩息的地方。猪圈靠院子的一面墙开一个门，砌墙时上下砌入两道木棍，用来插入木板，把猪关进圈里。每到过年，都要在这个猪圈门上贴一张竖批“肥猪千口”。靠近猪圈门里侧，安放着一个猪食槽，喂猪时把泔水和饲料搅拌均匀倒入槽内，猪在圈里吃喝拉撒，经常用土垫圈，一年下来也能积攒许多优质粪肥。

（一）饲养

一只猪崽饲养一年，也能长到100斤以上，喂得好的，能长到150～200斤。进入腊月，凡是养猪人家都要选择时间找人杀猪。那时杀猪，对一个农户家庭来说，是一件大事。杀猪当天，主家要请亲朋和邻里来家里吃杀猪菜，杀猪菜一般都是干白菜炖煮血脖子肉，再切一盘刚出锅的血肠，几壶老白干，一盆小米饭，饭菜简单，亲情却近。

东北民猪

那时家家户户养的猪都没有忒大的，能出100斤肉的猪算是大猪。尽管这样，很多人家还要卖一部分肉，用钱来置办过年的东西。剩下的猪肉，则要仔细分割成小块，留出过年用的，其余用食盐面裹上，腌入小缸或坛子，这就是全家明年一年的油水。

猪是民间饲养最普遍的家畜，品种主要是东北民猪。这种猪毛为黑色或黑褐色，猪耳大下垂，臀尖尻斜，躯干狭窄，但冬季绒毛生长好，故抗寒能力强，抗病力较好，耐粗饲，适应性强。除了宰杀食用外，养猪主要还是为了积肥，少则一两头，多则数头。猪从生长阶段开始，称呼分为小尜尜儿、壳郎、肥猪等。从性别上分，小猪分豵儿（敖汉读 zèngr，即小公猪）、豚儿（敖汉读 túnr，即小母猪）；种猪按雌雄分别称作老母猪、脬卵子；种猪阉割后统称老劁儿。

在民间，有专门饲养母猪的农户，专以产崽为利。母猪产崽俗称下崽儿或趴窝。通常，母猪一年产崽两窝或两年三窝，每窝多少不一，多者十余头，少者四五头。饲养公猪的相对较少，一般几个村庄才有一头"脬卵子"。每到母猪发情时，就会不吃食，还乱拱圈门子，看到这些，主人就知道母猪发情了，便会赶着母猪，去公猪饲养户配种，俗称找猪。这时，母猪似乎明白人的意图，也较为听话。去过一两回后，母猪到发情时，就会自己去找公猪了。

农村买猪，俗称抓猪。抓猪先看母猪，听说谁家的母猪好就去谁家买。而且，人们对母猪的"光荣历史"也非常在意，以前买了感觉好了，以后还会再去买。买猪还要看小猪是否毛色光润、是否"欢实"。

抓猪时，人们很在意抓猪人的性格秉性，喜欢请身体健康、不偏食、食量偏大的人去抓猪，认为其对猪的生长有潜在影响。农户平时买猪崽都买两只，认为两个小猪在一起好养，认为这样养猪"好经营"。

喂猪以野菜、米糠、泔水等为主，俗称猪食。喂猪时，或在院内，或在猪圈里放一个槽子盛猪食。夏天，把猪圈在圈里，一来防止出去祸害庄稼，二来猪在圈里来回走动，也可以把圈里的猪粪踩碎，便于发酵熟化，使粪肥壮，俗称"踩粪"。妇女、儿童还会经常上野外"剜菜"，回来后掺上米糠等喂养。

到了秋季，庄稼收割完毕运回场院，各户便把猪撒开，任其自己觅食，总会在地里找到落下的地瓜、土豆等吃的东西。等到中午或傍晚时分，各家主妇便"唠唠唠唠"地召唤猪回家，此时，满村都是主妇们呼唤猪的声音。猪是一种聪明的动物，它能辨别出哪个是自己主人的声音，听到召唤，就会匆匆忙忙地跑回家。

喂过年猪时，人们就把猪分着喂养。挑一个个大、"抢食儿"的猪进行育肥，俗称"上茬子"。把猪彻底地圈在圈里，不让猪出来跑，俗称"掐死圈子"。爱吃食的俗称抢（敖汉人读 qiāng）食儿；不爱吃食的俗称"细食"；只喜欢吃精料的育肥猪俗称"茬子高"；喜欢抢吃育肥猪猪食的称"抢槽子"；不让其他猪吃食的叫"霸槽子"。主妇们经常会趁猪吃食时，摁摁猪的背，察看膘情如何，体现了她们的期盼。喂出一口大肥猪，是主妇们的一大荣耀。在乡村，养猪简直形成了一种文化。

猪的主要疾病是猪瘟，对猪的威胁很大。如果是上火，就把猪抓住，把眼角发黑的眼睑铰去，俗称“铰箍眼”。

（二）劁猪

劁猪的方法因猪不同，手法也略有不同。

仔猪 无论公母，生后 40 天左右即可阉割。拎起后腿按倒猪，两脚前掌分别踩住前膀后胯，母猪从后数第二个乳头向上二指冲着胯骨尖处，拉开小口。一手食指、中指叉开下压，另一手用刀柄尾端的钩，把上侧卵巢和输卵管钩出切下，绕过子宫颈再钩出另一侧卵巢和输卵管切下，不缝合，不上药。若只切割卵巢，不切输卵管，仍会发情，俗称“大屁股”“没劁利索”，影响育肥。劁公猪比较简单，把睾丸外皮切开小口，切除一侧睾丸、附睾，再割开中间膈膜，挤出另一侧睾丸、附睾，切除即可。

壳郎猪 有的母猪不排卵，或配不上种，改为育肥，也需要阉割。把猪按倒，由助手帮助按压，于髋关节下一巴掌处，拉一月牙口，一手指下压，用另一手食指钩出上侧卵巢和输卵管；在子宫颈处绕过子宫，钩出另一侧卵巢和输卵管切除。手术完成，刀口处抹一把新草木灰以消毒。

生育猪 有生育史的母猪，俗称郎母猪。这种猪子宫已经膨大，上侧卵巢和输卵管切割同壳郎猪，下侧卵巢和输卵管需要倒子宫，寻找切割，两侧切割完毕，缝合表皮，用新草木灰消毒。

（三）杀猪

杀猪的主要工具是锓条刀（类似匕首一类的刀）、挎板（刮猪毛用的）、猪梃杖（捅猪皮下肌肉部位的），主家提供方桌、盆子、绳子等。

过去，杀猪是为过年做的准备，平日里，除非有红白喜事，否则是不杀猪的，也杀不起猪。先组织人进圈里抓猪。抓住后，把四个蹄子绑牢，再把猪嘴用细绳捆上几圈，放到院里的桌子上，把盆子放在猪脖子的下方，其他人帮助摁住猪，防止挣扎。

杀猪匠用膝盖压住猪头，让猪脖子暴露，一只手紧紧抓住捆在猪嘴上的绳子，另一只手

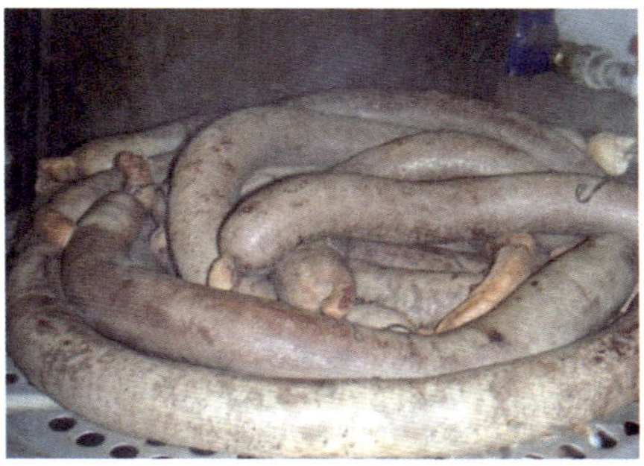

杀年猪 血肠

用刀往脖子里一捅，紧随着猪一声沉闷地尖叫，血就被刀刃带了出来，流在地上的盆里。接血前，女主人会先在盆里放少许凉水、盐等，这样接出来的血干净，凝固得慢。血放完了，猪也就死了。

杀猪匠在猪蹄上部割开一个口，用梃杖沿着划开的口往里捅，尽量捅向猪身体的各个部位，以期把猪更多的皮肉分离开来。觉得该捅的部位都捅到了，就开始对准开口向猪身体里吹气。换气时，双手要牢牢地抓住吹气口，防止跑气。帮忙的人拿着棍子，在猪身上不停地拍打，猪的身体便会慢慢地鼓起来。等猪的身体圆得连四肢也跟着翘起来以后，便用细绳把开口严实地扎起来。

此时，大锅里的水也已经烧得滚开，把猪从桌子上抬到大锅里，不停地往猪身上倒开水，然后用挎板刮掉猪毛。与此同时，女主人也把猪血进行了简单的处理，除一部分用作杀猪菜原料外，其余的用水、面、油、调料和了，搅拌均匀，用于灌血肠。

刮完毛后，把猪抬到院里的桌子上，用砖头蹭掉猪身上的脏物，用刀刮干净，用清水冲洗一下，就可以开膛了。首先割掉猪头、猪蹄、猪尾巴等，再把猪脖子的肉割下来给女主人，以便尽快煮肉，做杀猪菜。接下来摘除内脏，再把板油（也叫膛油、香脂油）扒出来，并尽快清洗猪肠、猪肚等，连在猪肠上的油叫水油，摘下来和肠肚一起灌血肠。最后

杀猪菜

分割胴体，按血脖、里脊、肚囊子、前膀、后鞧、硬肋等步骤分解成块，分割完成后，杀猪就结束了。

杀猪虽然是一项简单的活儿，却包含了很多文化因素。首先，杀猪是人们对过年的许多期待中最期待的一项，特别是小孩儿。其次，吃杀猪菜、吃血肠是民间家家必不可少的程序。平时来往多的、有欠情的、长辈、官相人等，都会被请来吃“猪肠子”。特别是女人之间，如果有欠情，女人、孩子又不方便来吃的，还会送一些过去。杀猪菜，吃血肠虽不是重要的民间礼仪，但却是沟通感情、消弭分歧的合适机会。

杀猪有很多的说道儿。比如，有猪长时间不咽气的，俗话“杀不死”的，主人家就会有些不高兴，因为杀猪的顺利与否，预示着来年是否顺当；杀猪时，杀猪匠往往会口中念念有词，算是对“杀生”的一种忏悔吧；碰到有五个爪的猪不能杀，据说这种猪是人的前生转世的，杀猪匠也忌讳杀这种猪；一旦杀出豆猪、米芯子猪，主人就更加沮丧，特别是女人，毕竟是自己辛辛苦苦喂出来的。

三、养羊

羊有绵羊和山羊之别，又分羓子、羯子、母子、羔子等。羓子指公羊，羯子是去势后的公羊，母子就是母羊，羔子就是小羊等。

在敖汉地区，如果羊够多，就自己雇羊倌儿放牧。如果较少，就几户凑成一群羊，共同雇一个羊倌儿，羊倌儿的饭由各户轮流负责。

羊喜欢清洁，吃干净的草，饮用的水最好是井水、泉水或河水，不饮脏水；发霉腐烂的草或被污染、践踏过的草，羊宁可饿着也不肯采食，因此，放牧时要轮牧。农历二月青草泛芽，牧草青黄不接，羊嗅着青草味便不安心吃枯草，青草又吃不着，最容易掉膘，这种情况叫“跑青”。

羊还喜欢干燥的环境，怕潮湿，所以，羊舍和运动场地要经常保持卫生，还要在羊休息的地方放盐或芒硝等，任其舔食，以解决其口淡的问题。

羊胆小，喜欢群居，在一个羊群里一般都有头羊。头羊胆大、体壮，类似羊群里的首领。在出圈、入圈、过河、过桥、饮水、更换草地、运输羊时，只要头羊先行，其他羊就会尾随而来。利用羊的这种特性，羊倌儿管理起来就很方便。有经验的羊倌儿总是能很好地控制住头羊，放牧就得心应手。但这一特性也会带来灾难性后果，如遇到山洪，头羊带头下水，其他的羊也会跟随，给整个羊群带来灭顶之灾，因此人们也把绵羊叫“死绵羊”。

羊靠嗅觉识别饲草饲料，公羊靠嗅觉发现发情母羊，母羊靠嗅觉识别羔羊。每个羊群都有自己的群体气味，当两个羊群混群后，由于气味不同，羊就有离群感，不停地叫唤。把混群羊分成两部分后，羊可自行回归原群。

绵羊 山羊

羊皮下脂肪较厚，又有一身较厚的羊毛，故怕热不太怕冷。热天容易“扎窝子”，即羊把头部扎在另一只羊的腹下纳凉，结果会越扎越热，越热越扎堆，很容易受到伤害，因此夏季要注意防暑。

到了立夏时节，就要开始剪羊毛，一来可以防暑降温，二来羊毛也是羊饲养者的一个重要的收入来源，因此民间俗称这一时节为“羊毛季儿”，跟秋季相对。民间借贷，也往往把“羊毛季儿”作为一个还款时限。

羊发情俗称“打栏”，一般在六七月份开始，此时配种，到腊月可产羔。公母配种比例一般在 1∶20。羊的天敌是狼。羊对疾病反应迟缓，一般都是等症状明显时才发现，此时，已经站不起来了，俗称“趴蛋”。治疗已为时已晚，只好杀掉。另一个病是疥癣，俗称长癞，是一种传染性很强的疾病，现在一般用洗药浴的方式防治。

公羊好角斗，俗称撞（敖汉人读 chuàng）架。角斗时，两只羊各向后退，然后利用惯性向前冲撞，经多次较量，直到一方败北为止。

杀羊也有讲究，太早了，天热，羊肉不好保存；太晚了，羊会因寒冷、草少而掉膘，羊肉不好吃了。从小雪节气开始，是杀羊的时候，俗称“杀窝羊”。

过去的计划经济年月，农民家里养几只绵羊叫“自留羊”，也是政策允许的。官方规定一户不许超过 5 只，多养要受处罚。羊圈一般设在正房西侧的耳屋子或西厢房，单独一间，房门牢固。

各户的自留羊由全村共同雇用的羊倌放牧，白天撒羊上山，晚上牧归圈羊。冬季的下雪天则在家里饲喂。农户养羊的收入有两方面，一是母羊产羔，一户一年如果能增加两只母羊羔，就可以卖到几十元或近百元，那是一笔不小的收入；二是剪羊毛，每到羊毛季，家家户户按时剪羊毛，平均一只绵羊能产 4～6 斤羊毛，拿到供销社出售，也是一笔收入，可以解决家庭应急开支。如果当年有公羊羔，就养大杀掉吃肉，卖羊皮。

四、养鸡鸭鹅

鸡有小幺鸡（雏鸡）、小公鸡、小母鸡、老母鸡、老公鸡等称呼，饲养数量根据家庭经济情况而定。在民间，以芦花鸡和白公鸡最有名，芦花鸡肉质好，白公鸡辟邪。鸡蛋可以用来打牙祭，也可以换钱。每到年节、生日、照看病人，都要用到鸡蛋，是人们最常见、也是最好的奢侈品。鸡还有一个作用，就是打鸣，不论冬夏，公鸡都会在黎明时打鸣，一般是叫三遍。鸡叫二遍时，人们就要起来劳作了。叫三遍时，天已大亮，那时才起来，会被人们耻笑为"不过日子"。据说，如果两只公鸡同在一窝，都是"辈分"大的那只先打鸣，辈分小的后打鸣。

鸡食主要是糠、野菜、剩饭等，多以散养为主，一只公鸡带着一群母鸡。主人定时喂食，其余时间由鸡自己觅食。

过去养鸡都是自繁。当母鸡有抱窝（发情）倾向时，主人会多次试探，如把它撵出鸡窝、用食物吸引等，如母鸡态度坚决，主人才会让它抱窝。先给这只母鸡准备好趴窝的地方，再准备一定数量的鸡蛋让母鸡去孵化。对那些有孵化倾向，但主人不想让其抱窝的母鸡，就要采取强制措施，令其恢复正常。比如在翅膀上绑上横木棍，使其不能趴窝；用凉水浇身，使其体温降低；等等。

抱窝要 20 多天才能完成，对母鸡的体力消耗大，所以，要选择那些个大、较肥、健壮的母鸡抱窝，防止母鸡坚持不住半途而废，浪费鸡蛋。

孵化小鸡主要靠的是母鸡的体温和光照，孵化期间，母鸡会自己用嘴把蛋逐个翻个，把边缘的和中间的互换，以保证种蛋受热均匀。抱窝的环境要安静，干扰小，光线暗，保温性好，要有草秸或棉絮铺垫。

小鸡出壳要在炕上进行，出壳后，小鸡慢慢地就会自己钻入母鸡身下。出壳大约 20 小时后，可以喂温水，喂水 2 小时后可以喂少量的碎米或米饭等，之后，就可以由母鸡带领着四处觅食了。

用于孵化的蛋也很有讲究，要选个大、匀称、大小头分明的新鲜鸡蛋，数量在 20 个左右，太少，存活下来的少，效率低；太多，母鸡会照顾不过来。自然孵化的小鸡抵抗力强，不容易生病，易饲养，觅食能力强。

鸡在农村有着特殊的位置，大多数人家因为杀不起猪，鸡就成了庆祝节日、招待客人、打打牙祭的最佳选择。吃鸡也有许多讲究，如小孩子不能吃鸡爪、鸡血、鸡头等。说是吃了鸡头以后结婚正日子会下雨；吃鸡爪男孩子念书不会写字，女孩子不会绣花；吃鸡血长大了脸上长雀斑，等等。

农户养鸡是农家生活的一部分。在农村有一个传统的认知，养几只鸡，用来打扫剩饭和土粮食，不至于浪费。在物资短缺的年代，农民缺钱是一个普遍现象。社员家庭养鸡下蛋，是贴补家用的一个主要方式。一般的都在院子靠近正房的东墙根，倚墙搭一个小鸡窝，结构很简单，里面离开地面一块，在两边墙上穿着几根木棍，鸡在木棍上趴着，粪便漏在下面，定期清理鸡粪做肥料。

社员家里养鸡数量一般都是四五只，没有超过十只的，养的多了就要被当作“资本主义尾巴”割掉。凡是养鸡人家，都要养一只毛羽光鲜的公鸡，主要是司晨报晓。母鸡下蛋是不能随便吃的，家庭主妇都要用一个篮子攒起来，拿到供销社卖，换钱买一些针头线脑、食盐、酱油等生活必需品。到了 1980 年以后，一些小商贩开始串山走乡收买鸡蛋，价格比供销社高了许多，养鸡的收入明显提高，真正成为家庭副业。

农家饲养鸭、鹅是与养鸡同时传承下来的。因为鸭子和大鹅爱粗饲，好经营，不管什么时候，农村社员饲养鸭鹅从未间断。在人民公社时期，社员家庭在自家院子里面腾出一块地方，用木棍、向日葵秆等物，扎成一个圈笼，里面喂养着三两只鸭子和一两只大鹅。这两种家禽比较耐粗饲，青草、青菜等都是上好的饲料。喂养简单，一般不得病。家里只要一来生人，大鹅首先“嘎，嘎，嘎”叫个不停。

鸭子和大鹅的产蛋率比较低，但是营养价值也挺高。那时农家养鸭子和鹅产的蛋，一般不卖，是招待客人的上等佳肴，也是哄小孩儿的最佳美食。

五、养狗

狗是农家普遍饲养的动物，狗的食物一般以人的剩饭菜为主。过去，人们养狗主要是为了看家护院，所以，狗的个头一般都很大，也就是所谓的“笨狗”。狗也是主人家孩子的好伙伴。

狗耐寒，有一个简单的窝就可越冬。喂狗多用旧的盆，称“狗食盆子”。公狗俗称牙狗子，母狗称母狗子。狗发情俗称走势子，一般每胎 4～6 只狗的幼崽俗称狗崽儿、小狗崽儿等。狗以忠诚著称，民间有“子不嫌母丑，狗不嫌家贫”“狗是忠臣，猫是奸臣”等说法。

狗肉可以食用，民间认为可以壮阳。杀狗一般用“勒”的办法，就是用绳子套在狗的脖子上，长时间地吊起来，就会把狗勒死。这种杀法可以使皮张不受破坏。狗皮是很好的御寒物品，可以做成狗皮帽子、狗皮袜子、狗皮褥子等。有一张上好的狗皮褥子是老年人很得意的事。

一进入农村，鸡鸣狗吠是一个最明显的特征。农家养狗是一个传统，犬守夜为的是保平安。每家每户的院子里都有一个在角落里的狗窝，不太大，只能容一条狗存身。如果所养的狗特别厉害，以防咬伤人，须在狗窝前埋一个木桩，上拴铁锁链或结实绳子，另一头套在狗的脖子上，生人进院，任凭狗狂叫挣跳，有链子拴着，不至于伤人。特别是夜间，狗的作用更显重要，有一点动静，家犬便发出叫声，使家主人能够及时觉醒。

狗的饲养比较简单，剩菜剩饭，一瓢泔水都能使其果腹。不论生存条件怎样，狗都能忠心不二地为主人看家护院。

第六节　粮食加工

一、碾米

（一）推碾子

给谷子、黍子、糜子去皮的过程统称为推碾子，时间大多为冬季，以三九天为最佳，原因是赶冻茬碾皮儿不伤米。推碾子首先推头遍，将粮食装入漏斗内，用底部插板控制其流量，徐徐漏到碾管芯周围。也有不用斗子的，凭经验掌握好剂量直接用簸箕往上倒。在碾轱辘转动过程中，粮食沿碾盘斜坡下滑，其间受力碾破外皮。碾米时要随时观察米的去皮程度。一般都用棉袄袖子去沾，根据沾到袖子上米糠的多少来判断。有时也会抓起一把，把糠吹净看看成米比例。碾到大约有七成左右米即可，如果比例失调随时由剂量多少来调节。随着米和糠慢慢地下滑，半成品逐渐脱离碾盘囤积在碾台的里圈，形成一圈高岗儿。这时候开始打圈，防止溢到地上。用簸箕的左角对准高岗一处为突破口，沿碾子转动的逆时针方向，左手拿住簸箕，右手拿起“刮台板”，就是一块光滑的木板，飞快地往里面扒拉，满簸箕后倒入大笸箩、口袋或扇车斗子里，循环往复，直到收完一圈为止。

推完第一遍，用扇车把米、糠分离。没有扇车就用簸箕簸，费时费力。再用同样的方法推二遍，俗称细米。推二遍需要技术，往碾子上添米的快慢直接决定其质量。添得快，往往把米“推粗了”，成米中有带皮儿的；慢了则容易“推狠了”伤米，把米的外部分磨得厉害成为米脐子，或有少量碎米。不但减少出米率，而且做饭时不经烂，开锅一会儿便黏汤成粥，没办法只好用小箩筛筛出碎米。因此，推碾子以米中基本上没有带皮的，或者一把中只有两三粒儿为合格标准。推二遍的过程中要不时抓一把吹吹，看看糠皮是否全部脱落，视具体情况随时增减剂量。到最后要迅速扤起两箩已经推好的米倒在碾盘顶端，用笤帚不停地往下赶（扫），将其全部顶下来，防止米剩少被碾碎。

推好的米里面会有少量的糠，再经过风、簸便得到成米。风出的糠叫碾糠，也叫谷糠，可用来喂猪、喂鸡。

碾斗子

用碾子把谷子或黍子的皮磨掉的过程叫推碾子，磨下来的皮叫谷糠，也叫碾糠。如果粮食不是十分短缺，推碾子一般是在冬至月（即农历十一月）进行。那时，既是农闲时节，又因为气候寒冷，谷子的皮发脆，容易碾掉。推碾子是一年中较大的粮食加工过程，一年之内食用的小米和过年蒸年糕、豆包、五月节包粽子的黄米，都要在这个时候碾完。

推碾子大体分碾磨（mó）和分离两个步骤。碾磨就是把谷子的皮碾掉，使之与米分离，再用扇车把米和碾糠分离。碾磨时，要注意不能把谷子碾碎，碾碎的米称碎米子。碾糠是很好的饲料，在困难时期，还可以掺入面粉里做成干粮。

在把谷子往碾盘上添加的时候，为了让谷子能添得均匀，人们还发明了一种叫碾斗子的装置，用时，贴着碾挂挂在碾管颈上，随着碾挂和碾砣转动，碾斗子下面有一个调节插销，随时调节下料的多少。

推碾子的时节到来时，碾道里几乎彻夜不眠，只有人和拉碾子的牲口（多为毛驴）轮换，碾子是不歇息的。为了减轻驴的劳动强度，延长推碾子的时间，一般都是两头毛驴同时拉碾子，定时换套，轮流进行。

（二）轧碾子

轧碾子必不可少的工具是箩。箩，圆形，由箩圈、箩底组成，箩底用马尾编织，所以箩也叫马尾箩。箩分粗箩、细箩、二细子箩、大粗箩等，孔目再大的就是小筛了，是轧面时，分离糌和面的主要工具。

轧碾子

箩面时，把碾盘上的粮食破碎物入箩，在簸箕或笸箩上来回的、有规律地摆动，并不时拍打箩圈，令其震动，面粉便会落入到簸箕或笸箩中。剩下的糌子再倒回到碾子上，重新碾轧，直到全部成面为止。

有的人用木头做一个架子

放在簸箕或笸箩里，把箩放在上面来回推拉，俗称箩架。

1. 轧面

通过碾子碾轧，把粮食、糠等细化成大、小颗粒儿或粗、细面儿的过程称为轧碾子。也叫轧面。如果用人力推碾子，则俗称抱棍子。轧面前，要看碾子之前轧了什么，如果是轧了较脏或不能食用的东西（如烟梗子）就要用糠等先垫在碾盘上轧几遍，俗称串碾子。如果轧的粮食里含有泥土等，也要把粮食厚厚地铺在碾盘上轧几遍，把泥土碾碎，俗称串串，再用细筛子把碎沙土分离出去。轧面是日常生活中十分常见的劳动，不论春夏秋冬，经常进行，是人们加工食物的重要方式之一。

能轧成面的粮食包括玉米、高粱、谷子、荞麦等。玉米轧成的面叫棒子面；高粱轧成的面叫高粱面子；谷子轧成的面叫谷面子；荞麦轧成的面叫荞（敖汉人读 qiáng）面；豆类轧成的面叫豆面子，等等。

轧荞面 把荞麦轧成面叫轧荞面。先将荞麦倒入碾盘顶端，随碾轱辘转动快速往下扫，走几圈即可，目的是轧碎荞麦里的“土身子”（土坷垃），避免荞面“牙碜”，叫串荞麦。串毕边用小箩筛筛土边往碾盘上倒，目的是将荞麦的皮与米轧破分离，叫轧头烂儿。用荞面箩筛出头烂子面后，再把箩内荞麦皮与荞麦米（渣）用簸箕簸分离，往外折腾荞麦皮。荞麦皮清除得到的荞麦米（渣）再碾压，叫轧二烂子面，其间耗时较长，箩面同时用小箩筛隔掉残余的碎荞麦皮，避免其被压碎箩到荞面里，使之面色发黑。最后剩下的一小部分叫荞麦渣子，里面有野生的莨菪籽和不出面的秕荞麦糁子，不可“轧忒靠（尽）了”。莨菪籽成面后，和出的荞面微呈绿色。荞麦渣子可以用大粗箩“淡”掉杂质，是灌猪血肠的首选面料。

轧完的荞面要在笸箩或簸箕里来回搅拌。头烂子面比二烂子面白，但没“筋性”，须和二烂子面混合均匀，食用时颜色、口感互补。

轧棒子面 棒子即玉米。轧棒子面就是把棒子碾轧后箩出面粉，根据需要使用不同型号的箩筛出粗面或细面。供人食用的棒子面需筛、簸干净，当饲料不用折腾直接轧即可。

秋后的棒子没晾干，可湿轧。过遍小箩筛贴干粮，吃起来带有棒子的香味。大多是一年四季轧干棒子面，或贴干粮，或熬粥。

把棒子倒在碾子上，边轧边用手或笤帚翻动，充分碾压，叫破拉，俗称来回拨拨。棒子轧出面后，一箩箩往簸箕里筛。如果不是连糠轧，其间要把箩净面的皮子簸出去。轧棒子面费时费力，尤其是用细箩筛。

轧小米面 把小米碾轧箩出细面粉，量少且不多见，通常用来给婴儿炖面糊子（过去喂婴儿的一种面糊糊）。

轧高粱面 将高粱碾轧箩出面粉，用来贴干粮。有时碾压笤帚篰子、炊帚篰子籽，筛出的面粉贴干粮紫红色，俗称“鸡血色”。

轧黄米面 分轧大黄米面和轧小黄米面。黍子米叫大黄米，用来蒸年糕；黏谷子米叫小黄米，用来蒸豆包。

轧黄米面之前先用缸或大盆将米泡三两天，再用水（冬季用温水）淘一两遍，叫焗米，目的是使蒸出的干粮黏性大、色黄。捞出后在大盖顶上滤去水分，掌握好米的干湿度再轧。太湿称“淘涝了”，筛黄米面“箍堵”箩眼儿；滤干了蒸出的干粮不黏。一般年节、喜事和盖房子搭屋时多轧黄米面蒸豆包、撒年糕，需要多人帮忙，人少筛不过来。冬天黄米面常常冻在碾子上，用铲子抢、棒子粒串。碾道屋靠窗户一角弄一小堆火烤箩底，烤干轻轻敲打箩帮，使“箍堵”箩眼儿的面脱落。

轧酱 把黄豆、黑豆、玉米炒熟，或单独，或掺在一起碾压成面，用来做酱。

轧豆面子 把黄豆或黑豆炒熟碾轧箩出面，黄豆面子加开水沏成炒面吃，黑豆面子多用于给耕畜拌料。

2. 伐米

专指把高粱去皮的过程，做法有用碾子和用手工两种。用碾子就是把高粱用水搅拌，泡稍许时间，把它厚厚地铺到碾盘上碾轧，直到皮脱落为止，但不能把高粱压碎。这种做法去皮并不彻底，做饭前，把高粱米泡好后，还要用手来回搓一搓，去掉残存的皮，这样做出的高粱米饭才不会发涩。

用手工加工主要是把泡好的高粱放在石臼里用砖头或硬木块反复地舂砸，直到高粱皮脱掉。玉米也可以用这种方法去皮。把黄、白棒子用水浸泡一会儿，捞出晾干，在碾子上轧。借助湿性皮脱落，粒子基本完整，很少出面。用小箩筛过一遍筛，再簸去皮，即可得到棒子米。

3. 破碎

就是把粮食碾碎即可，不用轧成面粉，如破豆碴儿、棒子碴儿、高粱碴儿等。既可以馇粥，也可以用作饲料。

破豆碴子：做豆腐之前把豆子皮碾轧掉，不可过于碎，以免轧出太多豆面子。破完经过筛、簸，去面去皮，称为“豆碴子”。

破棒碴子：把黄、白棒子碾轧，经过筛面簸皮后，形成不需要再碾轧成面的大小颗粒，分粗棒楂子和细棒楂子。破高粱碴子与破棒碴子相同。

破谷碴子：将谷子碾碎，不过箩，不簸皮，直接做成食品，称之为“带皮儿吃”。过去为了节省粮食，常常馇谷碴子粥吃。

破碎米子：将小米碾碎，不过筛。常用来熬碎米子粥，供小孩、老人或因病体弱者食用。

糙酱坷垃：轧完酱面子以后，加水把酱面子攥成一个个圆形酱坷垃，放在炕上使其内部发酵长成菌丝，到时候把酱坷垃砸成小块，上碾子碾轧过箩成面，准备做酱。

糙咯豆子面：把小米泡透后滤干，趁湿碾压成泥状，不过筛，用铲子铲到盆里用来擦咯豆子吃。

糙暴糠、荞麦花：把暴糠、荞麦花碾轧，用小箩筛过筛来做猪粗饲料。

二、榨油

油坊是使用榨油机械，以大豆、芝麻、棉籽等为原料榨取植物油的作坊。油坊榨油多为副业，秋后开工，春耕大忙前收摊。传统的榨油方法主要有压榨法和水代法两种。

1. 压榨法

压榨法分卧榨和立榨。卧榨也叫木榨，是用撞槌砸木楔把油挤出。立榨是利用杠杆原理，用重物把油挤出，民国后逐渐流行，后来进化为用螺杆转动方式把油挤出，但卧榨始终存在，现在以榨豆油为例概述。榨油的主要工具和设施有：

榨床（机）、火炕（用砖等砌面，不用大泥，主要用于炕豆子和豆坯子，就是用炕加热）、碾子（用于轧豆坯子）、蒸锅、蒸斗（用于蒸豆坯子）。

榨油前的准备：把大豆筛选，去掉土块、豆秸等杂质，放在热炕上炕一天一夜，并翻动三四次，让豆子返潮，这样，轧豆坯子时不碎。

轧豆坯子：把回潮的豆子上碾子碾轧，让豆子变成片状，不能碎，也不能有整粒。

炕坯子：把轧好的坯子放在炕上炕一天一夜，使其呈棕黄色，其间，翻动几次，防止受热不均。

蒸坯子：把炕好的坯子装入蒸斗里上锅蒸，蒸斗类似笼屉，但底部是铁筛，铁筛上铺一层麻袋片，把豆坯子装入蒸斗，上面再盖上麻袋片，水滚开时坐于锅上，蒸 3 到 5 分钟，每次蒸一斗。

扣斗：把蒸好后的豆坯子从锅上取下，掀去麻袋片，把一只钢圈放在蒸斗上，盖一层比钢圈略大的钢板，一起翻过来，撤走蒸斗，钢圈钢板同置于平台上，上面覆盖草秸，把豆坯子踩实踩平。

榨油设备由榨床和楔子、箭板、撞槌等若干配件组成，一律用结实的杂木制作。把榨床中间剜挖成圆心槽，槽底部有流油槽，中间有油孔贯通，底下是凹地，放油桶接油。榨床侧面有安放枯饼和楔子的矩形窗口。距榨床 3 米许，用绳索吊着以铁箍包头的撞杆或挂槌。

卧榨的配套设施和备料过程与立榨的基本一样，只是包枯稍有区别。卧榨用枯圈和草秸把枯裹好，双脚踩实箍紧，然后，把枯饼并列摆在榨槽内，即可插楔开榨。小榨用的是

豆饼

撞杆，重有十来公斤，一人挥舞，打一榨油需要数百下，体魄强健和耐力强的人才能胜任。大榨用的是挂槌，槌头和箭板头都装有护木铁箍。榨油时，一人掌尾，描准箭板头，两人手扶槌杆和吊绳，用力推槌击箭。有时放“飞槌”，即先把槌头推上天，然后放下让槌乘势打向箭板头，冲击力量更大。

榨油剩下的渣大多都是上好的饲料，因为多呈圆形，统称为饼，如豆饼、花生饼等。过去，除了猪油，民间都食用木榨植物油，因此需求量很大。到了现代，土法榨油逐步萎缩，到了20世纪80年代，现代的榨油机完全取代了老式榨油。

2. 水代法

水代法，是把油料炒熟，用石磨磨碎成浆，然后兑热水搅拌振荡，再用水把油代出，小磨香油就是用水代法生产的。敖汉地区生产的小磨香油很早就有名气，至今，星斗牌小磨香油仍然畅销。小磨香油的加工过程大致如下：

备料：把芝麻去掉秕子和其他杂质后入水浸泡，再用笊篱撇去未簸净的秕粒，捞出后沥干。

炒料：把沥干的芝麻放入锅中加热并不停地翻炒，炒到捻碎呈棕红色时迅速出锅，用簸箕簸去煳的秕粒，同时，在簸箕中多扬几次，使其快速降温，以免芝麻互相烫煳。

研磨：把炒好的芝麻用磨研磨，芝麻浆自然流入磨下的大锅里，泛光不“打轮儿”（即出现波纹）为正常，“打轮儿”说明磨得粗，可酌情减少芝麻流量。若芝麻浆下流不畅，说明研磨过细，需酌情增加芝麻流量。

兑浆：芝麻磨完，用炊帚蘸开水把磨扇上沾的芝麻浆刷到锅里，磨膛内的不动。拉出浆锅，把开水逐步倒入锅中，边兑水边搅拌，油就会渐渐浮出，水必须要滚开。搅拌要用单向转圈的方式，不能来回搅。当感觉搅动自如不费力时，停止兑水。兑水的多少与出油量及室温、水温有关，与芝麻浆的比例大致1∶1。一般要求室温达到20℃以上，搅拌要快，否则会影响出油率。把浆锅坐在开水锅中加热，趁热搅拌，油便浮出。

撼油：先把浮出的油舀出，然后把葫芦头在浆锅中不断地按下提起，把油泡挤破，让剩下的油浮出，再把浮出的油舀出。撼油时，要把浆锅放在热炕上，人坐在炕上，手扶锅沿前后晃动。通过晃动，渣子中残存的油泡破裂，油浮出，再把油一起舀出。如此撼动出油三四次，即可结束。

芝麻的出油率一般为45%左右。出油率的高低与芝麻的品种、质量及芝麻炒得老嫩有关。芝麻炒得嫩，一般2.1斤可以出1斤香油；芝麻炒得老，一般2.6斤出1斤香油。

三、漏粉

加工粉条的过程叫漏粉，粉匠就是漏粉的人，加工粉条的地方叫粉坊。粉条从外形上分有三种，粉瓢下面开一些圆眼的，漏出来的粉叫细粉；开成长方形大眼的，漏出来的粉叫宽粉；还有一种叫粉皮，又宽又薄。

在敖汉地区，漏粉的原料有地瓜、土豆、绿豆，甚至高粱等，相应地，漏出的粉就叫地瓜粉、土豆粉、绿豆粉、高粱粉。其中，以绿豆粉为上乘，土豆粉最多。下面以做土豆粉为例，介绍漏粉的大致过程。

先把土豆洗净、切碎，在石磨上磨成浆后，收集到大缸里。用棍子搅拌均匀，再加适量的水和少许的大麻子油（即蓖麻油），搅拌均匀后用布过滤。把滤好的粉浆放在缸里沉淀，然后撇去清浆，再刮去淀粉上面附着的一层略带暗黄的稠糊物，剩下的就是白白的淀粉了，俗称粉淀子。

把缸里的淀粉取出放在布包里，布包的四角用绳子吊在房梁上。下面放上一个盛水的盆，时不时地弹弹绳子，淀粉里的水分就会透过布包慢慢地滴进盆里，淀粉也慢慢变干了。

在粉坊里安一口大锅，锅台的正面留一个缺口，正对缺口的地方放一口大地迫子缸。大锅正中央上方的檩子上垂下来一条绳子，在离锅台约1.5尺高的地方拴一个铁钩。锅台对面搭一个2尺左右高的台子，台子上放一个大笸箩。堂屋中央放一个特制的方凳，凳子上放一个大盆。屋外房前还要挖一个1丈长、6尺宽、6尺深的窖。

再接下来就是"漏粉"了。先烧一大锅开水，把大盆抬到锅台边，用少许淀粉加适量的明矾放在大盆里，在滚开的锅里舀出一瓢开水倒进大盆里，迅速用小木耙在大盆里搅拌，把粉淀子和明矾搅拌均匀，打成稀稀的糊状，俗称粉芡子。把大盆抬到屋中央的凳子上，把过好筛子的粉淀子倒在大盆里，往粉芡子里揣，使之均匀。

此时，把粉瓢挂在大锅上方的绳子上，一个人坐在锅台上，一只手拿着瓢把。里屋的人拿来一块揣好的粉淀子放在粉瓢里，坐在锅台上的人用另一只手朝着瓢里拍打，粉条就源源不断地落到锅里。另一人要在很短的时间里，用两根木棍把锅里翻上来、已煮熟的粉条顺着锅台的缺口拨到盛好凉水的地迫子缸里，另一个人把缸里冷却好的粉条掴成绺，穿上一根2尺长的木棍，再放在盛满凉水的木笸箩里。片刻后，再把木笸箩里的粉条子挂在木笸箩上方的木杆上淋水。把淋好水的粉条挂到屋外的地窖里阴干，上面盖上炕席，以免粉条上落上土。

粉条分冻粉和干粉两种，冻粉是在冬天漏的粉，干粉是在夏天漏的粉。用土豆、地瓜漏的粉一般都是冻粉。用绿豆漏粉多在夏天，所以叫干粉，也叫净粉，做法与土豆、地瓜粉相似，只是前期的过程稍有不同。每斗绿豆可出粉面 30 斤，也就是每 1.5 斤绿豆出干粉一斤。

漏粉剩余的残渣晒干后，在碾子上轧碎，用开水搅拌，再掺上糠，是猪的好饲料，因此，凡粉坊都会养很多猪，也算是综合利用。

四、酿酒

白酒，也叫烧酒，是以高粱为主要原料，以大曲、小曲或麸曲及酒母等为糖化发酵剂，经蒸煮、糖化、发酵、蒸馏而制成的蒸馏酒。在蒸馏器具出现以前，还只能酿造酒度较低的果酒或黄酒。到了元代，蒸馏器具出现以后，用酒曲酿出的酒，再经过蒸馏，才得到了酒度较高的蒸馏酒，即白酒。

酿酒的作坊俗称烧锅，敖汉地区就有不少以“烧锅”命名的村庄，最有名的是敖汉旗新地村的“天益泉”烧锅。酿酒的基本原理就是用曲菌把粮食里的淀粉转化为糖，之后用酵母把糖转化为酒。由于酿酒的技术工艺全国相同，在此不再叙述。

判断酒质量高低的常用方法是，取一定数量的水和蒸馏出来的酒掺在一起，然后从一个碗里倒入另一个碗里，看另一个碗里是否有“酒花”（极细小的泡沫）出现，俗称对花。如果用三份水和七份酒兑在一起，“对花”时出现“酒花”，则为“标准酒”；如果三分水和九份酒、十份酒兑在一起出现“酒花”，则为“次等酒”；如果始终不出现“酒花”，只有几个“水泡”则此酒为劣质酒。从 20 世纪 50 年代起，测验酒的度数已使用酒度计，即液体比重计，验酒花的办法随之淘汰。

新蒸馏出来的酒只能算半成品，具辛辣和冲味，饮后感到燥而不醇厚，必须经过一定时间的贮存才能作为成品，这一过程俗称“窖”，也叫圈（敖汉人读 juān）。经过窖藏的酒，它的香气和味道都比新酒有明显的醇厚感，贮存半年以上，酒的质量才能显著提高。

第七节　农村手艺

农村手工业是维持农业产业体系和农村生活必不可少的组成部分。

一、木制品制作

木匠是众匠之首，有细木匠、粗木匠之分，雕刻、制作精细家具的，称细木匠；打制生产农具、做梁、檩子、门窗的，称粗木匠。

（一）木匠的主要工具

锛子：主要是用于处理较大木材，如梁柁、檩子上的疤、结等。

刨子：有大小（也叫长短）之分，用于把木材处理成光洁的平面。大刨子主要是为了把较大的平面处理平整，小的刨子更多的是为了削掉或去掉多余的部分。

斧子：主要是砍、砸，用于简单处理木材的面或线等，均为单刃。

锤子：砸，多用斧子代替。

锯：有多种，主要有截锯（也叫手锯，专门用来截断木材）、大锯（破木成板的锯）、快马子（特大号锯，伐树用）、搂锯子（一端有把的锯子）等。

锉：锉掉金属尖端的器具，把锯磨锋利俗称伐锯。

凿子：凿子有大小、宽窄、内圆外圆之分，还有专门用来清理造好的卯里侧的板凿。

墨斗：一般用牛角制作，画线的专用工具。木匠按线条锛、刨或锯。

钻：俗称噗噜钻，在木材上钻眼之具。

尺：尺有尺竿（即直尺）、拐尺、鲁班尺（打门用）等。

木匠工具

胶：是木匠做家具的必备用品，市面有售。以驴皮胶为上等，用时加水用火熬开，用于黏接各种板材。

（二）习俗

木匠做工，如果与主家无特殊关系或工时较长的，双方就要先议定工钱，主家还要一日三餐相待，距主家较远的，还要负责住宿。木匠与雇主之间讲究互相尊重，看重质量，讲真功夫。当然，木匠也非常清楚，“干活不由东，累死也无功”。就是说，如果不按东家的意思去做，就是累死，也不会得到东家的认可。

应邻居朋友之邀做活的，称求工，木匠一方称帮工，但一般时间较短，多则三五日，少则一两天，除每日三餐，主家厚待外，不收酬金，与平日各家帮工一样。

除非较大或多或急的活儿，如丧事做棺、建房之外，木匠一般都是独自揽活做工，顶多带一个小工或徒弟，建房时一般也要多请木匠以加快速度。敖汉地区大多盖土平房，可以不用瓦匠，但木匠是少不了的。兑现工钱的方式有钱、粮食（主要是高粱）、工时等。

民间认为，木匠是所有匠作行业中劳动强度最大的，因此有“累木匠”之说，也有“长木匠、短铁匠”等经验之谈，意思是木匠下料时要多留一些余地，一旦发现长了可以截短，但如果留得太短，等发现短了就没办法接了；铁匠则正好相反，发现短了只要稍微打几下，就会变长，但一旦长了再截短就费事了。

木匠对生产工具极为爱护，最忌别人借用、损坏、丢失；忌空摇墨斗，说是怕预兆要停业；除亲传徒弟外，忌把工具送给他人，说是会带走财、艺。活计结束时，所做器物中要留存刨花少许，以示活计不绝。但打棺材时则必须除净刨花，表示再不做此事，等等。

木匠行业还衍生出了一个专门的门类，那就是镟匠，可以加工各类木制品，如传统玩具，各种木柄、手柄等。

（三）常用器具制作

1. 打车

大车由车上脚和车下脚两部分组成。车长约 12 尺 5 寸，其中车厢长 3 尺 8 寸，车尾长 2 尺 3 寸，车辕长 6 尺 4 寸。车厢宽 2 尺 8 寸，高 1 尺 2 寸，车轴长 5 尺 5 寸，车辙宽约 4 尺。大车的尾部还常挂一个油壶，里面装大麻籽油或棉花籽油，用来润滑车轴。

车上脚（敖汉人读 jiāo），也叫车棚子，重要部件是长 12.5 尺左右的两根车辕，俗称拉头。两根车辕之间由 7 根车掌连接。车辕前端各安一垂直向上的木橛，俗称车辕桩儿，用于挡住搭腰爪、肚带爪等不脱落；车辕两端装铁箍，中后部安装车厢。车厢前后两端的两根车掌，间距较小，俗称车档子。

前数第二根车掌至第五根车掌之间是车厢，车厢两侧分别安装 4 根方木于车辕上，称车立桩，两个立桩之间插装一块板，称围板。两侧立桩上各安装一块压厢板。压厢板长约

3.6 尺。车立桩外侧附设弯桩子和弯钩子，用于揽车拴挂绳索。压厢板前后左右车缋外侧各装一块耳板，俗称车耳朵，以加大车宽，便于装物，里手的前耳朵为车老板子的座位。

车轴与两个车轱辘组装在一起，俗称车下脚。车厢的车辕下装车轱辘，车轴卡于车辕下的凹槽中。车轱辘一般直径 80 厘米，轴长 1.2 米。车轱辘多用烘烤过的干榆木制作，由 6 块弧形木组成正圆车辋，车辐以榫卯结构与车辋连接。车辋弧形木之间的连接为燕尾榫。为求坚固，车轴两端榫卯往往稍大于车辐的榫眼，先以水汽熏蒸车轱辘，然后再与车轴组装，利用热胀冷缩原理，使榫卯与榫眼结合牢固，再在轴头装辖加固。

铁瓦系焙烧后安装，原理同上。铁瓦宽与车辋厚相等，车辋厚 1.5 寸左右。按尺寸事先锻打好车瓦，錾出钉眼并在外面锻出沟，用瓦钉钉好后，钉帽部分藏于沟中。铁瓦放在炉火中焙烧，同时把车轮子推入水槽浸湿，依次用钳子夹铁瓦附于车辋周边，钉入 T 形瓦钉，再入水槽冷却。而后，在车辋侧面钻两排孔，用蘑菇钉钉牢，钉孔间距 3 寸左右。

车轴原为木质，后改用铁轴。固定在车轱辘上，车轱辘套在车轴两端，确保转动自如，一般为 9 辋 18 辐。毂是车轱辘中心有孔的圆木，用以贯穿轴。圆柱形车辐由里向外似花瓣放射状固定在车毂上，外端固定在车辋上。

为使车身轻巧，减轻牲口负担，在负重吃力处选硬木，其他各部位根据需要，该细则细，该削则削，没有一点多余的。如车轱辘两端削成斜面；车轴两端削细接轱辘；车辕前后也要逐渐削细；辐削薄其下端接辋处；车轱辘、轴要为正圆，使其滚动自如而省力；车轱辘辖口内镶嵌铸铁轴瓦，车轴与车轱辘接触部位镶嵌铸铁键子，行驶中要常放油，使相关部件耐磨又减小摩擦力；车辋较窄，是为减小与地面的摩擦力，又避免泥泞路拖泥带水，等等。

在打车的过程中，讲究榫眼略瘦，即榫眼中间部位略窄，使其在重锤作用下，装入榫眼中的卯不再松动退出，以求坚固。脐心的大小要视部件的所在位置、承重作用、部件材质诸多因素而定，既要做到严密结实，又要保障榫眼不炸裂，卯头不折断。

打车用工一般都说上七下八，意思是打车上脚用七个工，车下脚用八个工。

2. 投犁杖

犁杖有多种，且形制不一，但曲辕是统一的。敖汉地区普遍使用的是犁犁，也叫脚犁，它由犁辕、托头、犁底（犁脚）、狗脑袋、犁铧、趟楔、千斤、犁把、拿手（瞎摸）等组成。

犁犁犁铧固定在犁底，穿入杖辕，杖辕穿入犁把，两只千斤管辖，四者组成一个四边形，由趟楔调整深浅。

另一种组装方式是趟楔横插入犁铧，即用于调节深浅，又起千斤的作用。犁铧前面起支撑作用，并用来牵引的叫柁头，一般是顺直木穿过杖辕，下面穿 2～3 块横木。这种结构摩擦力大，但是易平衡。

犁杖的犁辕一般长 7.5 尺，犁把长 2.4 尺，底长 1.8～2 尺。犁把尾端距地面均高 3 尺左右，以手扶舒适为宜。

投犁杖多用纹理性强、韧性大的榆木、桑木等，犁辕需选择自然弯曲接近曲辕的原木，以确保抗拉强度，如不尽如人意，则稍加砍削修整。犁底、犁把等用杨柳木即可。

投犁杖时，柁头、杖辕、犁弆、犁底、犁把必须在同一平面，耕作起来才不会跑偏；柁头、铧尖、犁底呈一条直线时，耕作深度为零，调解趟楔（梭子）可调整深浅；犁弆与犁底相交，一般成60度角。犁铧的位置，讲究“犁杖要下土，前三后二五”，就是说，铧尖到犁柁的长度和铧尖至犁底末端的长度，比例为3∶2.5。

犁底下面不是平直的，而是略有凹陷，以减小与地面的摩擦力。不同季节，装犁铧也有区别，春天土壤散落，摩擦力小，铧瓮到地面的距离可以适当地小；夏天土壤泥泞，摩擦力大，适当加大铧瓮到地面的距离，可以减小摩擦力。

在制作过程中，多采取尺量与目测相结合的方法，即按各部件的尺寸下料，再按结构摆在地面上画线，犁把、犁弆与犁底的夹角要合适，各部件按结构叠压摆置，使柁头底部、狗脑袋和犁底尾端三点成一线，而后在各部件上画线、锯榫、凿眼、组装。

3. 打扇车

扇车是农村中结构较复杂的用具，多放在碾道里。民间有一个谜语：“远看是个牛，近看没有头，黄风往外刮，珍珠往下流。”说的就是扇车。

把谷物碾轧后的米糠混合物装入料斗后，用插板调节好米糠混合物的流量，让其从出料口自由落下，借助转动的风扇形成的风吹过米糠混合物。比重大、惯性大的米或饱满的籽粒落点就近，从出米口流出；碎米或秕子比重较小、惯性也较小，就会落到稍远的碎米斗里，待斗子满了后统一清理出来；而比重更小、惯性也更小的糠、皮等，则随风从排风口排出。

扇车主要由风筒、风扇、料斗、出米簸箕、插板、出糠口等连接组装而成。除摇把和轴以外，其他部件均由木料制作。选材多用不易变形的松木、小叶杨、榆木等。

打制扇车要做到：箱体板厚薄适当，兼顾稳重和搬运方便；进风口大小适当，使之与排风匹配，对流通畅；风箱内弧圆滑，扇中尺寸精确、质地均匀，使之动静平衡；摇把弯成直角与轴杆相连，使之操作便利；箱板拼接对缝严紧，密封性好。

扇车一般通长5.5尺，风筒长2.8尺、高1.4尺、宽1.4尺，一端敞开为出糠（排风）口，另一端与直径约3尺、宽和风筒相同的风箱连接并相通。风筒上面靠风箱处开进料口，装进料斗，下面靠风箱一侧开一个出米口、连接出米簸箕。靠出糠口一侧，与出米簸箕并列开碎米出口、连接碎米簸箕。碎米簸箕有插板挡着临时存储，存多了抽出插板取出碎米。

风筒与风箱用四条腿支撑，保持水平，风箱上缘距地面约4.5尺。风箱中心两鼓面上开圆孔用于进风，架轴瓦用于装摇把。摇把上均匀装4个叶片，叶片外缘到风箱内壁约2

寸左右。风筒的四个面板，均用钉子连接。进料斗，出米口、碎米口的簸箕，因承重多为榫卯结构。

风箱板拼接时，要先拼接风箱的两个鼓面。先拼板裁圆，过去，多用百工五法中的“为圆以规”法画成。规，并非现在的圆规，它是用一根方木，一端固定在待画圆的木板中央为圆心，另一端凿一排孔，再以圆的大小插入画笔（或临时钉个小钉），以手推转，即成所需之圆，然后，用镟锯裁成。鼓帮是宽 3 寸左右的木板，两侧面倒角后，依次把两端钉在两鼓面的外圆上。风箱靠框架支撑，并以木线或竹条钉加固，使之严密牢固。

4. 攒棺材

做棺材，俗称攒棺材。高级的棺材多用质地坚硬、密度大的松木，简单的就是杨木或柳木。棺材主要由较长的棺底、棺帮、棺盖和较短的前脸、后堵组成，“三长两短”一词即源于此。除底、后堵是平板外，前脸、帮、盖都呈弧形，且前宽后窄、上宽下窄。

棺材长度各地基本相同，一般是：棺底长 7 尺 1 寸，前宽 2 尺 7 寸，后宽 2 尺 2 寸至 2 尺 3 寸；盖长 7 尺 4 寸，前宽弦长 2 尺 7 寸，后宽弦长 2 尺 2 寸至 2 尺 3 寸；帮最长处 6 尺 6 寸。棺底下依次有腰线 1 寸、抱脚高 5 寸。规格为四五六的棺材攒完后，前高约 3 尺 5 寸，后高约 3 尺。

常见的棺材规格主要有一二三（底厚 1 寸、帮厚 2 寸、盖厚 3 寸）；三四五（底厚 3 寸、帮厚 4 寸、盖厚 5 寸）；四五六（底厚 4 寸、帮厚 5 寸、盖厚 6 寸）；混六（底厚、帮厚、盖厚均 6 寸）；十三圆（底 4、帮 6、盖 3 共 13 块板所露出的端面，均用带年轮纹的心材）。

攒棺材的规矩是：棺底用 4 块板、两帮用 3 块板、棺盖用 3 块板，前脸用 5 块板、后堵用 3 块板。由于尺寸较小，前脸和后堵多用余料拼接即可。

棺材的棺底、后堵采用对缝平接；棺盖（俗称棺材天）、棺帮、前脸为形成弧度，则按板材厚度的 1/10 倒角后对缝平接。拼接方式有两种：一种是胶接后，在内壁嵌入双燕尾楔加固；另一种是用一枣核钉连接。拼接后均以刨子净面，尤其外面，做工要细，弦度要圆滑。

组装时，两帮与前脸采用装板连接，帮内壁沿弧线均匀缩进 2.5 寸开槽，槽宽与前脸板厚相同。后堵有三种装法，一是同前脸；二是帮后端裁口，钉子钉后堵与帮后端面平；三是暗马牙榫连接，与帮后端面平。底左右比两帮宽出 2～3 寸，前长出 7 寸，后长出 1～2 寸，连接方法同帮的拼接一样。

盖与两帮的相对位置同棺材底，两者采用裁口配合，入殓后钉棺楔固定，即两帮各开燕尾槽 2 个，盖的对应位置凿透眼，一组棺楔 3 个，两侧为与槽配伍的单向燕尾楔，当中夹楔即可锁紧。

棺材除讲究材料外，还需做工细致和考究。板材之间拼合以暗榫卯连接，不用一颗铁钉。

棺盖与棺帮系内锁配合，事先做出锁闭机关。棺材盖上有四个公母楔，即用四个木质较硬的木材做的“扣”，与棺材帮的公母楔对应。入殓后，盖上棺盖，一推即可密合，自动锁牢。

为使棺材美观、防潮湿、耐腐朽，尚需在外表面刷丹漆。一般都刷三遍，初为浓漆，待干后再刷第二遍，如此一遍比一遍稀。

如果碰到死者突然死去，需要很快攒棺材，这属于帮工性质，不要工钱，封棺时，丧主赠白布，绑于木匠斧把上，俗称挂白。如果丧主满意，完工时会另行加赏，俗称赏喜钱儿。

5. 打风匣

打制风匣是一项技术要求很高的工作，要求帮与帮之间用马牙榫结合，底、风管、盖与帮之间用钉、胶结合。底用红松，帮、盖可用杨木，但必须都用干透的板材，以防止变形。风匣组装完毕后，清漆照面。过去，看一个木匠学徒是否出徒，就让他做一个风匣，做成功了，也就出徒了，可见，风匣的制作不是简单的事情。

风匣的运动系统由类似活塞杆的两根拉杆（也有一根的）和一个正好和风箱内壁吻合、类似活塞的木板组成，把它放在一个其作用类似汽缸缸体的长方形木箱中，活塞杆一端在外，另一端固定在活塞板上。活塞板四周绑好鸡毛，以保证其在方木箱里来回运动时既不透气又润滑。因此，活塞板与风箱内壁结合得不宜太紧，否则拉风箱时会太“沉”；又不能太松，太松了会“跑风”，风匣“没劲儿”。打风匣主要有以下过程：

装风匣帮 根据已有板材状况和所需木板的长度、横断、宽度，黏合、拼接风匣帮。风匣帮共四面，即两侧箱板和两头端板。待胶干透、黏合结实后，用刨子推平，净面。

在两个端板上各开两个直径 1 寸左右、预备穿风匣杆的孔；孔先用钻，后用凿子凿成，有圆有方，两孔间距和位置酌定。再另外做一个可以盖住两孔的护孔板，俗称两头忙。如果在这一端，就用两头忙盖住另一端，方便风匣杆掉转方向。

在距每个端板下沿 3 寸左右的地方，各开一个 3 寸见方的进风孔，方法是先用钻钻孔，再用牛尾锯（前端尖的手锯）锯成。在其中一个帮板下中心位置开一个边长 2 寸见方的出风口，预备外面黏接出风嘴。

装出风管 在靠近出风嘴的一侧最下角，用两块长条板黏合成一个出风通道，俗称半铺炕。半铺炕两端各开一个 2 寸见方的进风口，在正对着出风口的半铺炕管壁上，用圆凿在角上开出凹槽，以备装小舌头。小舌头是一个 2.5 寸见方的楔形木片，厚的一端厚 4 分，两侧预留长 2 分、直径 2.5 分的轴。把小舌头镶嵌在凹槽里，轴上端固定在通风管上层板上，下端固定在风匣底板上，使其能在通风口左右两侧摆动自如。

安装风门 风门，也叫吊嗒板，俗称呼嗒，安装在风匣两端的进风口上。相当于单向阀，是上端两侧留木轴，边长比进风孔略大的正方形薄木板。用两个一侧开多半圆孔的木条把风门固定在端板内侧，使其活动自如。拉动风匣杆时，前端的风门打开，空气进来，同时，把后端的空气排进半铺炕，通过出风嘴排出。推动风匣杆时，后端的风门打开，前端的风门闭合，把前端的风排入半铺炕，通过出风嘴排出。

安装下底和上盖 用钉、胶把底固定在箱帮的下面，为防止受潮烂底，底的四角各固定一小块三角形木板垫底。固定底的同时，把出风口的小舌头装在底与半铺炕之间。

上盖分三部分，左右各一部分，用胶、钉固定在箱帮的上面，中间留出梯形孔。梯形孔左右相差 3 分左右即可，尺寸以手能伸进箱里为宜。再做一个梯形盖板，与之配套使用。之所以做成梯形孔，是为了这部分上盖从一侧插入后，慢慢敲击就可轻易封紧，打开时，从另一侧敲击，很方便地就能打开。固定后的盖板比箱体宽度和长度略大一些。

装风匣板 风匣板俗称毛头，是风匣鼓风的活塞，厚 6 分，高、宽各比风匣的内侧少 1.5 分。风匣板上凿两个圆孔，孔距与端板圆孔对应，大小以风匣杆能作出的卯为度。风匣板侧面四周均开深 3 分左右的凹槽，从凹槽的一侧向风匣板的一面钻细孔，孔距 8 分左右，直径 1 分左右，端面、侧面均要钻满，用于穿绳。

勒风匣板 靪风匣板也叫勒毛头、勒风匣等，把一根线绳拴在两个孔中，绳的活头留在板面钻孔的一侧，由凹槽内用钩锥穿孔而过，钩住线绳拉回形成一个套儿，几根鸡毛塞入套儿中，把绳拉紧；再用钩锥穿过第二孔，把绳钩回形成套儿，塞入几根鸡毛后，把绳拉回。如此，直到把所有孔做完为止。最后，整个风匣板周边被鸡毛围上，鸡毛相当于活塞环，起到润滑、密封的作用，鸡毛磨损严重了，可以换新鸡毛。箱体和风匣板之间要找蜡，以减小摩擦力。

做风匣杆 风匣杆直径比端板孔径略小，使其推拉自如，有用一根的，有用两根的，两根为佳；有做圆形的，有做方形的，圆形为佳。风匣杆一端锯出端面为长方形的榫卯，手柄也要凿出同样尺寸的透眼，与风匣杆连接，胶楔固定；另一端锯出半圆或正方形的榫卯，与风匣板连接。榫卯要比风匣板厚度长一些，并各钻一孔，可用穿钉（或筷子）固定风匣板。风匣杆装好后，从风匣端板二孔插入风箱内，风匣板从风匣盖上的梯形孔中插入风箱内，把风匣杆的榫卯插入到风匣板的孔中，用竹钉插入固定。

安风匣嘴 风匣嘴是用长 5 寸、宽 2.5 寸、厚 3 寸左右的湿杨柳木块，在上面凿一个与出风口对应的方孔，并逐渐变成圆孔，透到另一面时，直径 1.2 寸左右。从方孔一边预留厚 4 分的板，从圆孔一边由凿子剔除孔外部分，大体形成一个中空的圆台。把做好的风匣嘴对准出风口，用 4 个小铁钉固定在风箱上，至此，一个风匣就做成了。

6. 攒水筲

攒水筲工艺并不复杂，但却有一定的技巧性，看似简单，攒成了并不容易。民间有句歇后语："王木匠攒水筲——多加人！"说明了攒水筲不是一件轻易能做成的事。攒水筲的工具包括：

刨床：也称坐刨，是一个一端有腿一端无腿的长板凳，长约2.5尺、宽4寸、厚1.5寸左右，在中间偏无腿一方开孔，安装刨刀、盖刃，刨刀与刨床成45°～50°。工作时，刨面向上，无腿的一端临时架起，木匠坐于有腿的一方。刨削时，双手捏板往前推进，刨花从刨床下翻出。

内圆刨：又称里身刨，是用来刨削圆形桶器里面的专用刨。刨床底面、刨刀均向外有一定的弧度，其弧度的大小视桶径而定，刨刀与刨床夹角为38°。

外圆刨：长、宽与内圆刨同，底面、刨刀均向内有一定的弧度，弧度大小与内圆刨同，用于刨削水筲帮板的外面。在木匠行里，处理木作品之边条所用的工具都称为线刨，内圆刨和外圆刨也属于线刨的一种。

另外还有细齿锯、踅锯、凿、锤、斧、钳、拐尺、圆规等。

攒水筲首先要备料，要用耐水的木材，筲帮以柳木、柏木为上，把圆木破成厚6分的板材充当，筲底一般用榆木。一只水筲需一个梁、两个耳、两只内箍、三只外箍。筲箍宽5分，厚1分，直径根据需要而定，分内外两种，外箍箍木板共3个；内箍撑木板，托筲底共2个，外径与水筲内径同。筲耳上端做成圆环形，用来挂筲梁，环形以下逐渐薄而窄，不计环形部分，筲耳总长比筲帮高6分即可，有的则高很多。筲梁两端略圆、略细，钩入筲耳，要活动自如。

水筲由12块或16块横断面为等腰梯形的帮板合围而成。以12块为例，下料时，先制作一个定角尺。定角尺的制作方法是：用拐尺画出一个等边三角形，二等分任意一边，连接等分点和对角顶点，按所得半角的角度（即30°），用两根木条一端胶合固定作为定角尺的顶点，一边长度大于水筲半径，两边均画出刻度。

把定角尺放在木板端面上，两边刻度均选水筲的半径（毛坯外径），沿定角尺内边画线，依次画完，画线时留出锯口，以补偿锯开时的损失。

如果用16块板组成，定角尺的做法是：用拐尺画一个等腰直角三角形，等分直角，再用运尺（自制圆规）等分直角的半角。按等分所得角的角度（直角的四分之一，即22.5°）用上述方法做即可。

筲底是根据水筲的内径用木板锯割成圆形。先按内径尺寸选取板材，侧面刨平，用竹钉无胶拼接。底板拼接好后，刨平净面，用运尺按水筲内径画圆，用踅锯沿线锯开。

手持帮板在坐刨上刨削侧面，平直为度。以12块板的水筲为例，先用木板做两个边长等于帮板端面上底（短边）的正十二边形，两个正十二边形中间以方木连接，可装可拆，不固定，三者总高为水筲高度，以此为依托为水筲帮端面画圆。把帮板围拢在这个框架上，用绳索绑紧，刨平上下端面。作两条正十二边形的对角线，以对角交点为圆心，以圆心到内角顶点的距离为半径画圆，此为水筲内圆；再以圆心到外边中点的距离（梯形下底中点）为半径画圆，此为水筲外圆。

松开绳索，以两端面弧线为准，用内圆刨刨削梯形上底（帮板的里面），用外圆刨刨削梯形下底（帮板的外面），逐块刨削光滑。在其中的两块帮板外面，按筲耳的宽度、厚度，用凿子剔出凹槽。

料下好后，平放一个外箍，内置一内箍，把 11 根弧形帮板逐一插入二箍之间，两块剔着凹槽（插入筲耳用的）的帮板要相对放置。由外面套入中间的外箍，再从上面放入筲底，至底箍为止。筲底当轻松地放入，不能硬挤。在上沿放入内箍后套入上边的外箍。把最后一块帮板从内外箍之间插入，可垫木板用锤轻轻向下敲击。若硬（大）一点，则用坐刨略削侧面。据说，好手艺人可用手掌拍到底，严丝合缝。冬季攒筲，点燃锯末把筲箍烧热，然后装板，筲箍冷却后会更严密结实。帮板组装好以后，把两只筲耳插入帮板凹槽中，筲耳末梢长出筲帮部分，用钳子弯向里侧。

最后一步是"蹾筲"，即用锯末把筲底与筲帮之间的小缝隙塞严。方法是：把锯末（一般用柳木锯末）撒入水筲中，用有钝刃的窄（3 分左右）铁板沿帮、底之间的缝隙往下蹾，再撒再蹾，直至蹾严为止，最后，安上水筲梁。水筲上的内箍，有的去掉，有的永远保留。

水筲不盛水，很快就会风干散架，所以，水筲筲底要常留一点水，让水筲保持湿润，以免风干漏水。到二十世纪六七十年代，随着铁皮水筲出现，木水筲逐渐被淘汰。

二、打铁

（一）铁匠炉

铁匠铺的主要设备有烘炉、风匣、砧子、钳子、锤子、扁铲、铡刀等。

烘炉用砖砌成，下装炉箅、箅下封闭，一侧留孔安风匣；箅上垒拢火盆，前后相通，前面喂铁器，后面出灰渣；左右续砌后合拢，向上垒砌成烟囱。

砧子为钢铸，一般置备两个：一个圆顶砧，为锻打砧，一侧有上平下坡的两耳，用以撅折铁板，另一侧装一根圆锥形钢棍，用以撅圆卷挎；面上一角有孔，铁板錾孔垫此处。另一个是平顶砧，为冷作砧，主要用来成型铁器作光面。

钳子有扁嘴、弯嘴、阔口等若干把，用来夹不同形状的铁器，均为长柄，方便操作。

锤子分为响锤、大锤和冷作锤。响锤为短柄、扁长锤头，掌作师傅用来锻打小件和指挥大锤。大锤一般配两把，为长柄重锤，二人分别操锤，按掌作师傅指挥敲击。面对掌作师傅抡的大锤称头锤，在一旁抡的大锤叫旁锤。冷作锤为短柄平头锤，一般与平顶砧配伍，器物打成后用锤反复敲击表面，使其平整。

扁铲是一根二寸五到三寸的铁板制成，前宽后窄，主要是用来在炉子里翻动炭火、清

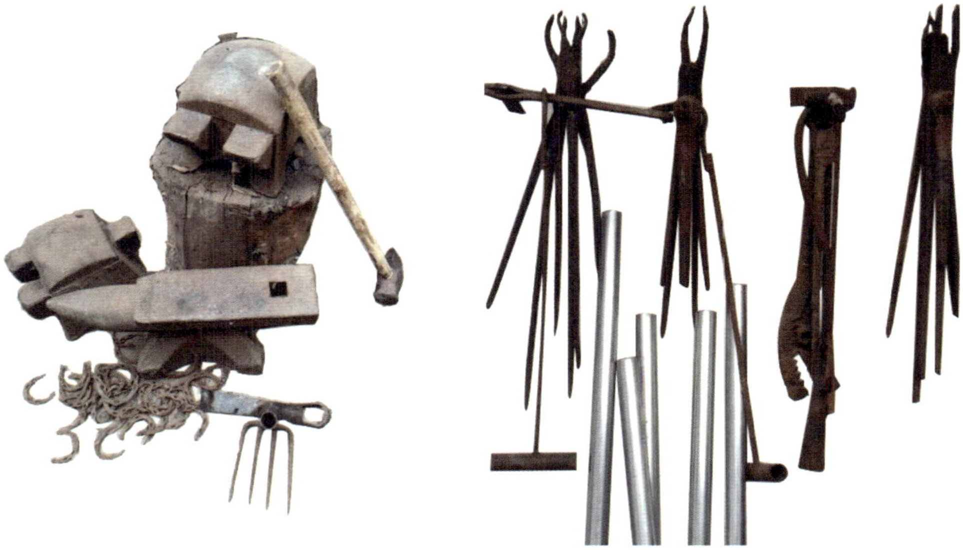

打铁工具

除灰渣等。

铁匠铺里的铡刀类似现在的切纸刀子，刃口直而不锋利，短股固定于板凳上，长股安木柄，夹于腋下，切割铁板和板型器物。其他工具还包括钳子、剁子等。

打制的铁器包括犁、耙、锄、镐、镰等农具，也有生活用品，如菜刀、锅铲、刨刀、剪刀等，此外还有如门环、泡钉、门闩、蚂蝗钉、马掌、马掌钉等，应有尽有。

一个烘炉一般需要 3 人：一个是掌作师傅，负责看火焙铁、器物成型、锻接淬火、加钢、擦渗等技术性强的活儿；一个负责打头锤和冷作；另一个负责打旁锤和拉风匣。

操作时，掌作师傅一手用钳子夹住部件，一手握响锤指挥头锤、旁锤。响锤敲击砧面走一下空锤，即示意开始锻件，第二次走空锤，则示意停止，头锤、旁锤根据掌作的指挥予以配合。掌作的响锤有敲、拖、点等锤法，属于既定的提示性语言，其含义不尽相同，一个师傅一个令，约定俗成。

把要锻打的部件在火炉中烧红，然后用钳子夹到铁砧子上，铁匠师傅左手握铁钳翻动部件，右手握小锤一边用特定的击打方式指挥徒弟锻打，一边用小锤修改关键位置。要反复锻炼，使部件越来越接近要打制的目标。

开始学打铁，学徒期三年，由三个成手带一个徒弟，第一年的工资按五劈头计算，即把一盘炉的工资分成五份，三个成手拿四个成份，学徒拿一个成份。第二年按四劈头计算，即把工资分成四份，三个成手各拿一份，学徒拿一个成份的八成，余下二成再均摊给三位师傅。第三年看情况，如果学得好，则拿全份；如果不行，则继续学习，继续拿四劈头的八成份。

过去，几个村庄就会有一个铁匠铺，也叫铁匠炉、烘炉，大多数都是居家盘炉作业，或设在村中央或大道边上。打铁的尊太上老君为祖师爷，每年的农历二月十五是太上老君的生日，铁匠炉都会放假三天，以示庆贺；有的由烘炉摊钱，请戏班子唱戏或唱影。

（二）几种工艺

打铁中，淬火和回火技术十分重要。淬火，俗称蘸火，是金属制品的一种热处理工艺。即把工件加热到一定程度，随即浸入到液体中冷却，使材料内部结构发生变化，以提高制品的硬度和强度。淬火介质有水、盐溶液、畜血、畜尿等，生产工具用清水或淡盐水淬火即可。

回火就是重新煅烧、重新锻炼。各种铁器，虽然外形制作十分精美，但如果师傅淬火或回火技术不过关，制作的铁器就不耐用。打铁的主要工艺有贴钢、夹钢、擦渗、淬火等，木匠和农民的常用工具的打制，涵盖了打铁的主要工艺技术。

1. 贴钢

贴钢，主要用于木工使用的锛、凿、斧等单面带刃刀具的加工，必须一侧为平面，贴钢要厚薄均匀，贴得牢固。

锛子：古代称之为斤，为砍削工具，多用于修整体量较大的木材，如檩子、柁、柱子等的去皮找平等。贴钢时，先用铁坯锻打成长 4 寸、宽 2.5 寸左右的板状。再加热煅烧，把前半部底面拍平，刃部向后渐窄而厚；后半部锤薄至 1.5 分左右，以备卷椅。第三次煅烧半成品的同时，把厚 0.5 分左右的钢板喂入炉内。半成品要烧透，薄钢板忌烧过，要烧到火候。二者同时出炉，把钢板锻贴在锛头的底面，敲薄的后半部在砧子耳上，撅折成长方形椅，搭接处锻接牢固。刃部上面锻成斜面，然后修整、淬火、开刃。

凿子：单面刃贴钢带椅，连接握柄，用于开沟槽、凿榫眼。形制有平凿、斜刃凿、半圆凿、扁铲等。凿子截面为梯形，刃一端向椅逐渐变窄，利于凿榫眼和带出木屑。

凿子大小长短不一，凿身大体占 2/3，椅占 1/3，凿身锻打、贴钢和锛子一样，椅为卷制的锥形。凿身贴钢后，把椅一端拍成扇形，在砧子一侧的锥形钢棍上弯卷，合围锻接成圆锥形椅。凿身非贴钢的一面开刃，后淬火。

斧子：斧子分单面刃斧和劈柴用双面刃斧，单面刃斧贴钢的一面为平面，另一面从銎向刃渐薄，所以分左右手。左手人较少，一般烘炉不锻打左手斧子出售，用者需到烘炉定制。

斧头除砍削外，还要用其钉钉子等，锤打凿子开榫眼。所以，除斧刃一端需淬火，斧顶也要淬火，只是中间部分不淬火。斧顶淬火时间要适度，不能软，软了用时间长了会堆萎；也不能过硬，太硬了容易掉肉。

为了使斧柄安得牢靠、结实，不易松动，人们锻打斧头，都用样头做銎。銎，是斧头上安装把儿的孔，也泛指器具上装柄的孔。样头，是外形尺寸与銎内形尺寸一样的铁质模具，多为长方体。斧銎不是方形，而是略微带觥。先用样头做斧銎，后在方孔两小面，从中间向孔的两端作斜面。

2. 夹钢

铡刀、菜刀、砍刀等需要夹钢以增加硬度，使其锋利、耐用。下面以铡刀为例简述夹钢工艺：

铡刀，刀身长 3 尺左右，刀刃呈弧形，最宽处 5～6 寸，刀背厚约 4 分。顶端有孔，用铡钉与铡床相连，尾端有桍，装木把用来提压刀片。

铡刀是烘炉打制的传统工具，铁坯多为锻接。为减少氧化，有的在接头处涂上黄泥煅烧，烧到一定火候，迅速除去黄泥锻接。铁板接到够长度时，分段煅烧，锤打至背厚刃略薄，两面平整。刀头一端抹角突出，以备冲孔；刀尾一端锤打出长 1 寸左右的凸起，以备接桍。

刀身入烘炉煅烧，用剁子从刃一侧顺向劈出凹槽。因刀身长，要分前后两段、两次煅烧开槽。槽开好后，把刀身和宽 1 寸左右的钢板条同时入炉煅烧。煅烧过程中，刀身和钢板均需前后移动，使之受热均匀。二者煅烧到橙黄色，刀身放于砧上，钢板夹入凹槽，前后移动，迅速锤打，使刀身夹住钢板。再入炉分段煅烧，把刀身两面与夹钢锻接牢固，锤打平滑，钢板形成薄刃。

另煅烧一块铁坯，锤打成厚 1 分左右的扇形，扇外缘折边 2 分左右敲实成一体，在砧子圆锥棍上卷成台形圆筒。锻炼刀尾部分和圆筒，要把圆筒套入刀尾凸起处，把它们锻接在一起，同时把桍卷边部分锻接牢固。再煅烧刀头部分，置于砧上，用冲子冲出直径 5 分左右的圆孔。再入烘炉，前后移动煅烧刀身，尤其使刃部受热均匀，然后浸入淡盐水淬火。

劈柴的斧头、菜刀等双面刃工具，虽打制方法有别，但夹钢方法相同。

3. 擦渗

传统方法打制的锨、镐、锄板等农具，多用渗碳方式进行热处理，且多采用固体渗碳方式，也叫擦渗，现在，以锄板为例概述渗碳工艺。

劈铁：先在要劈的铁板上用粉笔按要求画上线，用剁子和小锤按上面所画的线凿出浅沟儿，俗称引铁。之后，一人抡大锤，砸另一个人用钳子夹着的剁子，直到剁子顺着引出的小沟把铁板劈开。

剁码子：先由掌钳子师傅夹着铁块在炉膛内烧红，然后放在砧子上，按要求用剁子剁成近似锄板的块儿。

开瓦子：把剁好的铁块放进炉里烧红，取出后，一手握钳，夹住锄板，由头锤、旁锤按照掌作师傅敲击的部位接连锤打，直到把铁块锤碾成锄板形状，也就是接近梯形，但中间有鼓儿，即刃部凸出，行话叫开瓦子。

担鼻子：把一块劈成的铁块烧红，断成 3 寸长、宽 1.5 寸的扇面形，由掌钳人卷成圆筒拍扁，从左右两端剁出口子，把鼻子和瓦子全部烧红，直到铁出汗、冒油，火候一定要掌握好。然后，由头锤把瓦子镶进锄鼻子里，放入样子趁热凿实。如果技术不到家，使用时锄鼻子易掉。锄鼻子安上后，用小锤轻敲除掉氧化皮，随之用旁锤找平，打出锄板样子。

擦渗：安好鼻子，由掌钳子的用铁锤击打，使锄板正面刃端中间隆起，两端下翘，以便容易下上。把废锅铁（铸铁）和锄板同时烧红，在锄板的上面刃部宽 1.2 寸的地方反复擦磨，使碳分子渗入锄板里。既不能渗透，又不能渗浅。之后，在锄板上刷上盐面儿，在炉火上烧红，放入凉水中淬火。淬火后，由旁锤敲打正面儿，俗称打盖儿，直到打光为止。

浴身：锄板打出后，还要进行一系列修饰保养工作。在地上埋一个树桩，地面上露出 2.5 尺左右，在上断面上钉两个蘑菇钉，把泡好的锄板固定在木桩上。扎一个直径 2.3 寸，长 3 尺左右的秫秸把，头部削成斜面儿，并把斜面处扎紧，裹上破布，秫秸把的斜面蘸盐或煤渣，反复搓擦锄板的两面，直到光滑为止。

开刃：浴身后的锄板晾干后，用抢子开刃，只抢背面儿，不抢正面儿。

4. 扛

扛，敖汉人读 gàng，有两个意思，一是把刀的刃在布、皮、石或缸沿上来回翻转擦磨，使刀刃锋利；二是指刀、斧、镐等用钝后，再回火夹钢。本处所指的是后者，仍以铡刀为例。

铡刀只在刃口夹钢，久而久之，就会把夹钢部分磨尽而不锋利，这就需重新夹钢，俗称扛。把刀身入炉煅烧，然后用烘炉的铡刀铡下剩余的钢板和连接部分，再入炉煅烧，依次劈槽、夹钢、淬火，再回火，使铡刀锋利。

5. 挂掌

挂掌，就是给牲口钉上蹄铁以利行走，是铁匠常干的活儿，也有专做这行的。铁匠炉门外大多立有能吊起牲口的桩子，俗称掌桩子。挂掌时，把牲口平着吊起，把它的后蹄绑好，防止踢人，就可以挂掌了。还有一种是流动型的，预先在家加工好掌铁、掌钉，追赶周边的集日给牲口挂掌，在牲口市或繁华路口设摊。

掌桩子是由三根粗壮结实的原木架成，呈“Π”形状，配 3 条长绳，用于吊绑待挂掌的牲口。夹子锤用于钉、起掌钉；掌起子，用于起旧掌铁、钉掌、弯钉尖时用；蹄铲，长 1 尺左右，一端为铲，刃锋利，另一端接楞，安装丁字柄，用于切修蹄子；镰刀，刀窄背厚、刃锋利，用于修整蹄尖、蹄边；矮凳，高 8 寸左右，四角八扎，用于切蹄、挂掌时垫蹄子。

挂掌时，由主人把牲口牵至两根立柱之间，把缰绳拴在柱子上，用长绳围拢掌桩和牲口。两个“挂掌的”每人拿一条头上拴有S形铁钩的绳子，迅速从掌桩的横梁上甩过，绳子头在“S”形铁钩的带动下，靠惯性从牲口的肚皮下荡过来，二人抓住铁钩，穿过绳索，用滚杠把牲口兜吊起来，牲口的四蹄与地面似离非离，处于有劲用不上的状态。

接下来用一根一指多宽的皮条套在蹄寸子上，把蹄子扳弯，放在矮凳上，用掌起子把老残掌铁起掉，再开始切蹄子，也就是为牲口切修蹄甲。操作者把蹄铲丁字柄夹于腋下，切去老厚蹄甲；再用镰刀把蹄尖及周边削光滑，切削修整好后即可挂掌。一次不能切得太多，要分层切削，避免切到蹄肉。

钉掌前，先用烧红的铁条把蹄子底面烙焦，然后开始钉掌。要先选好掌铁，奇蹄目、偶蹄目牲口所用掌铁不同。

奇蹄目的牲口，如驴、骡、马等使用C形蹄铁，2只为一副，左右有别；掌钉通用。根据牲口蹄子大小选出合适的掌铁，用锤子敲打掌铁使其弧度与牲口蹄子吻合。钉掌时，要向外稍稍倾斜，使钉尖从蹄甲边上露出来。当钉尖从蹄甲边上露出时，用掌起子方头顶住钉尖，用锤子继续敲打钉帽，使钉尖弯曲在蹄甲外。

偶蹄牲口主要是牛。牛掌和马掌的掌铁不同，每只蹄子都需要两块掌铁，左右成副，也是先切后钉，钉前要比量、敲打使其与牛蹄吻合。牛钉为C形蹄铁，薄尖朝前，伸出蹄甲以外。蹄铁钉好后，将伸出的薄尖弯过来，包贴在蹄子前边。牛走路抬蹄不高，有时蹄甲擦地，蹄铁包蹄尖可以保护蹄甲。

挂掌的技术关键是掌握好掌钉的深浅和斜度，向外倾斜太多“吃甲少”，会因蹄甲磨损，蹄铁容易脱落；向内倾斜太多，则容易伤到蹄肉，把牲口钉瘸。原则上要求前蹄圆，后蹄尖（稍有坡度），达到既好看又能吃劲的目的。学挂掌要拜师，学习几年时间才出徒。不但学会打铁、挂掌，还要学会相看牲口等。

三、草编

草编种类繁多，主要器物有炕席、箈子、盖顶、苇笠头、蒲团、草鞋、笤（炊）帚等。器物不同，编法也不同，不同地区、不同工匠、不同需求所编的器具又有差异。

（一）原材料

敦汉地区草编所用原材料分为野生和农作物副产品两大类。野生材料有芦苇、蒲草、蓑衣草、马蔺草等；农作物副产品有秫秸、玉米皮等。

1. 秫秸

秫秸是成熟的高粱秸秆，高粱收割后，用掐刀割掉高粱穗，剩余的秸秆就叫秫秸，除了盖房子，也是从事编织的好材料。编织使用秫秸，要先把秫秸加工成秫秸箔子。

2. 玉米皮

编织所用玉米皮以中晚期成熟的玉米为好。玉米收获后，即把皮剥下，选其中色白、长阔、柔软的第 3～6 层皮晒干，扎成小捆，用时洇湿。

3. 蒲草

蒲草是香蒲科香蒲属水生或沼生多年草本植物。植株高大，地上茎直立，粗壮，叶片较长，雌花序粗大。其假茎白嫩部分（即蒲菜）和地下匍匐茎尖端的幼嫩部分（即草芽）可以食用。雌花叫蒲绒，可以做火绒，是过去取火的材料，叶片是搞编织的主要材料，也可用于造纸。

4. 马蔺草

马蔺草也叫马莲、马兰花，鸢尾科鸢尾属多年生草本宿根植物。它同中国东北的乌拉草、南美的巴拿马草被并称为世界上的“三棵宝草”。马蔺草叶子呈三角形，长而柔软，致密坚韧，是搞编织的好材料，马蔺草还是人们日常生活中必不可少的天然捆绑绳材，如捆粽子、勒平屉等。

马蔺草在立秋前后收割，晾晒一周左右，切忌过度风干或霉变，过度风干则老化，霉变则呈灰黑色。晒干后，挑出杂草和枯叶，分类捆扎保存，用时，用水泡软即可。

（二）草编品种

1. 编炕席

用秫秸编的炕席是敖汉地区使用最普遍的，通常，一领炕席可用两三年。编炕席的工具有刮刀、穿子、尖刀、刮篾板、剪刀、席别子等，主要工序有选料、破料、压料、润料、刮料、编织等。

首先要选那些粗细适中、色泽光润、柔韧笔直、无发霉虫蛀的秫秸，把叶子和叶舌用刮刀（多用削谷刀充当）撸掉，同时，把结节处刮光滑。撸秫秸杆是编炕席中最没技术含量的活儿，多由家里的半大小子来完成。

把秫秸用穿子从中间一破三瓣。这种工具用一块长约五六寸的硬木制成，椭圆形，外围有三个均等的槽，顶端镶有锋利的刀片，使用时，把高粱秆的根部用力戳向刀片，再向一端拉，一根完整的高粱秆就可以均匀地分成三份。

把破好的秫秸拢在一起，洒上水，不急着编的用凉水渍，急用的话就用热水，然后晾上一会儿，用碌碡来回碾轧。秫秸的瓤被压扁后，再用重物压一两天。其间，要反复掸水，使秫秸的茎皮更柔韧，不易折断。

用篾刀把高粱秆内侧的瓤子刮去，剩下的韧皮部分俗称篾子。刮篾子时，人坐在一个小板凳上，脚下放一块刮篾子板，板上钉个挡刀钉，左手拿过一根洇好的秫秸瓣，篾刀压在挡刀钉上，随着左手往后拽，秫秸上的瓤就被刮掉了。有的地方干脆用锄头，把锄杠绑

编炕席

在窗户上，在炕沿放一个板子，人站在地上刮篾子。刮时要掌握好分寸，篾子太厚使用起来不顺手、易折裂，太薄了又不经磨。

篾子加工出来后，捆好直接放在地上，并经常撣水，以保持篾子潮湿柔软。准备好这些之后，就开始编炕席了。编炕席大多在大炕上进行，特别是冬天，在炕上更方便暖和。

编炕席时，起头和收尾是最难的，起头起不好，编织出来的花纹就乱。一般是按照经纬预先排好，先锁上一个边，再用挑仨压俩，或挑俩压一个的手法织成席边。编织时要手脚并用，用席别子引领篾子上下翻飞，还要使篾子勒紧靠实。不然的话，一晾干，炕席就会松松垮垮。好手编织的席子纹理紧密整齐，色泽均匀光润，席花流畅自然。

炕席是每个家庭的脸面，每到过年时，家家都要换一领新炕席。炕席也有缺点，铺得久了，容易从秫秸的结节处磨破，炕席就坏得快。小孩子光着屁股在炕上玩，也容易扎屁股；擦炕时，一不小心还会扎手；若是火烧多了，容易把炕头儿的炕席烤黑了，俗称“煲着了”；家里有小孩时，其屎尿会顺着炕席的缝渗到土炕上，不易擦洗，所以往往屋里臊气很大。

现在，炕席换成了地板革，把地板革铺在了炕上，也是人们的一大想象，但确实比炕席铺着舒服多了，因此，秫秸炕席渐渐绝迹。

2. 打簎子

簎子即茓子，主要用于存放粮食、碎草、谷糠等。簎子宽 1 尺 2 寸，长 5～10 丈不等，用秫秸篾子编织，花纹与炕席一样，只是席纹稍宽且略显粗糙。编织方法与编炕席基本相同，只是篾子稍宽，而且编织时篾子要折返使用，表面看上去不分里外面。有经验者以手掐边，匀称齐整，打簎子也叫掐簎子。

过去，由于经济原因，多数人家盖不起粮仓，本来粮食就打得不多，也不需要占多大的地方，也就因陋就简，用简单的方法来储存粮食，筘子也由此普遍使用。过年时，一般都不会忘了在筘子上贴一个福字，或竖写的五谷丰登、阖家幸福等词语。

3. 编草帽

草帽，俗称苇笠头，是用高粱篾子编织成的草帽，由帽面、帽里、帽圈、帽檐、帽带组成，多呈圆锥形，可以用来遮阳挡雨，常和蓑衣搭配。

编苇笠的篾子与编炕席的一样，但要比编炕席精细许多，是“科技含量”较高的技艺。一般人编织不了苇笠头。编苇笠头包括起头、编织、掩边、编帽圈、围编、收边等步骤。

编织时要先编织成平面，花纹与炕席的花纹一样，都是人字纹，再圈成锥形。然后编里子，里子就是用宽的篾子交叉编织作为支撑用的网状衬。再编织一个帽圈，固定在锥形的帽里子上，一个苇笠头就编好了。

4. 编蒲团

蒲团是用蒲草编织而成的圆形扁平坐具，因为多用蒲草编织，故名蒲团。但敖汉地区大多用玉米皮编织，其编织方法大致如下：

捆扎：根据需要捋一把玉米皮，用一根玉米皮为勒子，从一端轻轻将其缠绕。缠绕的一端略细，以方便撅弯，起头成芯，另一端要求参差不齐，便于续接玉米皮。把缠绕的一端撅弯，在撅弯的芯里插入十几根短玉米皮为勒儿。当蒲芯弯到与外圈接触时，拾起一根勒子的两端揽住外圈的玉米皮，正向拧劲捆扎紧，把勒子的一端捋向玉米皮。紧挨第一根勒子，在内外两绺玉米皮间续插两根勒子，以备捆扎外圈玉米皮。拾起紧邻的第二根勒子，以第一根捆扎方法捆扎玉米皮，连同第一根勒子的头儿也捆扎住。然后续插两根勒子，再捆扎第三道。依次续皮、续勒子、捆扎，直至达到需要的尺寸。

在捆扎过程中，每捆完一根勒子，要续插两根勒子，以达到捆扎外圈（大于里圈）的需要。捆扎后的勒子从圆心向圆周呈放射状，互相挨紧，不露玉米皮绺。

收边：当玉米皮绺捆扎到与起头对应的位置时，开始逐渐减少所续玉米皮，使之越来越细，以达到把蒲团编成圆形的目的。从玉米皮绺变细开始，不再续插勒子，且将蒲芯一分为二，捋成左右两小绺。拾起勒子的右端，压过右边蒲草绺，穿过左边玉米皮绺，再压过这根勒子的左端，略微拧劲，向前捋入左边玉米皮绺；拾起下一根勒子的左端，压过左绺玉米皮，穿过右绺玉米皮，压过本根勒子的右端，略微拧劲，向前捋入右绺玉米皮。如此左右压、穿、拧、捋，直到编完一周，最后一根勒子拧劲后，再用铁钎子穿插入玉米皮绺，收边完成。

勒子在压穿玉米皮绺过程中，要拉紧，使蒲团的边结实不散。勒子的一端捋入蒲芯，待下一根勒子压住它后再拉紧，免得松回。勒子与勒子既要挨紧，又避免重叠，如此才层次清楚，美观耐用。用蒲草拧的方法与玉米皮一样，但更美观。

5. 编草鞋

草鞋用蒲草或玉米皮编织，有别于南方的草鞋。过去，贫寒人家，多为老人和孩童置备蒲草鞋。草鞋虽看似臃肿笨拙，又不耐穿，但轻便、暖和、便宜。

工具：主要有楦头、剪子、锥子、钳子、改锥、穿针等。草鞋为非“认脚鞋”，左右脚可以混穿，所以，鞋楦头只分大小型号，不分左右。每套楦头分为鞋尖、鞋跟和固定板三件。鞋跟和鞋尖斜茬连接，用竹钉或铁钉穿连固定，可装可卸。固定板也为斜茬楔形，用钉子连接于楦头根部，用以夹住草鞋起头的蒲片。如果用玉米皮，就直接拧成鞘子。

备料：把去掉根部的蒲草剪成 1.2 尺左右的段，用水洇透，按宽窄厚薄分类捆成小捆，湿麻布包好备用。剪下的短蒲叶，也可以续接使用。

起头：草鞋为里外两层，底与帮连体，从鞋底的里层起头。选宽厚的蒲草中间段，压平展宽。按压 1 挑 1 的方法平编，达到预定长宽时，用一根蒲草圈边。

收口：把编鞋底的经纬均按鞋楦头的模样向上收拢，成为鞋帮的经条。鞋帮里层用如此舒展、紧密排列的经条，柔软而不磨脚。收口以后，方可与纬条编织。在达到鞋帮高度处开始编织鞋口，即所谓收口。

编帮：鞋口拧编完后，把收口纬条其中一根剪断，把头掖入夹层。剩下的两根纬条，以搓绳的方法正向拧劲，把经条逐一夹在绳状的纬条中。如此拧编四五圈（圈数视鞋帮高低酌定），就可编装饰带。装饰带编完，需要升经、加纬继续编，直至收底。

编织时，经纬蒲条以拉紧不断为止。纬条拧劲儿要一致，松紧不一，则不美观，也不结实。鞋后根要编出“收分儿”，以防穿时不跟脚。鞋后根处，装饰带及其以上略微勒紧，以下随鞋楦头略微放松，使鞋后根的式样与脚后跟的模样对应。

纬条接近编到头时，把剩余部分掖入夹层，把续接的纬条弯折后掖入已编成的夹层，防止脱落。如遇到有经条折断，可以与续纬同时进行，即把经条所余部分掖入夹层，甩出一根纬条作经条。一双鞋尽量使经条宽窄一致，纬条粗细均匀，方匀称美观。

编带：为了结实美观，一般在鞋帮上编两圈装饰带。在两根经条间，增插一根纬条。从增插的纬条开始，以收口的方法，压二挑第一、三根纬条依次拧编。一般编满两圈，剪断一根纬条，把头儿掖入夹层，继续两根纬条编织，恢复原来花纹。

封底：鞋帮的外层如上，一直编到鞋底外缘处，拔下楔形固定板，周围开始向内收编合拢。此后，纬条编织的圈越来越小，需要逐渐减少经条根数。酌情将经条剪断，头儿掖入夹层，纬条继续向前编织，直至适合封底为止。

封底的方法有两种：一是编织法，二是压掖法。鞋底封编完毕后，拔下钉子，先跟后尖把鞋楦头拿出，草鞋就算完成了。

穿前要略微加工，用2～3层袼褙纳成简易鞋底或用生皮缝在鞋底上，可以耐磨。还有的用粗布把鞋尖、鞋跟外部包上，在鞋内装一个布套。

6. 钉盖顶

盖顶是用秫秸莛秆互相垂直交叉，用麻绳钉在一起而成的圆形平板。用处十分广泛，可以摆放饺子、干粮等食物，也可以用于盖锅、缸、盆等。钉盖顶的工具有细麻绳、大针，再有一个大小适中的盆即可。要选那些莛秆长且直的秫秸，这是一个凭直觉进行的活，有的莛秆儿如目测适中，可以选择留一节或两节或三节，然后折下来。

去掉秫秸叶子和叶舌，用钝刀把结节处削刮光滑，注意，刀不能太锋利，太锋利了容易把秫秸从结节弯曲处劈开，把修理好的莛秆在灯火下边烤边搣直。方法是双手分别拿住弯曲的莛秆两端，用唾沫蘸湿了，在灯火下慢慢烤，边烤边搣，直到莛秆直溜为止。

搣好莛秆后就可以钉盖顶了。先选好四根莛秆，两两垂直相交，用细绳在正中间两面穿好，同时，按着需要的大小，两端切齐，以后盖顶的大小就以这四根莛为基准了。钉盖顶要两面同时进行，这面钉一根，另一面就要钉一根，同时，钉出的针脚是交叉的斜线，呈方格形，每个方格大约和一块豆腐大小接近，故名豆腐块儿，手巧的女人还会钉出万字、盘肠等图案。要注意，莛秆要“一颠一倒”着钉，不能“顺长”，也就是莛秆儿的大小头儿必须要正反排列。

钉完后，要把长出来的莛秆切掉。切的方法是：用一根莛做半径，用针把这根莛秆儿固定在最初的四根莛秆的中心，另一端与四根莛秆的两端比齐，这根莛秆也就成了半径。以它为半径，用刀贴在这根莛秆的端点，边旋转边切，一个圆盖顶也就钉好了。

钉盖顶是个费时费力的技术活，民间有句歇后语“一天仨锅盖——将钉（勉强之意）”，心灵手巧的女人钉的盖顶平整、美观、结实、针脚小，盖在容器上很严实，盖顶的针脚也排列有序；手笨的女人钉的盖顶不但翘棱、不平整，还缝隙大、松垮，不耐用，针脚也大小不一、不整齐，盖到哪里都不严实。

盖顶的大小，一是根据需要钉，打算给哪个容器钉盖顶，就钉成多大的；二是根据材料的大小多少，尽量不浪费材料，钉一些随时可用的盖顶，比如晾晒干菜、摆放饺子、豆包等。钉锅盖时，因莛秆大多较细，最好选用粗细均匀的秫秸前端三

盖顶

节莛秆。

7. 绑笤帚

笤帚、炊帚都为日常必备之物。过去，家家都要在地头地脑儿种一些笤帚糜子或炊帚糜子，用来解决笤帚和炊帚的需求。也有用黍糜子绑小笤帚的，多用来扫碾子，十分精致，但不耐用。

绑笤（炊）帚前，把笤帚糜子或炊帚糜子摁在铁锹前端，一手向后轻拽，一手轻摁糜子，就可以把糜子上的籽实刮下。把刮好的糜子按苗儿长短、好坏挑选分类，然后用水洇透，摊开沥去表层水分，用木槌把莛儿及与苗儿连接处的节子砸软。然后把无硬芯和中间有硬芯的糜子分选开来，无硬芯的当外皮，有硬芯的做骨架。

绑扎笤（炊）帚时，把糜子莛儿用刀破成两半，准备一根粗细适中、结实的绳子（俗称缁绳儿），一端拴在粗细与擀面杖相仿的粗木棒中间部位，也有专用的器具，另一端系在腰间。绑扎时，人坐在地上，两脚蹬住木棒两端，把成把的笤帚或炊帚糜子的莛秆卷在绳子上，双脚用力，身子后仰，就可以把绳子拉紧。两手同时滚动被捆的莛秆，使其平缓地被勒紧形成凹陷，在凹陷处绑扎上经绳，把绳头用锥子或剪子掩到笤帚或炊帚的把里。如此一段一段绑扎，这个过程叫勒笤帚。

绑笤帚的把时，要把包在里面的莛逐步酌情削去一段，要削出斜茬，以便粗细变化自然。使笤帚把往上逐渐变细，到尾端时，粗细以手握着舒适为宜，扎完最后一道经绳，削去余秆。

捆扎时，要考虑到笤帚或炊帚的美观、大小及使用目的，做到有目的地绑扎。绑好的笤帚掸上水，整好形，用重物压一晚上即可定型。

笤帚、炊帚使用时间长了，穗蕊就会慢慢断落，久而久之，就只剩下了接近笤帚把处的较粗硬的短穗，俗称笤帚疙瘩、炊帚疙瘩，也叫“枯茬子”，是孩子们在正月十五撒灯时的好火把。

四、条编

在敖汉地区，条编的材料主要有榆条、柳条、荆条等，统称为条子。柳条纤长，粗细均匀，防腐性好，产量大，但柔韧性不如榆条和荆条，主要用于编织柳条笆、篱笆、水斗子、笸箩、簸箕、摉子、笊篱等；榆条柔韧性好，纤细绵长，适合用来编织各种大小不等的筐、篓、粪箕子等；荆条，又名紫荆槐条，是条编材料中最好的，编出的器具也最结实，多用来编织生产工具，如挑筐、抬筐、粪箕子等，但产量较少。

（一）备料

1. 备条

条子有白条、黑条之分，不去皮的叫黑条，也叫生条，蒸煮去皮的叫白条。生产用品多用黑条，取其结实耐用；生活用品多用白条，取其洁净、美观。割条子的最佳季节是中伏期间，要避开阴雨天，以免因无法晾晒而捂条。

生条割下后，用水泡七八天，就可用来编织。质次的条子一般带皮用，也就是做生条用。

熟条，或称净条，是蒸煮后去皮的条子。去皮由二人合作完成，一人用两根木棍从根部夹住条子，另一个撸下树皮。条子剥皮后晒干，捆成捆存放于通风避雨处，夏天隔些时日择晴天晾晒，以防发霉。编织时，熟条泡半天即可使用。

2. 破板材

把柳木锯成厚 2 分左右的薄板，根据需要再割成宽二三寸的板条，用刮刀或短刨，把两面刨光，可以做簸箕舌头和大中笸箩或箩的帮圈。簸箕舌头宽 3 寸左右，厚度与簸箕条的直径相当，长度随簸箕大小而定。

3. 备线

俗称打经子，就是用线麻搓成经绳，用来作条编的经线。经绳的粗细要适度、均匀，要用上等的麻，否则会影响簸箕等条编器物的外观和使用寿命。

把结节少且没有瑕疵的条子用削刀破成两瓣或三瓣，称破条，前者用来编筛子底，后者用来编筛子的边帮、绑簸箕、笸箩的边沿等。

柳线是用柳内皮加工而成，把新树皮剥下后晒干，再用水洇湿略闷一段时间，用柳线刀刮去外皮，破成宽 3 分左右的皮条，主要用来绑扎器物的边沿。

柳编

（二）条编品种

1. 系簸箕

系（敖汉人读 jì）簸箕主要用柳条、荆条等。在柳编行中，有“年里簸箕，月里斗”的说法，意思是，编水斗子一个月就能学会，而编簸箕则需要一年才能学会。簸箕又分大簸箕、半大簸箕、小簸箕之分。编得结实，使用的人爱惜，簸箕就可以用很长时间。

系簸箕用的工具主要有铁镰（推刨）、方锥、槽锥、钩针、拨停、绳锤、捋篠刀、量舌、尺子等，需要在阴湿、避阳光、不见风的环境进行。系簸箕的过程如下：

摆条：先根据所需长度把条子截成段，洇湿闷透备用。做簸箕舌头的木板两端 3 寸左右刨（或刮）薄至 1.5 分左右，距一边 3 分左右的位置用钻钻一排小孔，孔距 8 分左右。把经线在经棍两端的铁钉上绕两圈固定，经线相连不断。先以簸箕舌头为纬挑一压一，再以柳条为纬（每次一根）压一挑一，然后按挑一压一、压一挑一的方法依次把柳条编入经线。紧挨簸箕舌头一端用较细的柳条单根编入，中间用粗条。摆条接近簸箕的长度时，用细条两根一组编入。经线位于柳条中间，把柳条逐条扳紧。

续编：把经棍平转 90 度，用踩板踩压住朝向编织人一方的纬条，开始编经线。经线回头编织时，跳过簸箕舌头及十来根纬条，与起头的经线同路径掖入跳过的纬条，从下面穿入簸箕舌头邻近的孔中，回头绕一次再从同一孔中穿过。编织完，簸箕舌头一端起头的两根经线要割断，这样处理等于编织的经线重新起头。经线按挑一压一、压一挑一的规律向前编织。经线编到头，绕过纬条再回头继续编，编到簸箕舌头，经线穿过簸箕舌头上的线孔，绕一次再穿过线孔，用上述方法继续往回编。当遇到纬条有疤痕时，把这根条子拧转 90 度，藏入缝中。当编得够预计底宽一半时，把经棍平转 180 度，用前面介绍的掖入法续接经线，同法编另一半。编完底，把跳过簸箕舌头及纬条出现的一段条外浮线剪掉，开始“拉腮”。

拉腮：卸下经棍，从簸箕舌头一面开始，边向里面搣弯纬条边编织经线。这时，经线不编到头，剩十来根纬条即回编，此称“挂挂”。用脚踩着底，边搣纬条边编经线。经线编到簸箕舌头，两次穿孔而过再往回编，编到超过第一根“挂挂”经线五六根纬条，与“长回”经线相交再往回编。边编经线边搣纬条，并向簸箕舌头一方收拢对面的纬条，二线方能相交。“挂挂”四五个来回，够簸箕帮预计高度时，开始收边，称小凿儿。同法编完两侧，开始踩帮、凿大线，即边用脚踩着底，边用双线编入纬，把搣弯的纬条定型。定型后，用手镰把纬条割齐，称割茬子。

包檐子：齐茬后，簸箕边的里外两侧各用两根荆条，以筒锥穿柳线把荆条固定在簸箕帮上，称包檐子。柳线要穿过纬条，檐子上的纬条要平铺整齐，不能重叠交叉。

打围：用柳线一端相连固定，两三根破好的柳线相连的一端并在一起，以包住檐子上面为度，把柳线包到簸箕檐上，用藤线穿过纬条，把柳线固定在簸箕檐上，一个簸箕就系好了。

2. 系笸箩

笸箩分大笸箩、小笸箩、猪腰子笸箩（盛食品，口长方而中间略窄）、针线笸箩、烟笸箩等，水斗子等没有“舌头”的柳编器物也属笸箩类，方法与系笸箩基本相似，只是斗子稍小而已。系大笸箩用较粗的条子，系针线笸箩等小型器物，用较细的条子，其编织方法大致如下：

摆条：笸箩摆条基本与簸箕同，只是没有“舌头”，开始就用柳条编。系针线笸箩、烟笸箩、安全帽等小型器物，需用脐绳和模具。当摆条到一半时，把脐绳放入起头的经线中，木片在下，绳线甩在纬条以上，继续摆条至够底的宽度。

续编：如系簸箕一样，用经线按挑一压一、压一挑一的规律编入纬条。系针线笸箩、烟笸箩等小型笸箩，编完底，把模具放在底上，脐绳穿过模具横梁上的孔锁定。系大笸箩时，不用脐绳和模具，而是眼里行事，全凭手上功夫。

拉腮：用模具规范帮的形状，使其更匀称、美观，称为拉腮。笸箩拉腮经线的走法与簸箕拉腮基本相同。当帮够高度时，割茬子，然后去掉模具和脐绳，开始系檐子。

装修：割完茬子，用近似系簸箕檐子的方法装修笸箩檐，小的笸箩用柳线系檐。帮的里侧用一根整荆条，外侧用破开的一半荆条，以筒锥穿柳线把荆条绑缚在帮上。拉腮后，两端与纬条平行各有一条缝隙，系檐子时，柳线到此要越过缝隙穿纬条，把缝隙掩盖。柳线到檐子上要舒展平铺，片片紧挨，不漏柳条茬。

大笸箩不用柳线系，而是用薄木板包装檐。笸箩帮齐茬后，内外侧各用宽 1.5～2 寸、厚 3 分左右的柳木薄板夹帮固定。薄木板要高出帮的条子茬 2 分左右，用一破两半的荆条掩盖茬口，与薄木板一起固定于笸箩帮上。固定的方法是，用直锥或牵拉钻在木板和纬条上钻孔，用筒锥引藤线固定。

3. 编筛子

筛子，圆底，奢口，呈倒圆台形，整条、破条兼用。具体编织方法大致如下：

起底：筛子底分两层，上层有正方形筛眼；上层用破条，光面朝上，压一挑一，留边长 3 分左右（根据需要确定眼的大小）的正方形筛眼。条子间距要匀，孔要大小统一。编筛子上层底的破条，是用撞子把粗条破成三瓣，再用削刀削平条子芯一面，使其截面呈弓形。下层编出正六边形、等边三角形图案，以托住上层。下层用细整条，两根一组，根尖颠倒，条子分三个方向，同向条子间距 2 寸左右，与非同向条子之间的夹角均为 60 度。压一挑一编织。条子要摆匀，夹角要一致，让孔呈正六边形和等边三角形。

编帮：当筛底编得达到了预计的直径（一般 1.5 尺左右）时，便在底上划圆。在上下两层底圆周处折弯，与底大致成 115 度左右的夹角。下层底的条子折弯后作筛帮的经线，归拢成 2～3 根为一组，视粗细酌定数量，赶上条子根部可两根，尖部可三根，多者削去，不足的，待编两圈纬后插补。经条间距 2.5 寸左右。上层底圆周以外多余部分，留 1～2 寸就近并入经条，长出部分削掉。用一根条子从底圆外编纬入经条，挑一压一转圈编织，边编边续接。编筛帮要把条子克紧，边编边调整经线与筛底的角度，使编出的筛子周正、匀称。当筛帮编到四五寸，就可以收边。

收边：编完帮，筛帮经条余出部分沿筛帮的圆周向编织者一方弯折，然后分成两股，正向（反向亦可）拧劲编成绳纹，边拧边把弯折的经条分别纳入收边的两绺条子中。收边的条子若偏少，可以边拧边续。续接条子要把接头削成斜面，插入拧边的条子绺里面。收边邻近起头处，两股分别减条变细，用插杠帮助插入合拢。

4. 系笊篱

直到二十世纪六七十年代，用柳条编的笊篱在敖汉地区使用仍十分普遍。其编织方法大致如下：

备料：编柳条笊篱所用原料是垂柳的细枝条。大暑至立秋间，把枝条撸皮后晒干备用。

起头摆条子，一般用定纬编经法。以与笊篱把儿同向条子为经，横向条子为纬。按预计笊篱的大小决定选用柳条的粗细、经的根数和纬的组数。经必须是偶数，纬（组数和每组的根数）可奇可偶。等距离纵向平摆 4 组纬，每组 6 根，条子隔一出一，根尖颠倒。

用脚踏木板压住纬条，从纬条的中点向前，依次编入经条。边编织经条，边撼经条和纬条，使其略有弧度。成品为近似球冠的勺形。最后收边，做把，晒干后即可使用。

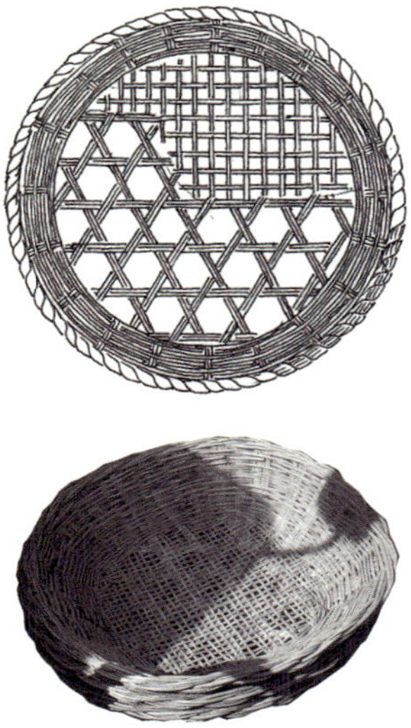

编筛子

柳条笊篱

5. 编筐

筐分抬筐、笼筐、粪筐、挑筐、花篓筐、囤筐等，根据用途和条子的粗细、长短均有大小之分。其中笼筐较小，边沿大多编出好看的花纹。笼筐沿的花纹编起来费时费力，还要编出筐芯子（提梁），故民间有“编筐窝篓，功在收口”的谚语。粪筐、挑筐编好后，要趁湿从条子缝隙插入拇指粗细的湿木做背梁、挑梁。粪筐搣成U形对称倒插入底、口两端做背梁，两只挑筐则各选4根两米左右的挑梁，粗端削出“卡头”卡住筐底，对称由筐底部插出，顶端用绳子两两绑在一起形成一个交叉，再用一根粗一点的绳子将两个交叉连在一起，便于扁担挑起。囤筐较大，编好晾干后，在里面抹上一层加黍糠的薄泥，用来装粮食。花篓筐又称大眼儿筐，因为容积比较大，主要用来装树叶、柴草。编花篓一般用细小淘汰的榆树条就可以，把树条拧成勒子，交叉编织即可。在花篓的上沿要相对编出两个套环，便于把扁担穿入，既可用于单人背，也方便两人抬。

有的人可以把筐编得精致、结实，可以编织得很大，也可以编得很小，有的还在筐沿编织出花纹，样式儿多种多样。

起头：编筐由底起头，选4把（每把4根）均匀较长的“二路”条子，根尖颠倒，平列排开，相叠摆成米字形。顺序为：从下面开始，第一把左右摆，第二把前后摆，第三、四把交叉放。条子均要挨紧，排列整齐。用脚尖把“米字”形条子踩住，用9～11根精细不等的“扎条”，里细外粗一字排开，把根压在米字一横的左下方，然后向右依次压一挑一，转一圈，把条子掖到起头的米字之横下面，此称“拧小穴”。再用11～13根粗细不等的“扎条”，如上法挑压圈入“米字”中，此称“拧大穴”。压条时要与“小穴”的接头错开。大穴圈完，在抿条子尖的同时，用里圈条子揽住“大穴”条子尖，插入“米字”芯中，以免条子散落，此称“勾条”。若大穴里圈条子过细偏短，不足以揽住在穴条子，可在拧大穴中途续入一根粗细适当的条子，与大穴同编。

编筐

圈底：大穴拧完后，“米”字的8个头均一分为二，向左右搣弯，大体成45度夹角，如此变为16组。用一根条子采取压一挑一的方法，编织3～5圈，把分组的条子固定，称圈底。圈底时，一根条子到头，再续接一根，接头放在“米”字背面。

编帮：从一端起头，把一根条子头儿折插入帮的里侧，按压一挑一的原则在各组条子间往复编织。到帮的边缘把条子砸软，拧劲后往回编，条子不够长则续接，接头均放在里面，直到达到帮的高度为止。

甩梁：达到高度后，需甩出横梁。每侧由三组经条组成，要在帮上续插条子，所续条子均把根部插入帮中。梁的条子根数，视条子粗细酌定。横梁略细，竖梁略粗，以手握合适为宜。

拧沿：从帮的一点开始，把边缘的经条向编织者方向撇弯，同时续上“扎条”，把甩出的梁子夹在绳状边沿中，边拧边把同向撇弯的经条收入拧沿的条子中。编绳到右侧帮缘，缠过帮缘，用插杠帮助插入边沿中。

缠梁：先把一侧甩出的横梁条子，反向拧劲，插入另一侧甩梁处；再把另一侧甩出的横梁条子，反向拧劲，插入一侧甩梁处，使横梁成为一体。缠绕横梁的条子插入帮时，各余出一根，从帮里插到帮外并砸软，拧劲的同时揽住所有缠条插头，再插入帮中，以达美观结实。

6. 编花篓

农村有顺口溜：“一斗穷，二斗富，三斗、四斗开当铺，五斗、六斗背花篓，七斗、八斗满街走，九斗骑白马，十斗坐天下。”其中要饭的用“背花篓”来形容，说明过去花篓在民间使用十分普遍。

花篓，也叫篓，是最简单的条编产品，也是比较常用的器具。外形与大水缸相似，之所以叫花篓，就是说它类似一个孔很大的网。花篓因为容积比较大，主要用来装树叶、暄柴草等，所以分量不是特别沉，但花篓底部必须是紧实的，底子必须结实。

编花篓一般用细小淘汰的榆树条就可以，把树条拧成鞧子，交叉编织即可。在花篓的上沿要相对编出两个套环，便于把扁担穿入，既可用于单人背，也方便两人抬。

五、熟皮子

熟皮子分白皮活和黑皮活两类，白皮活主要是熟制狗皮、羊皮、狼皮、猫皮、兔皮、狐狸皮等；黑皮活也叫压杠皮，一般是熟制牛皮、驴皮、马皮等各种生皮，但工艺大致相同。

（一）白皮活

主要是熟制狗皮、羊皮、狼皮、猫皮、兔皮、狐狸皮等。熟好的皮料不但洁白、柔软、美观、富有弹性，还柔软、牢固、耐磨、不易变质，且保暖性能好，可长期存放，用来制作各种日常生活用品。狗皮可以做狗皮褥子、棉帽子、手巴掌、套袖等；羊皮可以做成羊皮褥子、羊皮大衣、白茬皮袄；羔羊皮做帽子。牛皮、马皮等可以用快刀割成宽窄不等的皮条，做皮绳、做套、做缰绳、做鞭绳等，耐磨耐用。熟皮子的过程大致如下：

1. 去油脂

用钝刀铲去皮张里面的油脂层。

2. 洗皮

把生皮浸泡，时间根据皮张的种类不同而不同，一般是几小时或一整天不等。然后放在温水或肥皂水中洗皮，用刷子把毛面和皮板面刷洗干净，洗后用清水漂洗，直到把肥皂水漂净为止。把漂洗过的生皮板面朝上放在粗木杆上滤干水分。

3. 准备硝水

把芒硝（即含有结晶水的硫酸钠）倒入盆中，用开水溶化，箩筐内垫 2～4 层纱布或垫一块粗布放在缸上，把硝水倒入过滤，滤完后，再用开水浇洗两三次。要注意，不要把脏东西冲入硝水中，然后把黄米面倒入缸中，根据生皮的多少适量加入清水，充分搅拌均匀，即成硝水。硝水要很咸才行。

4. 浸皮

把淋好的皮张浸入硝水缸中，要一张一张地入缸，保证硝水浸透均匀，硝缸中的硝水要合适，以生皮能在缸中上下翻动为宜，不能过多或过少。

5. 翻缸

待全部生皮放入硝水缸后翻动一次。人站在硝缸一边，把对面缸壁的生皮拎出，从靠自己一边的缸壁浸入，按上法浸入第二张、第三张……浸入所有生皮都要翻动，最后，上面用一至两张生皮毛面朝上盖好。每天早晚各翻动一次，下缸后 3～4 天，把全部生皮提出滤干，滤下的硝水倒回缸中，滤过硝水后铲除水皮，再重新放入硝水缸中，经过数天（狗皮一般 22～26 天，狐狸皮 15～20 天，牛皮、羊皮 15～20 天，兔皮和猫皮 5～10 天），提出一张来，用手捏腿部一小块皮，如皮呈白色就算硝好了。

6. 晒皮

皮子硝好后，在缸口上横放一根木棍，把皮子板面朝上挂上，滤干硝水，然后堆放在草上，板面朝上晒干，晒时，把皮子的头、尾、腿拉平、拉直，晒干板面再晒毛面，直到两面晒干为止。

7. 整皮

在晒干的皮子上喷上水，水不要喷太多，把喷过水的皮子板面对板面垛起来，上面用麻袋盖严，捂一个晚上。第二天，用钝刀在上面直铲、横铲，再向四面铲开，板面向外，铲到皮子柔软光滑为止。

8. 收藏

皮子铲软后，毛面曝晒半日，趁热把皮子对折，用小竹竿拍打毛面，再挂起来，待散去臭气，便可以收藏备用。

（二）黑皮活

也叫“压杠皮”，一般是以熟制皮质厚实结实的牛皮为主，也可用熟制的驴皮、马皮等各种生皮做皮绳、套股、缰绳、皮鞭等，耐磨耐用。

制作压杠皮就是将牛、马、驴皮放在体积较大的水缸里，加上白灰浸泡几日，使大部分毛脱落。捞出后再把残留的毛铲干净，从头到尾用快刀割成 2 寸宽的若干长条，要求宽度均匀。每根皮条两端各割一寸余小孔，相互间穿连，整张皮子所割的皮条连接成一根长条。

在空场埋两根檩子，间距 4 米左右，上端搭一根横檩子绑牢。把连接好的整根长皮条一环环搭在顶端檩子上，环的下端离地尺余，两端系成死结，形成若干个环。将一扇小磨盘压在环的底部，起到下沉作用。转动磨盘，让几根皮条拧上麻花劲。两个人用一根光滑檩子从顶端两侧用力向下压，惯性使小磨盘来回转动自然上劲，循环往复。皮匠师傅边压边往皮条上抹油，这种油是用豆油、大麻籽油、线麻子油按比例混合配成，在压的同时让油慢慢浸入皮条中，边压边移动皮环部位，使其均匀受压、浸油，故名“压杠皮”。压杠皮制作费力费时，压杠需要力气，需要几位年轻力壮的棒小伙轮班干。一批压杠皮的制作最少需要两天时间，直到合格为止。

制作压杠皮必须达到两条标准方为合格，一是将二寸宽的皮条拉窄至 0.8 寸宽；二是皮质松软，毛孔被油浸饱，用水渗泡不吸收水分。

六、擀毡子

据记载，擀毡的技艺是宋末元初由蒙古游牧部落传入的，当时蒙古族人都居住在毡房（即蒙古包）里，睡觉也是用毡子或皮张作褥，中原特别是北方的一些居民就向蒙古族人学习了擀毡子技艺，毡匠这一职业也就应运而生了。

根据所用原材料的不同，毡子可分为沙毡（原料为山羊毛）、绵毡（原料为绵羊毛）、绒毡（原料为山羊绒）和牛毛毡等几大类；根据形状分，又分条毡、炕毡等；此外还有毡鞋、毡帽、毡垫等制品。

擀毡子的工具主要有弹毛弓、弹毛台、尺杆子、用细竹竿或苇秸等制作的毡帘子、撒杖、铁钩、木手掌等。

（一）擀毡条

以羊毛为例，擀毡子一般分为以下几道工序：

1. 弹毛

把羊毛放在弹毛案上，用弹毛弓把羊毛弹蓬松、均匀，然后用手卷成卷。这既是个力气活，又是个技术活，毛弹不好，擀出的毡子就会出现疙疙瘩瘩的现象，使毡子的质量严重受损。

2. 铺毛

把羊毛卷用撒杖和木手掌均匀地撒在毡帘子上，要预留出一半卷好的羊毛。要铺匀、铺满，还要随时填补。

3. 喷水

用嘴把温水喷在铺好的羊毛上，让羊毛湿润。

4. 喷油

用嘴把麻油喷到铺好的羊毛上，到羊毛基本发黄为止，细细的油珠落到毛上以后，形如一盘散沙的毛，再加水用力挤压，就会紧紧地凝结在一起。

5. 撒豆面

把预先准备好的豆面子均匀地撒在喷好麻油的羊毛上，以能把麻油均匀地覆盖为宜。

6. 再次铺毛

把另一半羊毛卷用撒杖和木手掌均匀地铺在豆面上，再用口喷水喷油一次。

7. 卷毡帘

把铺好羊毛的毡帘子紧紧地卷起。

8. 捆毡帘

用绳子（一般是四道）把卷好的毡帘子捆紧。

9. 擀帘子

两人一组，面对面来回滚动毡帘子，并用脚踩压，要步法有力、均匀。

10. 压边

经过反复擀压后，解开毡帘子，此时，羊毛已经紧紧地连在一起，变成了毡坯子。用一卷羊毛均匀地打在毡坯子四边，再进行喷油、撒豆面、喷水等程序后，再把毡坯子卷起来，反复滚动擀压两次，此时，毡坯子就已基本成型。

11. 洗毡

把毡坯子解开后翻过来，把开水用条帚或炊帚掸在毡坯子上，至开水完全渗透为止。把毡坯子对折叠好，放在预先准备好的洗毡台上。洗毡台上要放上洗毡带（几个人踩就放几条），便于踩毡时随时拉起毡坯子。然后用脚反复蹬，并用手提洗毡带，手脚配合，协调而有节奏。经过反复几次后，毡坯子会逐步变小，直至洗到要求的尺寸为止。洗毡更是一道巧活、关键活，擀好的毡子结实与否，与洗毡的好坏关系很大。

12. 整形

毡子的大小、长短是根据炕、床的长短宽窄而定的。当毡坯子洗到要求的尺寸后，洗毡结束，用尺杆和钩子对毡坯子进行整形，使其四边齐整，有棱有角，经过该工序后，毡子就成型了。

13. 晒毡

把整好形的毡坯子放在阳光下晾晒，直至水分完全被蒸发为止。

擀制毡子时，还可以在毡子上用差色毛擀出字来，如“囍”字等。随着时代的变迁，毡子也悄然退出了人们的生活，毡匠自然也越来越少。

（二）做毡帽

同制作毡条比，制作毡帽的原料除羊毛外，还要掺些牛毛，以增强韧力。制作工具跟擀毡条一样，但多了头盔这一模具。

1. 铺片

用弹好的毛在竹帘上铺上若干个椭圆形的毛片儿，用压扇压平，折叠成半月形的毡片，随之折边。

2. 摔片

用竹帘子把毡片卷好，工序同制作毡条一样。

3. 洗片

把帽坯拉开，变成两层。和制毡条不同之处是用手蘸水在案板上用手搓。洗好后，毛坯呈椭圆形的毡片。

4. 上头盔

把洗好后的帽坯再折回变成两层，套在头盔上进行鋬修，毡帽便可成型了。

5. 提色

把制成的毡帽码在大铁锅里，加水，加上橡子壳，煮上一昼夜，帽子便成为橡黄色。然后再加紫染料、黑染料、黑矾染成深颜色的毡帽。

（三）制毡鞋

制毡鞋的工具有鞋楦头、鞋样子、竹帘子等，是流水作业。

1. 弹片

与做毡帽相同。

2. 铺片

把鞋样子放在竹帘子上，按鞋样子的形状铺好。分鞋前脸、后跟两部分。手抓弹好的毛，用撒杖连续敲击，使之均匀撒在竹帘上的鞋样子上。分三层撒铺，上下层用好毛，中间可以用次点的毛。铺好后用竹帘子卷好，摔打结实后，下帘码好待用。

3. 洗片

开水浇湿后，用手连搓带洗，直到把三层毡片洗净。然后在毡片上刮上面糊使之粘为一体。

4. 套鞋楦子

把毡鞋帮套在鞋楦子上进行修整，在半干时把鞋楦子取出来。留出鞋帮子的折边，以备上底。表面的毛用酒火燎，多余的片用刀子割去。

5. 上底

毡鞋的鞋底一般用牛皮缝制。一般是一层牛皮，上面是一层纸。纸的周围掩一层黑边儿，以求美观。鞋面上有时挖出鞋眼，方便系鞋带。

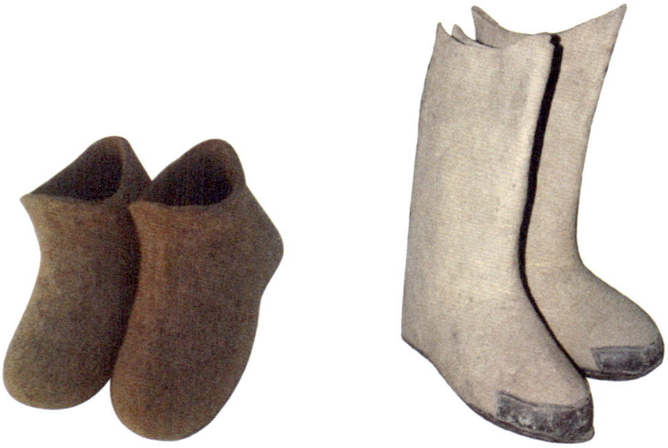

毡靴 毡疙瘩

第四章

农俗

敖汉旗位于内蒙古自治区赤峰市，燕山山脉东段北麓，科尔沁沙地南缘，是中国古代农业文明与草原文明的交汇处。

第一节 习惯

一、日常习俗

（一）帮工

帮助别人义务干盖房子搭屋、脱坯打墙、铡草磨料等杂活，称帮工。有一技之长的人需要主人提前约请，称请帮工的；力工不请自到，称上赶来的。帮工讲究有来回点儿，即互相帮助。卖力气人称搭憨儿，偷懒人称耍奸、藏奸。

（二）落户与合邻

一两个家族立村后，称占山户，该村子就成为其不成文的领地，同时招募外姓人扛活，逐渐允许定居。后来迁入的住户，有的是投奔占山户而来的本家、亲戚或朋友，称靠山户。有的扛活、榜青户在村里落脚，称外来户。还有逃荒要饭人家在村头沟边挖个地窨子，白天乞讨晚上住宿，久而久之同村里人相处融洽，经占山户允许开垦几亩地耕种，落户定居，称“移民”。哪家伤了男主人（俗称“当家人”），往往要另找个男人帮助过日子。这种情况也算作另立门户，俗称“招夫养子”“坐山招夫”。

上述性质的外来户经老地户同意接纳后，落户时要举行合邻仪式，即请全村户主吃“合邻饭”。村里主事人当众人面说明情况，表示从此以后该户成为本村住户，允许其置买房身地盖房，取得官街伙道、碾磨、水井等公共设施的使用权。尤其是“招夫养子”来的外姓，恐丧夫家族不情愿接受，外姓家族在合邻时常常来几位能说会道的示众人，见机行事，以利于合邻仪式圆满。

（三）请客（qiě）

分大事小情请客和平常素日请客，两种请客的范围、人数有所不同。

大事小情包括红白喜事、小孩请满月、老人过生日等，人客较多。主人提前选定执事人，喜事称“支客的”，白事称“支殡的”，为主人全权代理所有事宜。喜事由支客的挨家挨户请客，讲究“落人儿不落门儿”，不可挑选，避免有人挑理。“某某家某某事，东家有请，某天去喝酒。”遇到白事时主人家死丧在地，非自家人所能为。由支殡的领着过世人的一位儿孙到各户去，进门先跪地磕头，待户主人扶起后，支殡的说明来意。“他家某某过去了，一家有事，四邻不安，求你帮助劳忙（或举重，抬棺材之意）。”户主人无论闲忙，都会通情达理：“红白喜事不是一家人办的，随后就到。”白事时举重人受人尊敬，称为客，即座上宾。吃满月、祝寿等则委托一人，称“跑腿的”，按照主人的名单，临近中午到贺礼户去请来赴席。

平常素日请客包括会年茶、陪客、谋事、答谢等，人数较少。会年茶多为春节过后，本家族、三代宗亲或亲朋好友聚会；陪客为家里来了尊贵客人，邀请至近家人朋友作陪；家里遇到需要谋划的大事，安排酒席约有关人员商议；为了感谢别人的帮助，事后以酒宴答谢。

（四）劳忙

给村里举办的大事小情义务帮忙，称“劳忙”。支客的根据每个人特长分配不同的活计，各尽所能，各司其责，即“劳忙燎大纸，干啥都是活”。劳忙人为主人家跑前跑后，吃苦受累，做到前面吃在后面，深受主人感激，遂事前请客、事后酬席，让劳忙人“不挣工钱挣嘴饭”。因此，民间有“牲畜盼打场，馋人盼劳忙”之说。

（五）吃会

从民国时期，为了祈求风调雨顺、五谷丰登，敖汉南部山区就流传着“吃会”的习俗。四家子镇的宝神庙百年吃会则更带有浓郁的神秘色彩，每年的农历六月二十四，都要举行给关公大帝过生日的祭祀活动，还要做很多饭菜，凡是来此参与祭祀的男男女女，都在此入座就餐，无须支付饭钱，吃完饭，给关公磕头上香后，各奔西东。这种聚餐活动，人们冠以“吃会”之名，自此“吃会”年复年，代代传，成为一个百年不变的民俗。

现在的“吃会”祭祀习俗结合现代元素更具有时代感，每到农历六月二十四这天，当地秧歌队会出场助兴，还有皮影等团体搭台演出。尤其是出现气象干旱，求雨更是“吃会”的主要内容。善男信女烧纸上香，叩头祭拜，祈求天降甘霖，保佑一方物阜民丰是人们的祈盼。“吃会”活动的举办方，不惜花费万元资金，置办酒菜。村中男女自动帮忙，也彰显了农村淳朴的邻里关系和民风。

二、简单度量方法

人们在长期的生产生活实践中，发明了一些简便、快捷、适合人们习惯的度量方法，在要求不太精确的情况下采用，方便人们掌握大致情况。

（一）指

手指并拢伸直所表现的厚度，是衡量厚度的尺度，一般用一指、二指、三指、四指为多，还有五指的。多用来表述降雨后土壤的湿润厚度，或杀猪时衡量猪的肥瘦，如 × 指雨、× 指膘子等。

（二）拃

把手指奋力张开后，从大拇指指尖到中指指尖的距离为一拃，也叫“一豁豁”，成人的一拃大约 6 寸左右。多用来估算器物长度或树木的粗细。

（三）庹

庹（敖汉人读 tǎo），把两臂向两侧伸直，其两个中指指尖的距离就是一庹。根据现代科学数据，一庹基本上等于自己的身高。人的平均身高一般在 1.6～1.7 米，也就是 5 尺左右，所以，人们常常认为一庹相当于 5 尺。

（四）搂

用于估算木材或柱子粗细的方法。双臂向前弯曲搂住，类似于用庹量周长，常与拃合用，比如说这棵树有“两搂零三拃”等。

（五）步

人走一步的长度，一般在 2.5～2.8 尺，从后脚尖到前脚尖的距离，多用来估算土地、道路、院落等的长度。

（六）一气儿

用于估算时间，大约是一上午或一下午劳动时间的三分之一，约两个小时左右，也就是一个时辰。

（七）合（gě）

合，本是一升的十分之一，后来有了立方，人们就把一立方的十分之一也叫一合。在农村，用合的概念，比千进位制的计算方式方便许多。

（八）印

印是铁锅的型号单位。“印”指的是刚满月孩子的脚印。锅的印数是指锅最边沿的直径，一“印”大概是 10～12 厘米。

（九）年成

把正常年份或多年平均的收成看成 10，以此为标准，根据接近的程度来衡量年景或收成，每 10% 为一成，共十成，收成是平均年成的百分之几十，就是几成年。比如，本年收成大约是平均收成的 80%，就说成是八成年。

三、裁决手段

（一）手心对手背

常见的分组方法，众人要随机分成两组时，就采用手心对手背的方法。做法是：众人围成一圈，同时向中心伸出手掌，并同时喊“手心对手背！”再查看手心朝上或手背朝上的人数，如果正好是一半对一半，则自然分成两组，如数量不等，就再重来一次，直至数量相等。

手心对手背可以解决很多问题，平均分组、单选一个或几个人等均可。

（二）钉、杠、锤

也叫石头、剪子、布。以石头砸剪子、剪子剪布、布包石头为一个循环。对决时，两人同时喊“钉、杠、锤”或“石头、剪子、布”，并同时伸出右手，攥成拳头、伸两个手指或全部手指，分别代表石头、剪子、布，根据做出的手势决定胜负或决定先后顺序。

另外一种表达方法是用脚不用手，通过跳动的方式来表达：两脚并拢为石头（锤子），左右交叉为剪子，左右分开为布。

其他与之类似的方式还有锥子、井盖、井等。

（三）比草棍长短

随机折取两根草棍儿，令其长短不一，攥在手里，上端比齐并露出，让对方猜哪根长哪根短，猜对算赢，否则为输。

（四）抓阄

抓阄是日常生产生活中最普遍采用的分配方式，在民间由来已久。先规定分配规则，确定抓阄人数，待众人同意后，按人数多少在一寸见方的纸上按自然数写好顺序，捻成纸团放进帽子里，称为“阄”。纸团来回翻滚几下，把顺序打乱，每人抓起一个展开，根据纸团数字确定自己在分配中的名次。

三五个人抓阄，有时采用抓草棍儿的方法。将与人数相等的细草棍儿按比例有序缩短，攥在手中，顶端对齐。抓完后以最长、最短为头、末号，中间顺序由长至短依次排列。

抓阄前，每个人心里都忐忑不安，期待抓到好阄。有人往手心吐口唾沫，摩拳擦掌；有人嘴里念着“玛尼红、玛尼红”，边抓阄边祈祷；还有的让小孩抓，让别人代抓……人们认为抓阄产生的分配方式最公平，甘心接受，抓到好阄的喜笑颜开，得意地说自己手气横。即使抓到不如意阄也心甘情愿，自认倒霉，称“凭手气抓的，谁让自己手臭呢”。

（五）交易手势

集市上的牙纪，也就是经纪人，是斡旋于买卖双方之间的桥梁。因牙纪在买主、卖主之间讨价还价，还不宜公开说，而买卖双方在商洽过程中，又没有背对背的洽谈场所，于是，便形成了特定的交易手势习俗。交易时，买主与卖主用袖筒对袖筒或用钱褡子遮盖的方式进行交流。

以甲方递价为例，手指所表示的数字，撸一指为一，撸二指为二，一直到五。六是甲撸住乙方中间三指，使乙大拇指和小拇指翘起；七是甲方将乙方大拇指、食指、中指捏在一起，留出无名指和小指；八是撸住乙方中指以下三指，使大拇指、食指张开；九是将乙方食指弯曲；十是将乙方五指弯曲，攥成拳头。

两人用手互摸对方的手势，了解对方的出价或递价。为了区别数字的大小，双方还会用“大的、小的”来区分百位数、十位数或个位数。因为所买卖的东西都有个约定俗成的大致价位范围，所以，不会出现价格相差十倍的现象。

四、绳扣的扎结

根据被捆扎物体的不同，绳子也有不同的结法，常见的有以下几种：

（一）抄手扣

拴牲口时最常见的结绳方法，这种扣，从牲口的一端会越拽越紧，从驾驭的人这一边则一拉活扣端就会自动解开。

（二）抽扣

也叫活扣，最简单的系结绳方法，在民间捆扎物体时常用。

（三）猪蹄扣

把绳子固定在较硬物质的部位的结法，因杀猪拴猪蹄子常用，故名。其他用处也很多，例如，拴鞭绳子等，分套入和插系两种形式。

（四）死扣

抽扣不留活头，直接反过来系入，多用于在一定时期内绳子需要牢牢固定的场合。因系结抽扣时常常误操作成死扣，故称“老娘们扣”，有歧视女性的意味。

（五）狗连裆扣

两根绳子两端各系结成死疙瘩，然后再用系死扣的方法把两根绳连接在一起的方法。

第二节　农事野趣

一、生产经验类

（一）地块名称

每一个村子的周围开垦若干耕地，人们为了便于区分地块，常常以村子为中心点，根据每一块儿地所处方位和地理特征，为其取一个贴切的名字。零散耕地的命名约定俗成，具有贴切、易记的特点。不管其特征或性质是否改变，祖祖辈辈沿袭该称谓。时间一长，村里人人脑海中好似储存一张活生生的“本村耕地地名图”，只要一说出地块名称，即可熟悉具体地点及详细地质信息。

地块名称大致可分为六类。一是以山丘、梁岗、沟谷、河流等自然地貌位置命名的地块。如敖包山地、石头梁子地、狐狸洞沟地、河套边地等。二是以地上曾经的附着物命名的地块，包括树、房、坟、道和线杆等。如树林子头儿地、苕城子地、大庙地、房后地、坟盘地、道边地、线杆子地等。三是以地形命名的地块。如刀把儿地、抹翅子地、罗锅地、沟夹心子地、阴坡地、短垄沟、长垄地、梯田、梯子地、山洼地、平台地等。四是以地面自身特征命名的地块。如赖草盘地、灰土圈地、房框子地等。五是以早期归属命名的地块。

如自留地、树地、校田地、项目地等。六是以方位命名的地块，如东山坡、西沟里、南洼、北夹信子、南湾子等。

（二）挖耗子窖

敖汉北部地区的沙地里过去有一种叫黄耗子的老鼠，和大眼贼体形相似，尾巴较长。十几只乃至几十只群居在一起，选择种植荞麦、豆子、黍子等矮棵农作物的沙土地生存。在几十平方米的范围内掘出数个洞穴居住，每个洞穴相互连通，可以随便出入。

黄耗子的大片洞穴不仅对土地造成破坏，而且最主要是其利用洞穴来盗取粮食。每到庄稼成熟季节，黄耗子便开始在地里储存越冬食物。它们选择居住地的目的，就是利用矮棵农作物籽实距离地面低的优势，把籽粒咬下来叼进洞穴。从作物成熟、割倒、晾晒一直到收回场院的一个多月时间里，它们成群结队地出动，似蚂蚁搬家一般积少成多。庄稼收走后，黄耗子仍然寻找落在地上的粮食粒子往窝里叼。时间一长，每一处居住地的地下都会窖起数量不等的粮食。

很久以前，当地人发明了一种与鼠夺粮的办法——挖耗子窖。趁打完场地未上冻，把耗子窖起来的粮食挖出来人吃或喂家畜、家禽。最初人们在秋收时，无意中看到个别洞口旁有大堆的土，通往洞口的一条条鼠道上有农作物的粒子，便怀疑黄耗子往窝里偷粮食。秋后试掘果然不出所料，大大小小的耗子窖里挖出十几斤、几十斤不等的粮食。从此以后，挖耗子窖的人渐渐多起来。由于人们对鼠类深恶痛绝，“老鼠过街，人人喊打”，挖耗子窖过程中如遇见黄耗子会将其消灭。

挖耗子窖的习俗一传十、十传百，很快在敖汉中、北部地区流行。二十世纪六七十年代粮食缺乏，人们吃不饱肚子，挖耗子窖成为弥补口粮不足的途径之一。人们在挖耗子窖过程中留心观察，逐渐掌握了黄耗子的生活习性。原来，黄耗子是一种非常有灵性的鼠类。居住的地穴错落有致，若干个出入口连通居住区和粮窖。每一群黄耗子的地穴构造都有相近的规律性，大同小异。通过多年实践，人们摸索出一套挖耗子窖的方法。根据作物种类及洞穴面积，能够判断出耗子窖所在的大致位置。起初从各个洞口开始大面积寻找，挖出的土方量较大，费时费力，有时找不到白费劲。后来发明了一种简便办法，先找后挖。把一根拇指粗细的木棍儿一头削出尖儿，先观察整片黄耗子窝的地形，凭经验选择疑似位置后用力向下扎，只需要三五次就可以探测到耗子窖所在之处。沙土地土质相对松软，加之木棍带尖儿，可以轻易插入地下。扎到粮食窖时，手中会有和扎土不一样的感觉。于是从该处直接开掘，不一会儿，或大或小的粮食窖暴露无遗。木棍探窖的方法成功率高，大大提高了劳动效率。

窖里的粮食大多是该地块所种的农作物，无杂质。人们小心翼翼把粮食装入口袋，生怕掺上土或没收拾干净，心中充满收获的喜悦。距地边蒺藜茂盛的洞穴常常挖出蒺藜窖，令人失望。当年玛尼罕乡五十家子村许某由此尝过甜头，多少年挖窖成瘾且屡屡得手。有一年秋后竟然挖了三四百斤粮食，比生产队一年分的口粮还多。村里人因此给他起了个绰号叫“黄耗子”，从后半生一直称呼到过世。

据说粮窖被人挖走后出现过奇异的黄耗子自杀现象。黄耗子不像大眼贼冬眠，食物被人搜刮殆尽后，想到冬季寒冷饥饿，不堪忍受，因生存无望而走上绝路。有人多年前曾亲眼目睹过这样的场面：在被挖走粮窖的附近，一只只黄耗子将脖子搭在苍子棵（苍耳秧）杈上“悬梁自尽”，其场面令人唏嘘。

20 世纪 70 年代初，全旗各地开展声势浩大的“灭鼠拔源”工程。每年春季组织各中、小学师生灭鼠，各公社还成立以旗防疫站工作人员为队长的“灭鼠队”，利用往洞口投毒饵、燃放“烟炮儿”等不同办法消灭老鼠。说来奇怪，到了 70 年代末，黄耗子竟然奇迹般在敖汉中部地区消失，连最北部的敖润苏莫苏木都很难寻觅到踪影。

时至今日，地里没有了黄耗子窖，当年的挖耗子窖习俗已经成为有趣的故事。每当听上了年纪的亲历者娓娓道来，不禁引起人们对传统农耕往事的回忆。

（三）插假人

处暑节气以后，谷子开始灌浆，许多麻雀成群结队赶来糟蹋，俗称“弹（音谈）穗子”，一直吃到割地。人们为了吓唬麻雀，在地里插上高高的假人。假人为木棍钉成的十字架，用草缠绕头，横梁为胳膊，头戴旧草帽或旧布帽，胳膊穿上破褂子，还有的在胳膊两头挂上长布条、塑料，随风摇动，以此驱赶麻雀，通常人们说的“稻草人”就是此类。

二、预言应验说

千百年的农耕文化衍生出许多牵强附会的预言应验说，是农耕中出现的一种农民文化理论创造现象，未免荒谬。人们往往把民间流传的古语、惯用语当作预言，与生产生活中遇到的现实情况对号入座。这些话要么从古籍中断章取义，要么从前人预测中口耳传承，很难查找确切出处。虽然来自不同渠道，但是在民间流传普遍，外延较广，便于联想、借用，易于接受。对于二者之间的巧合，不同时期有不同的解释。譬如，成立人民公社后，男生产队队长领女社员薅地验证了“田间九女守一夫”，安装自来水后验证“炕坑打井，房笆开门”，膜下滴灌验证“细水长流”，等等，有理有据，听起来似乎有一定的道理。人们称此现象为“犯小人语”“说啥悠啥”，一言以蔽之曰“说啥悠啥，老辈子说的话都悠啦，这叫犯小人语”，意思是老年人的预言得到验证，后人对此笃信不疑。究其原因，一方面，农民文化水平低，甚至不识字，对事物缺乏认知理解能力；另一方面，忽略了人类社会进步和农业生产力发展等决定性因素，不能区别偶然性与必然性的关系，混淆了事物的现象与本质。

此类预言产生于传统农耕文化过程中，是意识对物质的直观反映。20 世纪 90 年代初，黑白电视逐渐普及，在屋后埋根高高的天线杆接收信号，人们便纷纷议论毛主席说的“立竿见影”得到应验。“有地没人种，有衣没人穿，有路没人走，有饭没人吃。”农村人口大量涌入城镇，种地人越来越少，大量土地转租或闲置，为“有地没人种”。生活水平提高，穿着方面不断更新，一些不穿的旧衣服放在橱柜，甚至扔掉，为“有衣没人穿”。“村村通工程”的水泥路平坦，出行有现代化交通工具，宁肯绕远也不走坎坷崎岖之路，许多条乡间山路荒芜废弃，为“有路没人走”。至于“有饭没人吃”，人们还在挖空心思地寻找验证理论。村子通电了，“夜明珠”得到验证。汽车跑得快，“一日千里”成为真事。“闲驴”本是对啥活不干之人的鄙称，“肉牛”用来形容老牛脚步慢。比如说：“这是一头肉牛，可有个老牛筋啦。套它拉车，就是有个肉劲，一天走不了十几里路。”专业户养肉食驴牛后，耕地拉车不再使用，真的成了“闲驴”“肉牛”。种植玉米贮青为“专长秸秆不打粮”。拖拉机种地为“铁牛”，四个轱辘转动为“四个爪一齐挠”。犁杖改为播种机，耩沟捋粪变为漫地散粪，为“整点粪都扬了”。自来水代替挑水、碾米机取代碾子、厨房电器取代锅灶为“三台不上”。地膜覆盖的庄稼不用耢、薅地，且机器收割，为庄稼人“锄镰不入手”“撒籽就收”。农民取消“三提”“五统”，种地给各项补贴为“庄稼人挣工钱”。脱粒机取代碌碡为“碌碡吊房笆上”。更有意思的是，甲春季经常去乙家地里剜菜，两家妇女为此吵起来。甲说：“怕跐扎脚印子，拿你家被子把地盖上。”现在乙家地膜覆盖，真的“把地盖上”了。还有“九马归一槽”“人赛猴、马赛兔”等许多带有神秘色彩的预言，目前还没有合适的解释。

三、农家野趣

（一）烧毛豆

秋天割黄豆时，给地主扛活的长工、生产队的社员常常在地头烧毛豆吃。方法是抱一铺子新割倒的黄豆放在光溜地上点燃，靠豆秸子火把豆粒烧熟。烧毛豆需要凭经验掌握好火候，不能烧生又不能烧煳。当火中豆粒发出连续的“噼啪”之声，就烧好了。用木棍把烧着的火堆使劲一扒拉，火光熄灭，余烟腾腾。先用脚踩灭余火，然后手拿一件上衣，在还微微冒烟的灰烬上面使劲扇乎几下，把表面的灰扇到一旁，露出一层烧得黑乎乎的豆粒。那股豆香味真的太诱人了。每人撅一双木棍作筷子，或干脆用手，在灰烬里来回扒拉挑豆粒吃。豆粒趁热吃较软，比晾干的锅炒黄豆有豆香味。烧毛豆吃充满乐趣，多人围在灰堆四周哄抢，一个个嘴巴满是黑色。包产到户后，很少有人烧毛豆。

（二）吃烀

吃烀指多人自发组织在一起吃喝，大多在农闲季节或下雨阴天，人数不等。吃烀地点大多选择在其中的一人家里，由其家人或大家动手来做。一种方法是“均摊粮米伙吃饭”，即参加吃烀之人平均出钱。另一种方法是“抓冤大头”，采用抓阄等方法确定有人出钱，有人白吃。求雨、唱影或唱戏正日子参神时，为祭神杀猪宰羊等公益性活动家家参与，全村人聚到一起吃喝也俗称吃烀。

（三）下吊坯

人们常用下吊坯的方法消灭屋内老鼠，工具简单，灭鼠率高。在靠近老鼠经常出入的窝边选择一合适位置，把拇指粗的木棍削 6 寸左右长，砸在墙上。贴墙面悬挂一块搭炕用的炕面子坯，距离地面 10 厘米左右。坯底部放谷穗儿等诱饵，上面设有细绳、别棍儿等巧妙机关。老鼠偷食诱饵时触动机关，别棍儿松开的瞬间吊坯下坠，被重重地砸在身上致死。

（四）夹狐狸

“九月狐狸十月狼”。农历九月，狐狸身上长满绒毛。用该季节的狐狸皮熟制好后吊帽子，称“狐狸皮帽子”，既美观又暖和。因此，人们会设法从山上猎狐狸。

一是使用铁质的狐狸夹子，埋入狐狸经常出入的小道上，放置诱饵，精巧伪装来夹狐狸。二是使用土铳（俗称洋炮、洋鸟子）打狐狸。南部多山，常常采取围猎的办法，俗称“赶山”。由一两个人持土铳埋伏在山隘口，另外几个人手持木棍，从山的不同方位朝隘口合围，边走边敲击树干，发出响声，让受惊的狐狸朝设计的线路奔跑，待身影暴露被击毙。北部则一人持土铳漫山遍野寻找目标，约莫距离远近合适便开枪。中华人民共和国成立后政府加强枪支管理，民间猎枪几乎绝迹。

一直以来，人们把狐狸视为有灵性的动物。民间流传许多关于猎狐狸的传说。例如：“某地有一只青色狐狸，一打便抖搂毛，子弹无法穿入。”“被夹住的白狐狸落泪求饶。”“狐狸复仇。”等。这些怪异传说给人们带来恐惧、敬畏心理，久而久之，夹狐狸的人也越来越少。

（五）张羊鸨（bǔ）

羊鸨，是一种入冬以后经过敖汉地区的大鸟，体大如鹰。每年冬季成群结队迁徙时途经敖汉地区，有时飞落到地里寻找散落的黄黑豆粒充饥。人们发明了一种专门捕捉羊鸨的工具，叫“张子”。将拇指粗榆树枝搣成弓形，搓猪毛细绳为弦，再配以竹片等构成巧妙机关。设置时，先用黄黑豆均匀撒出一条直线，在适当位置埋入“张子”，让“张子”上所嵌豆粒混入直线内。待羊鸨沿线寻觅豆粒吃时，万一啄到该豆粒触动机关，猪毛细绳随之瞬间套在脖子上。“张子”上附一根绳子，拴铁块儿、石头等重物体埋于地下。羊鸨被套住后，即使挣脱也飞不高、飞不远，不一会被活活撸死。

羊鸨体重二三十斤，肉质鲜美。据说羊鸨警惕性极高，有“横草不过”之说。发现地面有人为动土痕迹等异常变化，马上绕行。设置“张子”后须经过数日风刮，地面恢复自然状态，才有希望麻痹羊鸨上套。早年敖汉地区偶尔有人“张”到过羊鸨，现在民间仍保存有“张子”，但多年难觅羊鸨的踪影，“张子”已经成为民俗老物件。

（六）撵兔子

撵兔子也叫撵山兔、撵山猫、抓兔子。大雪过后的清晨，农村许多中青年男子或单独，或合伙到山上去撵山兔。如果合伙事先须讲好撵到兔子的归属，是谁抓住归谁还是在一起“吃烀”，避免争议。他们头戴狗皮、狐狸皮帽子御寒，绑上腿防止裤角灌雪，一手拿根丈余木棍儿当拄棍，便于试探雪深浅。另一手拿一米左右的撇棍儿或“牤牛尕”，随时准备出手打猎物。一个个摩拳擦掌，跃跃欲试。有人领着自家训练有素的狗，帮助追赶、冲刺。

一场大雪覆盖了田野，走出村头很容易寻找到兔子的踪迹。顺着雪地的兔印子码一段距离，就会把卧在凹处的猎物轰起来。于是，由一个经验丰富的人码踪，另外几个人朝兔子跑的方向追赶。雪地上远远能观察到兔子的踪影，但是追上一定距离还是被兔子落下了。好在码踪的人一直没丢踪，几个人顺着踪迹继续寻找追赶。

俗话说兔子转山坡儿，三圈回老窝。意思是兔子习惯走原路，跑过几圈后还回到原处。人们掌握了它的行走规律，几个人接力码踪。你把踪交给我，我再交给他，循环往复，齐心协力。每个人都能歇息一会儿，兔子却一直处于奔跑状态。狡猾的兔子知道有人追赶，往往在印子错乱的地方前后左右蹦跳几步，作出假象岔开原路逃跑。缺乏经验的人到此处最容易丢踪，待来回辨认一阵子确认正踪后，兔子得以短暂歇息。一旦雪被风刮动或有部分融化露出土地，再也无法码踪，兔子侥幸逃生，人们只好失望地放弃，筋疲力尽地拄着棍子往家走。

雪天路滑，爬坡、下沟容易跌倒，两条腿人撵善于奔跑的四条腿兔子是件难事，加之山上兔子多，撵的过程中常常无意中轰起其他同类，无法辨别出所追赶目标的踪迹，俗称乱踪，因此得手的概率非常低。要么堵到狭窄的深沟打死，要么兔子走投无路钻进水洞、柴火垛里被人堵住掏出来。在雪地上硬生生活抓活拿着实不容易，据说要不间断追赶二十多里地路程。撵山兔有个不成文的规矩，快要把兔子追得跑不动（俗称“炸蹄”）时，不允许局外人“截叉儿”，即趁人和兔体力透支之机从中捡漏。

撵兔子过程中有两个场面最为精彩。一个是雪地上的擒拿。当兔子被追到由跑变为走的程度时，人、狗开始冲刺。只见兔子在强烈的求生欲驱使下坚持慢慢向前逃命，狗随着人声嘶力竭的“掐掐”助威声穷追不舍。狗追到兔子身后的一刹那，用爪子猛地扑去，同时张开口就咬。兔子左右挣扎试图摆脱，几个回合之后，终因精疲力竭束手毙命。如果是用人追赶合围，兔子不怕在后面追，最怕迎面拦截。一旦遇到前后夹击，会彻底失望卧在雪地上乖乖就擒。另一个是老鹞子等鹰类抓兔子。撵山兔过程中最喜欢遇到觅食的鹰类，它们在高空盘旋俯视，见到雪地上奔跑的兔子，立刻猛地俯冲下来，用强有力的翅膀命中目标，把兔子打翻在地。没等老鹰进食，被人跑到跟前捡起。

撵兔子靠运气，常常空手而归。人们似乎不太在意是否有收获，主要是为了尽情享受漫山遍野奔跑的过程，其间充满娱乐、刺激和惊喜。多少年来，撵兔子是民间农闲季节有趣的运动方式之一，由此衍生出许多俗话。例如“该死的兔子蹦不出萝卜锅”。还有“有兔子时气”“白费兔子劲”“打兔子喂了鹰”，等等。

四、左邻右舍

（一）串门儿

俗称“串门子”，大致可分为闲串门儿和有事串门儿，是农村冬闲、农闲或下雨阴天时消遣的主要方式。民间常常把“有工夫上我家串门儿”“你咋不上我家串门儿去”之类话作为邻里间常用语，以此增进乡情。

一种闲串门儿是不住在一个村的亲友闲来无事时走亲戚，以便加深亲情。如闺女回娘家、三代宗亲或旁系亲友之间走动，有“亲戚之间不常走动就没亲戚滋味了”之说。去串门儿之前大多换上干净衣裳，免得被亲友笑话。或步行，或骑驴，或套车。主人家称“来客（qiě）了”，好酒好菜招待。常言说：“一样亲一样待，一样客一样菜。”“亲戚分远近，朋友分厚薄。”对于不同感情的亲友，招待的热情程度有所不同。唠几个小时尽兴后，客人便张罗着要回家。主人要诚心实意挽留。俗话说留客不住不如早走，主人全家送亲友至大门外，临别双方寒暄几句。

此类闲串门儿礼节颇多，直接影响着亲友之间的情谊和日后往来。客人会在走后感受主人“见人近便”或“见人不近便”，以便决定日后是不是经常来往。一些讲究的人家总是注重每一个待客细节，俗语讲“不留吃饭能送三里地”，即用语言和行动让亲友心里感到热乎乎的，不亵渎亲情。“客（qiě）来”与“起来”谐音，民间讲究越有亲朋好友经常造访日子会越好。其实，亲友之间互通有无，口碑好、人缘好的人会得到意想不到的多方面益处。相反，则会使众多亲友“向远”。

另一种闲串门儿是本村人相互之间到家里短暂唠嗑，尤其以中老年女性常见。大多是家长里短，村中闲话，往往因传舌过耳“拉老婆舌头”而招惹是非。一旦引发“对舌”事件，涉及多人“打罗圈儿仗”。要么口水战，要么发生肢体冲突。你要求“咋掰开的给咋对上”，我扬言“把他（她）脸扤成萝卜丝儿”，他声称“干屎抹不到人身上”。一时间，“对舌”现场唇枪舌剑，句句有理，专挑有劲的说。千百年来日常生活中创作的民间俗话，在激动、怒气中一句句迸发出来，被应用到极致，犹如上演一场精彩的民间俗话辩论会。“动根儿汗毛扶三年！”“上你家炕头养伤，专吃饺子尖儿。”“没缝儿下蛆”“脚正不怕鞋歪”“心跟板儿似的”“唾沫星子淹死人”……类似俗话不胜枚举。随着农村精神文明建设的不断深入，农民自身综合素质有所提高，“对舌”已不多见。

有事串门儿大多是为某种目的而来，即民间常说的无事不登门。一种是借取往来之类，串门儿同时捎带把事办理。过去农村人普遍不富裕，有时缺粮缺钱难免要到亲戚、朋友家借。“借是人情，不借是本分”“张嘴三分利儿，不借也够本”“穷怕亲戚富怕贼”“借欢要恼”等谚语中，形象地描述出借取往来过程中的人情世故。另一种是当介绍人，又叫当媒人、当老媒婆子，戏称保媒拉纤。无论是男女家托付介绍人还是媒人主动上门，都能受到主人热情接待。过去多以中老年妇女为多见，中华人民共和国成立后随着妇女地位的提高，由父母之命、媒妁之言变为婚姻自主，女性越来越不能胜任，由男性接替。媒人不图稀仨大俩小，一手托两家，为儿子、闺女终身大事牵线搭桥，算得上有功之臣。民间有“保一桩红媒多积三年阳寿”之说。

（二）娱乐场

农闲时，男人们待在家里闲得无聊，常常喜欢聚集到一块儿开心。每个村子都有一两户愿意招引闲人的人家。尤其是由于种种原因未能娶妻生子的单身汉，自挣自吃，戏称“吃饱连狗都喂了”。他们人口单一，家务事相对较少，有充足时间来陪闲人寻开心。一些性格随和的单身汉为解闷，经常召集本村人来串门。久而久之，其家成为有“串门子”嗜好者每天必到的娱乐场所。难怪家里女人经常责怪：“串门子，数板凳，三天不串心翻腾。”到了冬闲季节，单身汉屋里不断闲人，抽烟、喝茶、说笑、玩扑克、顶牛子，一天到晚不分昼夜，屋子里烟气弥漫。出去小便嫌冷，推开门走三五步便随处解决。民间给此类人家形象地编了个顺口溜：“一把茶，两把烟，门口呲个小冰山。”因为没有女人来，人们便将这样的人家戏称为“光棍堂”或“懒汉子店儿”。

单身汉大多开明大度，乐于助人，善于交往。不仅如此，三级干部下乡、老亲旧邻家来亲戚留宿没地方住、过往路人贪黑等，时常在此借宿行方便。

（三）过日子人家

在一个村子住久了，人们通过日常观察逐渐了解彼此家庭情况，在心目中对每一户的家风、家训、家教及为人处世了如指掌。经过长时间私下民主评议，公认出许多家庭为过日子人家。具体表现在家庭和睦、孝敬老人、教子有方、与人为善、勤俭持家和讲究卫生诸方面。过日子人家的口碑荣誉来之不易，通过家庭成员长期坚持努力，从而形成良好的家庭习惯。

过日子人家相当于现今的“五好家庭”“文明户”，在村里享有较好的声誉。人们给儿子说媳妇、闺女找婆家首先要打听“是不是过日子人家”，其次再考虑彩礼等其他事宜。

第三节　农事土语

一、土地类

地亩　耕地的俗称。用犁耕种的田地。

地板儿 对耕地综合生产能力的评价。

山地 旱田的统称。

生荒地 多年来第一次开垦用来种植庄稼的土地。

二荒地 生荒地第二年耕种称“二荒地”。

熟茬子地 头年耕种过的地。

土头地 以黄黏土为主要土质，保水保肥，属于上乘土地。

沙窝地 以沙土为主要土质，漏水漏肥，且犯风。

二阴地 大小河流的沿岸地，地面春秋季节呈潮湿状，向阳且土壤墒情好。

涝洼地 容易发生涝灾的土地。

返碱地 盐碱地。

甸子地 河边或山下很平坦的地块。

薄溜地 腐殖质贫瘠，作物须依靠农家肥才能获得好收成。

撂荒地 也叫“晾板地”。因收成不佳弃耕一年或数年的土地。

扣籽地 也叫拔籽地。保水保肥连年高产的土头地。

光板地 夏锄时只耘没蹚、秋收后没有进行挑或翻的豆茬、芝麻茬地。

白茬儿地 夏锄时蹚过、秋收后没有进行任何整地的玉米、高粱、谷子、黍子等茬子地。

腰窝地 又称“地眼”。一片地中地形、位置相对优越的地块。

暄乎 又称“暄腾”。经开地、扣地或破茬合垄后土壤疏松的地。

潮干土 介于湿土和干土之间，含水量低达不到种子发芽标准的土。

冷土 又称“生土”，没熟化的土。

壮土 地表多年施肥或富含腐殖质的土。

踅风土 被风刮到低洼或墙根儿等背风处的土。

存土 风刮的土往地里囤积。

走土 地表土被风刮走。

酶活 水把土慢慢润湿。

茬(zhà)子 农作物收割后留在地里的短茎和根须。

茬(chá) 所种作物的种类或名称。豆类、芝麻、葵花等统称“油茬”，其他则以作物名称称谓，如“谷茬”“高粱茬”。

绝户茬 对荞麦茬的鄙称。

茬板儿 指不同茬的地块。

收茬 前一年庄稼丰收的茬板儿。

丢茬 前一年庄稼歉收或绝收的茬板儿。

发酵地 由于多年施肥富含腐殖质或黄黑豆茬根瘤菌多、豆叶子多，导致土壤过于干燥。

吃籽儿 发酵地水分不足影响种子发芽，苗出不全。

墒沟 扣地时中间或某一面没填平的犁沟。

打筒 雨水从垄沟的一头流到另一头，常见于坡地或犯水地。

淤泥板 被洪水冲过后地面积淀厚厚淤泥的地。

扒沟 山坡地被大雨冲出一道道小沟。

赖草盘地 长满赖草的地。

地头地脑儿 又称“地边儿地沿儿”。耕地周围的小块空地。

地当间儿 耕地的中间。

垄头 垄的长短。

垄眼儿 垄沟内庄稼植株生长的地方。

横垄地 从与垄垂直的方向看土地。

顺垄地 从与垄平行的方向看土地。

边垄 一块地两边的第一根垄。

夹子垄 开趟子种地时的中间垄或抽犁杖种地时最后种的边垄。

斜子垄 耕地时被正垄挤出的长短不一的短垄。

大撂半儿 垄距大于其他垄。

生隔（geī）子 挑地时犁铧没翻动的垄之间硬土，扣地没有生隔子。

回牛地 地头留出的犁杖掉头转弯空地。

倒茬 又称“换茬”。指在同一块地上每年轮流播种不同的农作物。

重茬 又称“迎茬”。在同一块地上重复播种同一农作物。

隔茬 隔一年又播种同一农作物。

失墒 由于翻土等原因致使地里的水分蒸发掉。

接乎 又称“接墒”。指下的雨刚好湿透地表的干土。

霉乎 雨停后雨水把干土慢慢滋润湿。

二、农具类

使用家什 也叫“使用家具”，生产工具和生活用具的统称。

走界 又称“走型”“翘棱”。指工具已经不再是原来的形状。

射劣 工具的整体或某一部位不在一条直线上或不对称。

借哉 使用农具时小心爱护。

造败 使用农具时不小心、不爱护导致损坏。

绡秘 由于材料不合格或工艺没达到标准，做出的工具不结实耐用。

憨实 指工具结实耐用。

秀溜儿 形容工具精巧。

蠢 俗称“蠢模大样”。形容工具笨拙。

囫囵 整个的，完整不缺的工具。

花拉 坏了，碎了。指农具再不能使用。

泄松 农具的卯榫松动。

窜缉 农具卯榫错位。

三线不正 犁辕子、犁底、犁把儿没在一条直线上。有“三线不正，不是哈墒就是撅腚”之说。

饧 农具的连接部件不灵活。

透落 又称“透露”。农具在使用时感觉很顺手、省力。

发贼 农具使用时过于灵活。

夹板 拉套时夹在马、骡、驴脖前颈上的一副木质挽具。

夹板门绳 连接两只夹板上端的皮条或绳子。

夹板绳 连接两只夹板下端的皮条或绳子。

套股 连接夹板、牛鞅子和籀棍儿的绳子。

套充子 夹板和套股连接的三角形部分，有皮质的和革制的。

牛鞅子 牛拉套时套在脖子上的钝角型弯木。

牛鞅子绳 牛脖子下固定牛鞅子的绳。

籀棍儿 套在牲畜臀部的横棍儿，两端用套股连在夹板上。

扁环子 农具上连接部件并可摘卸的扁形铁环儿。

摘钩儿 扁环子摘挂儿。

牛鼻子 俗称“牢固鼻子”“老鸹鼻子”，用来挂其他部件并受力的铁质零件，圆形，带尖爪，用襻的方法固定在木质农具的某个部位。

牛缆绳 也叫“牛头绳”，盘绕在牛犄角上的拴牛绳子。

笼头 戴在马、骡、驴头上用于束缚其活动的物件。

缰(方言读 gāng)绳 系在笼头上控制、牵引牲口的绳子。

撇绳 为方便驾驭拉车、犁、耘锄的牲畜，在笼头的两侧拴的长绳。

闷缰 又称“过梁子”。戴在牲畜鼻梁上的铁链儿，用于控制不老实的牲畜，钩在笼头一侧，另一侧系于缰绳或撇绳上，使其听使唤。

嚼子 横勒在马嘴上的小铁链，两端连在笼头上，用来控制、驯服马。

套包子 套在牲畜脖子上的扁圆形软垫子，防止拉套过程中夹板儿把牲畜的皮毛磨伤。

捂眼儿 用多层布缝制的布块儿，其中一个边两端拴绳，用时挂在牲口耳朵两侧，防止其干拉碾子、推磨、打场等转圈儿行走的农活时发晕。

箍嘴 用草绳、榆条、铁丝等材料拧成的笼状物，左右对称拴绳，便于使用牛马驴骡时系于头顶戴到嘴上，防止它们随意啃食树木、庄稼或偷吃碾盘上的粮食等。

耍杆子 又称“二牛杆”。连接犁杖与套之间的胳膊粗横木。

牵筋 又作“千斤”。连接犁杖和耍杆子之间的铁链，也指畜力车滑杠中闸箍和拉杆之间的部件。

粪帘子 围在畜力车车厢上的帘子，有木质的，也有秫秸、麻秆、柳条编织的，用于拉粪肥或拉土等。

粪筐子 又称“粪箕子”。拾粪时盛粪便的筐。

粪叉子 用来捡粪的工具，用铁丝穿在木棍上制成，有6个齿或4个齿之分。

椅子 又称“椅儿”，铁器上安装木把儿的圆形部位。

脱椅儿 木把儿从铁质椅儿上掉下来。

钢口儿 刀具等刀刃的硬度。

卷刃 俗称“卷印”，镰刀钢口儿软，长时间使用时刀刃回卷。

锛豁牙子 镰刀钢口儿硬，使用时容易锛出锯齿。

縻驴橛 临时拴马、骡、驴的桩子或棍子，多为铁质。

縻驴绳 临时拴马、骡、驴的绳子。

车棚儿 又称“车上脚儿”“车棚子”。扣在车轴和车轱辘上的部分。

车辕桩儿 插在车辕子顶端的木桩或筒状铁桩儿，用来挂辕马肚带和搭腰、蹲鞧等挽具。

车大撑 连接车棚儿两侧车沿儿厢的横木，前、后两根车大撑外露，其余的用来钉车铺板。

车厢 车棚儿装东西的部分。

车压厢 连接车辕子、车大撑和车压厢柱子的部分。

车压厢柱子 竖立在车压厢上下的立柱。

车耳朵 紧邻车沿儿厢前后铺着木板的四个角儿。前面称前车耳朵，后面称后车耳朵；左面称里车耳朵，右面称外车耳朵。

车尾把子 车棚儿的尾部，包括两个后车耳朵和后车大撑部位。

车梯子 在前大撑上悬挂的支棍，根据车停、车走随时放下或收起。

车下脚儿 车棚儿以下的部分，包括车轴和车轱辘在内的一整套装置。用铁器和橡胶车带后，又作“车下胶儿”。

车铁活　安装车轮胎的轮毂。

油壶子　装大麻子油的陶瓷油瓶，给旧式的木质花轱辘车轴上油。

三花子　俗称“山花子”。套在驾辕牲口的臀部上方，连接蹲鞧和车鞍子的三角形套具。

木叉子　一头分杈便于扎取的木质器具，包括二股叉、三股叉、四股叉等。

扫帚莛儿　一种叫“芨芨草”茎高且坚挺的植物，秋季可连根拔出绑扫帚。

扫帚箍　固定扫帚莛儿根部的铁箍。

扫帚油子　人工削制的榆木带尖儿器具，用来装莛儿扫帚。

装扫帚　用扫帚油子把扫帚莛儿一绺绺插入扫帚箍内装紧。

扫帚疙瘩　已经磨残的扫帚。

扫帚苗子　已经木质化的扫帚菜，秋后砍下全株捆扎可用作扫帚。

削谷刀　俗称“稍谷刀”。削掉谷穗的专用工具。

扦刀　用来扦谷穗和高粱穗的专用工具。

木锨　用于扬场的木板锨，使用时不伤粮食、不铲场院土。

搂场耙子　搂碎秸秆的木齿挠耙。

赶场滚　俗称“赶场鬼儿”。聚拢粮食的工具。

筛子　用竹子、树条等做成的一种有孔的器具，可以把粮食漏下去，杂质留下。

扇车　手动风车，分离粮食和糠草等物的工具。

簸箕　盛、簸粮食的器具。

笸箩　盛粮食的器具。

囤子　用树条、秸秆编织成的圆形器物，有的在里面抹一层掺黍糠等穰秸的薄泥，用来储存粮食。

仓子　用土坯竖着垒成方的或圆的土容器，用来储存粮食。

窑子　人工挖成的储存粮食的窑洞。

窖　储存物品的深穴，装粮食称粮食窖，装蔬菜称菜窖。

三、粪肥类

粪　农家肥，泛指人、畜粪便等往地里庄稼上加的肥料。

圈　养家畜等的敞棚式房子或栅栏。

粪坑　又称“粪坑子”，用来积攒粪的土坑。

粪窖　俗称“大粪窖”，简易厕所，盛人粪尿的坑。

垫圈 往家畜的圈里垫上一层新土。

垫酵 又作“垫脚”，用来沤制绿肥的青草和垫圈的土或腐殖质。

攒粪 俗称“造粪”，饲养家畜积肥。

捡粪 用粪筐、粪叉子捡回撒家畜时便到街道、山上的粪便。

沤粪 用水在盛粪的圈或粪坑里长时间浸泡。

起圈 又称“起粪”，将家畜圈内的粪肥挖掘起出。

粪堆 堆起的农家肥。

黄粪 又称“春粪”。冬、春季圈里攒的大家畜粪。

土粪 又称“秋粪”。夏、秋季圈里攒的家畜粪和垫圈的混合物。

大粪 人粪尿。

淘大粪 从粪窖里起人粪尿。

灰粪 草木灰。

倒粪 把圈里起出的农家肥捣碎、翻倒。

马道 倒粪时粪堆中间留出的砸粪空地。

倒头遍 第一遍倒粪。

倒二遍 倒完头遍后，隔几天再倒一遍，以利于充分发酵。

粪蛋儿 羊、驴、骡、马等牲畜成块的粪便。

粪排子 呈扁平形的粪便，多指凝固或干燥后的粪便。

粪坷垃 土粪中成形的大小粪块儿。

粪末儿 捣得细碎的粪。

坷垃粪 倒粪后粪末儿和小粪坷垃的混合物。有俗语说：“坷垃粪，一年壮三季儿。”

粪底盘儿 粪堆在地上残留下的极少部分。

发粪 倒粪后让黄粪堆在高温下自然发酵几天，促进微生物转化，黄粪内的杂草籽儿发芽，施肥后地里少杂草。内部呈微绿色肥力最佳。

粪发大劲儿 黄粪堆发粪时间过长内部颜色变白，肥力下降。

四、畜力类

经营牲口 泛指饲养、使役牲畜的全过程。

耕畜 用来使役的牲畜。

养材儿 出生一年左右看上去以后有出息的驹、犊。

大牲口 指农业生产中使用的骡马牛驴等体形较大的牲畜。

长腿牲口 马、驴、骡的统称。

硬棒牲口 指拉套干活儿有力量的牲畜。

力号 牲畜拉套力量的大小。

力量 马、牛、骡、驴等拉套牲口的统称。用马、骡同拉或伙拉套称“力量硬”，驴拉套称“力量软”。

使唤 使用牲畜。

好使 拉套时听从人的指令的牲畜。

活计 对牲口在使用过程中具体表现的综合评价，分活计好、活计赖两类。

保主 多年来既活计好又不闹病的牲畜。

添乎人 母畜产骡、产驹。

抓牲口 为耕种需要而买牲口。

牙子 出生一年左右的马、驴驹子。

条子 出生一年左右的牛犊子。

生个子 也称“没搭套”。未经驯服没拉过套的牲畜。

熟套子 拉过套且听使唤的牲口。

上料 给牲口往碎草里掺玉米、高粱、黄黑豆等饲料，分干料、水料（湿料）两种。将粮食粉碎加水调制稠状，拌入槽内，称“拌水料”“拌湿料”；往槽内撒粮食粒子，称“撒干料”。

喂牲口 给牲畜添草拌料。

饮牲口 给牲畜饮水。

淡牲口 给牲畜喂盐。

吃头儿 指牲畜进食速度快慢。

嚼草渣子 把吃剩下的草秸儿拌上料让牲畜吃。

披挂儿 用来形容牲畜体形大小。

黄瓜架 比喻牲畜十分瘦。

抓地虎 个子不大但十分健壮的牛。

百套皆熟 牲畜套在车、犁杖、耘锄、碌碡、碾子等生产用具上都好使。

前拉后捎 拉套时能够按照人的口令做出相应的动作。

入垄 拉套耕耘到地头转弯时，能够随人口令进入相应的垄内。

抓垄 拉套耕耘时顺固定的垄沟、垄背儿前行，不来回掰垄。

扒背儿 拉耘锄时顺垄背儿走，不踩两侧垄苗。

慌 拉套时脚步快。

瞅（读“秋”）鞭 拉套时不时回头瞅主人手里拿的鞭子。

蹿套 马、骡、驴在套车、耷犁杖时，套刚搭在身上，没等扣夹板或系夹板门绳便冷不防蹿出去，一次或几次才能套上。

松套 拉套时偷懒不使劲，套股拉不直。

后惊 牲口拉套时身体后面部位碰到异物接触而惊慌奔跑，大多是从前受过意外刺激导致留下的后遗症。

打响鼻 马、骡、驴遇到特殊情况时表达示意的习惯性动作，用鼻子发出响声。

干板儿夹 不戴套包子拉套。

追坡 拉车下坡时靠屁股顶住蹲鞧向后用力，控制下坡速度。

跑坡 下坡时仍然拉着车快走。

眼岔 骡、马、驴在走路时看见陌生东西害怕，要么竖立耳朵，要么挣脱缰绳，有"牲口有膘眼岔，人有钱胆大"之说。

抓嘴 拉犁杖、拉碌碡、拉碾子时不停地抢东西吃。为防止"抓嘴"，干活时须戴上"箍嘴"。

懒道 在道上走时抢两旁草或庄稼吃。

打膀子 因没戴套包或套包不合适，拉套过程中夹板将局部皮肤磨破。

肉食 用来养膘不使役的牲畜。

卖肉食 把口齿大或生病的牲畜卖掉。

毛了 由于眼岔导致拉套时突然间挣脱束缚奔跑，如趟车、犁杖、碌碡、簸梭、磙子等，往往将农具损坏。

假生 极个别马、骡、驴在使用过程中由于人为养成的不良习惯，表现在拉车上坡半道上往回捎、误车或拉重载时不往前拉。

口骚 有咬人、拱人劣习。

耍熊 俗称"奓翅"。牲畜不服从驾驭。

崴蹄寸子 又称"闪蹄寸子"。牲畜走路时把蹄寸子扭伤变瘸。

歇蹄儿 马、骡、驴歇息时经常把其中的一个蹄子长时间抬离地面。

戳蹄儿牲口 马、骡、驴长的蹄甲坡度小，呈直立状。

趴达蹄子牲口 马、骡、驴长的蹄甲坡度大，呈扁圆状。

尥蹶子 扬起后腿使劲向后蹬，容易踢着人。

稳 拉套时脚步快慢合适、均匀。

兔闹 对拉套卖力牲畜的褒义评价。

劣性 又称"劣倔""馊性"。生性暴躁不容易被人约束、驾驭的牲口。

打前失 拉套时走着走着，突然有一步好像要向前跌倒。

搭套 牲畜是否拉过套，分没搭过套、搭过套两种。

扑蚂蚱 没搭过套或体弱的牲畜使用时，步子、速度不一致。

扭秧歌 拉车不入辙、拉犁杖不走正垄。

掰垄 拉犁杖时，走着走着从正垄走到另一根垄。

溜缰 俗称“溜纲”，会自己抹笼头、解缰绳的牲畜。

鞴鞭 俗称“糗鞭”，拉套时任鞭子抽打总是慢腾腾走的牲畜。

拘闲 牲畜农闲季节长时间困在圈里，冷不丁撒出来或拉套干活时，出现“撒欢儿”“尥蹶子”现象，称“拘闲”的，即拘束、清闲。

见青 牲畜由喂干草改为吃青草。

跑青 青草刚出时，绵羊撒山乱跑找青草吃，这阶段羊都比较瘦。

吃饱青 青草能够让牲畜吃饱。

抓草膘 让牲畜吃青草上膘。

抖搂膘 牲畜因闹病、过度使役导致一点点变瘦。

隔（geī）草 毛驴见青后再不愿意吃干草，称“隔草”。骡、马、牛吃青草后照常吃干草，称“不隔草”。

细草 牲畜吃草挑剔。

细水 牲畜喝水速度慢或不爱喝水。

呛食 俗称“吃头好”。指牲畜对各种饲草不挑剔且进食快。

擢草 饲草拌入粮食粒子或面类饲料后，牲畜专挑饲料吃，把饲草拱出槽外。

毛皮 又称“毛片”，牲畜的毛色。

驴色 又称“耗子皮色”，灰色，毛驴的主要颜色之一。

赛白 没有生育能力的成年雌性牲畜。

身腰 牲畜身体的长度。

缺材料 牲畜的某一方面有缺陷。

里为单爪外为瞎 牲畜左眼失明为单爪，仍可使役。如右眼失明则为瞎，不能使役。

柱子 形容牲畜的四条腿较粗。

麻秸秆儿腿 形容牲畜的四条腿较细。

口齿 又称“几岁口”，根据牲畜牙齿特征断定其年岁。

剔牙 马、骡、驴驹子乳牙脱落长出槽牙。

白口驹 出生三年以下没剔牙的马、骡、驴。

扎牙儿 出生满三年的马、骡、驴，上下出两个牙，又称“俩牙儿”“大三岁子”。

四个牙 即四岁，上下出四个大牙。

五岁 有“边牙露肉，赖五赖六”之说。

六岁 边牙出齐。

七、八岁 根据牙的龋口来判定，有“七咬中龋八扫边”之说。

新一面 下齿的龋口已经磨没，但有龋点儿痕迹。

中一面 下齿的中间龋口断开，有“中龋断，八岁半”之说。

老一面 下齿连龋点儿都磨没有，俗称“光板儿”。

十岁以上 上下齿都磨成光板儿，有“上平下平，十岁有零”之说。

老咣当 老口齿牲畜。

滴泪旋 马、骡、驴两个前腿胖子上部系夹板绳处有对称旋儿。

号丧旋 马、骡、驴嘴角两边儿有对称旋儿。

盘缰旋 马、骡、驴笼头系缰绳处有对称旋儿。

带管儿旋 马、骡、驴拳窝处有旋儿，分单带管儿、双带管儿。

打耳挂 马、骡、驴深夜两个耳朵甩打发出响声，容易招贼人来偷，民间有“滴泪号丧不可怕，就怕半夜打耳挂”之说。

笑头 马、骡、驴脑瓜门儿上有大块白色印记。

白玉顶 额头有鸡蛋黄大圆形白色印记。

龟背 除黑色外的其他颜色马、骡、驴，从前腿胖子到鬃领、脊背的一条黑色印记上有若干分叉，看上去似龟形寿线。

追风旋 尾巴根子旁边有对称穴儿。母畜叫“二鬼把门”，容易产双驹。公畜拉套“出快”。

迎风 马、骡、驴的尾巴向左侧倾斜，有“里为迎风，外为倒圈”之说。

倒圈 一指马、骡、驴的尾巴向右侧倾斜。二指对经常生病牲畜的诅咒。

花膛 马、骡、驴上颚为黑色。

抹笼头 买卖牲畜讲好价钱后，卖方摘下牲口笼头，由买方换上自己带的笼头把牲口牵走，俗称“抹笼头”。民间讲究卖牲口不卖笼头。

马掉鼻 马鼻疽病。

剪子口 除黑色外的其他颜色马、骡、驴，从鬃领到前腿胖子的黑色印记分成剪子状叉形。

驮钱花 名词。背上带有红、白色铜钱状花斑，被视为驮着钱。

错齿 马、骡、驴的上下牙齿不对齐。

秃尾巴 牲畜由于意外原因导致尾巴下部分去掉。

寒筋腿 牲畜遇到冷天走路腿不灵活。

结症　马、骡、驴常见的疾病。从部位分前结、后结，从类型分草结、土结。

串水　牲畜喝水不慎出现肚子疼现象。

蹿稀　牲畜腹泻。

旋蹄疮　牲畜蹄寸子部位生疮。

投药　冬春季给牲畜灌驱虫、健胃药，增强胃肠功能。

灌药　牲畜生病时灌中草药。

赶槽　马、驴发情。

打栏　牛发情。

倒嚼儿　牛反刍。

犍牛　在两岁左右时阉割的牤子。

牤牛　又称“种牛”，长大了的公牛。

乳牛　母牛。

牛犊子　乳牛产下的崽。

牤子　公牛犊子大了叫牤子。

儿马子　公马。

骒马　母马。

马驹子　马产的崽。

种马　长大后用于配种的公马。

骟马　在两岁左右时阉割的公马。

马骡　马雌驴雄交配产下的后代叫马骡。

儿骡子　雄骡。

骒骡子　雌骡。

驴驹子　驴产下的崽。

叫驴　公驴。

草驴　母驴。

骟驴　在两岁左右时阉割的公驴。

种驴　长大后用于配种的公驴。

驴骡　马雄驴雌交配产下的后代叫驴骡。

噘嘴骡子　唇部超大的骡子，一般情况下体形长不大。民间有歇后语：“噘嘴骡子——值不了个驴钱”。

跑堂驴　又作“跑趟驴”。体形较小，常用来拉碾子的毛驴。

露骨驴　骨架凸起的驴，以体形较大的驴为常见。

转缰之灾 牲畜买卖后不久突然生病或死掉。

羊毛季 羊毛季指农历五月节前后剪羊毛的季节，是民间约定成俗的一段日期。剪羊毛俗称“铰羊毛”，是一个较小但很重要的收获季节。人们常常把较大开支的时间预定在这一阶段。

吁 喊牲畜停止走动的口令。

驾 也发“叫”音，喊牲畜开始走动或快走。

移 也发“吁”音，喊一声或连续喊几声，即“移移移”。示意牲畜往左侧走或左转弯。

哦 喊一声或连续喊几声，示意马、骡、驴往右侧走或右转弯。

捎（shào） 喊马、骡、驴向后退。

调 喊马、骡、驴屁股向套内掉转。

抬 夹腿时喊马、骡、驴抬腿。

嗒嗒 也喊“啊嗒啊嗒”。喊一声或连续喊几声，示意牛往右侧走或右转弯。

咧咧 吆喝耕牛的口令，示意牛往左走或左转弯。

五、时间单位

片 量词，用作土地的面积和范围。

块 又称“块儿”。量词，用作土地数量的单位。

根 又称“根儿”。量词，用作垄数多少的单位。

遭 垄的一个往返。

处 从垄的一头到另一头，即只往不返。

趟子 把垄数按常规分组，每一组 10 条垄称一趟子。

傍 临近、接近的时分。

早新 早晨。

亮个擦儿的 早晚天色微亮的阶段。

傍亮天儿 天就要亮的时候。

日头 又称“日头爷儿”。指太阳。

日头一杆子高 确定上、下午大约时间的标准。

冒红儿 太阳刚刚出来。

头晌 上午。上午的前一半叫头半晌，后一半叫后半晌。

晌午 中午前后的一段时间。

偏晌 又称“贴晌”“傍晌午”。上午接近中午的时候。

正晌　又称“晌乎头”。正午时段。

晌乎歪　正午刚过的一段时间。

大晌午头子　盛夏时的中午。

贪晌　延续到了中午。

过晌　又称“过半晌”，过了中午，即下午。

傍过晌　下午的后一半。

黑歇　晚上。

没（mò）老爷儿　指太阳下山。

哄晌　俗称“后晌”“黑歇”。晚上。

大哄晌　天黑以后的一段时间。

傍哄晌　临近傍晚的时候。

傍黑天儿　傍晚。

黑个擦儿的　天晚天色微黑的阶段。

贪黑　延续到天黑后。

把子　可以一只手抓过来的庄稼数量。

掐子　一只手或两只手指尖儿相对握着庄稼的数量。

菂子　两手对掐能拿起来的东西，称为一菂子。

老牛腰粗　形容捆的个子大。

一把大　形容捆的个子小。

中溜个儿　捆的个子大小适中。

石　计量单位，十斗为一石。

顶石　一亩地产量在十斗以上。

合（gě）　容量单位，一升的十分之一。

一层　俗称“一行儿”，表面部分。

指　手指并拢伸直所表现的厚度，是衡量厚度的尺度，一般用一至四指来表述降雨后土壤的湿润厚度或场院粮食的厚度。

一巴掌　五指为一巴掌厚。

一豁豁　也叫“一豁口”，手指伸开后大拇指指尖与中指指尖的距离为一豁豁。

一庹　把两臂向两侧伸直，其两个中指尖的距离为一庹。

制子　临时确定的计量单位，相应地，用这种工具计量叫“制”。

付子　称重大宗物品时，每称一次称为一付子。

半季儿　一年四季的代称，分春半季儿、夏半季儿、秋半季儿、冬半季儿。

头气儿活 上山劳动的前一段时间。

二气儿活 第一次歇息后又开始劳动的后一段时间。

成儿 量词，十分之一为一成。

春起 又称“开春”。从春天开始。

秋儿 又称“秋头子”。收获的季节。

大老秋 深秋，晚秋。

脚面子深 作物或场院粮食没过脚面。

一豁豁来高 作物高度八寸高左右。

波罗盖子高 作物高度一尺半左右。

大腿深 作物高度三尺左右。

溜腰深 作物高度齐腰，三尺半左右。

胳肢窝深 又称“到胳肢窝”。作物高度到腋窝，四尺左右。

搭肩膀头 又称“到肩膀头”。作物高度齐肩，四尺半左右。

一人深 又称“一人来高”。作物高度到人头，五尺左右。

没影儿深 作物高度超过人头。

前房檐高 指玉米、高粱、向日葵之类作物高度接近房檐。

股儿 又称“批儿”，用作组成绳子的根数单位。

六、农活类

山上活儿 又称“地里活”，泛指田间生产范畴内的所有农活。

场院活儿 指打场过程中的农活。

家务活儿 指为农业生产服务的农活。

揍活 干活。

插伙 两户或多户合伙在一起干活。

上山 下地干活。

下山 干活收工。

揍收地 收拾、莳弄土地或庄稼。

揍工夫 给别人打零工干农活。

成手庄稼人 有多年种地经验的农民。

二把刀 俗称“半拉架”。对某样农活不熟练。

雏把儿 俗称“雏把儿拉子”。刚刚学会干某样农活。

下庄稼地 当农民干农活。

顺垄沟找豆包 借喻农民职业或干农活，有贬义或自嘲。

土里刨食儿 靠种田吃饭。

撸锄杠 又称“耪大地”。代指当农民，有贬义或自嘲。

手病 各自干活养成的习惯。

两顺撇 干活姿势之一，左右手都能灵活操作同一种工具。

顶棱 能干，顶用。

煞棱 干活速度快。

毛棱 又称“毛腾”。干活毛手毛脚。

手一分脚一分 干活手脚麻利。

磨蹭 干活速度慢。

耙扎地 一指阴雨天在地里劳作把地踩板结。二指进地里踩倒庄稼。

吭哧 干费时费力的活。

累屁了 俗称“累屁蛋”。干活过度劳累。

细作 干活仔细、精心。

莳弄 又称“揍收”。收拾、侍弄地。

下腰 用尽全部力气或全身心投入去干活。

待微了 由于长时间不干活身体没劲儿。

顺过架 从开始干活身体、技能不适应到慢慢适应的过程。

号脉 对干农活动作慢的戏称。

突哧 拼命往前赶农活。

正当正当 把农具向某个方位动一下改去偏差。

里手 俗称“里撇”，左侧。

外手 俗称“外撇”，右侧。

左撇子 用左手扶犁杖、拿镰刀等干活。

正手 右手。

赶遭 一块地或一趟子地的垄为双数。

不赶遭 一块地或一趟子地的垄为单数。

送粪 用挑筐挑、驴驮口袋、车踅粪帘子等方法把农家肥送到地里。

扒粪 把车上的粪一堆堆卸到确定的垄上，要求距离远近和多少标准大约一致。

襻 铁质部件带尖的一头穿透木头后，把多余部分撼弯附在木头上。

投投犁杖 修理犁杖。

拴套 把挑地所用的整套工具连接在一起。

扶犁杖 手扶犁把儿并且驾驭拉套牲畜挑地。

甩犁杖 到斜子垄的接头处不停犁杖，在驾驭牲畜换垄走的同时，提起犁杖甩入相应垄背儿。

抹犁杖 又称“拧犁杖”。到地两头把犁杖掉过头来挑另一根垄。

歇犁杖 牲口拉一气儿套后歇息一会儿。

挪犁杖 也叫“挪地”，种完一块地，往另外一块地转移。

投套包子 歇犁杖时把牲口脖子上戴的套包子向前移动一下。

挑套 歇犁杖后，把夹腿的套股、撇绳捋顺好接着拉套。

卸犁杖 把牲口从犁杖上卸下来，多指种完一块地或中午下山。

夹腿 牲畜拉套时套股或撇绳进入腿内。

拧死弯儿 抹犁杖、耘锄时弧度不够，撇绳或套股容易夹腿。

攒套股 用绳车子纺套的过程。

套夹板 原意为牲畜拉套，借喻农活的开始。

不合套 拉犁杖的两个牲口不配合，或快慢不一致，或相互排斥。

拉单劖儿 用一头牲口拉犁杖。

挂五五杆儿 又称“拉平杆儿”。把犁杖千斤挂在耍杆子 1/2 处的老鸹鼻子上，拉套的两个牲口平均用力。

挂四六杆儿 又称“拉软硬杆”。把犁杖千斤挂在耍杆子 2/3 处的老鸹鼻子上，拉套的两个牲口不平均用力，以此照顾力量相对小的牲口。

锛杆子头 把犁杖千斤挂在耍杆子大约 3/7 处的老鸹鼻子上，力量小的牲口只拉个杆子头。

撅犁杖 挑地时犁铧遇上树根、大石头等障碍物，由于惯性作用将犁辕或犁把闪断。

打铧 挑地时犁铧被障碍物锛碎，有“哪儿打铧哪儿住犁”之说。

墩铧 往犁键上安犁铧时，在木块、石头的平面上用力墩正墩牢。

打背系 套股等绳子类由于拧劲儿后个别地方聚成弯儿状。

秃噜扣 绳子没系牢固而松开。

抖搂开 把工具舒展开。

煞地 侧着犁铧向一面翻土，形似扣地。

撅腚 犁杖的犁底在挑地时往上翘。

哈埼 犁杖挑地时必须歪着扶犁把才能挑正垄。

扛鞅 牛鞅子绳过长，拉套时牛鞅子从脖子往脊背上撸。

抗仰 挑地遇到杂草、扎子等杂物囤积在铧与犁辕中间，致使犁铧从地里翘起。

犁杖浅 挑地时犁铧插入地面较浅。

犁杖深 又称“没犁杖”。挑地时犁铧潜没地面。

坐不住犁杖 挑地时由于犁铧浅犁杖不稳。

起垄 又称“打垄”。在地里一根挨一根耕出垄以便种地。

放垄 初秋时节，把已经蹚过的垄沟里面长出的杂草用大锄刮掉。

条播 俗称“挑沟儿”“挑垄”“开沟儿”。在起垄时凸起的垄沟儿上挑出用于播种的凹沟。

投沟儿种 因没苗翻种时重新挑开垄沟儿播种。

抢墒 趁墒情好抓紧时间播种。

錾坑儿 用镐头等工具刨坑下籽的播种方法。

搂沟儿 用镐头等工具刨沟准备下籽。

拱着种 没起垄的地直接用犁杖挑沟儿播种，多为头一年或当年翻扣之后的地。

抹地头子 犁杖没挑到地头或抹犁杖时地头没插入犁杖。

开趟子种 又称“种正趟子”。从趟子的一侧插犁杖去，另一侧返回，最后种中间垄。从右侧去、左侧回叫“正着开”；从左侧去、右侧回叫“倒着开”。

抽犁杖种 又称“种偏趟子”。从趟子的一侧垄挨垄靠着向另一侧种。从右侧先种叫“正着抽”；从左侧先种叫“倒着抽”。翻扣之后的地大多抽犁杖种，防止事先没起垄出斜子。

撇茬 又称“跑垄”。前一年的作物茬子在种地开沟儿时没被犁杖劐掉。

挤垄 又称“种滚垄”。两块地相邻垄的垄背儿留得过小。

种上垄 俗称“褙垄”。一般的做法是，先挑开垄沟，捋粪、点种，然后再挑两边垄背掩埋镇轧垄沟即可。常见于种蔬菜、土豆、地瓜等作物。

种地欺 种地时不留回牛地、挤垄等。

地虱子 对视地如命之人的鄙称。

上翻土 挑坡地时犁铧向坡上分出的较少土。

下翻土 挑坡地时犁铧向坡下分出的较多土。

生隔（geī）子 扣地、挑地时没能松动的地方。

串换籽儿 相互交换种子。

淘腾籽儿 设法弄到稀缺种子。

下籽儿 往地里点籽儿。

点籽儿 又称“点种”。用点葫芦头往垄沟播种。

点堆儿 即点播。用点葫芦头按一定距离每穴敲击一下。

踩格子 播种时直接用手下籽，用脚覆土踩实。

点垵 即穴播，往刨、挖的小坑点种。

漫撒子 不按垄或不分垄地撒籽、播种。

点漫撒子 用点葫芦头敲击均匀点籽。

风抄籽儿 风大将点葫芦头点落的籽刮跑。

叉粒子 种子里有异物，堵住点葫芦头杆儿。

挎粪堆子 捋粪之前用粪耙子把粪堆子上埋的土刮走。

挎粪 捋粪时用粪耙子把粪按垄数平均搂入粪撮子挎走。

捋粪 把粪撮子粪施入垄沟。

捋漫撒子 把粪均匀捋成线状。

颠堆 又称“捋堆儿”。把粪捋在踩格子播种的脚印上。

倒堆子 一指移动偏离垄的粪堆子。二指留出一趟子中最后一根垄的粪。

借粪 从另一堆中挎粪。

劐堆子 犁杖把没来得及倒的粪堆子劐开。

断节儿头 点籽儿或捋粪没接上头儿。

打簸梭 用簸梭往播种的垄沟覆土。

跑垄 用簸梭往垄沟拖土时，簸梭跑到了另外的垄里。

挂簸梭 把簸梭用绳和一端有短木杈的木棍儿拴在一起，木杈与千斤并列挂在耍杆子外手的老鸹鼻子上。

掉脐儿 磙子脐儿脱落。

滚垄 用磙子碾压垄沟磙时，磙子跑到了另外的垄里。

趋搭土 又称“蹚浪土”。脚对脚来回踢土掩埋垄沟外露的种子。

报一角儿 专干一项活。

狗扯腿 由于人手不够，到地头放下一项活计干另一项活计。

“二人转” 两个人完成一副犁杖种地的各项任务。

满台摸 啥活都干。

包了活 把活做完。

接应 自己分内垄的活完成后去帮助别人。

抹帽子 耪头遍时锄板有时露出地面。

半拉背儿 垄背儿的二分之一，左右两垄各占一半。

倒耪 站在一根垄的左侧垄背儿上，倒捎着同时耪该垄沟儿左右两个半拉背儿。左边耪一兀，抬起锄再到右边耪一兀，以此类推。

熟背儿 抱垄耪时左边半拉背儿因已经提前耪过称为“熟背儿”。

生背儿 抱垄耪时右边后耪的半拉背儿称为“生背儿”。

掩垄眼儿 抱垄耪时让垄眼儿进土掩盖杂草。

爱苗 薅地时不经意间把苗儿留厚。

移苗 俗称“淤苗”。在垄上连土挖出多余的苗给缺苗处补栽。

把不过麻 忙不过来。

打接骨 二人以上分段完成同一类农活。

单根捌 一根根薅地、割地。

挂锄 蹚地结束后农活告一段落。

拉黏条 俗称“拉不开栓”。雨后耘、蹚地翻起来的湿土块大部分回落原地。

甩垡子 雨后耘、蹚地翻起湿土块。

端苗 蹚地时犁铧将青苗连同根部的土移动位置。

撼叉子 选择顶部有分杈的树枝撼出弯度并固定，使其干燥后形成叉子形状。

撼镰刀把 将湿木棍儿撼出弯度并固定，干燥后当镰刀把。

忙秋儿 又称“收秋”。秋季忙着收获。

撂倒 割倒。

开趟子割 割谷类、豆类作物时先开趟子的方法。在一趟子中间先割两三根垄，并按合适距离放堆。

放个子 俗称“撂个子”。割成需要捆的堆。

打靿子 连根拔出一把作物等分后，掐住穗子拧两个劲儿褙过来。

穿靿子 把打好的靿子通过垄沟穿入堆下。

抓把子 割地时用手攥住作物。

送把子 将手中的把子往堆上放。

钩穗子 送谷把子时用镰刀钩住整把穗子的脖颈，使谷堆子的穗子方向一致。

捆个子 割完一趟子后，用靿子交叉拉紧堆子，拧几个劲儿捆成个子。

上打镰 割豆类作物时镰刀随时置于抓把子手上面。

下打镰 割谷类作物时镰刀随时置于抓把子手下面。

放铺子 俗称“撂铺子”。割成不需要捆的堆。

拢铺子 割完一趟子后，脚、腿和手并用把铺子拢紧实。

揭铺子 又称“搁铺子”，大风把铺子刮开或掀翻。

留猫耳朵 割豆类作物时遗留在底部带豆角的分杈。

两头忙 割地放把子时穗子不一致，捆完的个子两头都是穗子。

炸煞飞儿似的 捆的个子不够捋顺。

胀把 一指工具的手柄过粗，握不严把。二指手掌因用力不当或过久出现发胀的感觉，以割地常见。

涮手 镰刀、锄头等工具的把儿过细，手握起来不舒适。

割（gā）口子 割地时不小心用镰刀把手割破流血。

揎棒槌 挑选一块地中已经成熟的作物割倒，未完全成熟的再养上几日。

成趟子割 割高粱时，一个人割一趟子，比喻此人能干。

抱秆 是割高粱时的一个动作，左胳膊抱住高粱秸秆，右手用镰刀割下。

搂秆 是割高粱时的一个动作，右手拿镰刀将一片高粱秸搂过来，左手伸出使劲搂住，同时右手镰刀快速割下。

留茬 割玉米、高粱等作物时距地表一尺多的地方割断，留出茬子用镐头刨出当烧柴。

不留茬 割玉米、高粱等作物时几乎贴近地皮割下，只剩茬子头。

刨茬（zhà）子 用镐头将收割后的庄稼根茬刨出。

处茬（zhà）子管儿 把地里的茬子地面部分处下来当柴火。

攒高粱 把捆好的高粱个子戳起来码到一块儿。

码地 为装车方便，将捆好的个子、拢完的铺子按距离集中排放到一起。

翻个子 雨后个子湿翻过来晾晒。

挪铺子 雨后防止铺子底部籽实受潮发芽挪动位置。

拉地 把晾晒好的庄稼用车拉、驴驮、肩挑（扛）等方式运回场院。

上晃 拉农作物车装得过高不稳当。

打煞绳 俗称“打绞锥”。用煞绳、吊鞅、绞锥、绞棒、绞棒绳把车上庄稼等物品固定在车上。

辕轻 车厢装载前轻后重。

辕沉 车厢装载前重后轻。

里大 车厢左侧装载相对比右侧多。

外大 车厢右侧装载相对比左侧多。

压偏 又称“侧歪”“侧棱”。由于装车的原因，装载向一边倾斜。

压一胶 由于里大或外大导致重心倾向一面车轱辘，遇到凹凸不平路段容易压爆胎。

烧厢 装作物的运输车侧翻，一面轱辘朝上。

散包 俗称“抖搂包”。因为里大、外大和烧厢原因把庄稼卸下来重新装车。

扑车 一指搭腰扣子断导致车辕子扑到地上。二指卸牲口后让车辕子支地，准备检查车。

后置 车尾把子儿支地，方便卸车。

清场院 遛场院之前把场院里的土、杂草等清理干净。

遛场院 用牲口拉动碌碡把打场用的场地碾轧光滑、坚硬。

垛垛 把收割后的农作物拉到场院叠、摞起来。

打垛底儿 先在垛中心用两个谷个子搭一个十字，再搭成米字，依次按缝隙垛出圆形。根据谷子多少确定垛底儿大小。

码层 垛底儿打合适后，沿外圈谷穗朝里一层层码谷个子。

填芯儿 谷垛外圈码圆之后，随之把圈里铺实。

收垛 又称“封垛”。垛到一定高度时，逐渐把外圈一层层向里收缩成圆锥形。

倒堆 雨后把堆在一起的庄稼或籽实劐开晾晒后重新垛成堆。

打烂秆 连秸带穗一齐轧，以黍子、糜子和矮小的晚谷子常见。

拆谷垛 从谷垛顶端一层层拆下谷个子，是谷子打场的第一步。

扦高粱头 将高粱穗子扦下来。

压破花儿 用碌碡打高粱时须压开穗子脖颈，粒子才慢慢脱落。

摊场 俗称“铺场”。打场前在场院将农作物均匀地铺成圆形。谷子、高粱摊穗子，豆类、荞麦则直接摊铺子。

摊嘎啦 俗称“摊嘎啦圈子”。谷类穗子或豆类秸子量小，摊成空心儿圆形，像小孩脖子上戴的嘎啦圈子。

拖磙 摊匀的铺子或穗子太厚，在碌碡轧的过程中聚成堆，阻挡碌碡转动。

掉框子 又称“掉脐儿”。碌碡从磙框子上脱落。

翻场 碾轧过程中停住碌碡把庄稼穗子翻个。

起场 用叉子把脱粒后的碎秸秆或挠子用叉子清理出去。

串粒子 谷类作物起场后再用碌碡碾轧，使码子上或连在一起的粒子全部脱落，同时串掉籽粒的把儿。

翻锨 串一遍粒子停住碌碡，用木锨由外至里推出大小圆圈，使底下籽粒外露，便于下一遍碾轧。

串狠了 串粒子时间过长，籽粒有少数脱糠成米。

打漫 在扬场的过程中，另一人用扫帚在扬出的粒子堆来回轻扫，把粒子中未吹出去的杂质扫出来。

撇锨 扬场时端起一锨粒子，呈弧线形抛向空中。

马道 扬场时粒子与杂质之间留出的分界线。

两顺撇扬 站在左侧扬一会儿，再站在右侧扬一会儿，循环往复直至扬完。

拱大堆扬 从堆一侧向前拱着扬。

过筛 根据农作物籽粒大小，选用孔径粗细不同的筛子把籽粒与杂质分开。

出风 又称“扬二遍”。将杂质筛除后，接着再扬一遍，得到干净粮食。

上风头 扬出的堆顶端为上风头，多为饱满籽粒。

下风头 扬出的堆挨马道部分为下风头。

戗 逆大风扬籽粒，刮掉略低于粮食比重的杂质。

溜 从高处往地面或容器里均匀倾倒粮食，借助风力刮掉杂质。

飘 让糠随风飞动、刮走。

蹿 用大簸箕簸粮食的过程中，掌握好适当机会猛然用力抖一下，把杂质颠出去。

折腾 把粮食通过挑、簸、扬、筛、蹿等方法弄干净。

倒腾 把庄稼或粮食移动位置。

撸怂 用簸箕来回晃动，使粮食中的杂质浮出。

风粮食 用扇车分离粮食和糠等杂质。

放溜子 调节扇车粮食下放量大小开关。

留籽儿 留出种子。

落穰 俗称“打二遍”“打落穰”。把脱粒后还带有少量粒子的农作物穗子或秸秆再轧一遍。

下场 俗称“扛场”。将扬好的粮食用口袋装起来，一袋袋倒进囤子或粮仓储存起来。

过斗 用撮子把粮食撮入斗内，以斗数多少称量出粮食总量。

打趟子 用斗趟子刮平斗上多余的部分。

涨斗 没串净把儿或没扬好的谷类粮食过斗时比重低。

涨秤 粮食过斗时比重相对较大。

扛口袋 把装满粮食的口袋掫到左或右肩膀上扛走。

拔袋子 又称“拔大葱”。一个人从地上拔起口袋往肩膀上放。

掫袋子 一个人抓口袋嘴儿用力，另一个人协助掫口袋底儿往肩膀上放。

踅茓子 把粮食用茓子圈起来。

猴顶灯 茓子底部装糠、顶部装粮食的做假方法。

端荟挠 下场后把荟挠端走。

聚糠 下场后把糠聚到一块儿收起来。

关场院门子 打场结束后把场院门子关上，秋收结束。

七、作物类

茴庄稼 生长期长的农作物，多指玉米、高粱、谷子之类。

稙庄稼 生长期短的农作物，多指豆类、荞麦、黍子之类。

大田 又称“旱田”。种茴庄稼的地。

晚田 种稙庄稼的地。

高棵 指玉米、高粱、谷子等秸秆儿高的作物。

矮棵 指豆类等秸秆儿矮的作物。

大仓子籽儿 没经过选种，从粮仓中拿来当种子的粮食。

粉籽儿 种子入地后由于气温低迟迟不能发芽，导致霉烂。

芽干 种子发芽破土时，由于土壤湿度不够而枯萎。

放炮 黄豆将要发芽时遇干燥收缩干瘪，再无发芽能力。

三翻身 黑豆有三次发芽能力。

洗脸 芝麻籽儿入地须经过雨水浸泡透后才能发芽。

过门槛 传说收割时散落在地里的芝麻籽儿不发芽儿，须在家里经过屋门槛才可拿到地里播种。

几成苗 出苗的百分比，十分之一为一成，以此类推。

苗儿 指幼小的农作物。

冒锥儿 也叫“露锥儿”。作物在地面冒出尖尖的芽儿。

见苗 能看见地里有苗长出来。

俩光光儿 又称“俩瓣儿”。形容豆类、芝麻刚出土。

高粱苗子 未拔节儿的高粱幼苗。

幼苗 又称“小苗”。出土至未拔节时的庄稼。

抓苗 地的出苗情况。

抓全苗 作物种子全部出苗。

抓住苗 作物种子全部或大部分出苗。

缺苗 苗出得不够全。

没抓住苗 地里只有小部分苗或没苗。

热苗子 气温升高后迅速生长的幼苗。

招土截 一指由于地面硬或土层干燥幼芽钻不出来。二指有一种叫“土截虫”的害虫（地下钻心虫），专吃幼芽。

地荒 形容庄稼地里杂草多。

自来苗 出苗多少适宜，几乎不用间苗。

厚 作物的株数多，密集。

点厚了 种地时下籽多、出苗多。

薅厚了 俗称“留厚了”。间苗时留的株数多。

稀 庄稼的株数稀少，稀疏。亦有“点稀了”“薅稀了”之称。

掉苗 点播类作物有没出的苗。

星崩儿 俗称“屁崩”。零星的几棵苗。

二两八单 形容出苗稀疏不均匀。

稀拉巴儿 形容苗稀。

亹窝子 幼苗期由于气温低长势慢。

断节苗 垄内一截有苗，一截没苗。

掯扽 也叫“掯住”，由于天旱致使庄稼在某一个生长期停止正常发育。

缓苗 秧苗从濒临干枯到恢复正常生长。

寡妇垄 忘记点籽而没有苗的垄。

天苗 对农作物秧苗的尊称。

青垄 幼苗已经在垄沟形成一条绿线。

扎根 农作物生长过程中不断在土里生出的根。

不扎根 农作物过了立秋季节停止生根。

伤根 根部透风或被挑断。

烂根 由于雨水多，造成作物根溃烂，叶子发黄。

团棵 农作物叶片长全。

拉蔓儿 瓜类、豆类作物的茎生长延伸。

青头 打瓜介于成熟之间，籽由白嫩变为青硬。

水根儿 农作物雨后刚刚生出的白根儿。

主根 谷类作物幼苗期间的唯一个根。

推磨 幼苗受连日风吹左右摇摆，和主根周围的土壤出现小间隙而东倒西歪。

提气 形容庄稼长势的优劣。提气为好，不提气为劣。

娇耐 作物对生长条件要求苛刻。

迷眼儿 黍子出苗时遇上大风天，苗芯儿被土灌满。

皮实 作物对生长条件要求不苛刻。

搭凉棚 一指地里的杂草掩住庄稼。二指茂盛的庄稼遮盖地面。三指荞麦长高后搭接在一起。

封垄 庄稼的叶子把垄遮盖住。

青苗 开始拔节的庄稼。

敦实 幼苗或青苗粗壮。

匀乎 庄稼长势均匀，一致。

二茬苗 没能够及时发芽，后出土晚于头茬的苗。

种草口上 落透雨即种的地，杂草没发芽，苗草一起长。

稀棱 稀疏的庄稼苗长势较快。

护腚草 垄沟幼苗间的杂草。

细毛长纤 青苗长势纤细、不敦实。

胎子 幼苗的长势。

薅老虎爪 间苗方法之一。常用于土质肥沃地，薅地时错落留苗。

留一趟线 间苗方法之一。按照不同作物的间距要求标准，植株形成直线。

靠山苗 靠垄帮儿长出的苗，由于点籽时风刮、点葫芦头位置没对准垄沟等原因造成，耘地、蹚地时容易刮掉。

垄空地儿 远距离断节苗的垄段。

借苗 间苗方法之一。为不浪费粪肥，在垄空地儿两头多留出一两棵苗。

丝根 由于苗厚根系相互交织在一起。

倒秧 庄稼因旱灾或水灾等原因产生的倒伏现象。

秧儿 某些作物的幼苗或茎。

秆儿 高粱等作物的茎。

秸儿 农作物收割以后的秸子。

穗儿 农作物聚生在一起的花或籽实。

穗头儿 形容穗儿的大小。

角儿 豆类、芝麻的籽实。

棒子缨儿 玉米用来授粉的雌性花蕊。

棒子穗儿 玉米顶端长出的雄穗，开满细小花，向雌蕊授粉。

棒子须儿 俗称“棒子毛”。棒子籽实尖儿上的线状附着物。

高粱花子 高粱穗子授粉阶段的雄性花蕊。

小砟子 作物中较小的植株。

双株 留双棵作物。

擗黄 农作物伤根后叶子变黄。

侧歪 农作物生长期不直立。

撑死 发生在没下透雨的谷子地里。雨后的谷子幼苗生出许多水根，原来的单一主根或断掉，或失去吸收水分功能。当水根扎到地下的干土层，幼苗水分供应不上而干死。

闪死 被风沙或淤泥掩埋住的幼苗或青苗，待扒拉出来后经烈日晒后枯死。

眼儿呼 幼苗期酷似黍子的杂草。

担旱 某种农作物耐旱。

掐脖子旱 庄稼要吐穗时天不下雨。

清堂 干旱导致庄稼出现成片枯萎，露出地皮。

度命 庄稼遇到大旱停止生长，勉强维持生命。

一根香 荞麦、黄黑豆之类的作物主茎上杈子少。

家雀脑袋 形容荞麦结的粒子多。

老鸹窝 形容高粱穗子大。

腔干 因白发病没出穗的谷子，顶部叶子发黄发白，秸秆发黑。

乌霉 也称“乌米”。玉米、高粱、谷子、黍子等农作物患的黑粉病，其中黍子的乌霉未长成黑粉状时可生吃。

莠子 谷地里常见的一种草，幼苗时酷似谷子苗。

身腰 出穗后秸秆的高度。

拔节 玉米、高粱、谷子开始长出一节节茎。

棒节儿 又称“棒棒儿”。作物茎的一节儿。

扛枪儿 也称“扛旗”，作物出穗前顶部的叶子直立生长，好像扛着尖尖的枪头。

吐露舌 作物穗刚露头。

拿头 又称“拿脑袋”“秀穗儿”，指作物穗子长出来。有农谚：“处暑不拿头，割倒喂老牛。”

打绺儿 俗称“闭眼儿”，干旱使农作物的叶子卷曲。

火愣秧 瓜类、豆类作物生病叶子变黄或干枯。

开园 地里的瓜类作物成熟。

罢园 地里的瓜类作物成熟期结束。

耷拉 叶子或籽实下垂。

放喇叭筒 玉米出穗前顶端的叶子呈喇叭状。

招腻虫 生蚜虫。

立干 天旱将作物秧和籽实晒干。

灌浆 农作物吐穗后孕育籽粒阶段。

硬浆 籽粒孕育成米。

压圈　谷子粒硬浆后穗子低垂。

箭头穗儿　形容穗头像箭头一样小。

晒米儿　籽粒硬浆到成熟前的阶段皮儿逐渐变白。

掐尖　芝麻、瓜类作物到一定生长期把顶端或分杈的尖儿掐掉，以利于成熟。

坐角儿　俗称“坐夹儿”，豆类或芝麻开花后结角儿。

一茬角儿　由于季节、天气等原因导致豆类只有一次开花、结角儿机会。

旁枝　豆类作物上结籽实的分枝，有“豆打旁枝”之说。

客杈子　谷类分蘖和豆类分枝。

扎刺　形容作物长势出奇。

烧苗　追肥不当导致作物黄叶或枯死。

落的（苗）　不是故意撒籽儿而长出的另类作物。

码子　俗称“噜嘟”。谷类作物穗子上一串串长满粒子的分茎称“码子”，如“谷码子”“高粱码子”。

紧码儿　指码子密集。

松码儿　又称“散码”“散穗子”。指码子松散。

欺负住　一种作物将另一种作物遮掩。

早荞麦　夏至节气前十天播种的荞麦。

晚荞麦　夏至节气后十天播种的荞麦。

窝儿涝　荞麦幼苗期间遇上大雨或连天雨变红变细纤。

巧麦　民间对荞麦的一种戏称。

谎花　开花不结果。

坐粒子　荞麦开花授粉后结籽。

虎皮粒子　荞麦粒未完全成熟，表皮红白相间似虎皮。

打蔫儿　农作物失去水分而枯萎。

翻秧　豆类作物打蔫儿枝叶侧翻。

坠手　庄稼穗子拿在手中有沉甸甸的感觉。

飘轻　庄稼穗子拿在手中有轻飘飘的感觉。

没大来气　俗称“提不了气”。根据农作物长势判断不会有好收成。

疯秧　农作物只长植株，不结籽实。

离怀儿　棒子长出茎外。

寡妇秧　光长秧没有穗子或有穗子不结籽实的植株。

寡拉叶子　农作物因患黄斑病、大斑病等，出现叶片发黄、干枯现象。

闭花 农作物停止开花授粉。

飘穰 由于干旱等原因，谷类穗子的秕粒子多。

空泡儿 谷码子上没有米的粒子。

招风 成熟季节的农作物遇上大风。

成实 形容籽粒饱满度。

串叶 芝麻、豆类成熟期落叶。

露水搭 秋天清晨农作物叶子被露水浸湿。

磨镰等 种完后不用莳弄只等收割的作物。

编耙 谷类因干旱、大风等横七竖八倒地。

磨粒子 刮风导致谷子穗与穗中间摩擦使粒子脱落。

打头穰 谷穗因磨粒子或被麻雀吃后粒子减少。

直脖 谷子穗因雹灾或麻雀吃粒子少而直立，不再弯曲朝下。

倒青 秋天雨水多，作物吸收水分后迟迟不成熟。

青眼子 成熟的谷类穗子中间夹杂的未成熟颗粒。

紫花 晚出的谷穗没能授粉，秋后呈紫色，穗上没有谷粒子。

嗑码子 又称“啃码子”“濑码子”。指黏虫吃谷类作物穗子上的码子。

活秧熟 籽实成熟后茎、叶不干枯变黄，还处于活着的状态。

雹子剩 又称“雹子落”。遭遇冰雹后的作物。

秋吊 出伏至秋收前不下雨，影响籽粒的饱满度。

伤镰 作物未完全成熟即收割，影响产量。

“冻死鬼” 没成熟遭霜冻的农作物。

上来 农作物霜冻时能够成熟。

上不来 农作物霜冻时不能够成熟。

没上来 指某种作物遇到霜冻时还没成熟。

立干 旱死后没成熟的庄稼。

度度 霜冻后让庄稼再生长几天，以利于籽实成熟。

度熟 霜冻或干旱使作物根部失去作用，籽实靠吸收茎部营养勉强成熟。

豆枝儿 割掉的豆秧。

抽抽皮儿 豆子上有褶皱。

黑角儿 豆类作物结的角儿成熟后皮儿变黑。

白皮 包在玉米穗子外面的皮变白，表明棒子即将成熟或已经成熟。

炸角儿 豆类作物的角儿开裂。

炸底角子 芝麻成熟后底部的角子开裂。

白撸 白露季节的前后几天有霜冻称“白撸”。

恋秋 生长期长的农作物，秋天成熟期晚。

没睁眼 因气候原因，高粱裹在帽子里没长出来。

挂灰 俗称“粮食上大劲儿了”。粟类作物穗子过度成熟，表面附着一层灰色的粉尘。

找节气 每一种作物到不同的节气有不同的长势。

缓兴 农作物遇到干旱、霜冻等自然灾害后慢慢恢复到之前的样子。

好秋 俗称“天让到时候”。指霜冻晚作物都已经成熟的秋天。

返潮 晾干的个子或铺子受潮变湿。

漏垛 雨水浸入垛内。

烧垛 也称“捂垛”。因漏垛或作物未干含有水分垛起来，受热后腐烂发霉。

悠垛 又称“倒垛”“垛悠了”。庄稼垛不正，导致向一面倾倒。

黄稍子 荞麦没成熟的粒子。

大头秕子 不饱满或没有米的籽粒。

豆楔子 未成熟的小秕豆粒儿。

虫子嗑 被害虫吃过的豆粒。

乌粒子 绿豆中的黑粒儿。

走油 芝麻、豆类等含油类粮食储存时间过久养分散失。

干草 俗称“谷秸”。削掉穗子的谷子秸秆。

高粱秸 掐掉穗子的高粱秆。

棒子秸 掰掉棒子的玉米秸。

挠子 已经脱去粒实的谷类穗子或豆类秸秆，包括谷挠子、豆挠子、高粱挠子等。

茬挠 扬场时分离在粮食、糠之间的皮儿、叶等细碎杂质。包括谷茬挠、豆茬挠、黍茬挠等。

暴糠 谷子籽实上脱下来的皮。

糜黍糠 黍子碎叶和籽实上脱下来的皮。

高粱帽子 碾掉的高粱壳。

荞麦花 干的荞麦花蕊和碎叶。

荞麦嘎巴 细碎的荞麦秸。

八、碾磨类

杵碾磨 制造石碾磨的过程。

杵碾子 碾子是农作物加工的传统设备，石质。用锤、錾子等工具使碾盘与碾砣的纹理变深，以增加研磨能力。

杵磨 用锤、錾子等工具把磨秃的两片磨纹理加深。

碾盘 又称“碾底”。碾子的下部分。

碾砣 又称“碾轱辘”。碾子的上部分。

帮台碾子 碾盘仅容碾砣子，外围需要用石块或砖头再垒出一个碾台用来存放米面。

连台碾子 碾盘与碾台一体的碾子，这样的碾台干净。

碾道 安放碾子的地方。

上碾道 泛指粮食加工过程中从准备阶段至加工结束的所有程序。

占碾子 又称“看碾子”。用笤帚、炊帚、驴套等作为占物，按送占物的时间早晚，排出一天内使用碾子的先后名次。

让碾子 轮到班儿之后不使用，协商后自愿让给下一份儿。

等碾子 即将轮到班儿之前，把粮食和用具提前拿到碾道做好准备，等待接班儿。

抢碾子 未按占碾子次序，趁轮到班儿的某一份未到抢先使用。

抱杆儿轧 又称“抱棍子轧”。把手和小腹部附在碾棍上，用力推动碾砣转动，两个人则一前一后用同样方法。

套牲口轧 用毛驴或骡马拉动碾子。

帮碾子 又称“帮毛驴”。待毛驴走累或拉不动时，用人在后面推碾棍来助力。骡马力气大，一般情况下不用人帮。

换套 一头牲畜拉碾子走累，用另一头牲口替换。

串碾子 一指轧面前，先用棒粒子、糠之类的东西在碾子上轧一会儿，把碾子上面残留物清除干净，防止污染面粉。二指冬季轧黄米面，碾子凉容易形成块儿状，中途或之后常用棒粒子串碾子，起粉碎和清除作用。

打圈 用簸箕收起经过碾轧下滑到碾台一圈的米和糠。

碾糠 又称“谷糠”。谷子碾成米后风出的壳和碎面。

磨道 安放石磨的房屋。

磨 磨面、磨豆汁儿的传统设备，分上下两片。

磨盘 磨下面用来暂时存放面粉、豆汁儿的带围沿儿圆盘，分石质、木质两种。

磨脐子 固定两个磨盘的轴。

连台磨 下片磨与磨盘连成一体。

磨杆 固定在上片磨上的弯形木杆，用以推拉转动。

磨架 支撑小磨和磨盘的架子。

上磨眼儿 上片磨填料的漏眼儿。

磨盘眼儿 磨盘上往下漏面粉、豆汁儿的眼儿。

磨杆眼儿 上片磨左右两侧对称的小浅窝儿，用来插短木棍儿绑磨杆、拴毛驴。

磨刮子 又称“磨拖子”。铁质，拴在上扇磨盘上，随其转动将磨盘内的面粉、豆汁儿刮入磨眼儿。

串磨 磨面前，先用棒粒子、糠之类的东西在磨上轧一会儿，把磨盘上面残留物清除干净，防止污染面粉、豆汁儿。

磨面 把粮食磨成粉末。

磨豆腐 把浸泡透的豆踖儿磨成豆浆的过程。

小磨 用手摇转动的磨，上片安装弯木把儿，下片自带磨眼儿，形同大磨，常用作在家里磨少量东西。

九、饮食类

两顿饭 每天上午和下午后吃一顿饭。

三顿饭 每天早、午、晚各吃一顿饭，有俗语“天晚日头转，早晚三顿饭”。

烟囱冒烟儿 做饭的代称。

喂脑袋 吃饭的戏称。

饭口 一天之中该吃饭的每段固定时间。

打间 中午找地方吃饭。

赶串儿 也叫“找饭吃”。主人没邀请前来吃饭。

陪客(qiě) 应邀前来陪客人吃饭。

赶饭碗子 进门时正赶上人家吃饭。

要饭吃 因饥饿吃不上饭向人讨要。

蹭饭吃 无缘无故在别人家吃饭。

没混上饭 俗称“游街了”。到吃饭时间没找到吃饭的地方。

屈肚子 指专爱吃别人东西且常常吃超量的人。

吃百家门儿 在多家吃过饭。

吃张口饭 代指行走江湖的说唱艺人。

吃死食 对没本事人的侮辱评价。

吃小锅 也叫吃屜稀。单独吃好东西，也常用来借喻生病时吃药。

端过饭碗儿 指吃过该家的饭。

舍食 把好东西给他人吃。有君子舍食不舍财之俗话。

护食 有好东西自己吃，不肯分给别人。

断顿 俗称揭不开锅。指没有吃粮。

扎脖 比喻不吃不喝。

家吃填坑外吃传名 指把好东西用来招待客人，以求得到好名声。

吃过腾饭 过腾，又叫过到。过到指做事过头、过分。吃过到饭形容把好东西一股脑儿吃净，不为日后做打算。俗话有“能吃过到饭，不说过到话”之说。

昧心子食 昧着良心偷偷地吃东西。

下眼子食 吃饭时遭人白眼。比喻受人虐待。

打小米酱 不该在别人家吃饭，常用作自谦或嘲讽人。

急嘴子 饭前经常表现出急不可待的样子。

好饭不怕晚 比喻不怕延误吃饭时间。

馋流哈喇 馋得流口水。

差样饭 偶尔吃的饺子、面条、黏干粮等。

家常饭 以小米、棒子为食材的普通便饭。

上轿饭 一指闺女出嫁之前，老邻旧居或亲戚朋友请其吃饭。二指闺女出嫁之日娘家为其准备的饭。

加犒劳 给帮助干活的人或自家农活忙累时改善伙食。

吃御宴 吃宫廷标准的饭菜，用于比喻或夸张。

食嗓儿 代指吃饭。有“爹死娘忘，不忘食嗓儿”之说。

饭量 进食的多少，以饭量大、饭量小区分标准。

搂桌子 吃饭时不顾别人感受，自己大口大口抢菜吃。

垫巴一口 饭前先吃上一点。

吃顶嗉 吃饱。

打闲饭 饭桌上的备用饭。

秃噜 吃面条等食物时动作连贯并发出响声。

吧嗒 也叫“吧唧”，咀嚼或品味时嘴动并发出响声。

尖馋儿 挑食且饭量小。

嚼咕 咀嚼，用牙把食物嚼碎。

唰拉 俗称“沐拉”。舔沾有食物的东西，如嗦拉筷子、嗦拉骨头等。

灶火好烧 对啥东西都能吃得下人的戏称。

唔囔 形容吃东西速度快。

呃嘎 形容吃东西速度慢。

咂嘎一口 随便吃点饭。

打饼子 因病导致食物嚼不碎或咽不下去，在嘴里咀嚼。

长饿痨 对不停进食人的戏称。

眼大肚子小 吃饱后看到剩下食物的一种感叹。

吃不动 吃不下去。

灌缝儿 吃饱饭后喝米汤。

放桌子 饭前把饭桌放好。代指吃饭的开始。

不拉桌 形容饭桌前总有人不间断地吃喝。用于比喻或夸张。

号桌子 在饭桌前长时间吃喝。

赴席 赴宴，坐在饭桌前吃喝。按先后顺序分头悠席、二悠席、末悠席等。

坐席 也叫圆桌。吃饭前坐在饭桌旁。

开席 开始吃喝。

上席 往饭桌上端饭菜。

撤席 饭局结束。

席碟儿 评价饭菜档次的标准。分好席碟儿、中等席碟儿、次席碟儿。

抄桌子 饭后收拾饭桌。

酬席 事后请办事期间劳忙人吃喝，有答谢之意。

干抱碗 俗称“干板夹”，光吃饭没有菜。

戳酱碟子 俗称“沐拉酱”，用酱就饭吃。

就饭菜 也叫家常菜。以蔬菜为主的普通菜。

七碟八碗 形容菜品数量多、档次高。

牙碜 也叫垫牙。饭菜里有土吃到嘴的感觉。

舔盘子 比喻饭没吃完桌上的菜已经光盘。

嘴是过道 指饭菜标准高低吃下去都是一回事。

夹过梁子菜 隔着菜盘子夹菜。

筷子打仗 夹菜时双方筷子碰到一起。

吃猫食儿 比喻饭量小吃东西少。

搬动饭 又称“搬腾饭”。没等到吃饭的固定时间，因肚子饿中途吃饭。

吃土包 在吝啬人家吃饭的开玩笑说法。

吃大户 在富裕人家吃喝。

派饭 指定某一家为下乡干部或有关人员做饭吃。

轮班管饭 各户按顺序为下乡干部或有关人员做饭吃。

老母猪拱沙滩 小米干饭的戏称。

肉透 米饭吃起来口感柔软。

筋道 干粮、年糕吃起来有韧性且软硬适中。

滑溜儿 面条类吃起来柔软滑润。

扒拉饭 饭碗贴着嘴，用筷子不住地往口中送。

饭大量（梁）了 饭不够，还有人等着吃。

煳饽饽 形容火大把干粮煲煳。

夹干面 和面时没充分揉和，面团里有干面。

笑了 馒头蒸开花。

沏底子 馒头蒸熟后，时间一长底部的皮粘在平屉布子上。

生米芯子 煮或焖饭时米粒没熟透。

回生 某些东西煮熟，变凉后恢复到接近生时的状态。

煲饹馇 焖米饭或贴、蒸干粮时，与锅接触地方煲起的一层硬壳儿。包括饭饹馇、干粮饹馇、年糕饹馇等。

煳饹馇 由于火大把饹馇煲煳。

饭串烟 俗称“饭上山了”。焖饭时由于火大煲煳饹馇，饭里发出一股刺鼻的异味。

黏汤 煮饭过程中由于添水过少米汤呈黏稠状。

化汤 煮面食时许多成分溶解在水里。

煲锅 由于锅放油少，摊干粮或熬菜有时粘在锅上。

汤窄了 煮饭、做菜时水添少了。

咕嘟炖 大锅烩菜的戏称。

糗锅 煮米饭时水多米少煮成粥。

淤锅 煮米饭、熬豆浆开锅时形成的气泡向上溢。

上气 从平屉或锅盖的秫秸缝往外冒热气。

搁拉锅 用勺子或铲子等炊具把锅里的饭、菜搅动。

烧干锅子 长时间烧火把锅里水蒸发尽。

打死卖咸盐的 比喻把菜熬咸。

挑灶 指吃罢饭或不再生火做饭。

十、水井类

井 人工向地下深挖而成，能存水、取水吃的深窖。“穿地取水，之为井。”

井口 井在地面的开口部分。

井台　井口周围高于地面，人工砌成的台子。

打井　也叫“凿井”。人工挖井。

开井口　确定井的具体方位，选择吉日吉时动土打井。先挖井的中心，然后向四周扩，井口够大后，继续向深挖。

棚井口　为了打井方便，通常井口都开得比较大，需要在地面的井口处用粗木檩子担在井口，上面盖上秫秸或树枝子，再盖土踩实，留出一个上下人和土石的小井口，便于操作也确保安全。

井倌儿　也叫打井师傅，专门从事打井并有丰富经验的人。

井下　井里。

下井　下到井里。

搅笼　打井专用工具。是打水辘轳的延长工具，两端带摇把儿，需用两个人摇，放置在井口，用于人工升降和提升沙土、运送工具等。

把井口　掌握从井口出入人员、土石等全部动态，以保证安全。

水面　井水面距离地面的深浅程度，分水面深、水面浅。

水皮　井水最上层水位线。

见水　也叫“出水”。井挖到第一层地下水泉眼。

泉眼　地下水的通道。

哈达泥　见水后继续往深挖出的土水混合泥状。

井磐　井的最底层放置的木质底盘，一般由5～6块厚木方子组成，两块木方之间用卯榫结构咬紧，形成五边或六边形。井磐之上砌石头甃井。

下井磐　也叫“下磐”。井打够深后及时安放井磐。

压井磐　也叫“压磐”，在井磐上放置大石块，起镇压、牢固和下沉作用。

井筒　从地面到水面称为井筒。

转水　下好井磐后水面的直径。过去讲几尺转水。

土筒井　井筒土为黄黏土性质，洞井盘上砌石头到水面，井口上砌一截石头以防水溅井帮，中间为土筒，筒壁时间长长满青苔，称“穿靴戴帽”。

石砌井　井筒土为沙性，立不住土，洞壁必须从井磐到井口全砌上石块，称“一砌到顶”。

石缸子井　见水以后，下面全是石质，在石头上凿下一段，形如石缸，以储水为主的水井，不需要下井磐。

砌井口　井口上砌一截石块，形成井台，既美观又安全。

涮帮　见水以后，井下干活搅动积水晃动，对井帮造成冲击状态，如不及时排水，容易出现塌帮。

扩井帮 下井磐之前，将井筒往粗扩展，为方便安放井磐木。

溜帮 井壁周围的土往下滑落。

笑帮 井壁出现裂痕。

上水 井底泉眼流出水慢慢积蓄，水面逐渐上升。

上平口 井水上升到第一层泉眼位置后，水面呈静止。

筋水 井下泉眼较细，水流比较缓慢，预示着井水不好。

过路水 井下泉眼较粗，出水量大，上水较快。

碱水 带有苦涩味的井水。

挑水 一个人用扁担前后担两筲水。

抬水 两个人用扁担中心担一筲水。

水筲 木质或铁质的带横梁盛水工具，主要用来从井往家里运水。

水扁担 专门挑起水筲的木质扁担，两端固定有铁质挂钩儿，称“水扁担钩子”，用来悬挂水筲。

干井 俗称“井没水了”。井水干枯。

辘轳 安放在井台上的提水工具。

打水 用辘轳把水提上来。

辘轳头 靠旋转带动并缠绕井绳的圆柱体粗木。

辘轳把 安装在辘轳头凹槽上的弯形木把，用来带动辘轳头转动。

辘轳头眼儿 辘轳头横截面中心位置的通透粗孔，用来穿辘轳杆。

辘轳穿 镶嵌在辘轳头眼儿前后两面的铁质圆形环，减少摩擦。

辘轳杆 穿在辘轳头上的长杆，前端为辘轳头的转动轴，与辘轳穿对应位置镶嵌铁砧子。

辘轳架子 支撑固定辘轳杆的支架，靠近井口是一个三角架，距离此架五尺多远竖一个立柱，辘轳杆放在三角支架上，捆绑在立柱上，为了稳固，在支架后面还要沉一重物。

井绳 连接水斗子和辘轳用来往上提水的绳子，分麻绳、皮绳和钢丝绳等。

遭 井绳缠绕在辘轳表面的匝数，一匝为一遭。

赶边 井绳由于匝数过多或间隔过大，致使超出辘轳头长度，因缠绕不开而脱落到辘轳把上。

水斗子 用柳条编织的圆形敞口盛水工具，用来从井底往上提水。

水斗沿子 夹在水斗子敞口处里外的薄柳木片儿。

水斗梁子 固定在水斗子敞口对称处的弯形横梁。

牢固鼻子 固定在水斗梁子中间位置，用来连接水斗子和井绳并受力的铁质部件。

放水斗子 用辘轳把拴在绳子上的空水斗子一圈圈放到水下。

放扑撸杆 放水斗子时放开摇把，一手按在辘轳头上，任其快速下坠，适时按住辘轳。

拴水斗子 把井绳系在水斗梁子的牢固鼻子上。

接水斗子 把盛满水的水斗子提到井口与辘轳头的中心位置时，一手稳住辘轳把，另一手去提。

捞水斗子 把掉到井底水下的水斗子打捞出来。

井镩 用来铲井口冰溜子的铁铲。

镩井口 冬季用井镩把结冰逐渐变小的井口扩大。

井槽子 井旁用来饮牲畜、洗衣服的大石槽。

淘井 一指因为种种原因井水不能饮用，不间歇地将其一气儿打干。二指干井时下到井底深挖，把泥用水斗子或水筲提到井外，加深以利于上水。

第四节　农事谚语

一、自然类谚语

三月清明不见青，二月清明满地青。

房檐滴答水，下有二指雨。

顶风云，顺风雨。

关门雨，下一宿。

早刮东风不下雨，涝刮东风不开晴。

春天大风翻，百日下满湾。

春天一场风，夏天一场雨。

春刮东南夏刮北，秋刮西北不到黑。

春天风多，夏天雨多。

春雾狂风，夏雾热，秋雾连阴，冬雾雪。

要知今年啥风多，不妨看看老鸹窝。

清明难得晴，谷雨难得雨。

大旱不过五月十三。

九九有雪，伏伏有雨。
雷雨三过晌，不下也听响。
早晨下雨一天晴，晚上下雨到天明。
燕子低飞蛇过道，水缸穿裙山戴帽。
大山戴帽，老头睡觉。
老云接驾，必有雨下。
春旱不算旱，秋旱减一半。
有钱难买五月旱，六月连阴吃饱饭。
一年打俩春，粮米（带毛的）贵成金。
七月十五定旱涝，八月十五定收成。
牛马年，好庄田，就怕鸡猴这二年。
三月三，苣麻菜钻天。
丰年兔子贱年鱼；淋伏头，晒伏尾。
（下雨）早看西南，晚看西北。
清明刮走坟头土，庄稼佬一年白受苦。
冷在三九，热在中伏。
八月十五云遮月，正月十五雪打灯。
惊蛰百草萌芽，立秋寸草结籽。
先下牛毛没大雨，后下牛毛不开晴。
早霞不出门，晚霞行千里。
单耳阴，双耳下，没有耳朵不害怕。
八月初一下一阵，旱到来年五月近。
云彩掺群，雹子砸人。
南风过了晌，必定呼呼响。
风三风三，一刮三天。
地动山摇，花籽撂瓢。
天上起龙斑，下雨不过三。
风刮一大片，雹打一条线。
雷声大，雨点稀。
老母猪（黑云）过河（银河）下大雨。
春打六九头，遍地跑老牛。
打春别欢喜，还有四十个冷天气。

腊七腊八，冻死俩仨。

春打南来，秋打北来。

北风是开天的钥匙。

二八月，真难过，早晨冷，晌午热。

月亮戴风圈，大风刮三天；大雾不过三，过三十八天。

七九河开河不开，八九雁来雁不来，九九加一九，耕牛遍地走。

没数九先数九，没打春先打春。

小雪封地，大雪封河。

杏树开花一场冻。

架住十天旱，架不住十天涝。

二、生产类谚语

不怕贱年，就怕连年。

人误地一时，地误人一年。

好春不如好秋。

长头籽，缩头粪。

立夏到小满，种啥都不晚。

春天早种一日，秋天早收十天。

浅种深蹚苗发壮，草死苗活地发暄。

处暑不拿头，割倒喂老牛。

白露分五色。

豆打高，麦打齐。

过了芒种，不可强种。

黍子伤镰一把米，谷子伤镰一把糠。

秋旱一把米，秋涝一把糠。

豆子开花，垄沟摸虾。

黑豆三翻身，黄豆干放炮。

旱瓜涝枣，谁见谁咬。

六月六，看谷莠。

普收不如偏得。

地耢三遍，解涝担旱。

不怕粪薄，就怕捞不着。

穷豆秸、富谷挠，打不净的高粱挠。

三春不如一秋忙。

会扬场扬个长巴堆，不会扬场扬个王八堆。

秋分不割，熟俩掉仨。

车马铃铛响，萝卜辣菜才开长。

磨镰蹭锄，不算耽误工夫。

秋天猫猫腰，冬天跑三遭。

稀麦厚谷，庄稼佬白受苦。

庄稼是朵花，全靠粪当家。

种地不上粪，等于瞎胡混。

扶犁杖看托托，说媳妇看哥哥。

头伏萝卜二伏菜，到了三伏种荞麦。

荞麦种早籽粒稀，荞麦种晚怕霜欺。

油间油，十年愁。

好地架不住三年谷。

要想富，多栽树。

紧赶慢赶，芒种开铲。

小豆一窝蜂，绿豆单粒崩。

小豆没膝盖，一亩打一石。

苗间寸，强上粪。

小满前后，栽瓜按豆。

清明忙种麦，谷雨种大田。

要过好，多种草。

进场饸饹了场糕。

磨刀不用看，全凭一身汗。

八月葱，九月空。

九月九，大撒手。

沙盖碱，赛金板。

野土换家土，一亩顶二亩。

干耪干蹚如上粪，湿耪湿蹚如夹棍。

脱坯打墙，活见阎王。

瓦匠封梢，小工睡觉。

长木匠，短铁匠，臭气拉轰是皮匠。

陈谷子，烂芝麻。

干打谷，湿打黍。

翻装车，正垛垛。

房子上了盖，活计才一半。

力巴头子拔架杆，大头朝东弯朝下。

满把镰刀半把锄。

空心火，实心垛。

豆打旁枝。

地壮三分支。

打马摩挲牛。

三、生活类谚语

门前别靠井，房后别靠河，灶火坑别堆干柴火。

一家保暖千家怨；家趁万贯，不可咸豆子就饭。

能吃饽饽，不吃搓搓。

一顿不吃，两顿赶上。

咸中有味，淡了咳嗽。

原汤化原食。

墙上有片泥，脸上有张皮。

穷儿不可富养。

稀粥烂饭不伤人。

山青饿不死人。

人是铁、饭是钢，一顿不吃饿得慌。

存粮如存金，存草如存银。

穷灶坑，富水缸。

不当家不知柴米贵，不养儿不知父母恩。

家有老嘚嘚虫，到老不受穷。

儿不嫌母丑，狗不嫌家贫。

井里蛤蟆酱里蛆，小米里虫子常有的。

家趁万贯，带毛不算。

勤扫院子少赶集，下雨阴天走亲戚，多养牛羊少养驴。

能买地上走，不买肚子有。

宁买老上当，不买小香赢。

种地种到阳坡根，盖房盖在街当心。

酒越喝越厚，钱越要越薄。

不怕不识货，就怕货比货。

人比人得死，货比货得扔。

人比人活着，货比货留着。

一槽拴不住俩叫驴。

有仇不用打，劝他买老马。

牛见牛，三年五个头。

打马骡子惊，杀鸡给猴看。

指儿不养老，指地不收田。

人不得外财不富，马不吃夜草不肥。

羊毛出在羊身上。

耗子盗不穷，花子要不穷。

有米一锅，有柴一灶。

贵贱不过一千天。

图贱买老牛，一年倒两头。

守着黑豆饿死牛。

老牛老马填护三家。

捧着金饭碗要饭吃。

牲口盼打场，馋人盼劳忙。

东西捎少话捎多。

长砣短钩，赛如贼偷（秤）。

（骡马）早喂腿，晚喂嘴。

一家过日子十家瞭高。

家有黄金，外有戥秤。

家贫望邻富。

省着省着，窟窿等着。

一眼看高，一眼看低。

清明不蒸不壮，穷得上不去炕。

清明吃鸡蛋，骡马满圈。

人多没好饭，猪多没好食。

买卖争分毫。

人心不平买杆秤。

难过的日子，好过的年节。

第五节　农事传说

一、烧旱魔

民国年间，现今的敖汉旗玛尼罕乡皮匠营子村七家村民组，曾经发生过一件离奇的事，因久旱无雨焚烧了一具埋葬未过百日的死尸。

七家村有个远近闻名的宋姓大财主，种植千余亩土地，扛活、榜青的伙计达十几人。这年春天，长工李生的老娘病故了。宋大东家倒是很仁慈，看在李生多年来扛活做月的分上，帮助为其母亲钉了副薄皮棺材。当时穷人家死了人，或用喂牲口的木槽装殓，或穿个“秫秸包子”卷起来下葬，头上扣个泥盆，称“不让土埋脸”。想到为儿为女操劳一辈子的老娘能有如此厚葬，李生打心眼儿里感激宋大东家。

谁知老娘烧完“五七”之后，家中奇怪的事情发生了。每天晚上，李生往家里的地迫子缸挑满水，早晨起来竟然变成一缸小米。天天如是，让他感到很纳闷，一时不敢声张。

再说宋家。这年气候反常，从开春一滴雨没下。看到土地无法播种，宋大东家十分焦急。他隔三岔五地到土地庙烧香祷告，祈求下场接墒雨，却一直不奏效。眼瞅着来到芒种节气，俗话说过了芒种不可强种，再不下雨的话，种高粱、谷子等大田作物不赶趟，会影响一年的收成。伙计们也天天仰天长叹：“老天爷行行好，快下场透雨吧。”盼了一天又一天，雨始终没下。

李生是个老实巴交的汉子，接连几天发生的奇怪事让他害怕起来。他再也忍不住了，就把家里发生的事偷偷地告诉了宋大东家，要求去他家看个究竟。宋大东家知道李生从不撒谎，听罢大吃一惊。来到他家，见闲屋地上果然有一簸子小米。七家村除了宋家都是扛活人家，哪来这么多粮食呀？宋大东家也感到事有蹊跷，担心自家的小米会不会跑到李家来。为了解开这个谜，便吩咐管家到十几里外，把一位当地有名的阴阳先生请来。

宋大东家把李生家发生的奇怪事讲了一遍，只见阴阳先生手捏胡须，自言自语说道：“难怪久旱无雨，莫非真是起了旱魔？”宋大东家在一旁没听清楚，便问道：“先生，你刚才说的是什么？”阴阳先生没有回答，沉默片刻，若有所思地反问说：“方园十里百日之内可有谁家埋过死人？”宋大东家一愣，忙说：“我家伙计李生的老娘死了，还没到两个月呢。”阴阳先生似乎一下子全明白了，笑着对宋大东家说：“你晚上和我走一趟，就什么都明白了。”

夜深了，人们都已经睡去。趁着夜色，宋大东家、管家和阴阳先生三人悄悄走出宋家大院，顺着小道直奔村南的大黑山。来到山脚下的树林边，管家随手拾起一个夏天镩蹿的干树枝子夹在腋下。三人爬上山顶，阴阳先生动手把树枝子点燃。火慢慢燃起后，他开始仔细地四处观望。突然，他用手朝远处山南坡下指了指，问：“那里可埋有没过百日的新坟？”宋大东家和管家不禁一愣，不约而同地问：“怎么了，先生？”阴阳先生说：“你俩往那儿看。”

两人顺着阴阳先生手指的方向，看到山南坡下也有一堆熊熊燃烧的火，那个位置约莫就是埋李生老娘的地方。还没来得及询问，只见阴阳先生不慌不忙地把火分成了两堆，相隔不过十步。山下的火瞬间也变成了两堆，和山顶的两堆火遥相呼应。宋大东家和管家吓得不敢出声，在一旁发呆。

阴阳先生好像胸有成竹。他吩咐宋大东家和管家赶快帮忙，趁树枝没燃尽把两堆火匀成三堆，每堆仍相隔十余步，然后坐在火堆旁观察动静。过了一袋烟工夫，山下的火堆还是老样子，没出现第三堆。阴阳先生哈哈大笑起来：“鬼到啥时候也精不过人呀，这回啥都弄清楚了。走，咱们回家吧。”

阴阳先生见二人好像被蒙在鼓里，便道出了今晚山头燃火的原委。原来，他祖上从事阴阳先生职业时，曾经遇到过类似的事，叫起“旱魔”。迷信认为如果人死的日子和时辰有妨碍，百日之内会出现起“旱魔”现象。破解的方法是晚上星星出全后，在地势高处升起一堆火，起“旱魔”的坟头也会出现火光。“旱魔”之火魔力有限，只能燃起两堆。采取三次分火堆的办法，就是为了确定是否起“旱魔”及其地点。李生家水变米的怪异定是由于老娘之死导致，起“旱魔”无疑。“旱魔”不但能把李家缸里的水魔术般吸到坟头上，以小米填充，而且还管着百里方圆天旱不下雨。贪财人家见有利可图不声张，殊不知等过了一百天之后“旱魔”得道成精，会把李家和全村人吃掉。最后，阴阳先生煞有介事地卖了个关子：“明天到坟头看看，还会有更奇怪的事。”

宋大东家和管家听着听着，不禁头皮一阵阵发麻，急忙追问阴阳先生如何化凶为吉。阴阳先生回答说，解决旱魔之害的唯一办法是打开棺材，把死尸焚烧，别无他策。

自古以来开坟一事非同小可，历来朝廷法令规定，挖坟掘墓者犯“红罪”斩首。更何况是明目张胆焚烧尸体，料想宋大东家也没这个胆儿。第二天，宋大东家把李生找来，告诉他其老娘之坟起了“旱魔”之事，商量打开棺材烧掉老娘尸体。李生一听急了，说阴阳先生是胡说八道，执意不让焚尸。任凭百般商议，说啥也不答应。说着说着和宋大东家变了脸，扬言谁敢动其老娘的坟，他就到官府去告状。阴阳先生见难收场，便劝二人息怒，领起宋大东家、管家和七八个伙计到坟地去勘验。

说来奇怪。众人来到坟地一看，一个个都不敢相信自己的眼睛。自打春起滴雨未下，李生老娘的坟头土却像刚刚用水和过的泥，周围都湿漉漉的。阴阳先生解释说，“旱魔”每天夜里把水缸的水弄到这里来，换成一缸小米。现在尸体好像被水浸泡一般，一直没腐烂。如果不马上将其烧掉，等过了一百天出现祸端，连他也无能为力，到时候后悔就晚了。

众人心里害怕，纷纷好言劝说。李生好半天才答应开棺，同时提出条件，如果老娘的尸体与事实不符，宋大东家必须负责给重新安葬。管家和几个伙计回去，套牛车拉来黑纸、铁锹、镐头、豁叉及一大堆干柴。阴阳先生又是撒五谷粮食又是贴符咒，一番“破绽”之后，指挥众人在坟头动土。当人们打开棺材盖，又一奇特的现象让在场人都吓得出了一身冷汗。只见李生老娘的尸体上长了长长的一层毛，顺着毛梢儿还往下掉水滴呢。李生见状不再说什么，同意焚尸。众人七手八脚生起一堆火，几个胆儿大的伙计手持豁叉，用力叉起这具长满毛的尸体扔进火堆。

等到尸体烧完，天突然阴了起来。宋大东家吩咐伙计们把烧过的骨灰收进棺材，重新埋进坟头。等到刚刚烧完纸，天空下起了瓢泼大雨。大伙儿顶着大雨往回走，纷纷议论说，烧“旱魔”真灵验，下透雨能种上地，到秋省得挨饿了。

烧“旱魔”的传说在敖汉地区广为流传，渐渐演变成民间典故。直到现在，每当遇上久旱无雨的天气，老人们还常常说：“这天许不是起旱魔啦？”春夏干旱季节，经常有人把场院边茬挠或糠之类点燃，烧成灰用来造粪。过往行人看见，开玩笑说是在烧“旱魔”呢。

二、打宝场

敖汉地区自古至今流传着打宝场的传说，各地说法不一。内容上大都是说某某家秋天打场时，粮食高出预计产量多少倍，甚至出现无穷无尽的奇异现象。

据传民国年间，敖汉旗中部有一户远近闻名的大财主，家有良田千余亩，雇用长工、短工几十人，日子殷实富裕。有一年天气大旱，庄稼几近绝收。辛辛苦苦白干一年，东家和榜青的都十分着急。将近一个多月时间，场院里的庄稼都打完了，只剩下一堆高粱挠子没落穰。俗话说：“穷豆秸，富谷挠，打不净的高粱挠。”大旱之年的高粱穗子上，许多秕粒子包裹在帽子里。管事的指派几个长工套上碌碡，打着马快跑，想把高粱挠子上的粒子颠下来。翻过来掉过去轧了一过晌，地上只脱落少得可怜的零星粒子。眼瞅着天快黑时，奇异的现象出现了。

场院边上有几只黄鼠狼来回走动，见了人也不害怕。民间历来把狐、黄、白、柳、灰视为仙道，敬畏黄鼠狼。几个长工相互唠唠嘴，各自心照不宣地拿着家伙什儿干活，装作没看见。只见随着碌碡的转动，场院里的高粱粒子突然越轧越厚，到后来埋没碌碡，马被陷得抬不起蹄来了，通身是汗。长工们觉得纳闷，谁也不敢吱声，只是使劲地把场往大扩。

直到整个场院心都快满了，才卸碌碡开始聚场。

天色渐渐暗下来，聚起的高粱堆得跟小山似的。趁着月色，打头的吩咐几个伙计，扬场的扬场，打漫的打漫，一边扬一边打口袋下场。大伙儿换着班，没吃饭也不觉得饿，只顾忽颠忽颠来回小跑，个个衣服都湿透了。东家的仓房里，两大簖子高粱踅得快顶房笆了。伙计们都快累得扛不动了，场院的高粱堆还是不见少。

夜定时分，财主家的管家起来巡夜，听见场院和仓房一带有动静，拿提灯一照，见伙计们还在扛场，心里大不高兴。不过石儿八斗点儿落穰高粱，这么晚了怎么还没收拾利索。他走到场院大声问："还没下完场呢？快了吧？"这一问不要紧，月色瞬间黑下来。伙计们眼瞅着高粱堆逐渐变小，越扛越少，不大工夫真的下完场了。

伙计们告诉管事的说，今天哄晌出怪事啦。管事的以为说瞎话，来到仓房一看，顿时傻了眼。他高兴地唤醒东家前来查看，大伙儿都乐得合不拢嘴。东家吩咐管家准备酒菜，要好好犒劳犒劳伙计们。

"东家打宝场啦。"这消息很快在四面八方传播开来。后来人们众说纷纭，普遍认为打宝场是东家有福气。说东家的仓房里供奉"黄仙"，怀疑是黄鼠狼从中帮忙，这么多的高粱是其给鼓捣来的。有人说管事的夜巡时不该乱说"厌恶话"，否则还扛不尽。还有人说凡事不犯小可，也许东家就那么大的造化。

多少年来，人们宁信其有，不信其无，把传说当作打场时的一种信仰世代恪守，由此衍生出一整套习俗传承下来。时至今日，敖汉地区民间打场时，都严格遵守老祖宗留下来的规矩，不愿意有丝毫亵渎，希望还出现类似的奇迹。

三、巧吃拨面

民国年间，敖汉旗玛尼罕乡五十家子村大南营子有一个陈姓财主，家里雇十几个扛活、榜青的伙计。陈东家吝啬过分，连吃饭都精打细算。他多年来总结出一条经验，如果某一样饭连续吃上十天，大伙儿都吃腻了，饭量一天准比一天减小。于是，他规定家里上半月吃小米饭，下半月吃棒子面干粮，其间从不允许吃差样饭。由此节省了不少粮米，让家人和长工苦不堪言，同时成为周围十里八村人的笑料。

这年秋天的一天，伙计们在场院扬荞麦，东家有事一大早骑着马出门了。一个伙计抓起一把荞麦粒子，无意中说："啥时候能吃上一顿大拨面呢？"这一说不要紧，想到那香气喷鼻的拨面条，大伙儿禁不住一个个流口水。是啊，这半个月的棒子面干粮，可把人吃腻了，吃上顿拨面条多好啊！

打头的伙计人称"大老韩"，老实任干，深受东家信任。伙计们你一言我一语，撺掇他去和东家老婆商量商量，趁东家不在家改善一顿生活。没想到东家老婆爽快地答应了："辛苦一年了，秋收八月的吃顿拨面条，不是啥大事。东家得过晌回来，咱们吃完拨面条把面汤倒掉，不让他知道，来个狗吃撵出屎狼吃看不见。”东家老婆一向心地善良，平日比较同情伙计们，只是当不起家，“二门吊——说的不算”。

老韩叫两个伙计套上毛驴去轧荞面，东家老婆搬来小手磨磨线麻籽，准备炖麻豆腐当卤子。时近中午，面和好，锅水烧开，卤子炖熟。正当大伙儿拉开架势准备吃拨面时，大门外传来一阵“咚咚”的马蹄声。糟糕，东家鬼使神差地回来了。

老韩急中生智，直奔仓房，操起撮子插进黄豆笳子，把满满一撮子黄豆端出来，从仓房门口一直撒到东家住的屋门口。东家像往常一样把马拴进圈棚，四处留心观察张望。突然，他看见地上撒满了黄豆，心疼得叫起来：“这是咋回事？下场扛袋子咋不抓住口袋嘴儿，拉拉满地都是。来人收起来——”喊了好几遍，不见一个伙计出来。

满地的豆粒让东家心疼呀。他以为伙计们吃完饭上场院干活去了，自已拿起门口的撮子，一点点用手往里扒拉，生怕丢下一个豆粒。伙计们知道东家爱财如命，不捡完豆粒决不进屋，见他中计便把心放下来。

就这样，东家在前院捡豆粒，伙计们在后屋紧忙着拨拨面吃。东家还没捡完，伙计们早已吃得滚瓜肚圆。东家老婆从锅里把面条汤舀出来泼掉，添上一舀子水，把早晨的剩饭熥到锅，不留一丝破绽。她见伙计们顺房后去场院干活了，便朝着前院大喊：“东家，先别忙活了，饭都快凉了！”

四、财主与长工

有个刘财主，雇了三个扛活的。

夏天的一个早晨，长工张三爬起来穿衣裳。趴在窗口一看，天阴沉沉的。他高兴地叫醒李四、王五，三人一看天要下雨，高兴极了，以为可以不上山耪地，歇工一天。

张三乐呵呵地随口道：“早晨阴天黄澄澄，”

李四接着说：“阴天必定刮大风。”

王五跟着凑热闹，说：“刮完大风下大雨，”

三人乐得手舞足蹈，齐声说：“下雨咱仨好待工。”

刘财主从窗外路过，听到长工的话，大声喊：“快起来，快起来。下雨好，下雨好——”

嘿，东家都说下雨好，一定是想让咱们待一天了。长工更加高兴了，急忙穿衣裳。这时，突然听见刘财主接着发话：“一个人推碾子，两个人铡草。”

得，东家早就把阴天下雨的活计给安排好了。三个长工你瞅瞅我、我瞅瞅你，顿时傻了眼。

第五章

饮食

俗话说，“人是铁，饭是钢，一顿不吃饿得慌。”在敖汉地区，大约到立冬节气进入农闲，睡得早，起得晚，有“过了立冬，梳头洗脸工（夫）”之说。白天变短，开始吃两顿饭，晚饭下午两三点钟吃。有的地方柴火缺，为睡热炕没太阳才烧后晌（晚饭）火，叫“两顿饭吃到两头儿”。春节后，随着“活计动了”，才吃三顿饭。

日常生活中吃的食物，主要由棒子、谷子、高粱、豆类、芝麻等粮食经过加工制作而成。粗粮细作，传统花样繁多，方法不一。其间根据不同食物制作需要，或单一，或两种掺杂在一起。有的加入蔬菜、野菜和树叶等，把粮与菜合理搭配。

第一节 食物

一、主食

（一）食物制作方法

1. 煮

主食制作中的煮是指把食品原料下锅，放适量的水，至煮熟或煮烂为止。

副食中的煮是指把食品放在水里，不放任何作料，用火把水烧开或把食品煮熟。常见的有煮肉、煮骨头，煮熟的食品一般要蘸着调料食用。

2. 炖

炖菜，敖汉人俗称熬（敖汉地区读 nāo）菜，是最常见、最简单的烹饪方法，几乎做所有的菜，都叫熬菜。炖菜时，把锅加底油烧热，特别是荤油更要化开，用葱、姜炝锅，再放入原料煸炒、添汤、加作料煮熟的一种方法。

在主食制作中，主要是指把剩饭加水烧开，俗称连汤饭或饭汤，这一过程叫熬连汤饭。

3. 炸

炸（敖汉地区读 zhá）。是在锅内放入大量的食用油，所以又称油炸。把油加热至滚沸，再把食物原料放进去使其熟透，表面呈黄色，乃至微煳。这种烹调方法可以用于很多食材的加工，但费油，平民百姓消费不起，多在宴会等礼仪场合使用，如炸丸子、炸豆腐泡等。这类菜也叫过油菜。主食主要有炸油条、炸大馃子等。

还有一种炸是用水：把白菜、萝卜、干白菜、野菜等放入热水中煮，去掉菜中的特殊味道或使其变熟，再捞出用作其他加工。把白菜快速入热水，使菜变蔫，然后捞出入缸腌制酸菜，也叫炸。所以，民间把腌酸菜也叫炸酸菜或渍酸菜。

4. 煎

把少量的油加热，再把食物改刀腌渍后放入，使其熟透。表面上会呈稍微金黄色，乃至微煳。由于同温度的食用油比水煮的温度高，因此，煎食物的时间较短。煎出来的食物味道也会比水煮的好。除了肉、蛋之外，一些主食也可以煎，如煎年糕、煎饺子等。

5. 焯

把水烧开后，把食物原料入锅，稍待片刻捞出，如把土豆丝焯好后凉拌。

6. 蒸

副食的蒸，是指把经过调味后的食品原料放在器皿中，再放入锅中，利用蒸汽使其成熟的过程。根据食品原料的不同，有的是把食物原料装在器皿里，把器皿架在锅中央，锅里炖菜或放水蒸，如蒸鸡蛋糕。

主食制作中的蒸，主要指年糕、豆包、馒头、蒸干饭等。

7. 烩

把荤菜、素菜或剩菜混在一起回锅炖，俗称烩菜。把大块的猪肉用水煮了以后加盐装坛，日后做菜用，也叫烩。

8. 烀

把食物原料入锅，加适量的水，盖紧锅盖，加热使变熟。这种方法适合量大且单一的食物，如烀地瓜、烀土豆、烀棒子等。

9. 炒

把改刀的原料入锅加热并不断翻动使其变熟，是以油为主要导热体，把小型原料用旺火在较短时间内加热、调味成菜的一种烹调方法，适用于形小质嫩的食物原料。在敖汉民间，人们习惯把炒菜称为“撬”，炒几菜叫“撬几个菜”，也叫“扒拉几个菜”。

10. 拌

按菜的原料可分为生拌、熟拌两种。生拌是以鲜嫩的蔬果为主料，经刀工、调味而成，如拌黄瓜；熟拌是先把原料改刀焯熟，加调味品搅拌而成，如凉拌土豆丝。

11. 烙

把锅烧热，围绕锅边四周倒油，使锅底均匀沾油，锅热后把擀好的面饼放入锅里，用铲子经常翻转面饼，到面身呈金黄色，即为烙熟。

12. 煲

与烙类似，只是不放油，慢火热锅，干锅煲熟为止，且多用于土豆、地瓜等。

13. 贴

类似煲，民间多用于做玉米饼子、谷面子干粮、高粱面干粮等，俗称贴干粮。一般是锅里炖菜，同时把饼子贴在锅帮上，然后同时做熟。注意，必须热锅才能贴住，要边烧火边贴，锅凉的话，饼子贴不住，会“出溜”到锅底。民间有歇后语说“凉锅贴饼子——（蔫）溜了”，说的就是这个。

14. 烧

把要烧的食品原料放入灶膛或埋入火盆中烧熟，多用于烧土豆、烧地瓜、烧棒子、烧辣椒、烧咸菜疙瘩、崩棒子花儿等。

15. 抡

把面粉用水和成糊状，用盆直接把面糊慢慢倒在锅里；有时先加点儿油，同时锅底加火，用铲子稍加平整，待熟即可。俗称抡干粮，或抡锅出溜。这种方法做饭较快。

16. 淘米

用清水把米中的糠皮、粉尘漂去的方法，其中，高粱米还要用手搓一搓，尽量去掉高粱米表面的涩皮。淘米水可以喂猪或沤肥，还有一定的去污能力，人们常用来浆洗衣服。

17. 沙米

在敖汉南部山区，土壤中含有大量的沙子，场院里自然也如此。因此，米中总是存在少量的沙子，需要在做饭的时候去除。方法是：把淘好的米放入水瓢中，用清水逐步地、慢慢地把米漂入锅中，沙子则剩在了瓢里。这个过程叫沙米，是一个颇有技巧的活。敖汉北部地区的土壤里，面沙多粒沙少，米里一般不含粒沙，也就不用沙米。

（二）米饭

米饭是日常生活中的主食之一，以小米饭为主。生产队时期吃的返销粮都是玉米，人们用碾子加工去皮后，做棒子米或棒子楂子饭吃。

1. 米饭的制作

捞饭：在锅里添适量水，烧开锅将米淘洗干净放入其中，称“下米”。有细沙子粒的场院，打下的粮食中常常带有沙粒儿，米下锅时要用水在瓢或盆中来回咣当，往锅里慢慢漂米粒儿，最后让沙粒儿沉在瓢底，俗称“歃米”，免得掺在饭里“牙碜”。下米后用勺子搅拌几圈，防止米沉底“煲锅”。煮几分钟后，捞出数十粒米掐捏熟烂程度，凭经验掌握好火候。待米煮烂后，用笊篱捞出滤干汤放入饭盆，称“捞饭”。过早有“生米芯子”，做出的饭俗称“捞硬了”；过晚容易馇成粥，俗称“烂大劲了”。

捞饭后舀出米汤，重新放入锅内。一种方法是先将锅烧热，倒入米饭，用筷子搅拌一下，盖好锅盖再添一把火，使其均匀透热，叫“焖饭”。如果做菜干饭，提前把某一样菜洗净切好，放入锅底部加少许油、盐翻炒，适量加点水，上面用饭覆盖，待饭菜焖熟搅拌均匀。“焖饭”不可烧火过大，否则容易“煲饹馇”或“串烟”。

熥饭：是在锅里添点水，放上锅叉，饭盆置于其上，盖锅盖后烧火，叫作“熥饭”。由于水分不能完全蒸发，熥出的米饭不如焖饭有滋味，还捞不着吃“饹馇”。冬季为睡热炕，把柴火都烧到一个灶孔，捞出饭后，底下熬菜，上面熥饭，一举三得。

蒸饭：倘若红白喜事做饭太多，既不能锅焖又不能盆熥，可以在锅里多加些水，放入平屉，铺上平屉布将米饭倒上，饭量过多可在平屉上再茓一圈箈子，然后盖上锅盖蒸饭。还有一种少量的蒸饭，就是将盆里的米淘洗干净，加入适量水，放在锅叉上或直接坐在水里。锅里水要低于盆面，防止烧开后溢入饭盆。蒸饭没有米汤和“饹馇”，耗时费柴，一般不用此方法做饭。

2. 米饭的种类

（1）干饭：包括棒子米干饭、粗棒子楂子干饭、细棒子楂子干饭、小米干饭、糜子米干饭、高粱米干饭。

（2）豆子干饭：将豇豆、芸豆、绿豆、小豆等掺入上述米内，做成不同类型的豆子饭。

（3）菜干饭：在米饭中加入豆角、土豆、胡萝卜、萝卜、白菜、猪毛菜、苣荬菜等，做成菜干饭。

小米饭

（4）其他类：夏季，把做的干饭或豆子干饭煮烂捞出，不经过焖、熥，趁热放入凉水盆，做成水饭。有时把第一顿剩下的米饭加入开水锅煮热，称“烫饭”。

（三）粥

过去粮米缺，家家舍不得吃米饭，经常把粮食轧碎后熬粥吃，比如把粮食在碾子上轧碎，称之为“破䊚”。“高粱䊚”“棒子䊚”用来煮粥，俗称“喝粥”“喝稀粥”，是不得已而为之。因为一顿米饭的粮食可以馇好几顿粥吃，不至于断顿，所以吃粥饭意味着日子过得穷。粥不经饿，营养低，干喝不饱，干活身上没力气，俗话说“尽喝粥哪来的劲”。那时喝粥是困难的代名词，带有贬义，常用来形容由于主观或客观原因导致极度贫困的家庭，称“连粥都喝不上溜儿”。有时还把多年挣不上吃喝的人比喻成“喝粥的脑袋”，求得别人同情时说“你吃干饭给我碗粥喝”，年景不佳称“瞧等着喝粥吧”，等等。

现在粮米充裕，吃粥饭从性质上彻底改变。过去是吃不上干饭不得不喝粥，如今是吃腻了米饭换换口味。冬季农闲，人们晚上经常熬粥喝。粥易消化，古语有“稀粥烂饭不伤人”之说。一般情况下，粥是老人、小孩和患胃肠类病人不可缺少的饮食。

1. 粥的制作

粥的制作俗称“熬粥”“馇粥”，分米粥、面粥两种。在锅里添适量水，烧开后把经过加工的米、面、䊚放进去加热熬熟。熬米粥须淘米，下米后用勺子搅拌几圈。熬面粥和熬䊚粥边下料边搅拌，使面充分溶解。因烧开锅后沸沸扬扬，故人们用“馇粥”来借喻某件事中七嘴八舌吵嚷或乱成一团。

2. 粥的种类

（1）米粥：包括棒子米粥、粗棒子楂子粥、细棒子楂子粥、小米粥、谷楂子粥、碎米子粥、糜子米粥、高粱米粥、高粱䊚粥。还可以把少量小米加水熬成饭汤，也叫连汤饭，作为吃干粮的附属主食。

（2）面粥：包括棒子面粥、高粱面粥和甜沫粥等。

（3）豆子粥：主要以绿豆粥、小豆粥为主。

（4）肉粥：主要以羊肉粥为主。

（5）菜粥：在米中加入角瓜、豆角、土豆、胡萝卜、萝卜、白菜、猪毛菜、苣荬菜等，做成菜粥。单一加入，根据菜的名称分别叫某某粥，如“猪毛菜粥”“苣荬菜粥”“豆角粥”。

（6）黏干饭：也叫“腊八粥”，用大黄米或小黄米加豇豆、芸豆做成，是粥的系列，因稠度接近饭的程度，故称黏干饭。

（四）面食

敖汉地区的面粉以荞麦面、高粱面、黄米面、谷面、玉米面为主，白面很少。面食种类繁多，做法不一。用当地种植的主要农作物为原料，经碾轧筛成粗细不一的面粉，粗粮细作。不同面食在不同时期乃至一年四季中的食用各有侧重。干粮曾经是生产队时期的首要主食，其他面食的食用也有不同的季节性。

1. 面食的制作

制作面食前将面加水，使其吸收水分呈泥状，称“和面”。由于面的种类和用途不同，根据各自需要掌握和面的软硬（稀稠）度，有“软面饺子硬面汤”之说。和出的面有的当即用来做各种面食，有的经过发酵（发面）才食用。

面食还有不用“和面”的做法：一是炒炒面，把干面放到锅里，灶下烧火加热，用铲子上下翻动将面炒熟，称“炒炒面”“煲炒面”。二是把潮湿状的黄米面直接撒在平屉上蒸年糕。三是黄米面掺玉米面或小米面拌湿润，撒在平屉上蒸糁状。

2. 面食的几种做法

贴 又叫贴干粮、贴饼子。和面时加入“小苏打（面起子）”，经过发酵贴称“发面干粮”。不用发面，直接贴称“死面干粮”。包括白、黄马牙棒子面干粮，小米面干粮，谷面与黄豆面掺混的干面子干粮、高粱面干粮，面里含糠的糠干粮，面掺角瓜、豆角、土豆、胡萝卜、萝卜、白菜、猪毛菜、苣荬菜等做的菜干粮。

蒸 包括蒸棒子面、小米面、高粱面、黄米面和各种菜窝窝头，蒸发糕、年糕、豆包、糁状、榆树钱布拉、蒸饺等。

摊 主要是摊煎饼、抡锅轮儿。

蒸年糕

蒸豆包

拨面

轧饸饹

烙 包括烙菜馅盒子、荞面饼、黏饼子等。

煮 包括煮饺子、煮钢丝面、擦咯豆子、轧饸饹、拨面条、切面条、搓凉粉、面疙瘩汤、猫耳朵汤、煮荞面条子等。

沏 用开水沏炒面。

炖 打面糨子、炖小米面糒（bèi）子等。

3. 主要面食品种

面食品种主要有：水煮类面食，如拨面、饸饹、咯豆、面片儿、疙瘩汤、面条、猫耳朵、面鱼儿等；烙煎炸制面食，如单饼、干粮、菜干粮、锅贴、锅抢、烙饼、黏饼子、煎饼、油条、炒面等；包馅类面食，如饺子、包子、馅子、馅饼、豆包等；蒸类面食，如年糕、糁状、发面、窝窝头、馒头、布拉等。农家根据各自的喜好、能力、副食情况和季节等，适时调节面食品种。

二、副食

副食，俗称就饭吃的，也说成就菜吃，是各类佐餐食物的统称，包括蔬菜、腌制品、肉蛋类、豆制品、野菜、调味品等。

（一）生熟兼食型蔬菜

生熟兼食型蔬菜大多用酱佐食，多在夏季食用。

1. 白菜

白菜因其耐寒、好贮藏、易加工，是最常见的蔬菜品种。民间普遍认为，白菜能解毒清火。俗语有“鱼生火、肉生痰，白菜萝卜保平安”之说，虽说有“吃不到葡萄说葡萄酸”之嫌，但也确实说明了白菜在人们心目中的重要地位。

敖汉地区的白菜分春种和秋种两种，春天播种的叫春白菜，伏天播种的叫秋白菜。冬天贮存的白菜俗称新鲜白菜。一般来说，好的白菜贮存为新鲜白菜，中等的腌酸菜，次等的晒干白菜。具体的食用方法有以下几种：

小白菜：小白菜即白菜的幼苗，鲜绿脆嫩，摘洗干净，蘸大酱生吃就饭。

生食白菜叶：白菜的叶子可以用来打菜包或夹菜包吃。白菜叶子用柳树条或榆树条穿起来晒干，到了冬季蒸干粮时，铺在平屉上，可以防止粘连。

拌凉菜：把新鲜白菜的芯儿切成丝或花，放酱油、醋等凉拌，是下酒的好菜。

晾干白菜：把次等的白菜晾晒至蔫，然后编成长辫晒干或阴干，就成为干白菜了。干白菜是杀猪菜的主要原料，还可以用水“炸”了，或蘸酱吃，或作为炖菜主料。

杀猪菜：敖汉地区的杀猪菜是用干白菜、血脖子肉加调料大锅炖成。血脖子肉就是猪脖子部位的肉，由于杀猪时猪血都从脖子处流出，因此这个部位的肉放时间长了不好吃，最适合杀猪后炖杀猪菜。人们还陆续把血肠、豆腐加入，炖的次数越多、汤越老越好吃。

白菜还可以与其他菜一起炒、熘、炖等，总之，吃法多种多样。

2. 萝卜

萝卜吃法很多，立春那天“啃春”，就是啃的萝卜。最常见的吃法是生食，把萝卜切成块，蘸酱食用；还适宜做汤或与肉同炖；或者切片，用水“炸”后剁碎为馅等。

萝卜最大的弱点是到了春季，就会“发糠”，不好吃了。因此，人们发明了晒萝卜干，把萝卜切成薄片晒干储存。吃时，把萝卜干用水“炸”了，做菜或做馅儿均可，也可以掺入面粉中贴干粮。

萝卜的叶子叫萝卜缨子，把其编辫晒干，用时，用开水“炸”烂，蘸酱食用，或掺入玉米面、谷面子中贴干粮，是青黄不接时度饥荒的常用做法。

3. 葱

葱是人们四季都离不开的蔬菜，没菜时是主菜，可生食或拌凉菜用；有菜时它就是配菜，多用于煎炒烹炸，是厨房里必不可少的调味品；没酱时，可以把咸盐溶化成水，把葱叶子揪段，放到盐水里，作为咸菜佐餐，俗称杀大葱。根据食用时的形态和生长时间的不同，有小葱、大葱、羊角葱、干葱、老葱之分。

小葱：是在前一年秋天播种，第二年春天长出的葱，主要用于移栽，所以也叫“葱秧子”。那些不适合栽的小葱可直接食用，其根白、茎青、叶绿，生吃有甜味。也可以用小葱加盐拌豆腐，民间有“小葱拌豆腐——一青二白”的歇后语。

大葱：春季移栽后生长的葱。葱的耐旱性非常好，很容易栽植，俗语有“饿不死的僧，旱不死的葱”之说。大葱生长适逢夏季，雨水充足，葱叶生长旺盛，因此，此时主要吃葱叶子。每到吃饭前，主妇们就会招呼孩子或亲自去“掐葱叶子”。掐葱叶子时，只挑有四个叶子以上的葱，留下葱芯儿和两边各一片叶子，以保持葱的正常生长。到了秋天，把葱叶子割下来腌成咸葱叶子。

羊角（敖汉人读 jiǎ）葱：是由前一年留在地里，开春后重新长出的葱。一般是连根挖出，蘸酱生食，特别是小米干饭葱蘸酱，更是农家美食。

老葱：也叫老葱棒，是羊角葱留在地里一直生长的葱，不能食用，目的是为了收获葱籽。

干葱：秋后，把葱从地里挖出来，稍微晾晒，再放到阴凉处，主要是冬天作为调味品使用，也作为炒菜的配料。干葱忌经常挪动，俗语有“怕动不怕冻”之说。

4. 生菜

生菜是叶用莴苣的俗称，质地脆嫩，口感鲜嫩清香，类似于苣荬菜，蘸酱生食。因其食用方便，易于栽培，不易生虫，是春、夏季常见的蔬菜。

5. 辣椒

辣椒，茄科辣椒属，一年或多年生草本植物，未成熟时呈绿色，成熟后变成鲜红色。原产墨西哥，明朝末年传入中国。栽培辣椒首先要育苗，育苗在春分至清明时进行。品种以尖辣椒为主。辣椒生长期长，根系弱，因此，必须有良好的土壤条件和营养条件才能移栽。

辣椒主要生食，鲜辣椒以拌、蘸酱为主，成熟后的辣椒晒干用灶火烘烤后剁碎，再拌入葱花等佐餐用，称作拌辣椒，能大大刺激食欲。

6. 菠菜

菠菜属耐寒性蔬菜，叶片及嫩茎供食用，主要以炒、炖汤为主，也可蘸酱生食。菠菜生命力顽强，容易栽培，条播或撒播均可。民间习惯把春天播种的称为春菠菜，为春夏季节之常菜。秋初播种的称为秋菠菜，秋菠菜耐寒易贮，霜冻前收起，捆把，刨土成沟，依生长状立放埋好根部，用秫秸秆盖好，能储存较长时间。

7. 韭菜

韭菜抗寒，耐热，适应性强，对土壤要求不高。以韭菜为主要原料的菜品很多，在食物中的适应性很强。但大多数时候是炒了吃或切馅儿包饺子，用每年第一茬儿的韭菜包饺子是很上档次的佳肴，被认为是三鲜之一。韭菜叶还可以蘸酱生食，或腌制成咸菜。

到了秋天，用韭菜磨成韭花，加适量盐，封在坛子里，是很好的调味品，吃拨面条或饸饹时，人们习惯加一点韭花。如果是野生的山韭菜花，味道就更是别具一格。

割韭菜要用专门的韭菜刀子，第 1 刀韭菜 4 叶心时即可收割。当植株长到 5 片叶收割第 2 刀，一般每年收 3～4 刀。到了伏天，就不收割了，称“五方六月臭韭菜”。

8. 胡萝卜

胡萝卜有长筒、短筒、长圆锥及短圆锥等不同形状，有黄、橙、橙红、紫等不同颜色。

梢瓜

敖汉地区栽培最多的是红、黄两种。胡萝卜肉质细密，质地脆嫩，有特殊的甜味，旧时常用来做配菜，生食或熟食均可，还可腌咸菜，有东北小人参之称。

9. 黄瓜

黄瓜，葫芦科植物。据说，黄瓜是由西汉时期张骞出使西域带回中原的，称为胡瓜。五胡十六国时后赵皇帝石勒忌讳"胡"字，汉臣襄国郡守樊坦把其改为"黄瓜"。

黄瓜嫩时颜色青绿，长老后会变成黄色，需要育苗移栽。主要品种是"叶三黄瓜"，由于品种不好，产量不高，栽培量也不大，多用来蘸酱生食。

10. 梢瓜

梢瓜，学名越瓜。外形似黄瓜，但表面无刺儿。果皮薄，肉质脆嫩多汁，口感比黄瓜好，可直接生食，一般用于生食或拌凉菜。栽培与黄瓜相同。

11. 西红柿

学名番茄，敖汉人称柿子。因从国外引来，也称洋柿子。体形稍圆，颜色有红、黄等。多当作水果生食，或凉拌做菜，很少炒熟了吃。

12. 香菜

俗称芫菜，学名芫荽，原产自地中海沿岸及中亚地区，汉代由张骞引入我国，《齐民要术》中已有栽培技术和腌制方法的记载。香菜属耐寒性蔬菜，要求较凉、湿润的环境条件，属于低温、长日照植物，对土壤水分和养分要求较高。

香菜在嫩叶形成时就可食用，但大多是在晚秋霜浸后连根收获，去掉根上的泥土，再挂阴凉处阴干，取用时，先把其泡软，切末即可。香菜是重要的调味蔬菜，凉拌菜、炖菜、打菜包、炖鱼时矫正鱼腥味等均可加入香菜。

13. 蒜

也叫大蒜，按皮色不同分为紫皮和白皮两种。春天栽种，伏季时连叶一起采收，晒蔫后编成辫子，悬挂在阴凉通风处晾干。

大蒜以调味为主，特别是吃饺子，更是离不开大蒜。平时，大人包饺子时，就让孩子在一旁扒蒜，把蒜瓣放在蒜缸子里，用蒜槌或擀面杖砸蒜，气氛相当和谐欢乐。

以前，人们习惯在春节之前用盘子盛净沙，栽入剥皮的蒜瓣，放置在室内窗台上，并经常喷水，数日之后，便可有蒜苗长成，掐下便可用于做菜，在冬季显得更加可口诱人。

14. 葱蒜

葱蒜，学名蒜葫，因叶子像葱，根却像大蒜，故名。又因其外皮常呈现棕红色，民间又叫红蒜。其根部、叶子均可食用，作用与大葱相同。冬季，人们还把葱蒜栽在花盆或摆在碟子里，并保持水分，蒜苗便从蒜根里长出来，可随时割下食用。

葱蒜

（二）做熟食用的蔬菜

1. 茄子

茄子多为紫色或紫黑色，也有淡绿色或白色，有圆形、椭圆、梨形等。主要品种有“九叶茄”“紫茄子”等。茄子以露地栽培为主，只要温度适宜，从春到秋都能开花、结果。但秧苗的培育较难，因此，人们都是从专门育秧的人手里索要或购买。

民间食用茄子以炖为主，多配其他蔬菜或肉。民间有“羊肉炖茄子，撑死老爷子”之说。严霜打过的小茄子俗称茄包子，烀好后可腌咸菜。

在敖汉地区，较有特色的吃法是蒜茄子。把茄子洗净，去蒂，烀至八分熟，晾凉后用盐腌渍，把捣碎的蒜泥倒在烀好的茄子上，即可食用，是颇具特色的菜肴。

2. 甘蓝

俗称疙（敖汉人读 gā）瘩白、大头菜，学名结球甘蓝。甘蓝产量高、耐寒性好，耐储藏，是适应性很广的蔬菜，食用方法与白菜基本相同。过去，敖汉地区种植较少，中华人民共和国成立后才逐渐增加。

3. 豆角

学名菜豆、四季豆等，民间习惯叫豆角子，称呼与南方稍有区别。在南方，人们习惯把北方人叫豇豆的叫作豆角。敖汉地区所称的豆角实际上是芸豆的一种。在春夏季栽培，户户都有种植，主要品种有家雀蛋儿、大白眉、老来少、白大架、地豆角、崀豆角儿、面豆角儿等。

豆角有园田种植和大地种植两种方式。园田种植是在菜地里种植，需要用树条、秫秸等绑架子，让蔓子爬上去；大地种植是在高粱地里间种豆角，利用高粱秸儿作为豆角爬蔓子的天然支架，俗称带豆角子。大地带豆角由于是靠天收，产量有限，采摘也不及时，往往隔好几天才采摘一次，因此采摘来的豆角成熟程度很不相同。人们就把已经成熟的豆角晒干，取出籽粒，作为蒸年糕、蒸豆包的原料，较嫩的豆荚才作为蔬菜。

地里的豆角如果过多，吃不过来，就任其生长，到秋后收获豆角籽。未成熟一时又吃不了的，就把它铰成丝，晒干成豆角丝，留到冬天食用。

炖豆角也是一个颇为讲究的菜肴，民间习惯用腊肉、捣碎的杏板儿（即杏仁）、榆树皮等，用大铁锅炖熟，这样炖的豆角风味独特，是敖汉一大美食。有时还加入土豆、倭瓜等同炖，风味各异。

4. 角瓜

又叫西葫芦、白瓜等，栽培较为简单，但土层深厚的易获高产。田间管理也很简单，除了正常的水肥条件外，注意掐尖即可。角瓜以皮薄、肉厚、汁多而深受人们喜爱，在五、六月份就能吃到，罢园后，仍能种一茬白菜。角瓜的吃法很多，可荤可素、可菜可馅、可炖可炒，是应季常见蔬菜。

5. 土豆

学名马铃薯，敖汉地区俗称山蛋、山豆子等，是主副食兼具的农作物。土豆种植也十分简单，开春后，把保存好的土豆用刀切成块，俗称割（读 gā）土豆栽子，要保证每块都有一至两个初萌芽苞，播种时，可以条播，也可以刨埯播种。

土豆早熟品种入伏后即可收获，因此，也是青黄不接时的主粮。收获后要在阴凉处堆放，冬天储藏在窖中，冬季防冻，春季避免发芽。

用土豆能做出许多菜肴，炒、炖、烀、凉拌（焯好后）等均可。还可以把土豆切成 1 厘米厚的片，用锅煲熟，就着咸菜食用，可当饭或点心吃。土豆还是制作粉条的主要原料。

6. 芹菜

芹菜，有水芹、旱芹两种，功能相近。敖汉地区以旱芹为多。芹菜香气较浓，所以人们也叫它“香芹”，是人们喜爱的蔬菜品种。芹菜的吃法有以下几种：一是做馅，与牛肉、羊肉等同拌，是上等馅儿料；二是与猪肉、羊肉等同炒；三是腌咸菜；四是把芹菜茎掰开晒干，用时泡软，与肉同炒，风味特别。芹菜的根烀了也可以腌制咸菜。

7. 冬瓜

冬瓜，俗称看瓜。敖汉地区种植的冬瓜呈圆形，外形和表皮花纹与西瓜、打瓜接近，口感与长圆形的冬瓜一样。据说，冬瓜成熟之际，瓜的表面上有一层白粉状的东西，就好像是冬天结的霜，故得名冬瓜。

冬瓜果肉厚、多汁，嫩瓜或老瓜均可食用。食用时，先去皮洗净，然后去瓤切片，再同其他菜同炖。冬瓜还有一种吃法，把冬瓜用“瓜镟子”镟成条，叫镟冬瓜条子，晒干保存。做菜时再用水泡发，冬天与肉等同炖。由于冬瓜太“吃油”，常吃也吃不起，所以民间并不专门种植，都是顺便在大地里“带”一些而已。

8. 倭瓜

倭瓜，葫芦科南瓜属，能爬蔓，可长达数米，结节处生根。敖汉地区一般都是在园子的边角处顺便种植一些，随其任意生长。倭瓜大多在早秋成熟，摘下后放在干燥处，可在零度以上存放数月，瓜子可以做零食。

倭瓜因口感不同，有甜倭瓜、面倭瓜、水倭瓜之分。以面还是不面为标准，面的最好，不面的次之。做菜时以炖为主，可与土豆、豆角、茄子等多种蔬菜同炖。

9. 瓠子

瓠子，葫芦的变种，种植并不普遍，食用方法与角瓜类似。苦的瓠子含有一种植物毒素，且加热后也不易被破坏，误食后可引起食物中毒。因此，在食用瓠子前，要先尝尝有无苦味，若有苦味就不能食用。

10. 扁豆

扁豆又叫老婆耳朵，一年生草本植物，荚果呈椭圆形，扁平、微弯，种子白色或紫黑色，嫩荚是普通蔬菜，种子可入药。食用方法与豆角相同，由于口感等不如豆角，虽然产量较高，但种植并不普遍。

11. 茴香

茴香的种子是调味品，而它的茎叶部分也具有香气，很适合搭配肉食和油脂。常被用来和猪肉一起做成馅，包包子、饺子等，很少做炒菜。在做包子或饺子的馅儿时，要多搭配些油脂，吃起来才香。由于这种菜太费油，所以食用并不普遍，特别是贫困之家，更是舍不得吃茴香馅的饺子或包子。

12. 绿豆

绿豆，因其颜色青绿而得名，可做豆子粥、豆子饭、生豆芽、做粉条等。绿豆汤更是老百姓最喜欢的消暑、清热、解毒的饮料。

13. 小豆

因大多是红色，所以也叫红小豆。类似豇豆，皮红瓤白，体小，形似圆柱，作用与豇豆相同。

14. 豇豆

豇豆，一年生草本植物，籽粒扁圆形。敖汉地区种植的大多是矮性品种，但面积不大，主要是为了调节人们的饮食结构。主要用于包豆包做馅，或馇豆子粥、蒸年糕、做豆子干饭等，嫩的豆荚可做菜。

15. 芸豆

芸豆分有蔓和无蔓两种。有蔓的，就是敖汉地区作为蔬菜食用的豆角。无蔓的，因为其荚“发柴”，无法做菜，人们种植只取其籽实。芸豆比豇豆大且扁，作用与豇豆相同。

腌酸菜

（三）腌制蔬菜

1. 腌酸菜

俗称渍酸菜、炸酸菜。到了秋分、寒露时节，把新鲜白菜晾晒至蔫，俗称“匽匽”。去掉老帮残叶，用沸水略烫，然后摆放到大缸里，上压石块，石块不能太大，太重会使菜“涨缸”。隔日加水，待发酵，过一个多月就可食用。农村腌酸菜一般用大缸，人口多的，甚至要腌两缸乃至更多，腌酸菜也就成了白菜的一种储存方法。酸菜的食用方法很多，素炒、荤炖、做馅儿均可，酸菜心甚至可以作为咸菜直接食用。

2. 腌辣菜疙瘩

辣菜，即根用芥菜，是芥菜的变种。辣菜疙瘩有一股特殊的辣味，故不能生吃，做熟了也不好吃，但腌的咸菜却很受人们欢迎，民间普遍食用。

在民间，每家都备有一个大缸，把辣菜疙瘩去掉叶子和须根，洗净泥土，再泡 1～2 天，然后放到缸里腌。在等待发酵的过程中，人们会在缸里放一个木棍，时不时地搅拌一下，以防止“涨缸”。过些天，等辣菜疙瘩“发”好了，再陆续地加入盐。盐不能一下子放足，这样会把辣菜疙瘩“齁死”，腌的咸菜就不好吃了。

民间讲究用泡辣菜疙瘩的水腌辣菜疙瘩，为了美观，人们还在缸里加入一些红心萝卜、胡萝卜等，腌出来的咸菜呈粉红色，既好看又好吃。

辣菜疙瘩咸菜可以直接切成丝泡上咸汤就饭吃，有的还加上点香油、葱花等；还可以与粉条、黄豆芽、肉皮等一起炖。

到了春天，把剩下吃不了的辣菜疙瘩咸菜用大锅烀了，晒干，俗名咸菜疙瘩、干咸菜

辣菜

等。夏天吃水饭就咸菜疙瘩是一大美味。有些人把咸菜疙瘩放在灶火里烤一烤，再切成片或条，会更加好吃。

即使不是吃饭的时候，咸菜疙瘩也不离手，时不时地啃几口，特别是女孩子，闲暇时更是咸菜疙瘩不离手。

还有一种处理剩下的辣菜疙瘩咸菜的方法，就是把辣菜疙瘩咸菜埋在酱缸里，过一段时间，辣菜疙瘩就变成了酱紫色，与酱成了一个颜色，民间称红咸菜。民间有说：“红咸疙瘩——硬酱（犟）。”红咸菜有了酱香，更加好吃，特别是切成丁，打卤子吃拨面，风味更加独特。

辣菜的叶子叫辣菜缨子，可以腌制成咸菜，俗称辣菜缨子咸菜。这种咸菜既可以生食，也可以切碎与豆腐等同炖做成熟菜。

3. 腌葱叶子

到了秋季，把葱叶子割下来，切段撒盐装坛，称腌葱叶子，当天就可食用。腌好的葱叶子叫咸葱叶子，是秋季乃至冬季最普遍的佐餐菜品。民间评论不过日子的人家，会说：“连点儿咸葱叶子都没有，这饭咋吃？”

4. 腌地环儿

地环，也叫螺丝菜，多年生草本植物，地下有匍匐枝，成熟时顶端膨大成螺旋状的肉质块茎，肉质脆嫩，可腌制咸菜。

5. 腌萝卜

一般与辣菜疙瘩同腌，能比辣菜提前腌好，是辣菜疙瘩腌好前的替代品，口感不如辣菜咸菜。

6. 腌苤蓝疙瘩

又名球茎甘蓝，敖汉俗称撇拉疙瘩，一、二年生草本植物。食用部分为肉质球茎，外形似辣菜疙瘩，但个较大，产量高，质脆嫩，可腌制咸菜。

7. 其他腌制品

胡萝卜：把胡萝卜切成丝，分别与白菜、芹菜同腌，制成小咸菜。

韭菜：用秋后的韭菜在小坛子里腌制，把韭菜洗净入坛加盐即可。

芹菜：把芹菜叶子摘去，切成段腌制。

香菜：与韭菜腌制类似。

柿子：用秋天未成熟的青柿子做原料，洗净入坛，发好后陆续加盐。

茄包子：用秋天未成熟的茄子做原料腌制，把茄子烀好晾凉，入坛加盐即可。

辣椒：把辣椒洗净入坛，发好后陆续加盐。

杏仁：民间叫杏板儿，把杏仁煮熟、去皮，加盐腌制即可。

蘑菇

苣荬菜

西天谷

三、野菜

（一）蘑菇

松蘑：敖汉地区常见的一种蘑菇，是目前极少数不能人工培植的野生菌之一，除具备一般蘑菇生长条件外，还必须与松树生长在一起、与松树根共生。松蘑肉质肥厚，味道鲜美滑嫩，是营养丰富的食用菌。

红蘑：学名血红铆钉菇，生于松林中的杂草丛里，与松树形成外生菌根，立秋后大量生长，整个奴鲁儿虎山地区均产红蘑。红蘑菌肉肥厚，香气浓郁，味道鲜美，是一种名贵的野生食用菌。

其他常见蘑菇还有地扣、白蘑、草蘑、杨树蘑等。

（二）苣荬菜

敖汉人叫苘麻菜，菊科植物，是常见的野菜。贝子府镇就有一个叫苘麻菜梁的地方，可见苣荬菜之多。苣荬菜多蘸酱食用，特别是春季，更为人们所喜爱。过去，青黄不接之时，人们把苣荬菜用开水炸了剁碎，掺到面里贴干粮，可以节省粮食。

还有一种苣荬菜叫家苣荬菜，可以人工种植在菜园里，味道类似生菜，不如野地苣荬菜那么苦。

（三）西天谷

又称籽粒苋、千穗谷等，苋科苋属一年生植物，其幼时的叶子可食用，营养含量较高。食用时，用水洗净，开水焯后，可凉拌、热炒、制馅、做汤等。

（四）婆婆丁

学名蒲公英，也是敖汉常见野菜之一。蒲公英比苣荬菜甜，口感更好，更为人们所喜爱，吃法与苣荬菜相同。是药食兼用的野菜品种，但产量不如苣荬菜大。

（五）苦麻子

学名山苦荬，又名苦菜，菊科植物。大概是因为太苦，需要蘸很多酱才能下咽，很浪费酱，因此，民间也叫它败酱草。只适合鲜嫩时食用，太老则不能食用。

苦麻子

（六）猪毛菜

猪毛菜属藜科植物，耐旱、耐碱，是常见的田间杂草。果熟后，植株干枯，在茎基部折断，随风滚动，民间俗称其为“扎不棱”。春季采集猪毛菜嫩叶，用开水焯后蘸酱食用，或掺入面里贴干粮，可节约粮食。

猪毛菜

（七）扫帚菜

学名地肤。其嫩的茎叶可食用，食用方法与猪毛菜类似。扫帚菜株形呈卵形、倒卵形或椭圆形，分枝多而密，茎基部呈木质化。由于这个特点，入秋后，人们把整棵的扫帚菜挖出来，捆绑成扫帚，用石板等压实定型，晒干即可使用，故名扫帚菜。

（八）马蛇子菜

学名马齿苋。生于田野路边及庭院废墟等向阳处，耐旱亦耐涝，生命力强。嫩茎叶肥厚多汁，可作蔬菜食用。

马蛇子菜

（九）臭蒿

也叫香蒿，学名黄花蒿，菊科蒿属植物。常用作中药，秋季采收。但民间食用的是其嫩叶，因其有特异香气，常用于拌凉菜用，风味特别，为民众所喜爱。

（十）榆树钱儿

即榆树的花。初春之时，榆树开花，把花撸下来，去掉树枝等杂质。多用于做疙瘩汤、热汤咯豆等，风味独特。榆树叶的作用与榆树钱儿一样。

臭蒿

榆树　榆树钱儿

（十一）地瓜皮

又名地耳、地衣、地木耳等。是真菌和藻类的结合体，生长在阴暗潮湿的地方，暗黑色，有点像泡软的黑木耳。它耐旱性强，即使休眠几十年，一遇水又马上恢复生机。

地瓜皮最适于做汤，也可凉拌或炖、烧等；还可以与鸡蛋同炒，做成地瓜皮炒鸡蛋，是一种别有风味的美食。缺点是地瓜皮所带泥沙较多，需要反复洗涤。

四、豆制品

（一）豆腐

土法制作豆腐工序繁杂，贫苦之家或普通人家，除非逢年过节或待客，一般不做豆腐。做豆腐的大致过程如下：

首先要破豆蹅子，把黄豆在碾子上破碎，注意不必过碎，其次用水浸泡，泡至涨大绵软为止。把泡好的豆蹅子上磨道磨成浆，俗称豆腐沫子。把豆腐沫子用开水沏成浆，用纱布（俗称豆腐包）过滤，俗称过豆腐。最后，豆腐包里剩下的就是豆腐渣了。

把过滤好的豆浆熬熟，这个过程叫熬汁子。熬汁子时，火候很关键，既要开，又不能沸腾过大，稍不注意就会“跑”汁子，也就是豆浆因过热突然膨胀溢出锅外，有时会“跑”

得所剩无几。所以，这是一个十分关键的步骤，要通过扬汤止沸或加一些凉水的方式降温。

豆浆熬好后，舀到大缸里，待豆浆稍冷后就可以用卤水点豆腐了。点好后稍待片刻，豆浆就絮凝变成了豆腐脑和清汤共存的混合体，俗名水豆腐。点豆腐也是个技术活，卤水加多了，做出的豆腐发硬、发涩、发苦，俗称“点老了”；卤水加得少，豆腐过于嫩，压不成块，还会浪费大量的蛋白质。

把平屉放入锅里，上面放一个大小适中的盖顶，把豆腐脑舀出，倒入四角已拎起的豆腐包里，放在盖顶上。待汤淋得差不多时，把豆腐脑搅拌成板形，再用豆腐包顺便包上，盖一个盖顶，上面放一重物压上，过一段时间，豆腐就做成了。

用刀或铲子把大豆腐划成三四寸见方的方块，用铲子逐个取出放在盖顶上晾凉即可。刚做完的豆腐俗称新鲜豆腐，人们习惯趁热蘸酱油或盐水吃几口，以分享成功的喜悦。

在敖汉地区，有些地方水碱性大，做不成豆腐，做豆腐时要到其他地方挑水。

（二）干豆腐

备料过程与大豆腐的方法相同，就是在点成豆腐脑后，需要在专用的干豆腐盘子里面，放好豆腐包，凭技术用瓢舀起豆腐脑向豆腐盘子里面泼，要求力道足、泼得匀、厚薄适度。泼一层，将豆腐包布折回一层，重复操作，直到把豆腐盘子泼满，然后压实淋水至干爽，层层揭开豆腐包，即成一张张干豆腐，以质薄为上品。敖汉地区，以四家子镇的干豆腐最为有名。

（三）冻豆腐

把豆腐块冷冻，就成为冻豆腐。农家冬季除储存少量的新鲜豆腐外，一般都把豆腐冻成冻豆腐，并以冻豆腐为原料下火锅、炖酸菜、炖白菜等。

（四）豆腐泡

把豆腐切成小块，放入热油锅里炸至酥黄，即成豆腐泡，作为原料，或炒或炖均可。

（五）豆腐干

把豆腐切成 3 厘米厚的薄片，上边撒上少许盐面，放在盖顶上，在阳光下晒干，可作为吃饭时的调味品。豆腐干一般是对夏季做的豆腐所采取的储存措施。

（六）豆腐皮

即腐竹，通常与做豆腐同时进行。大锅熬豆浆时，在开锅前，豆浆表面会凝结出薄薄的一层皮儿，这就是豆腐皮儿。用一段干净的秫秸棒儿放在锅中，卷起豆腐皮，在背阴处晾干。食用时，用水泡软，切丝或段，做汤或凉拌。豆腐皮民间很少做，多在专业作坊里制作。

（七）豆腐渣

豆腐渣是做豆腐的副产品，人们也从不浪费。富裕人家用其喂猪、喂羊；贫寒人家或者将其炒熟，加入咸葱叶子当咸菜吃，或者攥成疙瘩晒干，等到做酱时掺入到酱疙瘩里做酱。

（八）咸豆子

把黄豆小火炒熟，倒入提前溶化好的盐水里即可。食之酥脆咸香。清贫之家，春季无菜，到农忙时节，常常用咸豆子为菜。但这毕竟是最初级食用黄豆的方法，较为浪费，因此，民间说“家趁万贯，也不咸豆子就饭”。

（九）豆芽

把黄豆、绿豆用水浸过后放进盆里，把盆盖上放在热炕上，令其生芽。其间，适时换水，过几天就可以长成豆芽，是农家春季常见的副食品。一般来说，绿豆芽配韭菜、豆腐干等以炒为主，黄豆芽配咸菜条、肉皮等以炖为主。

（十）酱

俗称大酱，是各家必备调味品，特别是夏秋两季，新鲜蔬菜丰盛之时，可以蘸酱就饭，代替其他菜品。春天做酱，秋天腌菜，是敖汉地区固定的习惯。

敖汉地区做酱大多在清明后开始。先把黄豆挑干净，放到大锅里炒熟，根据量的大小，一般要炒几锅才行。把炒熟的豆子倒入大锅煮烂，俗称烀酱。烀好后，捞出淋干水分，再用碾子轧成豆瓣，称糍酱。如果打算在酱里掺入玉米面、谷子面等，也按上述办法处理。

把轧碎的豆瓣儿趁湿攥成手掌大小的团，称酱坷垃。有的地方是先把熟黄豆碾成面，再攥成酱坷垃。把酱坷垃摆放在空闲的地方，要防止老鼠等祸害，保持通风。此后，酱坷垃会首先变干，其次逐渐变质，以至外表长“毛”，这个过程叫“丝酱坷垃”。实际上，这是让酱坷垃发酵的过程，这个过程大约需要两个多月。

丝酱坷垃好后，把其掰碎，再用碾子轧成面，俗称酱面子。把酱面子用盐水和好后入缸，俗称下酱。下酱日期多在五月前，民间有“五月下酱，骡子上炕”的说法，说是家里会出悖伦之事。下酱还要选择日子，金日为佳，水日最差，说是水日下酱会招蛆。缸要放在室外太阳能晒到的地方，便于让酱面子很好地发酵。酱缸要密封好，防止“招蛆”。为防止漏雨，家家都在酱缸上用泥抹一个尖尖的大帽子，俗称酱缸帽子。过了十天半个月的，酱就可以吃了。如果放到炕上发酵，过个七八天就可以食用。

酱除了用于青菜蘸食外，还可以放鸡蛋同炒，叫鸡蛋酱；加碎蘑菇的，叫蘑菇酱；把鸽子肉剁碎的，叫鸽子酱；把新鲜辣椒剁碎用酱拌的，叫辣椒酱（冬季把干辣椒用火烤了剁碎用酱拌的，也叫辣椒酱）。做菜也习惯放酱。

（十一）简单的吃法

干粒：一些粮食不用加工，可直接用锅炒熟食用，如爆棒子花、炒黄豆、炒黑豆等。在过去有时没有熟菜，就把炒熟的黄豆或黑豆用盐水泡了，做成盐豆，佐餐下饭。

火烧：过去常用灶膛火烧刚掰下来的嫩棒子。冬天小孩在火盆来回扒拉烧豆粒、棒子粒儿，有童谣说："泥火盆，煤油灯，一把棒粒儿可劲崩。"

人们有时在山上把刚割下来的黄黑豆，抱进大沟里，点燃烧毛豆，当火中豆粒发出连续的"噼啪"之声，就烧好了。用木棍把烧着的火堆使劲一扒拉，火光熄灭，余烟腾腾，先用脚踩尽快灭烟。然后手拿一件上衣在还微微冒烟的灰烬上面使劲扇乎几下，把表面的灰扇到一旁，露出一层烧得黑乎乎的豆粒，那股豆香味真的太诱人了。人们齐刷刷趴在地上，一边捡着烧煳的豆粒往嘴里送，一边互相叮嘱着千万不能让队长知道。

五、肉类

（一）猪肉

猪肉是民间食用最多的肉食，做法颇多，有熘、炸、炒、炖、蒸、烀、酱焖、红烧、做馅、清煮等。猪肉的分类也十分详细，如五花肉、排骨肉、后鞧肉、里脊肉、肚囊子肉、血脖子肉、肘子肉、肉皮等；按部位有猪头、猪蹄、猪尾巴、猪皮、猪下水等，部位不同，做法也不同。特别是肉皮，可以煮烂了压焖子，即现在的皮冻，是敖汉地区特色食品。

在民间，猪肉的主要作用是"做（敖汉人读 zòu）油"。每年腊月杀年猪后，除把血脖子肉炖了杀猪菜，肠子灌了血肠，膛油、板油熣了荤油，前肘后鞧留着过年吃或来人送客吃。猪头、猪蹄等留着二月二吃以外，其余的肉都要做成腊肉或烩了当油，这几乎是一家一年的用油。

（二）羊肉

羊肉是除了猪肉以外食用最普遍的肉食。过去，除了特别贫困的人家，几乎家家养几只羊，每年到了小雪节气，就要开始杀"卧羊"了。杀羊时，"蹬（扒）"掉羊皮，掏出内脏，剩下的胴体叫羊窠郎。羊的内脏叫羊下水，做成菜叫羊杂儿。人们习惯把羊窠郎的肉剃下来，装在羊肚子里保存。

羊肉的吃法很多，把羊骨头烀了啃羊骨头，用羊肉做羊肉粥。受蒙古族生活习惯的影响，人们还把羊窠郎剁成块做成手抓肉。最普遍的吃法是做馅，有纯肉馅儿、羊肉芹菜馅等多种。

（三）牛肉

过去，人们忌讳杀牛，认为杀牛是缺德的事情。在民间，如果遇到磨难或不顺心的事儿，人们就会自言自语："我是哪辈子杀老牛了，缺德了，落这个报应。"这说明，杀牛是很不情愿的事儿，人们都惧怕杀牛，只有老弱病残的牛才杀。而且，让那些光棍汉来杀，因为，他们并不在乎是否断子绝孙。正因为都是老牛，肉质老，不易煮熟，而且人们不吃牛血、牛油，常见的做法就是用牛肉包饺子吃。

（四）驴肉

与牛一样，驴也是常见役畜。没有特殊情况，人们不杀驴，杀的都是老弱病残，驴肉自然就少。驴肉香美，有“天上的龙肉，地下的驴肉”之说。与牛肉一样，驴肉多以做馅为主，殷实富户也用酱、炖等法做菜。

马、骡等肉民间很少吃，一来很少，二来民间认为有毒。但不吃骡马肉可能是受蒙古族习俗的影响。

（五）狗肉

狗肉量很少，吃的人也很少。一般是把狗勒死，扒了皮后，把狗肉加适量盐炖了，稍凉后蘸蒜泥吃。民间认为，狗肉壮阳。但《本草纲目》认为，狗肉蘸蒜“损人”，也就是对人不利。

（六）禽类肉

鸡犬之声相闻，是过去农村真实的生活图景。鸡是民间饲养最普遍的禽类。食用的鸡一般是老母鸡，或当年的小公鸡。宰杀时要先放鸡血，能使肉白嫩，用开水煺毛，洗净，开膛去掉内脏。

民间吃鸡大多是炖，里面加蘑菇、土豆等。有的是把整只鸡连骨头带肉剁成馅儿，包饺子吃，美其名曰：“鸡吃骨头鱼吃刺。”

人们还饲养少量的鸭、鹅等，除了下蛋，也是一种肉食来源。

（七）野味

过去，敖汉地区适合人类吃的野味很多，各地均流传着“棒打狍子瓢舀鱼，野鸡飞到饭锅里”的说法，生动描述了那时的生态美景。常见的山禽有野鸡、野鸭、鹌鹑、麻雀（俗称家雀儿）等，民间统称其为天上飞的；常见的走兽有獐、狍、獾、鹿、野兔、山猫（俗称山狸子）、黄羊等，民间统称其为地下跑的。这些统称野味儿。人们认为，飞禽肉质细嫩香美，走兽则肉质粗糙，故有“宁尝飞禽一口，不吃走兽半斤”的说法。

六、调味品

（一）荤油

荤油，是指用板油或肥肉炼制的油，腊油、烩肉也都属于荤油，炼制过程俗称㸆油。把板油或肥肉切块入锅，加适量水、盐，然后慢火熬制，把油溶化后，用勺子舀出放入坛子里，凉后凝固成白色即成。㸆油剩下的渣子叫油脂拉，是做馅儿的好原料。

（二）豆油

用大豆榨的油，既可以炒菜、炖菜，也可以用于制作烙饼等主食。

（三）麻籽油

因其副作用多，用量也不多。

（五）麻籽豆腐

麻籽豆腐因其外表类似豆腐故称，是用线麻的籽实加工而成，说是豆腐，但不像我们想象中的豆腐那样成块，而是呈糊状，也是利用植物蛋白质能够絮凝的特点做成的。

在民间，麻籽豆腐是为哺乳期的母亲催奶的佳品，还可制作多种美食，但人们大多都是作为就饭吃的调味品食用，不能多吃，多吃容易“坏肚子（即腹泻）”。

（五）芝麻

芝麻与油菜、花生、向日葵并称为世界四大油料作物，含油量高达 61%，具有较高的应用价值。芝麻花中有蜜腺，与油菜、荞麦并称为中国三大蜜源作物。主要品种有霸王鞭、八筒白等，生长期较短，统称火芝麻。

芝麻从地里割下捆好后，尖朝上摆在场院晒干。晒好后，把芝麻捆倒过来用木棍不断敲打，芝麻粒就会掉出来。

芝麻除了可以加工成香油和芝麻酱以外，还可以拌芝麻盐儿，即把芝麻炒熟后擀碎，再掺入适量的碎盐面，拌匀而成。在没有蔬菜的时节，芝麻盐儿可以充当下饭的佐餐食品，在烙饼时，适当加芝麻可以增加香味儿。

（六）胡麻

即油用型亚麻，据说是由张骞从西域带入的，主要是用于榨油，叫胡麻油。也用来炒熟加盐面做成胡麻盐子，作为佐餐食品。胡麻氢氰酸含量很高，多食容易中毒。

胡麻

（七）盐

过去常用大粒盐，买回来再擀碎。敖汉人喜咸，民间说成是“口重”，贫因之家自嘲说“咸盐就是庄稼人的好油”，可见食盐对农家的重要性。

（八）醋

敖汉人吃醋不普遍，因此用量不大。

（九）花椒

应用较普遍的调料，买回来后擀碎，用小筛子筛了，做菜时加入。

（十）生姜

姜既是调味品，也是常用药引子，人们多习惯用干姜。

除以上调味品以外，酱、大葱、红蒜（即洋葱）、大蒜、韭花、香菜等，都是重要的烹调调味品。

第二节　果品

一、水果

（一）杏

杏肉、杏仁均可食用，是敖汉地区最常见的水果品种，有家杏、山杏之分。家杏杏肉、杏仁均可食用。

家杏中还有一个品种叫秋白杏，属于杏的晚熟品种，别的杏入伏就收获了，而秋白杏到了秋天才熟。此时，其他杏已经不见踪影，秋白杏自然成了稀罕之物，自然很受欢迎。

还有一种野生的品种，叫山杏，肉苦涩，不能吃，只能取其杏仁做药材，或用锅煲熟了吃，但不能多吃，容易中毒。

杏树的树干呈绛红色，色泽自然，是很好的家具原料。过去，只有少数大户人家才会有一两件杏木家具。

（二）桃

桃也是一种敖汉地区较为普遍的水果品种，落叶小乔木。核仁也可以吃，但人们很少食用，果肉多为白色，多汁而甜。桃木也是民间辟邪、驱魔必不可少的材料。

（三）枣

枣树自古以来就被列为“五果”（桃、李、梅、杏、枣）之一。敖汉地区处于中国枣树栽培的最北端，是敖汉南部山区栽培十分普遍的果树品种。

枣秋季成熟，可晒干保存，或烘至皮软，再行晒干。敖汉地区还有一种野生枣，俗称酸枣，果圆而肉少，因其枝杈遍布棘针，是人们做篱笆时常用的材料。

（四）李子

李子饱满圆润，玲珑剔透，口味甘甜，是人们喜爱的传统水果，但栽培不如杏、桃广

杏

李子

泛。民间流传有“杏害人，桃养人，李子树下埋死人”之说。李子多食能使人表现出虚热、脑涨等不适之感。

（五）梨

梨是一种落叶乔木，花为白色，果实形状有圆形的，也有基部较细尾部较粗的，即俗称的“梨形”。不同品种的梨，皮的颜色大不相同。敖汉地区常见的品种有香水梨、麻梨、苹果梨、秋子梨等，栽培普遍但量不大。受气候影响，除麻梨外，其他梨均不易保存，只能趁新鲜生食。麻梨冻透后，呈黑色，用凉水“缓（敖汉人读 huān）”开即可食用。

（六）花红

花红是蔷薇科、苹果属落叶小乔木，果实球形，像苹果而小，黄绿色带微红，果柄稍长，是常见的水果。味酸甜偏酸。花红根系强健，萌蘖性强，生长旺盛，抗逆性好。喜光，耐寒，耐干旱，亦耐水湿及盐碱。适生范围广，对土壤要求不严，但因其稍微酸涩，人们食用不多。

（七）沙果

落叶小乔木，春夏之交开花，果实秋季成熟，扁圆形，黄或红色。是中国特有植物。与花红的区别是：花红较小、把长，口感稍酸涩；沙果个大，口感比花红好，产量也大。沙果变种颇多，常生长在山坡、平地和山谷梯田边，生食味似苹果，但不易保存，时间长了就“面”了。

沙果

（八）山丁子

山丁子是落叶稀半常绿乔木或灌木，野生，树干灰褐色，光滑，不易开裂。花为白色或淡红色。果实近球形，红色或黄色，味酸而涩，果柄较长，可直接食用，也可在未熟软时以冰糖煮制或蒸制。

（九）山楂

敖汉人叫酸楂，别名山里红。果肉薄，味微酸涩，栽培量不大。

（十）桑仁

桑仁，为桑树的成熟果实，南方叫桑葚，味甜汁多。成熟的桑葚质油润，酸甜适口，以个大、肉厚、色紫红、糖分足者为佳。每年 4～6 月果实成熟，洗净，去杂质，晒干或略蒸后晒干食用。敖汉地区桑树栽培不多。

（十一）香瓜

敖汉人叫香瓜子，因味甜、清香袭人而得名。是夏令常见消暑瓜果。

（十二）西瓜

西瓜，据说原产于非洲，唐代引入新疆，五代时期引入中土。属葫芦科，有多个种子。西瓜虽然历史悠久，很受人们喜爱，但在敖汉地区，过去种植并不普遍。

二、干果

（一）瓜子

向日葵籽

俗称转颈莲、葵花籽等，因花序会随着太阳转动而得名。主要品种有三道眉等。瓜子经炒熟后食用，是年节、闲暇时的主要零食。过去，向日葵种植在敖汉地区并不普遍，多在房前屋后种植，主要用于观赏。苏联红军进入东北后，才把嗑瓜子这一习惯带入东北并逐渐流传，成为黑瓜子的替代品。因此，向日葵也叫毛嗑儿（老毛子嗑的）。

（二）打瓜籽

打瓜，葫芦科，一年生草本植物。其外形和花色类似冬瓜，皮较软，用手即可砸开，所以叫打瓜。我国打瓜的主要产地：兰州地区及河西的民勤、古浪、永昌等县；新疆塔城地区塔额盆地；内蒙古东部地区的赤峰市敖汉旗、翁牛特旗；通辽市开鲁县；等等。是一种极具地域特色的农产品，也是敖汉地区的特色农作物。

打瓜瓜型较小，但种子较多，适合在沙质土壤（民间叫沙性地儿）种植。打瓜成熟后，把收集来的打瓜放在槽子里踩碎，再把瓜籽收集起来晒干。

炒打瓜籽时，先把瓜籽的表面黏液洗净，慢火轻炒，炒熟后，掸水入盆，有的还适当放盐，密封闷一段时间，即可食用。是敖汉地区北部年节、闲暇时的主要零食。

第三节　饮品

大多数人平日习惯喝凉水，特别是农忙季节，凉水更痛快、解渴。再穷的人家也要必备水缸，即使是在三九天，也从缸里舀凉水喝，有的人干脆嚼从水缸里砸下的冰块儿。夏季喜欢喝从井里刚打上来的水，俗称“井拔凉水”，还用这样的水做水饭，凉爽无比。喝凉水不能太急，特别是热天或太累时，更不能喝太急，说是怕“炸肺”。各地都流传：“一个老太太给一个渴极了的年轻人舀了一瓢凉水，却在水里撒了不少的糠，小伙子没办法，只好边吹边喝，降低了喝水的速度。”其目的就是怕喝急了“炸肺”。

米汤是人们捞饭剩下的副产品，主要是小米和高粱米的米汤。人们在吃饭后，习惯喝一碗米汤，戏称“灌缝”，美其名曰原汤化原食。平时劳作后渴了，喝几勺子米汤，既解渴，又有营养，是人们常见的饮品，喝不完的才喂猪。

其他饮品主要是酒和茶。

一、酒

统称白酒、老白干儿或烧酒。因酿酒原料不同名字也不同，如用高粱酿的酒叫高粱烧，玉米酿的叫苞米烧或小烧，地瓜酿的叫瓜干子酒，等等。在敖汉地区，酿酒大多用高粱。酿酒的地方叫烧锅，人们习惯把主人的姓加在前面称呼，如刘家烧锅、王家烧锅等。

过去，乡村分布着许多烧锅，敖汉旗新地乡的天益泉烧锅，是中华人民共和国成立前较大的一个。对经常来买酒的，烧锅都有记账的簰子，类似现在的账本，当地人打酒就记在簰子上，到了秋天，统一结算，用高粱顶酒钱。民间有句方言“赖簰子”，意思是有很多的账，有“就怕将来拉清单”之意。

二、茶

茶水是最常见的饮料，也是待客的必选物品。家里来了客人，主人都要亲自或让妻子或让孩童给客人沏茶。如果家里没有现成的开水，也要马上点火烧水，然后才开始叙话。

敖汉地区常见的茶叶是红茶，档次高低不同，档次高的是叶子完整的茶叶。因此，民间也把茶叶叫“叶子”，沏水叫“沏个叶子”。档次低的有碎面子茶、棍儿茶（茶叶的梗）等。

沏茶时，先把茶叶放入茶壶，把沸水冲入壶内，盖上壶盖闷几分钟，倒出一茶碗，再倒入壶内，使茶水充分搅拌，然后才开始饮用。喝水期间，要不停地往茶壶里续水，防止把“茶根”喝“靠了”，让茶水失去颜色，没了味道。

民间讲究“满杯酒，半杯茶”，意思是倒酒必须倒满，表示主人家的酒很多；倒茶则必须半杯，勤续，表示主人十分欢迎客人来访。

贫困之家买不起茶叶，就自制糊米茶。特别是在一些聚会场合，用茶量较大，人们就地取材，用高粱炒制糊米茶。炒糊米茶要选色艳、饱满、无虫蛀的红高粱，除去高粱帽儿，淘净晾干，文火炒至黄酥、糊香即可。这种糊米茶色泽深红，味甜香，稍涩。

第四节　饮食器用

一、炊具

（一）制熟工具

1. 锅

锅是必备的生活用品之一，人们往往用“砸锅卖铁”来形容办事的决心有多么彻底。锅的内底部叫锅底，外底部叫锅脐子，外口叫锅沿。

民间的锅是以“印”为标准划分大小的，因此，锅也叫“印锅”。印是容量单位，每印约为水 10 斤，是大约一个人一天的用水量。

常见的锅有六印（直径约 60 厘米）、八印（直径约 65 厘米）、十印（直径约 70 厘米）、十四印（直径约 78 厘米）、十六印（直径约 82 厘米）、十八印（直径约 85 厘米）等规格。一般来说，随着直径的增加，锅的深度也会相应增加，因此，印数的增加与锅的直径并不等比增加。

安放锅是一个比较隆重的过程，特别是搬家安锅、建新房安锅、换新锅等。人们认为，铁锅没有新旧之分，卖房子时，即使所有的家具都卖了也不能卖锅。换新锅前，要先用砖头蹭锅，然后再把一块生猪肉用筷子按住蹭锅，人们称为“渍锅”。

2. 风匣

风匣是通过压缩空气来向灶膛里鼓风助燃的装置，由木箱、活塞、活门、风嘴子等构成。

还有一种鼓风工具叫地牛子。地牛子是用木头制作成风翅，把地面下挖一个圆形的坑，把风翅部分安在里面，轴（俗称地牛杆）固定好，轴上固定一根皮条或绳子。用时，把皮

铁锅

风匣

条缠在立轴上，一拉，风翅转动形成风送入灶内；一推，风翅又反向转动，同样把风送入灶内。如此反复，达到吹风的目的。

3. 瓢

也叫水瓢、葫芦瓢等，是舀水的主要用具。葫芦按形状分有两种：一种呈典型的葫芦状，两头粗，中间细，俗称压腰葫芦；另一种是圆肚葫芦，只有圆肚葫芦才能做水瓢。

每到秋天，葫芦开始渐渐由绿色泛出灰白色，用手指甲试探性地掐掐，如掐不进去，说明这只葫芦已经长成了。摘下来后，先用刀具把葫芦表面那层白色的外皮轻轻刮掉，用锯把葫芦纵向一分两半，掏出里面的瓤子后晾晒。

晾晒是做葫芦瓢的重要环节，直接放在阳光下晒会使水瓢外表不光滑，甚至出现裂缝；光放在室内阴干，又会因为葫芦里富含水分，容易发霉。所以，要在葫芦瓢上盖一层纱布，放在房檐下晾晒，大约一周后即可晒好。如果不摔不碰，一个瓢可以使用很多年，是一个十分环保的炊具。做米饭沙米时，葫芦瓢凹凸不平的里面，会使沙子很容易被滞留，使用十分顺手。

4. 勺子

过去用的勺子都是木质的，用柳树根挖镟而成，因为柳树根耐水。制作时，先把柳树根进行细致的修整，放在热水锅里蒸煮。蒸煮时要看准火候，蒸煮过度，做出来的勺子不结实，不耐用；蒸煮欠火，木质坚硬，做出来的勺子容易裂口漏水；只有蒸煮恰到火候，才会不软不硬、不断不裂。

勺子头要用挖刀挖，勺柄用刀斧削砍即可。根据树根的粗细长短，做出的勺子大小不等。总之，勺子把的粗细、长短要正好合手，勺子把与勺子头的结合部有合适的弯度，用起来才会顺手。

5. 锅叉

锅叉呈 V 字形，用树杈制成，用于在锅内蒸米饭放饭盆、热菜放盘子等，在锅里烧水或炖菜时，同时把饭菜等蒸熟、熥热。

葫芦瓢

木勺

平屉

浅子

6. 平屉

平屉，是蒸年糕、豆包、发糕、糁状等食品，熥、热干粮、饭菜等食物的主要器具。制作平屉时，要先请木匠按着锅的大小制作一个平屉掌，即把两个半月形的木块用两个直方木并排连接起来，在两块圆形木之间用竹签子或细柳条，把粗细均匀的秫秸穿连起来。为了防止秫秸不平整，还要用两根树条撅成圆弧形支在两个木块之间，把两端秫秸用马蔺绳绑在树条上，然后，把多余的秫秸切掉，一个圆形的平屉就做好了。民间把这个过程叫勒平屉。制作平屉，要和自家的锅协调。一般来说，平屉距锅沿高大约四五寸即可。

7. 浅子

浅子和平屉类似，但比平屉更简单，没有平屉掌，只是用签子穿起来而已。有的用麻绳把细秫秸穿起来，再撅成船形，两端用树条勒住。用时，把浅子放在锅叉上，熥干粮、饭菜用。

8. 笊篱

过去捞物、沥水、分离的器具。过去，人们使用的笊篱都是用柳条编织的，既笨拙也很容易坏。20 世纪六七十年代，开始流行用细铁丝拧笊篱，柳条编织的笊篱才逐渐退出历史舞台。

9. 炊帚

用炊帚镲子绑扎而成，用来刷锅、洗碗盆、掸水等。

10. 干粮布

熥干粮时放在平屉、浅子上面的白布块儿，防止干粮直接粘在平屉或浅子上面，也叫笼屉布。

（二）加工工具

1. 菜刀

与现在使用的菜刀相似，只是体积稍大，由铁匠打制。

2. 铲子

用长方形的薄铁板制作，刷锅、揭干粮、铲嘎巴（锅巴）、炒菜、烙饼等均要用到。与现在流行的铲子不同，铲子的把较短。

3. 面板

用木板黏接而成，除了靠近使用人的一边外，其余三边都有浅沿儿，防止面撒落、擀面杖滚落等。

4. 拨面刀

制作拨面条的刀具，两端有把，类似两把菜刀刀头对刀头焊接在一起的模样。刀身长方形，算上把长约 2 尺，宽约 3 寸，刀刃呈直线型，不能带鼓肚，也不必太锋利。制作拨面时，把和好的荞面团放在拨面板子上稍稍擀薄，用拨面刀快速地进行挤切，并顺势把挤出的面条拨入锅中煮熟。

5. 拨面板

拨面板与面板类似，但比面板窄、稍长，且没有边沿，长约 2.5 尺，宽 1.2 尺，厚 1.5 寸，与拨面刀配套使用。

6. 菜墩

把较粗的树根用锯锯成一定厚度的圆木块，用支架支起来，或放在缸上，当菜板用。之所以用树根，是因为树根不易干裂，较为耐用。

7. 菜板

用厚木板制成，最好是独木的，也有用木板对接而成的，作用与菜墩一样。

8. 擀面杖

也叫擀面轴子，是一根短粗的木棒，长短由个人喜好和用途确定。要做的面食不同，就需要用不同规格的擀面杖。一般来说，擀饺子皮儿的可以较短，擀面条或烙饼就得稍长一些。材质不限，但以硬杂木为好。

9. 礤子

也叫礤床，把块根类蔬菜加工成丝的器具，金属片凿开的眼向同一方向翘起，使之成为鳞状。

礤床

10. 蒜缸子

捣蒜，民间习惯称砸蒜，蒜缸子是捣蒜的专用器皿，陶质，有的配有专门用于捣蒜的蒜槌子，有的直接用擀面杖代替。

（三）保洁工具

1. 碗架

放碗筷、碟盘的器具，讲究的人家都用橱子，所以，也叫碗橱子。专用的碗橱一般都放在靠北墙的地方，是很长面子的家具。贫寒人家只用木板钉制，或用坯在锅台后搭建，用泥抹好即成，十分简陋。

2. 刀架

用木板钉制，上面挖出楔形、圆形等凹槽。挂在墙上，用于插放菜刀、拨面刀、铲子、擀面杖等炊具。

3. 筷笼子

有木质、秫秸、陶质的。秫秸的是用细麻绳把秫秸莛秆儿穿起来围成大小合适的筒状，再把一端撅过来做封底，另一端挂在墙上即可。

4. 盖顶

盖顶是用秫秸莛秆儿钉成的圆板，用处十分广泛，可以盖锅、盆，临时摆放食品，晾晒蔬菜等。

5. 锅盖

锅盖就是较大的盖顶，为了锅盖够大，除莛秆儿外，往往还要向下延伸一两个秫秸结节，否则长度不够。

6. 搌布

即抹布，用旧布片充当。

7. 围裙

是一块 3 尺见方的布块，其中一侧两端钉上布带，用时围在腰间，把布带系在腰后即可。

二、餐具

（一）炕桌

炕桌，是摆在炕上的小方桌，因经常放在炕上吃饭，故名。分为无束腰和有束腰两种，高约六七寸，是农家必备的生活用品。桌子呈正方形的，称为方桌；呈长方形的，称条桌。有些炕桌造型更矮小而精致，称炕几或炕案。如果来了贵客，还要在炕桌左右铺上条毡，让客人坐在毡子上，以示对客人的尊重。大户人家还备有八仙桌，用于在地上吃饭饮酒。

炕桌

有的人把束腰的炕桌也叫八仙桌。

（二）碗、筷

民间都用粗瓷碗，很少有细瓷的。有大碗、中碗、小碗之别，常用的是中碗，也叫二大碗。筷子大多用竹子制作，遇到人数较多不够用时，就用木棍或秫秸秆代替，用后扔掉。

（三）碟子、盘子

碟比盘子小且浅，多用于盛放咸菜等佐餐食品。盘子通常比碟子大，用于盛菜，特别是酒席上常用，大小不一。

（四）酒壶、酒盅

饮酒时斟酒用。天冷时，可把酒倒入酒壶，再放到一个盛放热水的器皿中，也可以放到火盆中，使酒加热，然后饮用，这一过程叫作烫酒。常见的酒壶是俗称的“锡拉壶”，往壶里倒酒时可防止倒“蹿”，从壶里往酒盅倒酒时，又可以防止猛然把酒盅倒得过满，以致“瞎酒”。还有一种酒壶是瓷的，形制与锡拉壶差不多。

酒盅就是用来喝酒的杯子。因为酒盅子小，喝酒的名堂也就多，酒令也就多起来，很适合过去那种慢节奏生活。

酒盅酒壶

三、容器

（一）盆

主要以瓦盆为主。瓦盆也叫泥盆，青灰色，是用黄黏土烧制而成。过去，一般人家买不起铜盆、瓷盆，更买不起搪瓷盆，大部分用瓦盆，哪家都有一些大大小小的瓦盆。

瓦盆一般分四个型号，大的口径 2 尺多，叫大盆；2 尺左右的叫二盆；1 尺多的叫三盆；小于 1 尺的叫四盆。因为瓦盆在装窑、烧窑、出售时都是四个盆套摞在一起的，所以，民间也把这种盆叫套盆。民间有歇后语，说某某人说话出口成章，就说他：“卖瓦盆的出身—— 一套一套的。”

大盆二盆多用于洗衣服、泡米、盛泔水，买不起缸的还当水缸用；三盆多用于捞饭，做饭盆；四盆有用于洗脸，也有当夜盆用的。三盆、四盆还用于死人时在灵前烧纸，出灵时充当孝子摔的丧盆。因为是黄土烧制的，质脆，易碎，价格低廉，裂了璺的，用细麻绳把上仍可将就使用。

因为瓦盆是泥制的，质脆，易损坏，使用时，人们都很加小心。特别是装满了东西的大盆，不能只端两壁，有时要端底部。因此，民间也有一句歇后语：“破大盆——端上了。”裂了璺的盆可以用细麻绳“把上”，因为价格低廉，也不必花大价钱来修补。

（二）缸

缸呈圆筒状，底小口大。用沙子、陶土等混合材料烧制而成，有大缸、二缸、小缸、缸腿子、地迫子缸等之分。除了地迫子缸，其他的缸一个比一个小一号，装运时，依次装入大缸里，里面分别塞上杂草，既节约空间，又可减少损耗，俗称套缸。地迫子缸，外形粗壮低矮，多用于盛水、猪食、米面等。

在使用功能上，人们把用于做什么就叫什么缸。大缸一般用于腌酸菜，就叫酸菜缸；腌辣菜疙瘩用，就叫咸菜缸；二缸多用于盛水，叫水缸；小缸盛酱，叫酱缸；等等。当然，这些分工也不是绝对的。

水缸一般放在靠近里屋门口的地方，有时在外屋，有时在里屋，但大多与灶台靠近，方便做饭时取水。缸上盖有用秫秸钉的盖顶，水筲存些水放在水缸附近。水瓢有时放在水缸里，有时放在盖顶上，有时放在锅台上。后来，有了铁皮水筲，铁皮怕水，就在院里立个叉子，把水筲倒扣在叉子上。

（三）坛子

坛子是口与肚大小几乎一样的容器，用陶土和沙子混合而成的原料烧制而成，大小不等，主要用于装酒水、酱油、醋等，还可腌菜。

（四）罐子

罐子材质与缸一样，造型特点是口小腹大，颈部内收，底足较大，里外均涂黑釉或黄釉，有大、中、小等多种。多用于腌鸡蛋、制作小咸菜，盛荤油、醋、酱油等，还可以盛放或烹煮食物。因其上面有沿，方便封闭，还用于上山时带饭用。

（五）盔子

类似瓦盆，四壁较陡直，比盆略深的容器，多用陶瓷制成。盔子有大有小，大的装米装面，小的放盐、腌制小菜等，吃饭时还可以盛菜。还有一种盆叫琉璃盆，比盔子大，表面镀了一层釉子，作用与泥盆一样，比泥盆结实美观。

第五节 餐饮方式

一、日常就餐

（一）次数

敖汉人吃饭，春夏秋一日三餐，所以人们说一天三顿饭，“三个饱，一个倒”。三餐各有其名：早餐，又叫早饭、早起饭。农民要起早干活，所以早饭都在早晨五六点吃。午餐，又叫午饭、晌午饭等，多在十点半至十一点吃。俗语说，“庄稼饭，十点半，晚一晚，十一点。”就是指的中午饭。晚餐，又叫晚饭、哄晌饭等，时间不固定，要看农忙的程度，一般在晚上七至九点。

秋收之后、春耕生产之前的时间里吃两顿饭，俗称两顿饭。一来白天天短，做饭麻烦，二来能省一些柴米。正餐之间的简单饮食叫垫补或搬动，特别是小孩子，爱活动，容易饿，搬动饭是必不可少的。

（二）饮食习惯

人们会因自然环境、生活环境和生产环境的不同而显现出不同的饮食习惯。通常，主食相似，但稍有差别。民间以粮谷为主食，蔬菜肉蛋等做副食。为了节俭，农闲时多以粥为主。因冬季严寒漫长，新鲜蔬菜短缺，除了白菜、土豆、萝卜、酸菜等之外，只有大酱和咸菜等佐饭。

没有菜就饭的，叫干抱碗；有咸菜或菜的，叫就饭吃；把米汤、菜汤泡在碗里，叫泡汤饭；用菜叶子包了干饭的，叫打菜包；等等。每逢过年过节，不论穷富，都要想办法做些应时食品，以增加节日气氛。如过年吃饺子，清明吃糁状，五月节吃粽子，八月节吃月饼，腊八吃腊八粥，等等。一来不让孩子失望，二来也可以用诚心祈求老天帮忙，过上好日子。

用食物做礼品互赠也很普遍，平常家中做了好饭，如饺子、年糕、豆包之类，出锅后就会有主妇端了赠送邻里亲戚一部分，一来可以还一部分人情，二来也增加了双方之间的感情。

如果没有客人，人们吃饭就以简单为原则。夏秋季节，人们习惯吃菜包，也叫饭包、打菜包。选若干新鲜白菜的叶子，去帮儿，洗净儿，展平，抹酱，再放葱丝、香菜等作料，有的根据个人喜好，加入辣椒、芝麻盐儿等。把干饭放在菜叶上包裹好，双手托起食用。

还有一种是夹菜包，吃饭时把菜叶撕成小块，蘸上酱，饭上放好葱等作料，用菜叶盖好夹出入嘴。一口一夹，虽费事，但也很可口。

从本质上说，打菜包不是制作过程，而是食用方式问题。吃菜包省去了做菜的过程，适合夏秋时节食用，是民间十分喜爱的饮食方式。

（三）度荒

过去，缺吃少穿是常态，贫困之家很少能做出像样的饭菜，往往都是把米、面、菜等放在一起，再加盐和少许油用水煮成粥，只求吃饱，根本谈不上营养、滋味之类。

用菜代替部分粮食也是人们的普遍做法，俗称“瓜菜代”。代替粮食的方法也很多：剁菜（蔬菜、野菜均可）为末，掺到面里做饼子，叫菜饼子；切菜为馅，用面包成包子，叫作菜包子；菜馅粗粮面（如玉米面、高粱面、地瓜面）做成的饺子，叫作菜饺子；此外，碾糠、麦麸等，掺些玉米面就可以做成饭食。总之，为了度荒，人们是想尽了办法。

二、宴席习惯

（一）待客

请客在敖汉地区叫“请吃（顿）饭”“请客”，就是请人喝酒吃饭。农村走亲访友大多当日去当日回，主家待客也就多以午餐为主。

主人家待客，一般都是在大炕上放炕桌，主客围坐在炕桌周围，俗称上桌子或围桌儿。围桌的习惯一般是，炕里中间位置为首席，左为次座，其余以距离首席远近以此类推。尊贵的、年龄大的客人坐在炕里，主人坐在炕外。如果主人有长辈且年龄较大的，则不论客人尊贵与否，都要让长辈坐在炕里中间的位置上，俗称“敬席”。民间有“人怕上敬席，猪怕上净食”之说，就是说人上了敬席，说明已经老了。受男尊女卑观念的影响，不论辈分高低、年龄大小，女性一般不上桌子。

普通的酒席为四盘炒菜，四碟小菜为主；丰盛的则八盘八碗，总之，必须是双数。上菜的顺序、放置的位置亦各有规矩，敬酒敬菜的礼节更是多种多样。过去，除了少数富户，大多都是贫困人家，遇到红白喜事时，既要装点门面、排场，又要减少花费，有的盘碗底部垫豆腐、粉条等物；有的人家把几样菜一起入锅，做熟后再分别装盘（碗），美其名曰“一锅出”，人们戏称“不管多少样菜都是一个滋味”。

（二）座次

吃饭时，餐桌及餐具要在客人入席前摆好，筷子不能交叉放。宴客十分讲究座次，要按年龄、辈分、尊卑、亲疏而定。

遇有喜事丧事，座次由支客安排。喜事以近亲为先，如舅父为先，姑父次之，远亲次之，邻里又次之；丧事以朋邻为重，以远就近。若主次颠倒，便为失礼，甚至影响亲属关系。末席多由主人的晚辈坐，承担接菜、斟酒的责任。

特殊酒宴的首席也有特殊的说道：新女婿到岳父母家，不论年龄辈分，均坐首席；新婚之日喝团圆酒，新郎坐首席，新娘陪席；吃喜面时，婴孩外婆坐首席；提亲、谢媒时，媒人坐首席，等等。

若因事特意请客，则以特意邀请之人坐首席。如果遇到官相人等，要由官相坐首席，但主人有老人的，老人坐首席，等等。

（三）陪客

上菜先上凉菜，后上热菜。喜宴上可尽情猜拳行令，丧宴则不能。吃饭时，除非特别熟悉的人，客人要等主人动筷后方可动筷。

吃菜时，不论是主人还是客人，只能在对着自己的盘子这面吃菜，盘子另一面的菜叫过梁菜，不能夹过梁菜，会被认为不礼貌。民间有“吃过梁菜死老丈母娘”的说法，其实就是教育孩子要有礼貌，不能没出息。不论盘子里的菜多少，都不能吃净，否则不礼貌。吃饭时，忌筷子掉到地上，说是欠打；不能咬住筷子，说是嘴馋了。

要频频劝客人喝酒、吃菜。酒喝好后，男主人才听从大家的意见，对女主人说“上饭吧”，这时，女主人才能上饭。吃饭时，也不能隔盘挑食、大吃大嚼，不能剩饭。

吃饭时，要先上汤，如饭汤（吃干粮时）、米汤（吃干饭时）、饺子汤（吃饺子时）等，然后再上饭，吃完饭后，也要给客人盛饭汤或米汤等。

主人或其代理人始终奉陪客人，不能中途退席。坐上席者未吃完饭，其他人不得离席。用饭完毕，俗称撂筷儿。客人没有吃完饭，主人不能提前撂筷儿；客人吃完饭后，不能把筷子横放碗上。

散席后，主人要立刻让家人沏茶，客人退席后可以立刻喝到茶。即使酒席再丰盛，主人也要说“没菜”“没吃好”等。客人则向主人道谢，并说“挺好、挺好”“酒足饭饱”等之类的应酬话。

喜庆宴包括请满月、祝寿、乔迁、重大喜事（如打井见水或淘井成功、盖房上盖）等，所有参与者都要在一起喝酒庆祝。分家写分家单、土地房产买卖成交等，也要请调解人、中介人喝酒吃饭。

这类宴席有的也有一些相应的仪式，如祝寿的磕头、搬家的安锅等。这些喜庆宴气氛轻松，规模也不是很大，菜品多少、档次高低，都随着人数和自己的“腰劲儿”来。

三、饮酒习俗

敖汉人性情粗犷、豪爽奔放、爱饮烈酒。常说酒是粮食精，喝酒为了暖身温胃、舒筋活血、解除乏累。

（一）成席

以前，喝酒的机会并不多，所以“吃香的（指吃饺子）喝辣的（指喝酒）”成了人们对美好生活的向往。一旦有酒喝，也就不怎么讲究菜肴，咸菜疙瘩啃着也一样喝，俗称干刺儿酒。但讲究一些的酒席，凉菜热菜都有，讲究“四冷四热，四烹四炸”。民间有“有酒就是二等席”“没酒不成席”之说。实在喝不了酒，也要以茶代酒。

喝酒时大多用酒壶、酒盅。20 世纪前，流行一种锡拉壶，手感好，沉稳，放在哪里都显稳重，而且热酒快，每壶盛 2 两、4 两不等。盅子大概每 4 盅 1 两。因为酒壶非常普及，所以，民间常用“喝一壶”来代指喝酒。夏季喝酒不用烫；冬季喝酒前，要先把酒壶里的酒用开水或火盆热好，俗称烫酒。

用酒壶把酒斟到酒盅里，叫满上，一口饮一盅叫一开干，饮半盅叫两开干，依次有三开、四开等。敬酒要自己先喝干，叫先干为敬；饮必两盅，说是好事成双，吉利。

酒席开始后，主人便开始举杯向客人劝酒，同时自己先喝干第一杯，俗称带头儿，并督促大家同干，然后劝客人吃菜，俗称“动筷子”或“动动筷儿”。如此进行两盅（或三盅）之后，主人开始单独跟各位客人“见面”，俗称打通锅（桌）。

打通锅要从辈分最高的那位开始，如全是同辈，则从年长的那位开始，或从坐在最炕里的那位开始，逐个敬酒，边敬酒边吃菜，同时劝客人吃菜，俗称“压压酒”。敬满一圈后，陪客人员开始依次向客人敬酒，依次类推。

每新上一道菜，都要让长辈、年长者或主宾动筷先尝，然后其他人才能动筷。为了表示热情周到，主家或陪客还会不断为客人夹菜。

（二）敬酒

为了显示主人热情，让客人尽兴，敬酒和劝酒的方法和语言丰富多彩，俗称宾酒，能劝酒叫能宾酒。比如，两人同干第一杯后，主人会紧接着说：“好事成双，再来一个。”或者说：“哪有干一盅的，咱们干三个吧！”客人推辞不过，只好两杯三杯地喝。

好容易结束，主人又来了新话题。比如说：“好些年没见到老嫂子了，我敬她一个，你替她喝了！”或者说：“过去兄弟有些事儿对不住您，今儿个向您赔个罪，来！咱俩儿干一个！这篇儿就算掀过去了。”总之，欲加之“酒”，何患无辞。

饮酒期间，如果有主人的亲属在场，主人通常让女主人为客人敬酒。妇女敬酒，这杯酒必须喝掉。碰上能说会道的女人，客人更会多喝不少。一来二去，客人的酒就会喝下去很多。客人见主人这么热情、好客，往往动情，便开怀畅饮起来。这正如俗语所说：“东家不喝不饮，东家喝了客才狠。”

席间，客人如因不慎摔碎了酒盅或茶杯等，主人或陪客便会立即打圆场说：“没事没事儿！碎碎（岁岁）平安，碎碎（岁岁）平安。再换一个！”免得客人尴尬、扫兴。

（三）酒令

为了活跃酒桌气氛，让客人尽量多喝酒，民间还流行许多酒令。用酒令喝酒也有许多讲究，一般要提前约定好两人共喝几盅，然后行酒令。有“一开一”“见二喝”“见二一摩挲”“见三喝”等讲究。“一开一”，就是输一次就要喝一盅；“见二喝”，就是累计输两次才喝一盅；“见二一摩挲”，是谁最先累计输掉两次，就要喝一盅酒，对方输的那一次也不算了；“见三喝”就是谁最先累计输三次就要喝酒一盅，还开玩笑地说：“大荒上（草原）的蚂蚱——仨仨的。”

1. 划拳

划拳是敖汉民间采用最多的酒令。划拳时，两人同时伸出手指并各喊出一个数，谁喊的数与双方所伸手指的总数相符，谁就算赢，输的人喝酒。赢家要及时“拦拳”，提醒对方喝酒，如果自己赢了但没及时拦拳，继续出拳了，即使后来明白过来，也算“白赢了”。如果双方出的指数之和与双方喊的数都不符，则继续喊，中间不许停顿。

划拳也有很多讲究，出两个手指时，不能用“食指 + 中指”的方式，这种方式很像兔子的两只耳朵，有侮辱对方之意；经商的，有不输“宝”拳；等等。还有“黑拳”一说，即对方把五个手指都伸出来与自己伸出的手指加起来也不够自己喊出的数，就是黑拳。如自己喊 7，出 1 个手指，对方即使 5 个手指都伸出来也不够 7 这个数，这就是自己出了黑拳了。

招呼的数字后一般都缀有单词，很有趣味性。如：说一，便喊“一个老头儿，一根棍儿”等；说二，就喊“二马一乎”；说三，就喊“三星高照”；说四，就喊“四季来财”；说五，就喊“五魁首，魁首、魁五手”；说六，就喊“六六顺”；说七，就喊“七梅巧”；说八，就喊“八匹马”；说九，就喊“九九归一”；说十，就喊“全来了啊”；一个手指也不伸直接伸出拳头，就喊“宝拳对，对宝拳”；等等。

划拳技巧性强，既斗智斗勇，又要头脑清醒、反应敏捷。同时，因旁观者总是指导、评论，参与者须高声叫喊才容易听清，更易让人兴奋，能增添酒兴，烘托气氛。

2. 打杠子

也叫砸杠子。利用老虎吃小鸡、小鸡吃虫子、虫子嗑杠子、杠子打老虎这一循环规律确定输赢。

打杠子由两人进行，双方各持一根筷子，彼此的筷子对击或敲击桌面时，喊出老虎、小鸡、虫子、杠子等任一个物名，看是否相克。如一方喊小鸡，另一方喊虫子，则喊鸡的人胜，喊虫子的人喝酒；如一方喊杠子，另一方喊老虎，则喊杠子者胜；如一方喊老虎，一方喊虫子，则互不相克，不能停顿继续喊下去。以此类推。

3. 查点儿

也叫摸扑克，用扑克或老牌作道具。洗牌、切牌后，由庄家摸牌并亮出，以庄家为一，按顺时针方向依次查在座的客人，查到庄家摸到的牌点数是谁，谁就喝酒。

4. 做宝

做（敖汉人读 zòu）宝，也叫猜点儿，是多人参与的游戏。用黄豆粒或玉米粒儿或火柴棍儿等作为筹码，有几人参加就准备几个筹码。做宝之人随意把筹码分成两部分攥在手里，伸出其中一只手，让其他人猜手中攥的筹码是几个，猜者则尽量避免猜中码数，猜中者就要喝酒。如果大家都没猜中，则庄家自己喝，俗语叫“捂包了”。用什么作筹码，就叫“做某某”。比如，用火柴棍儿做筹码就叫“做火柴棍儿”，用玉米粒儿做筹码就叫“做棒子粒儿”，等等。